普通高等学校"十四五"系列教材 物流管

供应链管理

主　编　龚荷英　周　奕　王　勇
副主编　刘红梅　肖了梅　吴亚辉

扫码申请资源

南京大学出版社

图书在版编目(CIP)数据

供应链管理 / 龚荷英，周奕，王勇主编. —南京：南京大学出版社，2023.5
 ISBN 978-7-305-26998-1

Ⅰ. ①供… Ⅱ. ①龚… ②周… ③王… Ⅲ. ①供应链管理 Ⅳ. ①F252

中国国家版本馆 CIP 数据核字(2023)第 091628 号

出版发行	南京大学出版社
社　　址	南京市汉口路 22 号　邮　编　210093
出 版 人	金鑫荣
书　　名	供应链管理
主　　编	龚荷英　周　奕　王　勇
责任编辑	武　坦　　编辑热线　025-83592315
照　　排	南京开卷文化传媒有限公司
印　　刷	盐城市华光印刷厂
开　　本	787 mm×1092 mm　1/16　印张 20　字数 486 千
版　　次	2023 年 5 月第 1 版　2023 年 5 月第 1 次印刷
ISBN	978-7-305-26998-1
定　　价	49.80 元

网　　址：http://www.njupco.com
官方微博：http://weibo.com/njupco
微信服务号：njuyuexue
销售咨询热线：025-83594756

* 版权所有，侵权必究
* 凡购买南大版图书，如有印装质量问题，请与所购图书销售部门联系调换

前言

当今时代,全球产业链、供应链深度交叉融合,国际金融危机、自然灾害、政治风波、贸易摩擦、科技战争、劳资冲突等对物资、人员和资本等的流动造成不利影响。在"黑天鹅""灰犀牛"式事件的交替冲击下,中国乃至世界经济的复苏航程充满风险,也伴随着各种机遇和挑战。提高产业链、供应链的韧性和竞争力成为摆在各国企业、政府面前的头等大事。整合内外部资源,构建动态、快速适应的供应链,提高企业在动态、充满变数的环境中获取资源、满足客户个性化需求的能力,成为企业在逆境中崛起的关键。以生产和产品为中心的管理模式已经不能适应现代市场竞争的需要,取而代之的是客户需求驱动的供应链管理模式。正如美国著名的供应链管理专家 Christopher 所言,"21 世纪的竞争不再是企业与企业之间的竞争,而是供应链与供应链之间的竞争"。根据《供应链管理世界》(SCM World)发布的报告,在被调查的企业中,有 41.7% 的企业将供应链管理的首要功能定位在提升企业的竞争力。近年来,供应链管理得到了国内外学术界和企业界人士的普遍关注。无论是苹果、戴尔、宝洁、沃尔玛等跨国巨头,还是街边的小贩、小店,根据环境及客户需求的变化,不断调整其从原材料获取到产品生产,直至将产品交付至顾客手中的整个供应链,提高供应链的整体竞争力成为其稳定发展的法宝。

本书系统地阐述供应链管理的基本概念、理论、方法和技术,全书共十五章,涵盖供应链管理基础、供应链运营管理、供应链战略与优化设计以及供应链前沿理论四大模块。在供应链管理基础模块中,主要介绍供应链管理的产生、供应链与供应链管理的基本概念与基本原理、快速反应、有效客户响应等基本的供应链管理策略。在供应链运营管理模块中,按照供应链运作的整个流程,详细介绍了供应链需求管理、供应链采购与供应管理、供应链物流管理、供应链信息管理、供应链合作伙伴关系管理、供应链协同管理、供应链风险管理以及供应链绩效评价等供应链运营管理相关的基本理论、方法和技术。在供应链战略与优化设计模块中,主要介绍了供应链战略、供应链网络设计、供应链业务流程重组与优化等方面的理论、方法和技术。在供应链前沿理论中,主要介绍了数字化供应链、智慧供应链、柔韧性供应链以及敏捷供应链等方面的基本概念和基本理论。本书是湖南涉外经济学院八个一工程项目的重要成果之一。本书主要有以下特点:

第一,本书的整体设计是以指导供应链一体化条件下的企业供应链管理为基本原则,遵循从运营管理到战略管理,从微观层面的基础知识到宏观层面的网络与流程优化设计,从传统供应链到供应链前沿的基本逻辑,注重基础性、新颖性、针对性和应用性,体现了高阶性、创新性和挑战度。

第二,紧扣高等院校物流管理类专业教学大纲,贯彻"管用、实用"的要求,内容选取上体现应用性和针对性,通过把现代供应链管理的理念与案例结合起来,着力培养学生分析问题、解决实际供应链管理问题的能力。为了提高学生的学习体验感和满足教师开展课堂教学的需要，除了章前的案例导入外，每章中都结合理论知识穿插了大量的拓展阅读，以方便教师设计思政育人活动。

第三，强调精讲细练，各章末都配有丰富的同步测试题（扫二维码查看），有单项选择题、多项选择题、判断题、简答题、论述题、案例分析题，题型多样，以帮助学生巩固所学知识。编写团队成员都有长期的供应链管理教学经验，储备了丰富的教学资料，需要教学PPT、教案、教学辅助视频、课后习题参考答案、课程考试试卷以及相关案例材料的可以联系 694700150@qq.com。

第四，本书是校企合编教材，教材的编写过程中，得到了学校实习基地单位杭州菜鸟供应链管理有限公司林光明经理、京东物流教育湖南公司的徐金鸿总监和沃尔玛湖南公司的谭艳经理的大力支持，在此表示真诚的感谢。

第五，本书编写了部分供应链管理模拟实验、游戏的内容，鉴于篇幅，还有部分实验以及游戏内容没有编入教材中。本书应用 Excel 工具包进行供应链网络设计优化，需要 Excel 电子模型、其他供应链管理模拟实验及游戏内容的老师可以联系 694700150@qq.com，也可联系出版社或致电 18108435232。

在本书的撰写过程中，得到了南京大学出版社武坦、罗文凯等老师的大力支持，他们为本书的编写和定稿提出了许多有益的建议，在此表示感谢。在本书的编写过程中，我们参考了大量相关资料，谨在此向所有参考资料的作者、译者表示由衷的感谢，感谢你们的辛勤劳动。

本书可作为物流管理专业本科生供应链管理课程的教材，也适用于物流管理专业专科生以及工商管理、市场营销、电子商务等相关专业本科生、研究生的供应链管理课程教学，同时，本书也可供物流管理从业人员、研究人员使用或参考。

本书由湖南涉外经济学院的龚荷英、周奕、王勇担任主编，刘红梅、肖了梅、吴亚辉担任副主编。具体编写分工如下：龚荷英编写第五、八、九、十一、十二、十三章，周奕编写第一、二章，王勇编写第四章，肖了梅编写第六、十四章，刘红梅编写第十章，吴亚辉编写第七章，梁俊编写第三章，熊源编写第十五章。龚荷英、周奕、王勇负责全书的框架构建和统稿等工作。

由于我们的水平和经验有限，书中错误和不妥之处在所难免，恳请有关专家、学者和广大读者朋友们批评指正。

编 者
2023 年 5 月

目 录

第一章 供应链管理概述 ········· 1

　第一节 供应链管理的产生 ········· 2

　第二节 供应链概述 ········· 5

　第三节 供应链管理概述 ········· 12

第二章 供应链管理策略 ········· 16

　第一节 快速响应策略 ········· 17

　第二节 有效客户响应策略 ········· 23

　第三节 供应链管理策略的选择与实施 ········· 28

第三章 供应链需求管理 ········· 34

　第一节 供应链需求概述 ········· 34

　第二节 供应链需求预测的方法 ········· 37

　第三节 供应链需求预测风险管理 ········· 47

第四章 供应链采购与供应管理 ········· 49

　第一节 采购与供应管理概述 ········· 50

　第二节 供应链管理环境下的采购 ········· 58

　第三节 供应商选择 ········· 64

第五章 供应链物流管理 ········· 72

　第一节 供应链库存管理 ········· 73

第二节　供应链运输管理 ·· 86
　　第三节　供应链配送模式 ·· 92

第六章　供应链信息管理 ·· 101
　　第一节　信息管理概述 ··· 102
　　第二节　供应链中的信息技术 ··· 104
　　第三节　供应链信息管理系统 ··· 120

第七章　供应链合作伙伴关系管理 ····································· 123
　　第一节　供应链合作伙伴关系概述 ····································· 124
　　第二节　供应链合作伙伴的选择 ······································· 129
　　第三节　供应链合作伙伴的管理 ······································· 135
　　第四节　供应链合作伙伴关系管理实训 ································· 139

第八章　供应链协同管理 ·· 143
　　第一节　供应链协同管理相关概念 ····································· 144
　　第二节　供应链协同的动因与机制 ····································· 146
　　第三节　供应链运作不协调问题 ······································· 153
　　第四节　协同计划、预测和补货 ······································· 159

第九章　供应链风险管理 ·· 165
　　第一节　供应链风险概述 ··· 166
　　第二节　供应链风险管理过程 ··· 173
　　第三节　供应链风险的防范与应对 ····································· 180

第十章　供应链绩效评价 ·· 185
　　第一节　供应链绩效评价的认知 ······································· 186
　　第二节　供应链绩效评价指标体系 ····································· 191
　　第三节　供应链绩效评价模型 ··· 198
　　第四节　供应链成本评价策略 ··· 205

第十一章　供应链战略 ······ 211

第一节　供应链战略概述 ······ 212
第二节　供应链战略与企业竞争战略的匹配 ······ 218
第三节　影响战略匹配的其他问题 ······ 226

第十二章　供应链网络设计 ······ 230

第一节　供应链网络设计的基本理论 ······ 231
第二节　数据准备与备选区域 ······ 239
第三节　供应链网络设计与优化模型及应用 ······ 244

第十三章　供应链业务流程重组与优化 ······ 260

第一节　业务流程重组概述 ······ 261
第二节　业务流程重组与优化的方法 ······ 266
第三节　业务流程再造实例 ······ 276

第十四章　数字化供应链 ······ 287

第一节　数字化供应链概述 ······ 288
第二节　供应链数字化转型 ······ 295
第三节　供应链数字技术 ······ 297

第十五章　供应链前沿理论 ······ 303

第一节　智慧供应链 ······ 304
第二节　柔韧性供应链 ······ 307
第三节　敏捷供应链 ······ 309

第一章 供应链管理概述

学习目标

通过本章的学习,应掌握以下知识目标与能力目标:① 了解供应链管理思想的产生和发展历程;② 理解供应链的概念和内涵;③ 了解供应链的特征;④ 理解供应链管理的概念;⑤ 理解供应链管理的主要特点;⑥ 掌握供应链管理的主要流程;⑦ 能分析供应链的典型结构;⑧ 能判断供应链的类型。

案例导入

Adidas(阿迪达斯)是经营运动服饰、鞋类、器械类的跨国公司。公司产品众多,最有影响力的足球鞋,每年生产500多个品种。公司在全球50多个国家设有分公司,在160多个国家和地区设有销售网络。进入新世纪,运动商品类企业对成本的敏感性越来越高,产品生命周期、销售期以及订货提前期缩短。以前,一款运动鞋的销售期有一年半以上,后减少到8~9个月;以前每半个月给代工厂下一次订单,后变成每星期下一次订单;鞋型的生命周期也由5~6个月缩短到3个月左右[1]。环境的变化使供应链的降本功能、保障功能和快速响应功能都变得非常重要。当智慧零售推动线上线下一体化后,如何更快速满足随机、极速的消费需求是摆在所有快消品牌商面前的难题。

为了降低成本,提高效率和响应速度,需要采取系列措施重组供应链。比如重组物流体系,重构和优化供应链结构,利用因特网和信息系统加强与供应商和顾客的联系,利用电子商务开展品牌营销和产品销售。在物流方面,Adidas在外包物流作业的基础上,通过自建、参股等方式加大对物流基础设施的投入。至2019年6月27日,阿迪达斯在中国布局有三个物流中心。这一方面是为了适应中国新消费体系下的转型升级;另一方面是因为国内新物流和数字化供应链成为行业洗牌的关键点。在产品分销方面,通过多种方式,减少部分特许权使用人和分销商的占比,提高自营比例,并通过多渠道开展电子销售。在生产制造方面,Adidas先后在中国、印度尼西亚、越南等地增加生产网点,加大代工企业的布局。在研发方面,与代工企业保持互动,开展协同设计。Adidas与代工企业宝成在研发方面的合作是有力佐证。宝成在东莞的高埗工业园内有一个Adidas研发中心,是Adidas在全球最大的慢跑鞋研发中心。鞋品的研发由Adidas的设计人员和该研发中心

---

[1] 物流案例:阿迪达斯王国的供应链策略,http://www.wangxiao.cn/wl/16921562619.html.

的人员共同完成。首先由 Adidas 公司确定鞋型、鞋底、鞋面的设计和材质；然后由研发中心的人员负责开发模具，按照要求采购原料，在研发中心的生产厂做出样鞋。样鞋开发出来后，先由 Adidas 高层审核样鞋，提出反馈意见后修改，经过关键客户评价，然后再经过产品最后评价。因为协同研发，在高埠研发中心的设计成功率高达 90% 以上。[①]

思考：1. 阿迪达斯供应、生产、销售及物流网络的复杂性体现在哪些方面？
2. 阿迪达斯与其代工企业宝成在协同研发方面有哪些值得借鉴的经验？

第一节　供应链管理的产生

一、供应链管理的产生背景

（一）经营环境变化加快

供应链管理的产生和发展与企业经营环境的演变有着密切的关系。20 世纪 80 年代后，企业经营所处的环境发生重大变化。首先，多样化、个性需求不断增长。在市场机制的作用下，供给超过需求的买方市场成为市场经济的常态。买方市场下，企业要根据市场的需求来组织生产，适应市场需求的变化。在企业与企业、企业与消费者的不断博弈下，产品种类越来越丰富，多样化、个性化需求不断增长。企业必须加快产品更新换代的速度才能在激烈的市场竞争中赢得一席之地。其次，需求、供应的不确定性程度加剧。伴随买方市场而来的是消费者在品种、数量、质量、时间以及增值服务等方面的要求越来越高，变化越来越快。为更好地生存和发展，作为供应端的企业需要通过自身的变革来适应甚至是引导需求的变化。供应与需求变化的加快必然加剧供需的不确定。研究和实践表明，单打独斗的企业在实现产品多样化、加快对市场需求的响应速度以及降低成本等很多方面，逊色于供应链联盟式的虚拟组织。再次，技术进步、产品革新的速度加快，产品生命周期缩短。一方面，技术正在以前所未有的速度迭代，新技术加速新产品诞生，新产品的出现导致旧产品生命周期缩短；另一方面，技术进步为有效实施供应链管理提供了条件。众多企业结成虚拟联盟的供应链组织后，大量实物、信息、资金以及商品所有权在供应链成员间流动。先进的生产制造技术、物流技术、信息技术、金融技术、互联网技术等为供应链虚拟联盟组织的高效运转提供了条件。第四，市场竞争加剧。随着全球经济的发展，企业竞争愈演愈烈，企业唯有不断降低成本才能得以生存。此外，产品种类快速增加，产品生命周期缩短，订单响应周期缩短，消费者对服务的期望值越来越高，这些变化导致竞争模式从基于价格的竞争向基于质量、服务的竞争转移，并最终演化成基于时间的竞争。

（二）全球经济一体化程度提高

进入 20 世纪 80 年代后，全球经济一体化浪潮不断推进，资本流动国际化。为了降低

---

① 吴珊.打造"中国速度"，解密阿迪达斯三大物流中心背后的供应链集成术. http://www.i56r.com/new/695890.

成本、增强竞争力,越来越多的企业采取加强核心业务,甩掉非核心业务的做法。商业巨头们在全球范围内寻找优秀的合作伙伴,结成广泛的生产、销售、服务的战略协作关系。由某个国家的公司设计产品,中国大陆或者巴西的公司提供原材料,同时在中国台湾、印度、越南等地的工厂生产零部件,然后运到中国大陆的代工厂组装,最后运至世界各地销售,这样的供应链组织模式备受跨国巨头们青睐。各国企业努力在全球采购、跨国生产、全球分销与配送链条中占据一席之地。由于不同国家的企业在地理位置、生产水平、管理能力以及外部环境等方面都存在差异,这些差异加剧了供应链条的复杂性和不稳定性。在市场需求与外部环境不断变化的情况下,唯有加强对供应链条所组成的复杂系统的管理,提高供应链条上成员企业的一体化程度,才能确保需求信息及时准确地传递到链上的节点企业,节点企业才能及时进行计划、生产、配送,以响应需求的变化。

(三) 传统管理模式向现代管理模式转变

传统管理模式是一种基于单个企业的管理模式,该模式下企业以自有资源利用为核心,面向规模化需求开展少品种、大批量的规模化生产,生产流水线的专用性强,采用多级递阶控制的组织结构,管理跨度小层级多。基于单个企业的管理模式有一个共同的特点,企业主要使用自有资源,自有资源的优化配置是管理的重点,企业外部资源对企业竞争优势的提升作用被忽视;上下游企业间的关系以竞争为主,很少主动与其他企业开展战略合作。在外部环境比较稳定的卖方市场,该模式的优势比较明显。而在瞬息万变的买方市场,该模式的弊端更为突出。由于资源分散投资于不同领域,企业难以集中有限资源发展核心竞争优势;企业在每个领域都面临众多竞争对手,经营风险加大;最重要的是企业无法对复杂多变的市场需求做出快速响应。

全球竞争使市场变化加快,单个企业依靠自有资源进行调整的速度赶不上市场变化的速度。需要企业通过整合外部资源以提高自己应对全球竞争的能力,需要优势互补的企业结成虚拟组织或者是动态联盟组织以快速响应动态变化的市场需求。现代管理模式下,企业集中有限资源培育核心竞争能力,通过业务外包、代工、结成战略伙伴等方式整合外部资源;顾客需求拉动企业的计划、采购、生产及物流活动水平的业务流程取代了垂直的职能部门;企业更加强调组织、流程及设施的柔性;为了降低交易成本,更加重视企业间的合作与联盟;企业在信息技术方面的投入加大,在供应链条上企业间信息共享度得到提高;重视对整个供应链组织的管理。

拓展阅读

由于IBM的战略失误,忽视了PC的市场战略地位,在制定了PC标准之后,将属于PC核心技术的中央处理器以及OS的研发生产分别外包给Intel和Microsoft公司,在短短的10年内,这两个公司都发展成为世界级的巨头,垄断了行业内的制造标准,同时也改变了IBM延续了几十年的纵向产业模式。当IBM意图再次进入桌面操作系统和微处理器体系涉及领域,开发出OS/2和Power芯片期望推向桌面市场的时候,却发现20世纪70年代IBM垄断一切的时代一去不返了。当IBM意识到其不再在该领域拥有优势的时候,与Microsoft和Intel的继续合作使得横向产业模式得到了更好的发展。而反观

Macintosh,虽然其垄断了自身硬件和操作系统的生产,但是由于与 IBM 兼容机不兼容,从而失去了大量希望使用 Windows 平台上某些软件的用户,而使发展受限[①]。

这种革命性的模式变革在整个世界范围内进行,逐渐使人们意识到,今天已经几乎不可能由一家庞大的企业控制着从供应链的源头到产品分销的所有环节,而是在每个环节,都有一些企业占据着核心优势,并通过横向发展扩大这种优势地位,集中资源发展这种优势能力。而现代供应链则是由这些分别拥有核心优势能力的企业环环相扣而成。同时企业联盟和协同理论正在形成,以支撑这种稳定的链状结构的形成和发展。

二、供应链管理的产生

供应链管理模式的产生与发展,先后出现了纵向一体化和横向一体化两种模式。

(一)纵向一体化模式

为了加强对生产要素资源及原材料供应、产品制造、分销和销售全过程的管理和控制,企业采取自建、投资控股或兼并的方式获取原材料、半成品、零部件的"纵向一体化"模式。纵向一体化模式下,企业内部供应链几乎涵盖了生产供应的整个链条,对供应链条的管理主要表现为企业内部管理。

拓展阅读

福特的纵向一体化

实施纵向一体化的典型例子是福特公司。在鲁日河,底特律的正西南,福特开发一个庞大的制造业联合体,其中配套有内陆港口和错综复杂的铁路与公路网络。为了确保原材料供给的可得,福特投资于煤矿、铁矿石仓库、种植园、玻璃厂。公司制造油漆需要大豆,就投资买地建造大豆种植园。公司生产轮胎需要橡胶,就在巴西购买了 250 万英亩(1 英亩大约是 4 046.87 平方米)土地建造橡胶种植园。为了把材料运至鲁日河,把制成品运给零售商,公司投资铁路、汽车以及船舶,开展公路、铁路和水路运输。公司的投资遍及美国、加拿大、澳大利亚、新西兰、英国和南非等国家。福特公司这种从原材料供应、零部件生产、成品制造、产品销售及运输配送都自己投资、自给自足的模式是典型的纵向一体化模式[②]。

(二)横向一体化模式

在科技迅速发展、全球市场竞争日益激烈、顾客需求不断变化的时代,采用纵向一体化模式的企业反应速度慢、成本高的弊端越来越明显。于是,企业开始关注核心能力,抛弃那种从设计、制造直到销售都自己负责的经营模式,把有限资源放在最擅长的业务上,在全球范围内寻找合作伙伴,利用外部资源完成非核心业务。由此,产生了横向一体化模式。横向一体化模式也叫水平一体化模式,是指企业为了扩大生产规模、降低成本、提高

---

① https://www.docin.com/p-1008348937.html.
② https://www.doc88.com/p-14052716790.html? r=1.

竞争优势、巩固其市场地位,而与同行企业进行联合经营的模式,其实质是资本在同一产业和部门内的集中。横向一体化的实现途径包括收购、兼并、基于契约关系的分包经营和许可证及特许权经营、基于产权关系的合资经营等。

> **拓展阅读**
>
> 雷诺—日产联盟
>
> 雷诺汽车公司是法国第二大汽车公司,创立于1898年。日产汽车公司是日本的三大汽车制造商之一,创立于1933年。1999年,连续7年亏损造成负债达21 000亿日元的日产公司濒临破产。为了更好地发挥企业在生产(主要是平台)、采购和市场方面的互补优势,以更好地面对市场、产品、技术革新等方面的全球化挑战,从1999年5月开始,雷诺和日产通过一系列举措结成同业联盟。一是出资认购对方企业的股权,至2001年10月,雷诺获得日产44.4%的股权,2002年6月30日前,日产财务公司买进雷诺公司15%的股份;二是双方互派人员进入对方企业的董事会和高层;三是成立全球联盟委员会,开展联盟决策和指导相关工作;四是开展企业重组活动,剥离不良资产;五是组建雷诺—日产有限公司(Renault-Nissan BV)。2001年10月,日产和雷诺各出资50%,按照荷兰的法律组建RNBV公司。
>
> 联盟前,雷诺在欧洲、南美、北非及中东市场占有较大优势,日产则在亚洲、澳洲、北美洲、中美洲、非洲等市场表现颇佳。联盟后,双方共享产品设计和生产平台,由此降低了生产成本,提高了资产的利用率;在统一平台上进行产品规划,使产品对市场的覆盖更为充分;利用各自的研发优势共同提高技术上的竞争力;结合双方的物流体系,建立更为畅通和宽阔的汽车贸易服务渠道;等等。

"横向一体化"模式下,产品研发、原料供应、零部件生产、产品制造以及分销配送等业务由不同企业完成,从而产生了一条从供应商到制造商再到分销商的贯穿所有企业的"链"。链上相邻节点企业间表现出一种需求与供应关系,当通过商业活动把所有相邻企业依次连接起来后,便形成了一条由很多企业组成的供应链(Supply Chain)。供应链上存在复杂的信息流、物流、资金流以及商流活动,由此需要一个核心企业,对供应链条上的成员和活动进行管理和控制,由此产生了供应链管理。供应链管理模式的出现,使市场竞争由单个企业之间的竞争转向为供应链之间的竞争。

第二节 供应链概述

一、供应链的概念

人们早期对供应链的认识局限在企业内部,强调对企业自身资源的利用。随着认识的深入,学者们对供应链概念的界定突破了企业的边界。例如,美国的史蒂文斯

(Stevens)认为:"通过增值过程和分销渠道控制,从供应商的供应商到用户的用户的流程就是供应链,它始于供应的源点,结束于消费的终点。"该定义强调供应链流程的完整性,突出供应链的增值性。哈理森(Harrison)认为:"供应链是执行采购原材料,将它们转换为中间产品和成品,并且将成品销售到用户的功能网链。"2006年,中国发布实施的国家标准《物流术语》(GB/T 18354—2006)对供应链的定义是:"生产及流通过程中,涉及将产品或服务提供给最终用户所形成的网链结构。"华中科技大学的马士华教授对供应链的界定为:"供应链是围绕核心企业,通过对信息流、物流、资金流的控制,从采购原材料开始,制成中间产品以及最终产品,最后由销售网络把产品送到消费者手中,将供应商、制造商、分销商、零售商直到最终用户连成一个整体的功能网链结构模式。"这三个定义都描述了供应链运作过程,指出供应链是一个功能网链,马士华教授还突出了对供应链流程的控制和将链上的成员企业连成一个整体。

2017年,国务院办公厅在《关于积极推进供应链创新与应用的指导意见》(国办发〔2017〕84号)中指出:供应链是以客户需求为导向,以提高质量和效率为目标,以整合资源为手段,实现产品设计、采购、生产、销售、服务等全过程高效协同的组织形态。该概念指出供应链是一个高效协同的组织形态,它从管理的角度指出了供应链的导向、目标和手段。《指导意见》中明确指出:随着信息技术的发展,供应链已发展到与互联网、物联网深度融合的智慧供应链新阶段。至此,人们对供应链的认识从企业内部供应链、传统供应链,发展到集成供应链、协同供应链以及智慧供应链。

二、供应链的结构

(一)供应链网络结构图

马士华等人从企业与企业之间关系的角度提出了供应链的链状模型和网状模型。

1. 链状模型

如图1-1所示的链状结构模型表明产品的最初来源是自然界(如矿山、油田、橡胶园等),最终去向是用户,被用户消费掉的最终产品仍回到自然界,完成物质循环。这个静态的链状模型,表明供应链的基本组成和轮廓概貌。

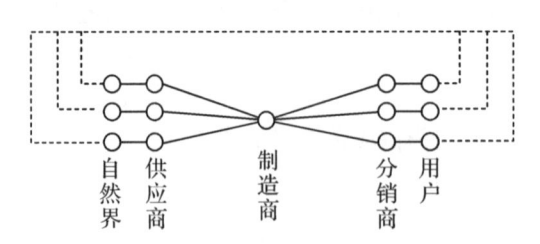

图1-1 供应链的链状模型

2. 网状模型

如图1-2所示,一个节点企业的上游企业和下游企业都不止一家,而且一个节点企业,既是这条供应链上的成员,也是另一条供应链上的成员。这种描述现实世界中复杂的产品供求关系的供应链网状模型,适合于对供应关系的宏观把握。

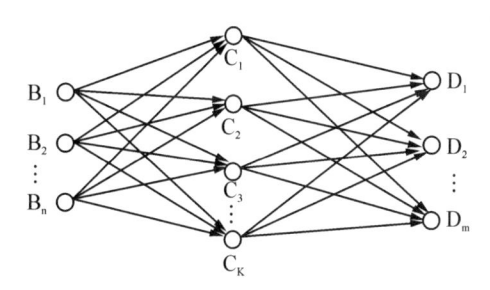

图 1-2　供应链网状模型

3. 供应链网络结构图

如图 1-3 所示,将供应链中的节点用圆圈表示,供应链中的物流、商流、资金流、信息流用直线表示,可以绘制供应链网络结构模型。供应链中一般有一个节点企业居于核心地位,负责组织、协调、控制供应链中的节点企业和各种流程。在需求信息的驱动下,通过供应链成员企业的分工合作,实现产品价值的不断增值。除退货返回等逆向物流外,物流一般是沿供应链从上往下,资金流则沿供应链从下往上,而信息流则包含从上往下流动的供应信息流和从下往上流动的需求信息流。

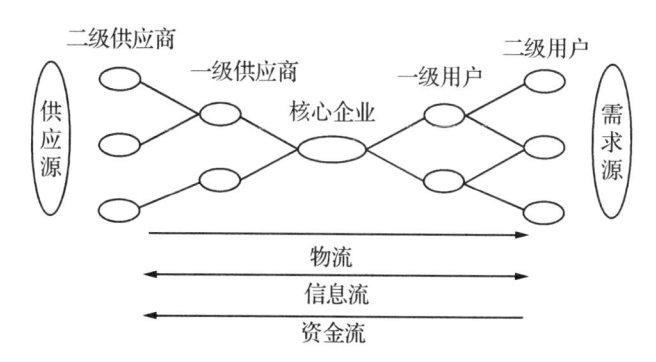

图 1-3　供应链网络结构模型 MOXMOX 模型

在实际工作中,可以用添加了文字的其他形状来表示供应链节点。如图 1-4 所示,在绘制某企业(行业)的供应链结构图时,可以结合实际和要说明的问题进行取舍。

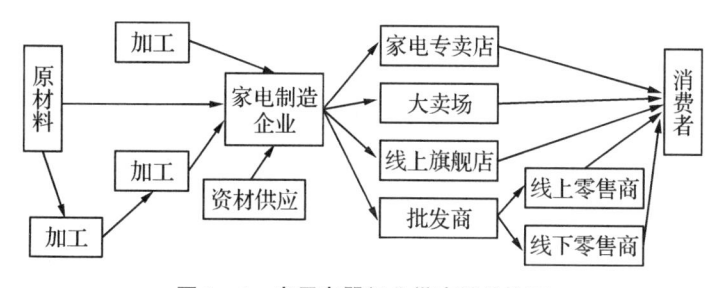

图 1-4　家用电器行业供应链结构图

(二) 从模块化和延迟的角度分类

如图 1-5 所示,Ricardo 和 Bardia 通过对企业内部供应链的运作模式进行分析,按模块化和延迟的不同结合程度,提出了四种不同的供应链结构:刚性结构(Rigid)、柔性结构(Flexible)、模块化结构(Modularized)、延迟结构(Postponed)。模块化与组合成联合体的内部物流有关,延迟与外部物流相一致。刚性结构的供应链采用传统的运作模式,模块和延迟化程度都低,是一种典型的纵向集成的供应链,在综合考虑库存和预测需求的基础上,追求大批量生产,实现规模经济;延迟结构的供应链模块化程度低、延迟化程度高,在满足客户个性化需求的基础上,努力实现范围经济;采用模块结构的供应链内部的模块化程度高,但是延迟化程度比较低,拥有大批量生产的供应商,分销少量完工的产品,客户类别较少;柔性结构的供应链通过大量的外协、外包制造差别化组件,再通过组装以满足不同类客户的需求,将零部件(模块化组件)的大规模生产与成品的定制化生产有机结合起来。

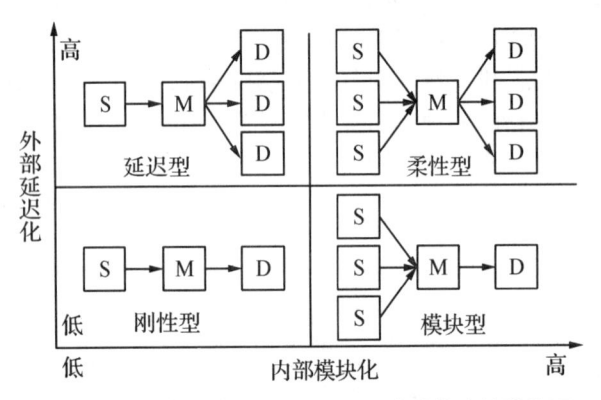

图 1-5 按模块化和延迟化程度分类的供应链结构图

(三) 从供应链的水平层次和垂直规模角度分类

供应链的水平层次对应供应链链条的长度,即满足客户需要需经过的所有过程,如"原料加工—原材料仓储—产品生产—产品运输至目的市场—流通加工—经销商"。供应链的垂直规模对应供应链的宽度,指对于核心企业而言,各层次所包含的供应商或客户的数目。供应链中的水平层次数和垂直规模越大,供应链越复杂,委托代理问题、信息失真问题越严重,供应链的管控难度也会越大。如图 1-6 所示,根据供应链的水平层级数和垂直规模的不同,将供应链结构划分为四种:粗短结构、整树结构、链状结构、细长结构。

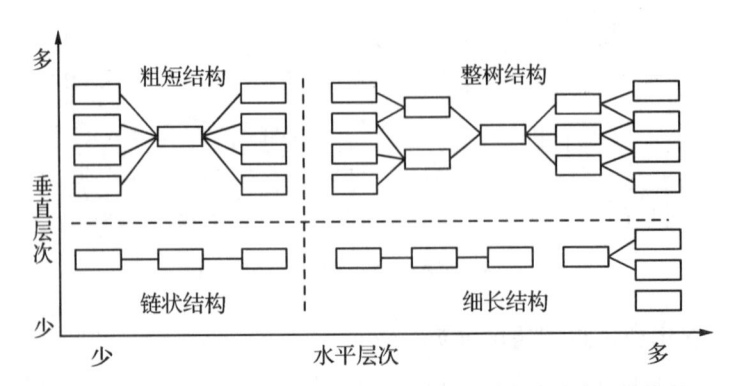

图 1-6 按水平层级和垂直层次数量多少分类的供应链结构图

三、供应链的特征

供应链是一条围绕核心企业组成的复杂网链，一般来说供应链具有需求导向性、增值性、交叉性、多级性、动态性、复杂性、跨地域性、对立统一性、协同整合性、虚拟性等特点，下面简单介绍几种重要特征。

(一) 需求导向性

供应链的形成、优化和重构，都是基于市场需求。用户的需求是供应链中的物流、信息流、商流/(服务)流、资金流的驱动源。当用户需求的产品种类、数量、时间、服务以及方式等发生变化时，供应链上的成员企业、流动的物质实体、服务的类别与方式、流程甚至是组织结构等都应进行调整，否则会因无法高效满足需求而被淘汰。

(二) 增值性

供应链是由不同主体、不同流程、不同环节所组成的高度一体化的虚拟组织。组织中的每个主体、每个环节、每个流程都消耗了资源，都应实现价值增值。没有实现价值增值的资源消耗是一种浪费。判断某项活动是否增值，可以借鉴以下思路：一是顾客是否愿意为该活动的资源消耗买单，如 21 世纪的前十多年，很多农产品电商以"今天下单、明天送货上门"为卖点，相比传统经营模式，增加了分拣配送资源的消耗，导致产品价格高于传统渠道，而消费者并不愿意支付更高价格获得这种便利，此时的配送上门服务不是一项增值服务；二是该活动是否节约了成本，且节约的成本量大于资源消耗量；三是从长期战略、品牌发展角度来看该项活动消耗是否值得。

(三) 动态性

供应链的动态性是指供应链上的成员、流程、服务、关系及管理手段等会因市场需求与环境的变化而变化。因为动态性，供应链成员之间的联盟才成为动态联盟，才有以动态联盟为基础的敏捷供应链。产品更新、消费者需求及外部环境变化越快，供应链的动态性越明显。

(四) 复杂性

供应链中的节点企业、产品类别、流程、环节(层级)众多，导致供应链的复杂度高，供应链的交叉性、动态性和跨地域性(全球性)加剧了供应链的复杂性。供应链的复杂度越高，管理难度越大，内耗也可能随之增加。降低供应链的复杂性，有助于提高供应链的效率和敏捷性。比如，苹果公司通过简化产品线、标准化零部件、减少供应商、缩短全球供应链的距离等措施简化供应链，使苹果公司彻底扭转了连年亏损的局面。

(五) 对立统一性与协同整合性

供应链中成员企业是独立自主、自负盈亏的法人，为最大化自己的利益而开展活动。从供应链内部来看，成员企业之间的利益是对立的，这是供应链内耗产生和存在的根源之一。从供应链外部来看，成员企业是一个利益共同体，这决定了供应链成员利益的统一性。

更好地满足顾客需求以提高顾客价值，在与其他供应链的竞争中取得胜利，最大化供应链整体利益，是这个利益共同体的目标。为了实现这个目标，核心企业必须尽可能地整合外部的优势资源,实现资源整合的规模效应;供应链成员企业则必须在核心企业的主导下,协同有序地行动,以减少供应链复杂系统的内耗。

(六) 虚拟性

如果把为了完成共同目标、通力合作的众多企业所结成的组织看成一个企业,那么这个企业是虚拟的,称为虚拟企业。虚拟企业是指一些独立企业为了共同的利益和目标在一定时间内结成的相互协作的利益共同体。显然,供应链可以看成一个虚拟企业,这是供应链的虚拟性。了解供应链的虚拟性,有助于更好地理解供应链成员利益的统一性和行为的协同一致性。

四、供应链的类型

根据不同的划分标准,可以将供应链划分为不同类型。

(一) 按照供应链的稳定性划分

按照供应链的稳定性可以将其划分为稳定的供应链和动态的供应链。当外部环境相对稳定,产品和市场需求相对单一时,供应链的稳定性较强。唯有动态的供应链才能适应变化的环境和复杂的需求。在实际工作中,管理者需要根据环境、产品和需求的变化程度相应地调整供应链的稳定性。

(二) 按照供应链的综合能力与用户需求的关系划分

根据供应链的综合能力与用户需求的关系,可以将供应链划分为平衡的供应链和倾斜的供应链。当供应链的综合能力能满足用户需求,供需基本匹配时,供应链处于相对平衡状态;而当市场变化加剧,供应链的供应能力和市场需求之间的匹配度降低,供应链缺货成本(供不应求)或者库存成本(供过于求)增加时,供应链处于倾斜状态。

(三) 按照供应链的功能模式划分

供应链主要有物理功能和市场调节(中介)功能。按照供应链的功能模式可以把供应链划分为有效性供应链(Efficient Supply Chain)和反应性供应链(Responsive Supply Chain)。当供应链的功能倾向于物理功能,即以最低的成本将原材料转化成零部件、半成品、产品以及降低物流配送成本等为主要功能时,为有效性供应链;当供应链的功能目标主要为市场调节(中介),即对未预知的需求做出快速反应,快速地协调供需,此类供应链一般为反应性供应链。有效性供应链的主要目标是降低实物流动的成本,而反应性供应链的主要目标是快速协调供需的关系,以减少缺货损失。当外部环境稳定、产品及需求变化慢时,有效性供应链更为有效;当外部环境、产品及需求变化快时,反应性供应链更为有效。在实际工作中,需要综合权衡供应链的有效性和反应性,确定供应链的效率与反应程度。

(四) 按照供应链活动的驱动因素划分

根据供应链的驱动因素不同,可将供应链划分为推动式供应链、拉动式供应链和推拉混合式供应链。"推动"模式是传统的有计划地将产品推给用户的供应链运作模式。推动式供应链的运作是通过预测来驱动的,在预测的基础上制定采购、生产、分销及库存计划。"拉动"模式下,供应链的运作源于客户需求的拉动,客户需求是拉动供应链业务的原动力。在拉动式供应链中,零售商通过POS(Point Of Sale)系统及时准确地获取销售时点的信息,经过汇总分析后传给制造商;制造商根据需求情况调整采购、生产计划,并通过信息在上下游企业间的共享实现供、产、销的同步。

如图1-7所示,推拉混合式供应链会有一个推拉的分界点,在分界点之前的作业是通过预测来推动的,而分界点之后的作业则是通过客户需求来拉动的。比如汽车供应链上游的通用零部件的生产采用推动模式,供应链下游的组装、运输等环节则采用拉动模式。推拉式供应链结合了推动、拉动模式的优点,同时规避两种模式可能面临的风险。分界点上游根据需求预测生产标准化、通用程度高的模块化产品或者组件,可以有效发挥规模效应,缩短供应链的响应时间;分界点下游根据最终客户的订单需求选择不同的模块进行组装生产,可以降低成品库存,减少库存损失的同时满足顾客的定制化需求,实现产品的多样化供给。

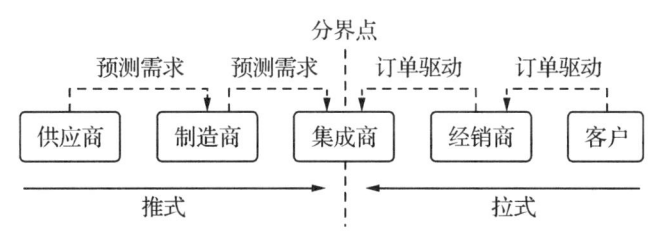

图1-7 推拉混合式供应链示意图

这个分界点往往是一个集成商,是战略库存点。如图1-8所示,根据分界点的位置不同,可以把供应链的运作模式分为按订单设计(Engineer To Order,ETO)、按订单制造(Make To Order,MTO)、按库存生产(Make To Stock,MTS)和按订单组装(Assemble To Order,ATO)等几种形式。为了使供应链在分界点处很好地连接,减少由于预测需求和实际需求的差异所带来的供应链效率的降低,通常要设置库存来减少供需不确定所带来的波动。

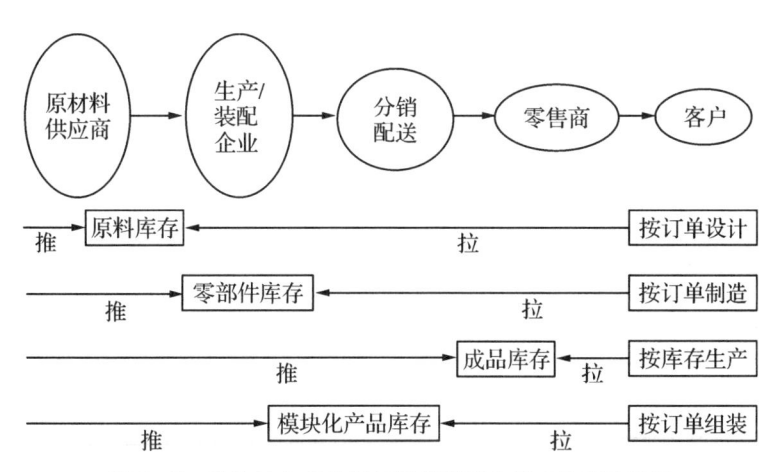

图1-8 推拉结合点位置与供应链运作模式的对应关系

第三节　供应链管理概述

一、供应链管理的概念

1982年,英国物流专家凯思·奥立夫(Keith R. Oliver)和迈克尔·韦伯(Michael D. Webber)在《供应链管理:物流的更新战略》一文中首次提出供应链管理。1989年,美国管理学家格雷厄姆·史蒂文斯(Graham C. Stevens)从集成的角度强调供应链管理包括企业内部集成和企业外部集成。1998年,美国供应链管理专家弗雷德·A.库琳(Fred A. Kuglin)提出了"协调供应链",主张供应链成员企业要"协调对外",为供应链合作伙伴关系管理提供了理论指导。2005年1月,"美国物流管理协会"(Council of Logistics Management,CLM)更名为"美国供应链管理专业协会"(CSCMP),标志着物流管理上升到供应链管理层面。

2006年发布实施的国家标准《物流术语》(GB/T 18354—2006)对供应链管理的定义是:"对供应链涉及的全部活动进行计划、组织、协调与控制。"美国俄亥俄州立大学的全球供应链论坛认为供应链管理是为消费者带来有价值的产品、服务以及信息的,从源头供应商到最终消费者的集成业务流程的管理。这两个定义体现了对供应链全部活动(集成业务流程)的管理。MBA智库的定义为:供应链管理是以市场和客户需求为导向,在核心企业协调下,本着共赢原则,以提高竞争力、市场占有率、客户满意度、获取最大利润为目标,以协同商务、协同竞争为商业运作模式,通过运用现代企业管理技术、信息技术和集成技术,达到对整个供应链上的信息流、物流、资金流、业务流和价值流的有效规划和控制,从而将供应商、制造商、销售商、服务商以及最终客户等连成一个完整的网状结构,形成一个极具竞争力的战略联盟。该定义从导向、目标、商业模式、管理技术等角度界定了供应链管理。

二、供应链管理的内容

对于供应链管理的内容,不同学者的观点、不同企业的做法会有所不同。如图1-9所示,马士华教授提出了供应链管理主要涉及供应、生产、物流和需求四个领域。本书认为:供应链管理的内容主要为在全球信息共享和集成化供应链计划的基础上开展物料的采购供应、产品设计与制造、产品分销及物流交付与顾客需求管理。除此之外,还有贯穿整个供应链的物流、信息流、资金流、业务流、价值流的管理以及合作伙伴关系的协调管理、风险管理和宏观层面的供应链战略管理、供应链网络设计、供应链规划与设计等内容。

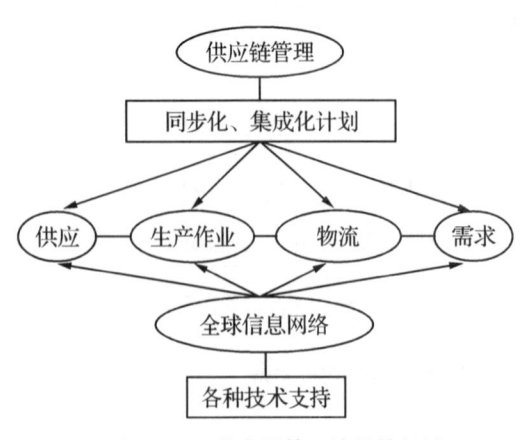

图1-9　供应链管理涉及的领域

三、供应链管理与物流管理的区别

长期以来,很多人将供应链管理和物流管理混为一谈。1998年,美国物流管理协会明确指出:物流是供应链过程的一部分,它是计划、执行和控制从源点端到消费端的快速、有效的货物、服务以及相关信息的存储和流动。中国物流与采购联合会在2004年也明确指出:物流管理是供应链管理的一部分,供应链管理理论的发展对物流业的发展有重要的指导价值。

下面从管理对象、内容、侧重点等方面对两者进行比较。

(一) 管理对象不同

物流管理是对物质实体从供应端到接收端的管理,根据供应主体与接收主体性质的不同,物流管理涉及的范围也会不同。例如,当供应主体是生产制造企业,而接收主体为零售商时,此时的物流管理主要是实物在销售环节流动过程的管理;而当供应与接收主体在一个工厂内部时,物流管理的对象是生产过程中实物流动过程的管理。

供应链管理是对从供应源点到消费终点的将产品及服务提交给最终用户所形成的网链的管理。在供应链网络中,不仅有大量的节点企业,有物质实体、资金、信息在这些节点企业之间流动,还有采购、生产、分销等活动。因此,供应链管理的对象比物流管理的对象要复杂得多。

(二) 管理内容不同

因为管理对象不同,物流管理与供应链管理的内容也会不同。物流管理是对物质实体流动过程的管理。物流实体在流动过程中,涉及运输、储存、装卸、搬运、包装、加工与信息处理等功能要素,所以物流管理的内容首先是对这七大功能要素的管理,当然也会涉及对功能要素相关主体关系的管理。而供应链管理不仅包括对在供应链网络中的节点企业以及在供应链网络中流动的物质实体、信息、资金等的管理,还涉及采购与供应管理、生产作业管理以及分销交付管理等内容。两者都包括宏观层面的网络规划与设计,物流网络规划与设计的内容与供应链网络规划与设计的内容会有明显的不同。

(三) 管理侧重点不同

物流管理侧重企业的局部性能,缺乏从供应链集成化、系统化角度进行管理的手段和措施。供应链管理将每个企业当作供应链网络中的节点,通过紧密的功能协调追求多个企业的全局性能优化。物流管理一般面向操作层,而供应链管理更关心战略性的问题,侧重于全局模型、信息集成、组织结构和战略联盟等方面。

四、供应链管理的目标

企业开展供应链管理的目的是提高供应链的整体竞争力,实现供应链收益的最大化。具体目标有降低供应链总成本、减少供应链总库存、缩短供应链的响应周期以及提高供应链的服务质量等。众所周知,这些目标之间存在冲突,如降低供应链总成本的同时降低了服务水平,减少供应链库存的同时延长了对订单的响应时间。因此,调和这些目标之间的矛盾,实现供应链总绩效的最优化成为供应链管理成功的关键。

(一) 总成本最低

总成本最低并不是指核心企业的成本最低,而是指整个供应链的成本最低。在供应链管理理念下,为了降低核心企业的成本,而增加上下游企业成本的做法并不可取。众所周知,采购成本、运输成本、库存成本、制造成本、交易成本以及供应链关系管理成本等都是相互联系的,且存在效益背反现象(某成本降低的同时其他成本却在增加)。因此,为了有效降低供应链总成本,必须将整个供应链作为一个有机整体,分析其中的浪费和低效率现象,实现实物流动的高效率和供应链成员行动的协同有序,从根本上减少供应链复杂系统的浪费和内耗。

(二)总库存最小

库存是一把双刃剑,它的存在有利也有弊。传统的管理思想认为:库存是维系生产与销售的纽带,是快速响应需求的关键。而现代的精益管理思想认为:库存是不确定性的产物,库存是万恶之源,库存都是浪费。现代供应链管理思想认为:应在综合考虑供应链总成本、响应速度以及服务水平的基础上,将整个供应链的库存控制在一个最优水平。所以,"零库存"反映的是库存目标的理想状态,并不是库存量为零。在传统管理模式下,核心企业为了降低其库存,会利用其竞争优势将库存转移给上游或者下游企业,如果这种转移并没有改善其他目标的绩效,那么很容易导致整个供应链库存水平的增加。因为在维持同一服务水平下,对于总库存而言,分散储存模式会大于集中储存模式。

(三)总周期最短

在全球竞争以及快速变化的时代,时间已成为企业参与竞争的重要武器。在维持成本与服务优势的基础上,对客户需求以及需求的变化做出快速有效的反应,最大限度地缩短从客户发出订单(需求产生变化)到收到货物的总周期是企业在竞争中取得胜利的重要砝码。如图1-10所示,供应链总周期时间包括供求信息传递、产品设计、采购供应、生产制造、内向与外向运输、分销配送以及各环节产品储存等待等时间。图中的周期时间包括物质实体在节点的等待和储存时间。

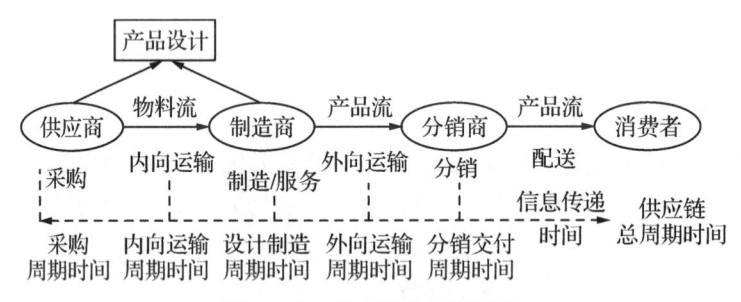

图1-10 供应链总周期时间

(四)服务质量最优

供应链服务质量的好坏关系到供应链的存亡。供应链服务质量水平可从以下几个方面分析:一是顾客订货的可获得性水平,如果缺货水平高,订货的可获得性水平低,那么供应链的服务水平无疑比较低;二是增值服务种类和服务水平;三是对顾客订单的响应速度;四是产品质量水平。如果提供给最终客户的产品或服务存在质量缺陷,就意味着所有成本的付出将不会得到任何价值补偿,供应链的所有业务活动都会变为非增值活动。因此,产品质量也应纳入广义的服务质量范畴。

本章参考文献

[1] 施先亮,王耀球.供应链管理[M].第三版.北京:机械工业出版社,2017.
[2] 黄丽华,唐振龙,袁媛.供应链管理[M].长沙:湖南师范大学出版社,2013.
[3] 邵晓峰,张存禄,李娟.供应链管理[M].北京:高等教育出版社,2013.
[4] 马士华,林勇.供应链管理[M].第四版.北京:高等教育出版社,2015.
[5] 张小兵,徐叶香.论企业的供应链管理[J].商业研究,2002(4).
[6] 刘助忠,李明.供应链管理[M].长沙:中南大学出版社,2021.
[7] 黄吉,张冬.论新经济时代的业务外包[J].物流技术,2002(1).
[8] 胡建波.供应链管理实务[M].成都:西南财经大学出版社,2021.

同步测试题

第二章 供应链管理策略

学习目标

通过本章的学习,应掌握以下知识目标与能力目标:① 了解 QR 和 ECR 两种供应链管理策略产生的背景;② 理解 QR 和 ECR 两种供应链管理策略的内涵;③ 掌握 QR 策略的实施条件与步骤;④ 理解 ECR 策略的四大要素;⑤ 了解供应链管理策略在实施中使用的关键技术手段;⑥ 能辨别实际场景中应用的供应链管理策略;⑦ 能结合产品及需求特点选择供应链管理策略;⑧ 能采取相应的措施实施供应链管理策略。

案例导入

20 世纪 90 年代以来,日本中小型成衣厂商纷纷进入中国及东南亚等国家设厂,日本峻阜地区成衣厂先后将其国内产能转移到中国的上海、江苏南通以及苏州等地。他们采取中低档面料在中国采购,高档面料及辅料则采取来料加工复出口的方式进行,在当地雇用的员工多达 2 万人。随着服装市场全球一体化程度的加剧,服装市场需求变化迅速,流行周期大幅度缩短。时尚性较强的产品一般只有很短的销售期,超过期限,商品价值就会大打折扣。为此,许多日本大型服装生产企业都在进一步扩大海外生产线,实行从生产到零售的一条龙经营方式,自行组织新产品的开发和设计。据日本纺织品进口协会分析,以往熨烫等服装后整理工序一般要在进口到日本后完成,现在日商为降低成本、加快上市周期,开始要求在中国等生产地完成直到最终包装的所有工序,以便在抵达日本后直接上市销售。

资料来源:http://www.ccpittex.com/hwsc/rb/286.html.

问题:1. 日本服装企业将原材料供应及成衣生产地从日本转移到中国和东南亚等地,对产品成本和上市时间有何影响?

2. 高档时装品牌和普通运动品牌是否可以选择同样的策略?

第一节 快速响应策略

一、快速响应策略的产生背景及其发展

（一）快速响应策略的产生背景

20世纪70年代后半期，美国的纤维纺织业出现了大幅度萎缩的趋势，纺织品进口大幅度上升，到80年代初，进口产品几乎占据了美国纺织品市场的50%。面对进口纺织品的激烈竞争，美国纺织服装业一方面通过游说政府以寻求法律保护，另一方面加大现代化设备的投资，以提高劳动生产率。20世纪80年代中期，美国纺织服装业是进口配额限制保护最重的行业之一，也是美国制造业生产率增长最快的行业。尽管上述措施取得了巨大成功，但是纺织服装业的进口商品渗透仍在增加。纺织服装业的先驱们认识到，保护主义措施无法保护美国纺织服装业的领先地位，他们必须寻找新的提高纺织服装业竞争力的方法。1984年，美国84家大型企业结成了"爱国货运动协会"，该协会在积极宣传美国国产品的同时委托库特·塞尔曼公司(Kurt Salmon Ass，KSA)调查、研究提升产业竞争力的方法。

1985—1986年，库特·塞尔曼公司对美国纺织服装供应链进行了调查研究。研究发现：尽管整个产业链的某些环节存在生产效率比较高的现象，但是整个产业链或供应链的效率却非常低。以供应链周转周期为例，纺织服装业的供应链周期约为66周：11周在制造，40周在仓库或运转，15周在商店。在周期如此长的供应链上，各种费用耗费巨大。更重要的是，建立在不精确需求预测基础上的生产和分销因数量过多或过少而造成的损失也非常大。整个纺织服装业的供应链系统的总损失每年可达25亿美元，其中2/3的损失来自零售商或制造商的降价处理以及零售时的缺货。为此，库特·塞尔曼公司建议零售业者和纺织服装生产厂家合作，共享信息资源，建立一个快速响应系统(Quick Response System，QRS)来实现销售额增长。

在这项研究中提出了快速响应(Quick Response，QR)的战略，并推动了快速响应的应用和发展。快速响应是供应商、制造商以及零售商密切合作的战略，目的是减少原材料到销售点的时间和整个供应链上的库存，最大限度地提高供应链整体反应速度。实施快速响应，供应商、制造商以及零售商可以通过POS(Point of Sale)系统信息，联合预测未来需求变化，共同开发新产品和分析新产品营销机会，对消费者的需求做出快速响应。从运作的角度看，供应链上的贸易伙伴需要通过EDI加快信息的流动，并共同重组他们的业务流程，以便使订货期提前和成本最小。纺织服装业快速响应的应用使其供应链周期从66周下降到45周；补货中快速响应的应用使交货提前期从62天下降到15天，降低了75%。

（二）快速响应策略的发展

20世纪80年代末到90年代初，面对强大的市场竞争压力，一些企业开始考虑评估

和重构他们做生意的基本方式,从而产生对供应链物流和信息流的重组活动。20世纪80年代,供应链优化的焦点集中在技术解决方案上,现在已经转变到重组其业务流程以及加强与供应链伙伴的密切合作方面。目前,在欧美地区,快速响应的发展已经跨入第三阶段,即联合计划、预测与补货(Collaborative Planning Forecasting and Replenishment,CPFR)阶段。CPFR是一种建立在供应链伙伴之间密切合作和标准业务流程基础上的经营理念,其研究重点是供应商、制造商以及分销商之间协调一致的伙伴关系,以保证供应链整体计划、目标和策略的先进性。然而,值得重视的是,即使是在快速响应的发源地——美国,如今也有50%以上的零售商不允许别人访问他们的POS扫描数据,而这些数据对于供应商而言则是至关重要的。若供应商得不到POS扫描数据,他们不得不用高库存来应对缺货造成的损失,这大大提高了存货成本,不利于供应链效益的提高。要真正实现CPFR,零售商必须向其供应链上的贸易伙伴开放自己的POS扫描数据。

快速响应策略经过30余年的发展,初期的目标和哲理没有改变。随着市场竞争的加剧和技术的创新,快速响应不断吸收其他战略的长处,并融入先进的生产管理理论和技术,如日本丰田汽车公司的准时化生产、供应链管理理论、互联网技术、客户服务器技术以及卫星通信技术,如今快速响应已是今非昔比。最初,供应链上的每一个实体,如制造商、供应商和分销商都单独发挥作用。因此,如果每个企业都对其贸易伙伴的业务不感兴趣,根本谈不上同其贸易伙伴进行信息共享。随着市场竞争的加剧,企业经营者逐渐认识到应该改进自己的业务系统,提高产品质量,以便为客户提供最好的服务。

快速响应策略提出后,除在纺织服装行业应用外,更被广泛应用到家电类制造企业以及其他行业。快速响应在过去的发展历程中取得了巨大成功,产品的制造商及其供应链伙伴、供应商和分销商通过这一战略为他们的客户提供了更好的服务,同时也减少了整个供应链上的非增值活动,并降低了成本。作为一种战略,快速响应仍然需要不断吸收新思想、新方法以及新技术,这将为供应链上的贸易伙伴——制造商、供应商、分销商和最终客户带来更大的价值。

二、快速响应策略的内涵

通过对快速响应策略产生背景的分析可知,快速响应是在美国纺织服装业发展起来的供应链管理方法,其目的是减少原材料到销售点的时间和整个供应链上的库存,提高供应链的运作效率。快速响应现已应用到商业的各个领域,企业纷纷以快速响应市场需求作为重要的竞争武器。鉴于快速响应的重要性,人们不仅将其作为一种供应链管理方法(策略),更有学者将其提升到供应链战略地位。

对于快速响应概念的界定,不同学者的用词虽然稍有不同,但总体意思基本一致。中华人民共和国国家标准《物流术语》(GB/T 18354—2006)中对快速响应的定义是:"供应链成员企业之间建立战略合作伙伴关系,利用电子数据交换(EDI)等信息技术进行信息交换与信息共享,用高频率小批量配送方式补货,以实现缩短交货周期,减少库存,提高顾客服务水平和企业竞争力为目的的一种供应链管理策略。"该定义阐述了供应链成员企业应通过建立战略合作伙伴关系、信息共享、小批量补货等方式实现供应链的共同目标。要准确理解快速响应的内涵,必须把握以下五点:一是针对动态市场和客户需求开发出来的,以追求供应链运作周期减少为核心的一种管理策略;二是快速响应强调的不仅仅是供应链上各环节反应速度的提高,更重要的是供应链整体反应速度的提高;三是快速响应不仅关注供应链响应时间的减少,同时也注重降低库存、提高服务水平和提高企业竞争力;四是快速响应强调生产系统的响应速度和柔性,通过快速设计和制造产品、小批量配送补货的方式满足不同客户在产品种类和数量方面的要求;五是快速响应需要通过管理变革和先进技术的应用,并依托信息技术实现信息的快速传递和共享来实现。

拓展阅读

2008年,ZARA的销售额超过美国的GAP成为世界最大服装零售商,ZARA以快制胜的法宝在于其经典的极速供应链模式。如表2-1所示,ZARA公司的产品在初版、2次初版、决策、染布以及物流配送等环节花费10天时间,另有5天时间花在裁布、缝制、后整、品检、包装等方面,产品前导时间共计15天,而GAP的产品前导时间则是75天。

表2-1 ZARA与GAP的产品前导时间对比

零售商名称	初版	2次初版	销售样品	订货会	产品决策	染布	裁布	缝制	后整	品检	包装	物流配送
ZARA	2	2			2	2	1	1	1	1	1	2
GAP	10	10	10	8	2	10	1	1	1	1	1	20

三、快速响应的机制理论

(一) 先发优势理论

技术的快速模仿和迅速扩散,使得产品"同质化"速度加快,因而进入市场的速度便几乎成为唯一的竞争优势来源。先发者在资源先取、规模经济与范围经济等方面拥有更多优势,企业更容易在顾客中建立领导者声誉,获取较好的感性认知和分销渠道。

20世纪90年代以来,人类社会步入新经济时代,新经济本质是一种"速度经济"。在这种经济下,"路径依赖""网络外部化""标准市场"成为最普遍的经济现象。在新经济下,企业竞争的逻辑顺序是"抢先—规模",即以时间赢得空间。企业竞争的焦点不在于市场规模和市场结构,而在于其快速的市场反应能力,高市场占有率和有利的市场结构是市场先发的一种结果。

(二) 短周期市场理论

市场从其经营周期的长短来看可以分为长周期市场、标准周期市场和短周期市场三类。短周期市场和标准周期市场的周期时间比较如图2-1所示。在标准周期市场中,产品一般要经过引入期、成长期、成熟期和衰退期四个阶段。而在短周期市场中,产品迅速成长、迅速衰退,在产品进入衰退之前,企

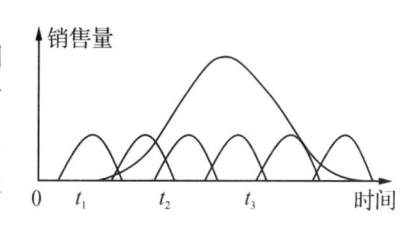

图2-1 短周期市场和标准周期市场的周期时间比较

业就着手进行创新,通过频繁的创新取得长期竞争优势。

短周期市场特征主要表现在以下几个方面:一是产品生命周期日益缩短;二是新产品引入快且成长迅速;三是产品成熟期日趋缩短;四是产品价格时间弹性越来越大,价格的时间弹性是指产品的价格对时间的敏感性,即单位时间内价格的变化幅度,在产品的引入期价格非常高,成长期价格开始下降,到成熟期价格会加速度下滑;五是利润主要来源于引入期和成长期。在动态复杂环境下,产品利润主要来源于引入期和成长期,而在传统的产品生命周期理论中,利润主要来源于成熟期。

和传统的产品生命周期不同,动态复杂市场环境下的产品生命周期理论要求企业通过快速频繁地投放新产品来获得和维持全球市场上的竞争优势,如以经营创新打破市场现状、以反应时间赢得市场空间、以运营速度获取企业利润。

拓展阅读

经济学家里托的研究表明,一种新产品推向市场晚6个月,将导致其整个生命周期内利润降低15%~35%,而且随产品生命周期缩短,相对损失就会越多。公司进入市场的先后与其收益有显著的关系,进入市场时间越晚,潜在总收入的减少就会越多。进入市场的时间和收益关系如表2-2所示。

表2-2 进入市场的时间和收益关系

如果你的公司进入市场晚(月)	6	5	4	3	2	1
在产品生命周期内潜在总收入减少	−33%	−25%	−18%	−12%	−7%	−3%
提前进入市场则收入提高	+11.9%	+9.3%	+7.3%	+5.3%	+4.3%	+3.1%

(三) 时基竞争理论

波士顿咨询顾问乔治·斯托克(George Stalk)和托马斯·豪特(Thomas Hout)在《与时间竞争》一书中指出:"时间是商业竞争的秘密武器,由于反应时间导致的优势将带动其他各种竞争优势。"他们认为,时基竞争是指产品从被生产出来,运到市场并提供给顾客的速度上的竞争,他们号召企业在每一道工序和每一个阶段都要尽量压缩时间。

时基竞争理论认为,企业是一个综合系统,时间是联结各个环节的纽带。各环节特别是制造环节,要求有较长的准备期,这需要企业预测准备期后的需求,并根据预测数据来制订采购、生产以及销售计划。但是,预测数据难免会出差错,准备期越长,预测数据的可靠性越差。当预测误差加大时,存货就会增加,对安全库存的需求也会增加,这会导致企业增加成本,并产生系统的无效率运作。降低无效率运作的有效方法是缩减整个系统的时间消耗,再转过来削减对准备期、销售预测、安全存货的依赖。试想一下,如果企业将各环节的准备期缩减至零,即当下游需求产生时上游立即供给,那么企业的所有决策都不需要根据预测数据来制定,而可以直接根据终端消费者的需求来确定。

学者们研究发现,基于时间竞争的优势主要有:一是内部流转优化,因为要获得时间上的竞争优势,必须缩短各环节的流转时间,流转时间缩短意味着流转优化,意味着企业可以更快地响应市场;二是争取更多客户,因为"时基竞争"可以帮助企业提高时间弹性,即商家能够快速响应消费者眼前的需求,在时间弹性小的情况下也可以满足客户的需求,甚至能提供随叫随到服务;三是为创新提供及时的市场反馈,企业在创新过程中,通过少量快速试错,有助于产品推广,也有助于研发者快速得到反馈,从而调整策略,减少试错成本。例如,20世纪70年代CD机还没有流行时,索尼公司就能远超同业竞争对手MD、AHD,在24个月之内连续推出了8款低价位的CD机,获得200%的市场竞争份额,原因是索尼公司在无市场调研的情况下,率先投放了4款CD机,收到了"市场对于CD机的价格非常敏感"的反馈。

拓展阅读

哈佛学者们曾做过一项调查发现:传统的企业一般会在工厂、仓库、批发、零售等环节耗费大量的产品运输以及信息沟通时间,有些长达19周,导致商家不能够及时响应市场的需求。而沃尔玛则是通过灵活生产体系,优化内部流转,善用时间管理,使得商品可以在1周内翻新2次,从而快速响应市场的需求,使沃尔玛的销售额高出4倍,利润率提升了10个百分点。

(四)动态能力理论

在动态变化的环境中,企业原有的核心能力有可能成为阻碍企业发展的包袱。因为在外部市场环境发生较大变化时,拥有核心能力的企业往往难以发展适应新市场环境的能力,而陷入"惯性陷阱"或"核心刚性"。如图2-2所示,核心刚性理论认为,企业在解决问题时墨守成规,机构的僵化阻碍创新,技术人员的兴趣和能力限制实验的范围,由于对新技术的偏见和过于迁就客户而筛选外部知识,这使得企业的能力更新过程受到抑制,导致出现核心刚性。

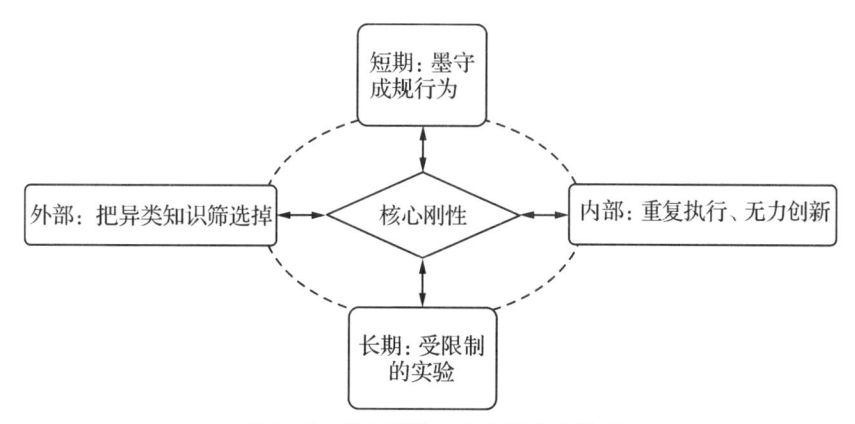

图2-2 核心刚性与企业能力的关系

技术创新速度加快市场的全球化、顾客需求的多样化,企业竞争优势的可保持性越来越低,企业只有不断地快速创新,才能持续成功。而不断快速创新的基础是企业要有动态能力。TEECE等人提出了改变能力的能力即动态能力的概念,并把动态能力定义为公司整合、构建、重新配置内部和外部能力以应对快速变化环境的能力。动态能力是指组织为使产品快速地上市、有效地掌握变化万千的商机，以及持续地建立、调适、重组其内外部的各项资源与智能来达到竞争优势的一种弹性能力。动态能力理论强调改变导向（Change-oriented）能力、快速创新能力、实时反应能力，强调短期竞争优势，强调资源与能力的重整、组合、获取与调适，强调网络型组织；强调本身能力改变的速度与低成本。

四、快速响应的主要影响因素

通过对供应链响应周期时间的分析可知，供应链响应时间包括产品的研发设计时间、原料及零部件的采购、供应及生产时间，成品的生产制造时间，原料、零部件及成品的运输、配送、储存及等待时间，供求信息的收集、处理、传递及等待时间，交易谈判时间等。影响这些时间的因素有很多，下面介绍几个主要的影响因素。

（一）供应链结构

供应链是多个企业相互联合组成的虚拟组织，第一章从不同角度分析了供应链的结构，显然，选择不同的组织结构，供应链对需求的响应时间会有所不同。比如，按照内部模块化和外部延迟化程度的不同，可以将供应链结构划分为刚性结构、柔性结构、模块化结构和延迟结构。由于这四种结构对应的产品设计、生产技术、生产方式以及物流模式等不同，所花费的产品研发时间、生产时间以及物流时间也会有所不同。例如，其他因素相同的情况下，柔性型的供应链比延迟型的供应链、模块型的供应链比刚性型的供应链对动态需求的响应速度相比较快。由于供应链水平层级越多，供应链的响应时间也会越长，因此在其他因素相同的情况下，整树结构比粗短结构、细长结构比链状结构的供应链响应时间相比会更长。

（二）供应链企业间的合作伙伴关系

供应链合作关系（Supply Chain Partnership，SCP）是指为了实现某个特定的目标，在供应链内部两个或两个以上独立成员之间形成的一种协调关系。供应链合作伙伴关系从以下几个方面影响供应链的响应时间：一是影响产品研发及上市时间，因为伙伴关系是影响上下游开展协同研发的关键因素；二是影响信息的收集、处理及传递时间，因为良好的合作伙伴关系是实现终端信息、库存信息以及供应信息共享的基础，也是打通信息孤岛实现信息系统互联互通的前提；三是影响实物在供应链上流动的时间，良好的合作伙伴关系是上游企业为下游企业开展小批量、高频次配送的基础，是减少等待、开展快速运输与配送的条件，是实施供应商管理库存策略以及联合库存管理策略的前提；此外，从长期来看，良好的合作伙伴关系有助于缩短市场交易时间。

（三）供应链信息系统

快速响应作为面向需求的供应链管理策略，信息系统和信息共享是其实施成功的关键因素之一。供应链中各节点间的信息共享，能够有效缩短订货提前期、提高物料在各节点间移动的效率，减少等待时间。现代信息技术和信息系统是快速响应的保障。EDI、MIS、POS等技术及信息系统被广泛应用于供应链系统中。正是现代信息技术的飞速发展，才使供应链快速响应策略得以实现。

(四)供应链的资源状况

供应链中各节点企业的资源配置情况、资源饱和程度以及资源质量直接影响到各节点企业运作周期的长短。经常出现资源缺乏现象的供应链必然出现运营问题,这类供应链不适合采取快速响应策略。供应链中任何一个环节运作周期的延长都会影响下一环节的正常运作导致停滞和等待,最终使整条供应链响应市场需求的时间成倍增长。

(五)供应链产品

供应链中各节点的产品之间都存在密切的联系。如果供应链上节点有高质量的产品输出,则后续节点的产品生产制造过程会比较顺利,否则就会因高返工率而延长该节点对下一节点的响应周期。此外,产品的设计理念及模块化程度同样会对供应链的响应速度造成影响。

(六)供应链系统的柔性

供应链柔性(Flexibility of Supply Chains)是指企业快速而经济地处理生产经营活动中环境或由环境引起的不确定性的能力,它一般由缓冲、适应和创新三种能力构成。缓冲能力是指供应链抵御环境变化的一种能力,即一种"以不变应万变"的能力;适应能力是指当环境发生变化时,供应链在不改变其基本特征的前提下,做出相应调整,以适应环境变化的能力;创新能力是指供应链采用新行为、新举措,影响外部环境和改变内部条件的能力[1]。柔性的供应链有如下特点:一是对市场敏感,即供应链能感知市场的真实需求并对其做出适当的反应;二是管理系统柔性,即计划的弹性和制度的可改变性;三是快速反应,通过网络本身所具有的扩展性或收缩性对内外情况不确定性做出快速有效的反应;四是快速感应,即对由内外事件不确定性所导致的计划偏差能做出即时的感应与调整;五是可操作性或是可执行性,即各成员企业能通过适当的供应链网络资源形式寻找最佳的资源来执行现有的计划;六是学习性,为了在不断变化的内外环境下处于快速的反应状态,要求供应链上的成员企业从异常情况中学习并将所学到的知识融入商业流程。从供应链柔性的概念和特点可知,柔性供应链能快速感知外部需求的变化,能通过提高学习、创新以及柔性的管理和执行能力来对变化做出快速反应。供应链柔性是变化的需求环境下评价供应链绩效的一个重要指标,也是影响供应链响应速度的重要因素。

第二节 有效客户响应策略

一、有效客户响应的产生背景

有效客户响应(Efficient Consumer Response,ECR)是美国食品杂货行业开展供应链体系重构的实践。20世纪80年代以后,在零售商和制造商的关系中,零售商占据主导地位,竞争重心转向流通中心、商家的自有品牌(Private Brand,PB)、供应链效率和POS

---

[1] https://wiki.mbalib.com/wiki/%E4%BE%9B%E5%BA%94%E9%93%BE%E6%9F%94%E6%80%A7.

系统。在供应链内部,零售商和制造商之间为取得供应链主导权的控制权以及不同品牌产品对零售商店货架空间的争夺展开了激烈的竞争。这些竞争使得供应链各环节的成本不断上升并转移给力量较弱的一方。

在这期间,新的零售方式(如仓储商店、折扣店)大量涌现,传统零售商们不得不降低价格参与竞争,这进一步加剧了食品杂货百货业的竞争。传统超市营业者必须寻找新的管理方法以提升自己的竞争能力。此外,由于食品杂货百货业产品的技术含量不高,大量同质化(无实质性差异)的商品投入市场,使制造商之间的竞争趋同化,价格竞争成为主要的竞争手段。过度竞争的环境迫使企业加大诱导性广告和促销活动的投入,以吸引消费者转换品牌,这进一步加大了供应链的成本。过度竞争使企业在竞争时忽略消费者的利益,消费者在高品质、新鲜度、服务等方面的需求被忽视,他们得到的往往是高价、眼花缭乱和不甚满意的商品。在此背景下,无论是制造商还是零售商们,都认识到需要构建新的供应链管理体系,以解决行业过度竞争、浪费等问题,提高行业竞争力。

美国市场营销协会、库特·塞尔曼咨询公司、可口可乐等16家企业组成的联合调查组,对食品供应链进行调查、分析、总结,于1993年1月提出了改进该行业供应链管理的详细报告,在该报告中系统地提出了有效客户响应的概念和体系。经过美国食品市场销售协会的大力宣传,ECR概念被零售商和制造商所接纳,并被广泛地应用于实践。几乎同时,欧洲食品杂货百货业为解决类似问题也采用ECR的管理思想、概念与体系,建立了欧洲ECR委员会,以协调各国在实施ECR过程中的技术、标准等问题。

二、ECR在中国的发展

中国对ECR的关注始于1996年。2001年,中国物品编码中心发起成立了中国ECR委员会,同年7月加入亚洲ECR委员会。中国物品编码中心是我国专门组织、协调、管理我国物品编码与自动识别技术的专门机构,而中国ECR委员会的主要宗旨是引进国际先进的供应链管理运作理念,推广供应链管理新技术和经验,协调制定相关标准并促进其应用。

拓展阅读

宝洁公司是ECR理念引入中国的重要推动者。宝洁在中国力推ECR缘于1997年重组全球销售部门。宝洁改变此前由分销商向零售商供货的方式,重组成立中国宝洁客户业务发展部,由该部门直接向中国的重点零售商供货。宝洁将与大客户合作的客户业务发展团队中的财务、IT、物流、市场、品类与等环节的人员综合组成"联合团队",将"后台部门"推到"前台"直接服务客户,以项目的方式密切宝洁供应链中各个合作伙伴的关系。在美国,宝洁成功的秘诀是利用信息技术强化其核心价值,如通过零售连锁系统获取零售商的销售数据、店铺的实时存货和现金流信息,实现自动补货以减少零售商的缺货损失,帮助零售商提高销售额,同时还通过库存控制达到双赢。20世纪90年代末期,宝洁技术投资所获得的竞争优势并不明显。因为有太多零售商无法实现EDI(电子数据交换),只能采用电话或传真等落后的订货方式,电子商务模式下也面临从不同客户处收集的数据因为分类、格式、类型、长度等方面缺乏统一标准问题。为解决信息技术及信息标准程度低问题,2003年7月底,宝洁公司正式启动中国200家分销商数据交换系统,将宝洁的信息系统与全国各大分销商的综合信息管理系统链接;同时力推 ebXML,相比 EDI,ebXML 除了具有价格更低的优势外,还有跨行业架构和通用性优势。它不再局限于单个企业之间的数据交换,可以实现一对多甚至是多对多。它为复杂供应链内不同行业企业在同一个平台交易扫清了障碍。

早期,ECR 理念在中国推广面临信息技术落后、标准化程度低、物流阻力以及本土企业推进 ECR 的能力不足等问题。一是信息技术落后、信息不畅阻碍零售商和快销品制造商开展有效协作。无法实现 EDI(电子数据交换),采取纸质、电话或传真等交易方式导致出错率与运作成本居高不下。21世纪初期,国外已经娴熟使用电子数据交换、快速响应系统、高效消费者反应系统、品类管理、协作计划、预测和补货等技术手段来改善供应链的绩效,但中国企业还停留在内部信息化建设阶段,比如投资于电子商务、BI、ERP 等,企业在 ECR 所倡导的供应链联合、协作以及加强与上下游的供应链建设等方面的重视和投入不足。二是信息标准化程度低阻碍了食品杂货行业提高效率。随着企业对信息技术重要性认识的深入,企业建设信息管理系统的积极性提高,通过电子商务进行交易的订单占比逐步提高,但从不同客户处收集的数据因为分类、格式、类型、长度缺乏统一标准而无法共享。信息孤岛问题严重影响物流管理和电子商务运作,出错仍然时有发生。例如,由于采购商面对多个供应商,当信息标准不一致时,他们将面临多种产品属性名称、多种数据格式、多种数据接收或交换方式,由此带来居高不下的信息交换成本。当采购商与供应商之间数据不同步,数据信息需要长时间核对,导致新品推出、上架时间延长、供应链延误等问题。由于信息孤岛和信息不畅问题,常常出现"产品在各节点的仓库里积压,消费者在货架上找不到需要的商品;制造商有旺盛的生产能力,零售商却说缺货"的尴尬情况。三是第三方物流阻碍 ECR 的推广。首先,第三方物流企业在不同信息交换技术方面的投入太多,导致积极性不高。由于物流标准和信息技术不一致,第三方物流企业为了满足不同跨国企业的要求,不得不同时使用多种不同的系统和数据连接方式,这导致信息方面的投入成本太高。例如,从2001年开始,宝供先后与宝洁进行了 EDI 连接,与飞利浦又用 XDI 对接,公司内部至少有7种不同的电子数据无线连接方式。其次,对于大量规模小、服务意识、服务质量以及技术软件差的中小物流企业,它们大部分仅能提供单一的运输、仓储和配送服务,很少能提供物流策划、组织以及深入到生产领域开展供应链集成化服务,尤其在行业标准建设方面,更是力不从心。比如,采用一套硬件标准,企业可能要更换所有托盘、货架,最起码5年以后才可能见到效益。面对不成熟的中国物流市场,跨国企业要么带来为自己服务的国外第三方物流公司,要么花时间和成本改造中国物流企业,这些对 ECR 理念在中国的快速推广都会产生不利影响。四是中国制造与零售商们对 ECR 重要性的认识不足,一个主要表现是他们参加 ECR 大会的积极性远低于宝洁、沃尔玛等国外巨头。以2008年在北京举办的中国 ECR 大会为例,当时参会的有零售商、制造商、零售科技/IT 公司、咨询公司和物流公司等领域的公司近百家,但居于主体和领导地位的却是乐购、宝洁、集保等国外巨头,国内零售商和快销品制造商的影响力明显不足。

最近几年,随着 ECR 理念推广的深入,中国 ECR 大会的影响力越来越大,对供应链管理领域前沿、热点问题的关注、分享以及研究成果,对中国供应链管理领域的改革和创新发挥了越来越重要的推动作用。中国企业在 ECR 方面的投入和改革力度逐年加大,中国本土企业参加 ECR 大会的积极性以及在大会中发挥组织和领导的作用都在逐年提高,在亚洲 ECR 大会获奖的中国案例也越来越多。

拓展阅读

至 2021 年,中国 ECR 大会已经成功举办了 18 届。中国 ECR 大会作为中国 ECR 委员会打造的年度盛会,服务中国快速消费品和零售行业的发展,成为既有行业风向标的年度盛会。中国 ECR 大会在推进中国 ECR 进程,引进并分享国内外先进的 ECR 经验,关注和推广前沿的供应链管理理念,提升中国供应链管理水平等方面发挥了重要作用。表 2-3 简单介绍了最近四届 ECR 大会的情况。

表 2-3 最近四届 ECR 大会的基本信息

中国 ECR 大会届数	举办时间 举办地	主 题	ECR 理念
第十八届	2021 年 杭州	优数字化生态 享智慧化生活	坚持绿色发展驱动,推动产业转型升级;坚持数字赋能,推动经济高质量发展;坚持标准引领,推动现代供应链体系建设
第十七届	2019 年 青岛	数字协同 新智零供	用数字赋能,以协同创新,打造新时代下零供合作的智慧供应链,高效响应消费者的多元化需求
第十六届	2018 年 重庆	云·链 重塑零供新关系	将云计算、区块链、大数据等技术发展的成果与智能化的现代供应链的特点充分结合,通过重塑零供新关系,满足消费者不断产生的新需求
第十五届	2017 年 杭州	创新 融合 打造智慧供应链	技术可以帮助零售企业提升体验,优化效率,扩大利润空间。企业应重视技术对行业的塑造,重视技术在智慧供应链建设中的作用

2019 年第十七届中国 ECR 大会上,中国 ECR 委员会联合主席、中国物品编码中心主任张成海总结了中国 ECR 委员会作为 ECR 工作的组织者和推动者所取得的成绩:一是作为择业标准化的推动者,ECR 把标准化作为快速响应和提高效率的重要手段,把统一的物品编码作为企业之间信息互联互通的基础,从早期单个商品外包装的标准化到雏形单元标准化、物流托盘标准化,再到供应链标准化和商品数字标准化,推进了整个零售行业使用符合国家标准的商品条码,助力物流企业积极采用物流码等,组织近百家消费品企业共同发出中国零售业联合倡议,为全行业采用全球统一的信息格式,解决信息不标准或信息孤岛问题,为实现商品在供应链各个环节信息交换和互联互通发挥了十分重要的促进作用。二是作为供应链优化的发起者,在企业采用标准化的商品外箱条码,提高先码普及率,提高发货自动化水平,提升消费者购物满意度,帮助行业发展单元化流通,提高供应链信息化自动化水平,降低物流成本,提升供应链竞争力等方面发挥了重要作用。三是作为商品数字的倡导者,从 2010 年起,推动了国内大型电商平台率先使用商品数据信息

系统,提高了网购商品的容缺性、完整性,提升了消费者的购物体验。倡议电商企业发起电商引用商品条码,组织企业共同举办商品数字化倡议活动,规范供应链上下游企业商品数字化应用,促进贸易伙伴之间的数据互通、信息互连、业务互促,对推进我国商品数字化和电子商务的快速发展发挥了重要作用。

三、ECR 的内涵

ECR 是一种理念,通过供应链贸易伙伴之间的密切合作,提高供应链运作效率,降低企业成本,给消费者创造更多的价值,提供更好的服务。ECR 理念倡导以高效率满足消费者的需求为核心,以零供协作、推进全行业协同创新、标准化、信息化发展为手段,提高整个食品杂货供应链的效率(而不是单个环节的效率),达到降低整个供应链体系的运作成本、库存储备和为客户提供更好的服务。

有效客户响应是一种在食品杂货分销系统中,为降低、消除分销商与制造商体系中不必要的成本和费用,为客户带来更大利益而进行密切合作的一种供应链管理策略。

我国国家标准《物流术语》(GB/T 18354—2006)中对有效客户响应的定义是:"以满足顾客要求和最大限度降低物流过程费用为原则,能及时做出准确反应,使提供的物品供应或服务流程最佳化的一种供应链管理策略。"

四、ECR 的四个核心要素

ECR 活动是一个过程,这个过程主要由贯穿供应链各方的四个核心过程组成,ECR 和供应链过程如图 2-3 所示。

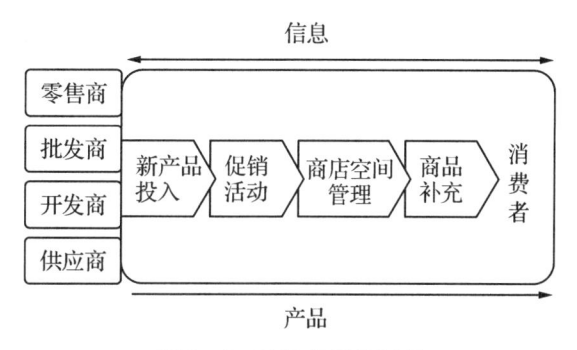

图 2-3 ECR 的运作过程

ECR 的这四个关键过程对应 ECR 的四大核心要素:有效的新产品导入、有效的促销、有效的店铺空间管理、有效的补货。

(1) 有效的新产品引入(Efficient New Product Introduction)。一方面通过制造商共享零售店铺的 POS 数据和信息,以根据及时可靠的消费者需求变化数据开展新产品研发;二是让上游的供应商参与研发和让下游的零售商参与新产品的设计、试销和试用,以提高新产品上市成功率,缩短新产品上市时间。

(2) 有效的促销(Efficient Promotions)。它是指上下游企业加强合作,简化传统的复杂的贸易关系,减少无实质性差异的商品广告等诱导性促销活动,通过顾客数据库营销,精准化促销活动的目标顾客,提高促销效率;减少预先购买和转移购买、供应商库存及仓储费用。总之,消除无效的环节和无效的活动,降低成本,为消费者提供更多的让渡价值。

（3）有效的店铺空间管理(Efficient Store Assortment)。了解顾客购买行为和偏好,定期适当调整商品的分配空间,有效地利用店铺空间和店内布局,在合适的时间,将合适数量的商品在合适的位置展示出来,提高店铺商品种类对顾客的吸引力,最大限度地提高商品的获利能力。

（4）有效的补货(Efficient Replenishment)。通过POS数据共享、电子数据交换、连续补货计划(CRP)、计算机辅助订货(CAO)和电子订货系统(EOS),实现及时准确的补货,以缩短补货提前期和补货成本。

第三节　供应链管理策略的选择与实施

一、供应链管理策略的选择

（一）快速响应策略与有效客户响应策略的比较

1. 快速响应策略与有效客户响应策略的不同点

QR是在美国纺织行业发展起来的供应链管理策略,其主要目标是对客户的需求做出快速响应。ECR则是在美国食品杂货行业发展起来的供应链管理策略,其主要目标是降低供应链各环节的成本,提高供应链的运作效率。食品杂货业与纺织服装行业经营产品的特点不同,面临的需求和市场竞争方式不同,供应链运营策略也不相同。纺织服装业经营的产品多属创新型产品,每一种产品的生命相对较短,大批量生产与订购容易导致呆滞库存,存货持有成本较高;创新型产品对应的市场需求不稳定,需求预测准确度低,根据预测进行供应链计划的风险太大;加快新产品研发,不断推出新品,加快对不断变化的需求的响应速度是企业参与竞争的主要手段。而杂货业经营的产品主要是一些功能型产品,每一种产品的生命相对较长(生鲜食品除外),存货持有成本相对较低;市场需求相对比较稳定,需求预测准确度相对比较高,根据需求预测所做出的供应链计划的可靠性相对比较好;市场竞争激烈,价格竞争是主要的手段,价格竞争导致行业利润空间比较低,较低的供应链运营成本是企业参与供应链竞争取得竞争胜利的法宝。因此,两种策略在产生背景、适用行业特点、主要目标与手段方面存在不同。

2. 快速响应策略与有效客户响应策略的共同点

二者的共同特征表现为都是超越企业之间的界限,通过供应链成员的合作来追求供应链竞争力的提高。具体表现在以下几个方面：

一是这两个策略都是行业环境变化的产物。无论是纺织行业还是食杂行业,都面临新的竞争者加入,行业竞争加剧问题;都面临行业增长速度放慢,必须变革才能生存发展的问题;都面临零售商和供应商之间交易平衡发生了变化,交易平衡的重心越来越偏向零售商的问题。二是共同面临贸易伙伴之间的不协调关系而需要加强密切合作。在引入QR和ECR之前,两个行业都陷入了同样的困境:供应商和零售商或批发商之间的关系恶劣,供应链内部竞争带来内耗严重,忽视了企业经营的本质——满足顾客的需要。三是都需要通过供需合作提高供应链的竞争力,虽然两者关注的重点不同,一个是提高响应速度,另一个是降低成本提高供应链的效率,但两者的终极目标都是通过成员的合作提高供应链的竞争力。四是共同的信息技术、物流技术的支持,无论是QR还是ECR,都需要供应链成员企业在信息技术、物流技术方面进行较多的投入,所采用的技术手段基本相同。

(二)供应链管理策略的选择

企业在选择供应链管理策略前必须重点考虑以下因素:

一是产品的类型。按照美国沃顿商学院的马歇尔·费希尔教授的观点,按照产品的需求特征可将产品分为功能型产品和创新型产品。一般来说,功能型产品的边际利润比较低、需求比较稳定。超市所销售的牙膏、方便面、大米等大部分产品都属于功能型产品,这类产品的存货持有成本相对较低。创新型产品是指那些满足客户个性化需求或时尚需求的产品。这些产品的更新换代速度比较快,边际利润相对较高,需求极不稳定,存货持有成本较高,如流行的服饰、电子产品等。表2-4比较了两种不同类型的产品之间的主要区别。

表2-4 两种不同类型产品的比较

产品特征	功能型产品	创新型产品
产品寿命周期	长于2年	1~2年
产品的多样化程度	较低	很高
边际贡献	5%~20%	20%~60%
预测的误差率	10%	40%~80%
平均缺货率	1%~2%	10%~40%
季末降价率	0	10%~25%
按订单生产所需的提前期	较长,6个月~1年	较快,1天~2周

对于功能型的产品,在供应链运营时应重点考虑实物流动的效率,通过降低实物流动的成本来提高供应链的竞争力。对于此类产品而言,有效响应的供应链是比较理想的选择。而对于创新型产品而言,供应链运营关注的重点应该是协调供需关系,通过更快更好地推出新产品,以满足并引导顾客的需求才是关键。通过快速反应的供应链把握市场先机,减少缺货和库存损失是明智的举动。此类产品所对应的供应链宜在合作伙伴关系、信息传递速度、物流配送速度等方面加大投入,以快速响应需求。

二是存货持有和缺货成本的高低。对于同一大类产品而言,在选择具体的供应链管理策略时,还应综合考虑该产品的存货持有成本和缺货成本的高低。以新鲜农产品为例,高档易腐的新鲜水果(如草莓、车厘子)、叶类产品以及海产品的存货持有成本和缺货成本,明显高于中低端不易腐烂的水果(如苹果、梨子)、根茎类产品(如土豆、莴笋)和干货类产品。由于存货持有成本和缺货成本不同,供应链的运营策略也应有所不同。高档水果、海鲜等产品,应通过上游对下游需求的快速反应,降低供应链上的存货持有成本和缺货成本。为此,供应链上下游应建立战略伙伴关系,应充分应用信息技术实现信息的快速流动与共享,实施小批量、高频次的持续补货策略。而对于普通的存货持有成本和缺货成本相对比较低的农产品而言,适当提高单次采购的批量,上下游建立适宜的合作关系,在信息技术方面进行适当的投入,在满足顾客需求的情况下尽可能降低供应链成本是比较有效的做法。对于缺货成本比较高但是存货持有成本比较低的产品而言,可以通过大批量补货策略来减少缺货损失,相比两者都高的产品而言,此类产品的供应链响应速度也可以相对较慢。而对于存货持有成本比较高、缺货成本比较低的产品而言,这类产品的供应链运营,应权衡响应速度方面的投入与缺货损失的高低,相对两个成本都低的产品而言,宜适当加快响应速度,通过适当的速度来换库存。供应链管理策略与存货缺货成本的匹配关系,如图 2-4 所示。

图 2-4 供应链管理策略与存货缺货成本的匹配关系

二、快速响应策略的实施

通过对快速响应供应链策略产生背景的分析可知,构建快速反应的供应链,其主要目的是缩短供应链响应周期,减少存货和缺货损失。为实施快速响应策略,企业应聚焦于减少需求响应时间的策略。如图 2-5 所示,企业可以从以下角度入手,实施快速响应策略。

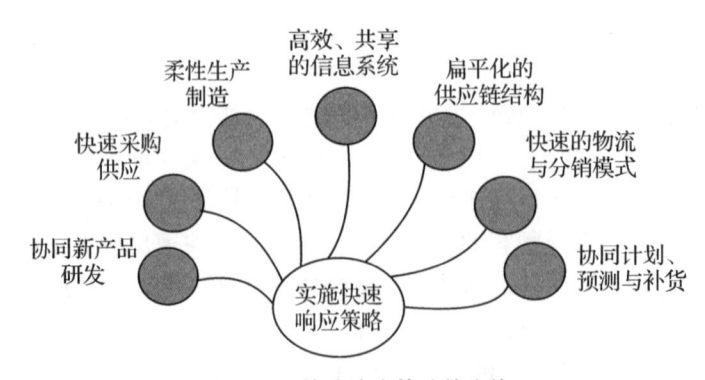

图 2-5 快速响应策略的实施

首先,为实施快速响应策略,应缩短新产品研发时间,加快新产品上市的速度,为此,供应链上下游企业应发挥其在原材料、生产制造、顾客需求等方面的独特优势,开展协同研发,以缩短新产品的研发时间,提高新产品研发成功率;其次,通过协同计划、预测与补货系统,提高需求预测的准确性和供应链计划的有效性,实施小批量、快速的订货、补货;第三,为缩短采购与供应时间,应采取电子化的、自动化的小批量的采购模式,充分发挥电子订货系统、电子转账系统、自动结算系统的作用;第四,建立柔性化的生产制造系统,采用多品种、小批量生产模式,缩短产品的生产周期,充分发挥定制化生产、模块化生产模式的作用;第五,应用现代信息技术,建立高效、共享的信息系统,应充分发挥条码技术、信息识别技术、电子数据交换技术以及各种数据共享技术的作用,缩短信息获取、处理、传递以及共享的时间,发挥信息对供应链管理决策的作用;第六,缩短供应链的长度,构建扁平化的供应链结构,以减少实物和信息在供应链中流转的环节;第七,应用现代分销与物流技术,构建快速的物流与分销系统,发挥供应商管理库存(VMI)、越库配送(CD)、连续补货计划(CRP)、多品种小批量配送以及现代分销模式的作用,以缩短实物流动的时间和商品在供应链节点的等待时间;最后,需要强调的是,所有这些细分策略的实施,都离不开供应链成员的战略伙伴关系,因此,实施快速响应策略,供应链成员企业首先应缔结战略伙伴关系。

三、有效客户响应策略的实施

(一)有效客户响应的实施原则

实施供应链 ECR 应坚持以下原则:一是较低成本原则。在满足客户在产品种类、质量、服务等方面基本需求的基础上,致力于降低供应链运营的总成本,提高产品的价格竞争力。二是带头人原则。实施 ECR 必须由商业带头人启动,该商业带头人应决心通过代表共同利益的商业联盟取代旧式的贸易关系,以实现供应链成员企业的协同合作。三是适宜的信息技术原则。实施 ECR 必须利用准确、适时的信息以支持有效的市场、生产及物流决策。在考虑信息获取、加工、分享及时性的同时要兼顾成本。四是不断增值原则。实施 ECR,在应用物流技术、信息技术时,要尽可能减少浪费、压缩成本,确保产品在供应链上从上往下流转时不断增值。五是必须采用通用一致的工作措施和收益系统。该系统注重整个系统的有效性(即通过降低成本与库存以及更好的资产利用,实现更优价值),清楚地标识出潜在的收益(即增加的总值和利润),促进对收益的公平分享,确保成员企业共同获利。

(二)有效客户响应策略的实施技术

实施供应链 ECR,需要将条码、扫描技术、POS 系统和 EDI 集成起来,在供应链(由生产线至付款柜台)节点之间建立一个无纸系统,以确保产品能不间断地由供应商流向最终客户。组成 ECR 系统的技术要素主要有信息技术、物流技术、营销技术和组织革新技术,ECR 系统技术构成如图 2-6 所示。

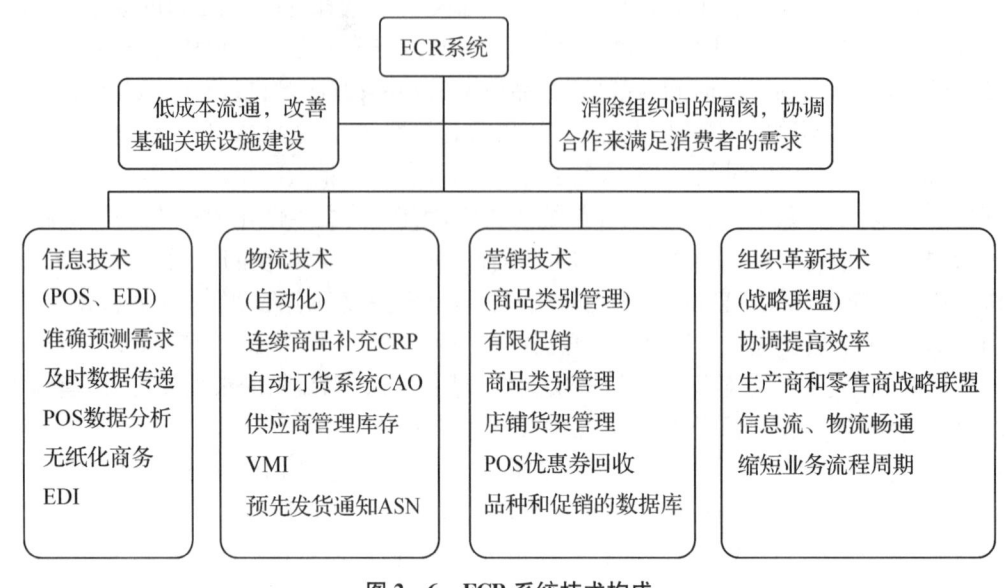

```
                          ECR系统
            ┌───────────────┴───────────────┐
     低成本流通，改善                消除组织间的隔阂，协调
     基础关联设施建设                合作来满足消费者的需求
```

信息技术	物流技术	营销技术	组织革新技术
(POS、EDI)	(自动化)	(商品类别管理)	(战略联盟)
准确预测需求	连续商品补充CRP	有限促销	协调提高效率
及时数据传递	自动订货系统CAO	商品类别管理	生产商和零售商战略联盟
POS数据分析	供应商管理库存	店铺货架管理	信息流、物流畅通
无纸化商务	VMI	POS优惠券回收	缩短业务流程周期
EDI	预先发货通知ASN	品种和促销的数据库	

图 2-6　ECR 系统技术构成

拓展阅读

2017年第十五届中国 ECR 大会上中国连锁经营协会副秘书长彭建真提出：企业要关注消费者变化，特别是消费结构和消费素养的变化；要重视满足消费者需求和提升效率；强调一定要关注未来零售技术对行业的塑造。彭秘书长指出，技术可以帮助零售企业提升体验，优化效率，扩大利润空间，并介绍了零售技术优化体验的四个例子。第一个例子是迪卡侬将 RFID 应用在 30 多个国家的生产领域，实现盘点、防损、收银结账等方面的体验优化。以前每年请第三方盘点公司进行盘点，现在通过应用 RFID 可以自己轻松盘点；以前防损是零售商头痛的问题，使用 RFID 标签比传统标签的保护高得多，能够有效降低商品损失率；使用 RFID 标签，收银台和结账的流程也更加便利。第二个是天虹通过专柜付款和手机自主收银降低成本的例子。以前在百货店买东西都是专柜购买，去收银台缴费。天虹通过改造，可以在专柜直接缴款。已改造了 800 个专柜收银，大概节约了 1 000 万元的成本，2017 年又开始推出手机自主收银，这些技术都极大地降低了成本，提高了效力。第三个是永辉超市的自助收银，永辉超市在全国各地采用自助收银，一个人可以看三五台机器，在降低成本提高收银速度方面取得了很好的效果。第四个是京东的智慧供应链。京东实现 80% 以上的商品自动定价、自动选品、自动补货，从根本上杜绝腐败。腐败是零售企业非常难以防范的问题，智慧供应链技术的应用极大地提高了企业的效力。

（三）有效客户响应策略的实施方法

1. 为变革创造氛围

对大多数组织来说，改变对供应商或客户的认知，即从敌对态度转变为将其视为同盟,将比实施供应链 ECR 的其他相关步骤更困难,花费时间更长。创造实施 ECR 的氛围,需要供应链企业进行内部教育以及改善通信技术和设施,同时也需要采取新的工作措施和收益系统。但公司或组织必须首先具备言行一致的强有力的高层组织领导。

2. 选择初期供应链 ECR 同盟伙伴

对于大多数刚刚实施供应链 ECR 的公司来说,建议成立 2~4 个初期同盟。每个同盟都应首先召开一次会议,来自各个职能领域的高级同盟代表将对供应链 ECR 及怎样启动供应链 ECR 进行讨论。然后成立 2~3 个联合任务组,专门致力于已证明可取得巨大效益的项目,如提高货车的装卸效率、减少损坏、由卖方控制的连续补库等。

3. 开发信息技术投资项目,支持供应链 ECR

虽然在信息技术投资不大的情况下就可获得供应链 ECR 的许多利益,但是具有很强的信息技术能力的公司要比其他公司更具竞争优势。

那些作为供应链 ECR 先导的公司预测:在五年内,连接它们及其业务伙伴之间的将是一个无纸的、完全整合的商业信息系统。该系统将具有许多补充功能,既可降低成本,又可使人们专注于其他管理以及产品、服务和系统的创造性开发。

本章参考文献

[1] 刘助忠,李明.供应链管理[M].长沙:中南大学出版社,2021.
[2] 宋华.物流供应链管理机制与发展[M].北京:经济管理出版社,2002.
[3] 张成海.供应链管理技术与方法[M].北京:清华大学出版社,2002.
[4] 马士华,林勇,陈永祥.供应链管理[M].北京:机械工业出版社,2000.
[5] 黄吉乔,张冬.论新经济时代的业务外包[J].物流技术,2002(1).
[6] 黄丽华,唐振龙,袁嫣.供应链管理[M].长沙:湖南师范大学出版社,2013.
[7] 胡建波.供应链管理实务[M].成都:西南财经大学出版社,2021.

同步测试题

第三章 供应链需求管理

学习目标

通过本章的学习,应掌握以下知识目标与能力目标:① 了解供应链需求的含义;② 理解供应链需求预测的概念、作用和特点;③ 了解供应链需求预测的定性预测方法:专家预测法、部门主管讨论法、销售人员意见法等方法;④ 掌握供应链需求预测的定量预测方法:时间序列分析法和因果关系分析法;⑤ 了解供应链需求预测风险管理。

案例导入

美国纽约有一个"失败产品博物馆",里面展出的"失败产品"高达 8 万多件,其中不乏很多大公司的产品,有的功能强大,有的造型新奇。博物馆提供了这样一组数字:美国每年推向市场的新产品达 54 000 多种,而真正受到消费者青睐的只有 20%,产品失败的原因有很多种,但最主要的原因就是产品功能与消费者的需求相去甚远。"失败产品博物馆"里的"失败产品"是典型的没有很好地实施需求管理的方法来指导产品开发的例证。

需求管理,甚至基于需求的产品开发对企业来说至关重要。那么在竞争日益激烈的今天,企业如何进行有效的需求管理才能具有竞争优势?本章将从供应链的需求管理方面给予解答。

第一节 供应链需求概述

一、供应链需求的含义

供应链的存在、优化与重构,都是基于一定的市场需求。及时、准确地获取不断变化的市场需求信息,并快速、高效地满足顾客的需求,是供应链能够成功的关键。一般来说,供应链的运作是在客户订单的驱动下进行的,由客户订单驱动企业的产品生产,产品生产又驱动采购订单,采购订单向上驱动供应商。在订单驱动的供应链运作过程中,各企业之间需要密切配合,需要努力以最小的供应链总成本最大限度地满足用户的需求。这使得供应链不仅是一条连接供应商到用户的物流链、信息链、资金链,而且是一条增值链,物料在供应链上因加工、包装、运输等过程而增加其价值,给相关企业带来收益。

在供应链的整个计划运作中,供应链需求预测是进行供应链管理的首要任务。供应链需求预测是制订供应链需求与供应链计划以及进行供应链库存计划与控制的前提。

二、供应链的需求预测

需求预测是根据客观事物过去和现在的发展规律,借助科学的方法对产品和服务未来一定时期内的预期需求进行评估。需求预测的目的在于通过充分利用现在和过去的历史数据,考虑未来各种影响因素,结合本企业的实际情况,运用合适的预测方法,从而制订需求计划,指导生产计划安排、原材料或商品订货、库存控制、必要设施的配合等工作。

(一)需求预测在供应链管理中的作用

对于任何一个管理者而言,对未来市场情况的预测和判断都是必要的。准确的需求预测会给供应链带来丰厚的利润,而糟糕的需求预测则会给供应链管理带来很大麻烦,甚至导致供应链管理的失灵。

需求预测的作用可以归纳为以下两个方面:

(1)为供应链战略决策提供参考。供应链的战略决策对供应链中所有企业的生产和发展都具有极为重要的意义,而战略决策的前提是对市场当前和未来发展趋势有一个明确的判断。供应链管理者应该时刻对市场发展方向、顾客需求进行判断和预测,然后决定是应该提高供应链的响应速度,还是应该改变供应链的产品。

(2)为供应链运作计划提供依据。对于任何一条供应链来说,管理者都会编制一系列详细的计划,如需求计划、销售计划、生产计划、配送计划以及相应的财务计划。而这一系列计划的初始来源就是对市场需求的预测。例如,供应链管理中的推式流程和拉式流程,不管是推或拉,供应链管理者必须进行的第一步都是预测顾客的需求是多少。预测的结果影响供应链决策,精确的预测可以让企业的供应链更好地响应以及更好地服务于顾客。所以,做好预测工作起着至关重要的作用。

另外,供应链中的需求预测与库存管理之间是息息相关的,需求预测的结果最终会落到库存这一实体之上。库存管理常常要求管理者对固定时间间隔之内的需求数量做出预测,同时,预测工作也为库存控制提供重要信息。

(二)供应链需求预测的特点

尽管供应链管理者对市场需求预测有着丰富的经验,但也会因为种种突发情况而导致预测的失败,毕竟实现精确的预测是极其困难的。

供应链需求预测具有以下特点:

(1)预测通常是不够准确的。现代企业的生产和库存计划一般都是在销售季节之前进行需求预测的,即使预测的方法再好,其结果相对于现实来说也都是不准确的,或者说需求的不确定性总是存在的。另外,科学技术的进步加大了需求的不确定性。现代科学技术的进步加快了新产品的研发过程,一方面使产品的生命周期缩短,另一方面又增加了产品的多样性，这加剧了需求的变化，使预测难度增加。

（2）预测的时间周期越长，预测的误差越大，其可信程度越低。长期预测通常没有短期预测准确。其原因主要有两个方面：一方面，随着时间的推移，不确定因素会更多；另一方面，根据短期预测结果进行长期预测会造成误差逐渐累积，长期预测的偏离度也会加大。

（3）综合预测通常比独立预测准确得多。综合预测可以综合定性宏观分析预测和微观预测模型，对市场需求转向和产品需求量的预测比较可靠；综合预测可以通过联合供应链上、下游企业的预测数据，对市场的具体需求预测进行修正。这在原材料、零部件的需求预测方面具有较高的精度。

（4）越靠近上游或距离顾客越远，预测误差越大。从供应链末端（顾客处）到供应链上游企业的订单，预测会被层层放大。在没有一个透明的信息传输系统和信息共享机制的供应链体系之中，供应链越长，越远离终端顾客需求的企业，需求预测的误差就越大。供应链预测误差的累积最终会造成供应链各个环节上频繁出现库存积压或者缺货的现象，从而极大地影响供应链的运营绩效。

（三）供应链需求预测的基本步骤

供应链需求预测应遵循以下五个基本步骤，如图3-1所示。

1. 明确预测目的

这一步骤包括预测结果的用途、预测的时间跨度等，据此可确定预测所需的信息和投入。

2. 选择预测方法

应充分考虑预测目的、时间跨度、需求特征等因素对预测方法的影响。

3. 收集和分析数据

根据预测目的，收集和分析所需的数据。例如，在进行区域物流需求预测时，需要收集区域国民经济和社会发展的资料、历年各种运输方式的运输量和周转量的资料、区域经济发展和生产力布局的资料等。

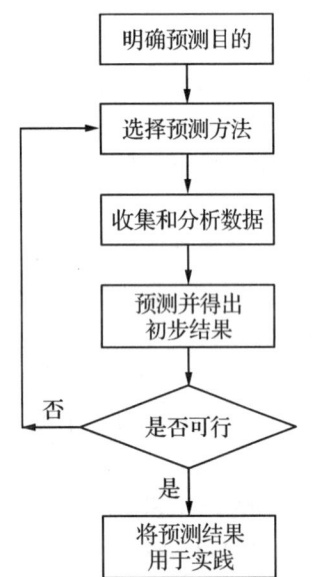

图3-1 供应链需求预测流程图

4. 预测并得出初步结果

分析收集的数据规律，采取合理的预测模型与方法，进行需求预测，得出初步结果，然后对初步结果进行检验，判断初步结果是否可行，若不可行，则对某些环节进行调整后重新预测，直至得到满意的预测结果。

5. 将预测结果用于实践

在预测的整个过程中，应该对预测的全过程进行监控，以便对预测结果进行恰当的评估，必要时可对某些环节进行调整，再重新进行预测。

第二节 供应链需求预测的方法

一、需求预测方法及影响因素

(一) 需求预测方法类别

尽管需求预测本身困难重重,但管理人员仍需在正确的供应链管理中很好地利用预测。目前有许多不同的预测工具和方法,大体可以分为以下四大类:

(1) 涉及专家意见收集的判断方法。
(2) 涉及消费者行为的市场研究方法。
(3) 通过过去的结果预测未来结果的数学方法,即时间序列方法。
(4) 基于大量系统变量进行计算的数学方法,即因果方法。

(二) 影响因素

值得提出的是,在对需求进行预测之前,供应链管理者应该做好充分的"课前准备",对可能影响市场需求的因素进行广泛的收集。

以下这些影响因素应该被充分收集:

(1) 宏观经济数据。
(2) 市场需求风向。
(3) 所涉及的未来时间跨度。
(4) 可获得的历史需求数据。
(5) 竞争者的当前和未来动向。
(6) 可供支持预测的市场调研或试验资金。

当影响未来需求的因素都被考虑之后,接下来就是选择合适的需求预测方法。

二、定性预测法

定性预测法也称经验判断法,主要是利用市场调查得到的各种信息,根据预测者个人的知识、经验和主观判断,对市场的未来发展趋势做出估计和判断。这种方法的优点是时间短,费用省,简单易行,能综合多种因素;缺点是主观随意性较大,预测结果不够准确,尤其是缺乏对需求变化的精确描述。当企业对预测对象的数据资料掌握不充分或缺乏历史数据(如新产品开发之前的需求预测)、预测影响因素复杂且难于进行定量预测时,这种方法可以优先采用。定性预测法主要包括专家预测法、部门主管讨论法、销售人员意见法等方法。

(一) 专家预测法

专家预测法,就是运用专家的知识和经验,考虑预测对象的社会环境,直接分析研究和寻求其特征规律,并推测需求的一种预测方法,又称专家调查法。

这一方法认为通过沟通和公开地分享信息,专家们能够达成一个较好的预测。这些专家可以是外来的专家,也可以是企业内部各职能领域的专家。专家预测法主要包括专家会议法和德尔菲法两种方法。

1. 专家会议法

在进行需求预测时,为了达成多数人的一致,可以考虑使用专家座谈。专家会议法,也称专家座谈法,是指由有较丰富知识和经验的人员组成专家小组对预测对象进行座谈讨论,互相启发、集思广益,最终形成需求预测结果的方法。

采用专家会议法进行需求预测应注意三个问题:首先,选择的专家要合适,即专家应该具有代表性,人数要适当;其次,预测的组织工作要合理,会议组织者最好是需求预测方面的专家,应该提前向与会专家提供有关的资料和调查提纲,精心挑选会议主持人,使每一位专家都能够充分发表意见;最后,要注意记录和整理各位专家的意见,进行科学的归纳和总结,进而得出科学的结论。

做一做

A公司采用专家会议法,请3位部门经理对下个月的产品需求量进行预测,其结果如表3-1所示。

表3-1 A公司产品需求量预测值

部门经理	最高值	概率	最低值	概率	期望值
A	5 800	0.9	5 500	0.1	5 770
B	6 000	0.7	5 500	0.3	5 850
C	5 400	0.8	5 200	0.2	5 360

考虑3位部门经理在企业的地位、作用、工作经验和权威性的不同,在实际预测时可以酌情赋予不同权重,比如A经理赋权1.5,B和C经理赋权都为1,此时

$$综合预测值 = \frac{5\,770 \times 1.5 + 5\,850 \times 1 + 5\,360 \times 1}{1.5 + 1 + 1} = 5\,676(元)$$

2. 德尔菲法

德尔菲法是另一种专家预测法,它是一种结构化技术,能使一组专家达成一致,却不需要召集这些专家到一起。这种方法可以避免专家组中个别有很强影响力的人主导整个决策过程(专家会议法中常见)。在德尔菲法中,对专家组的每个成员进行书面形式的意见调查。调查结果被汇总并整理,然后每个成员在看到整理后的调查结果后可以调整自己的意见。这个过程通过反复进行几次,最终达成一致。德尔菲法主要有三个特点:匿名性、反馈性与收敛性。

实施德尔菲法一般包括以下五个步骤:

(1) 成立预测课题组,确定预测目标;

(2) 选择和邀请专家;

(3) 设计意见征询表；
(4) 逐轮咨询和信息反馈；
(5) 采用统计分析方法对预测结果进行定量评价。

拓展阅读

美国著名的兰德咨询公司在20世纪50年代接受美国空军委托的课题"如果苏联对美国发动核袭击,其袭击目标会在什么地点及后果如何？"（因为是军方的绝密课题,故以古希腊阿波罗圣殿所在地"德尔菲"来命名）时,发现通过建立数学模型进行定量预测,很难准确地预测出结果,于是决定改为专家估计（背靠背）的方法,依靠其独创的行为集结法成功地综合了众多专家的智慧和直觉判断。从此以后,该方法就被冠以"德尔菲法"而广泛应用于复杂问题的预测与决策中。

（二）部门主管讨论法

这种方法是将企业中与需求预测有关的各级主管（如营销部经理、市场部经理等）召集起来,让他们对未来需求及其变化趋势或特定目标市场的需求进行预测。在此基础之上,将各级主管预测的意见汇总、研究、分析处理,得出最终预测结果。

（三）销售人员意见法

由于销售人员、经销商更接近市场,他们通常对预期的销售有更准确的感觉。销售人员意见法就是把每个销售人员根据合理的方法做出的销售预期综合在一起。

做一做

B公司采用销售人员意见法来预测市场需求。具体做法是先让每个销售员对某产品下一年度的最高销量、最可能销量、最低销量及其概率P分别进行预测,并提出书面意见,再由预测管理部门取其算术平均值作为最终需求预测值。B公司的需求预测计算过程如表3-2所示。

表3-2 B公司的需求预测计算表

销售员	最高销量(P_1)	最可能销量(P_2)	最低销量(P_3)	加权平均值 $\sum_{i=1}^{3} X_i P_i$
甲	1 000(0.3)	800(0.5)	500(0.2)	800
乙	1 200(0.2)	900(0.5)	300(0.3)	780
丙	900(0.2)	600(0.6)	400(0.2)	620
算术平均值 ($\sum_{i=1}^{3} \sum_{i=1}^{3} X_i P_i$)/3				733

该方法简单明了,易于操作。由于预测值来源于市场第一线的销售人员,可靠性比较

大,能较真实地反映公司下一年度的产品需求。实践证明,采用销售人员意见法进行需求预测一般是比较可靠的。尽管销售人员的预测值存在偏差,但通过取其算术平均值后,预测偏差可以在一定程度上相互抵消,结果仍然比较理想。如果能够预先识别并纠正某些预测偏差,则需求预测的准确性将进一步得到提高。

三、定量预测法

定量预测法是根据以往比较完整的历史统计资料,运用各种数学模型对统计数据进行科学的分析、处理,找出预测目标与有关变量之间的规律性,用于预测未来需求的一种预测方法。其主要特点是需要充分利用统计资料并建立数学模型来进行需求预测。定量预测法着重于对未来需求的量化分析、描述和判断,更多地依据历史统计资料来预测需求,较少受预测者主观因素的影响,因此预测结果相对比较客观。定量预测法主要包括时间序列分析法和因果关系分析法。

(一) 时间序列法

时间序列法使用大量过去的数据以估计未来的需求。当需求模式不变、市场条件稳定、历史数据真实可靠时,运用时间序列法预测需求比较有效。常用的时间序列法有许多种,每种方法都有不同的优点和缺点。

1. 移动平均法

每个需求预测值是在此之前一定数量实际需求的平均值。这种方法的关键是选择多少个需求点进行处理,从而最小化不规则效应。

练一练

例题 3.1 某商场 2012—2022 年的年销售额如表 3-3 所示,试用移动平均法预测 2023 年该商场的年销售额。(假设移动时期数为 5 年)

表 3-3 商场年销售额的移动平均计算表

年 份	销售额/百万元	一次移动平均	二次移动平均
2012	32		
2013	41		
2014	48		
2015	53		
2016	51	45.0	
2017	58	50.2	
2018	57	53.4	
2019	64	56.6	
2020	69	59.8	53.00

续　表

年　份	销售额/百万元	一次移动平均	二次移动平均
2021	67	63.0	56.60
2022	69	65.2	59.60
2023		69.0	62.72

2. 加权移动平均法

移动平均法对历史数据赋予相同的权重,但实际情况却是,历史各期物流需求的数据信息对预测未来期需求量的作用是不一样的。越是近期的数据,对预测的参考价值越高,权重应该更大,而对于那些存在季节性变化的需求来说,季节性数据的权重也应该给的高一些。由于加权移动平均法能区别对待历史数据,通常能够更为贴近实际地利用历史数据进行需求预测。经验法和试算法是选择权重的最简单方法。

加权移动平均法的计算公式如下:

$$F_t = \sum_{i=1}^{n} \omega_i A_{t-i} = \omega_1 A_{t-1} + \omega_2 A_{t-2} + \omega_3 A_{t-3} + \cdots + \omega_n A_{t-n} \qquad (3-1)$$

式中,F_t——当期的需求预测值;

A_{t-i}——第 i 期的需求观测值;

ω_i——第 i 期数据的权重;

$\omega_1 + \omega_2 + \cdots + \omega_n = 1$;

n——预测的时期数。

练一练

例题 3.2　一家超市经理发现,在过去四个月的时间内,某商品的最佳预测结果由当月该商品实际销量的 40%、倒数第二个月销量的 30%、倒数第三个月销量的 20% 和倒数第四个月销量的 10% 组成。这四个月(由远到近)的销量分别是 100 件、90 件、105 件和 95 件。试预测第五个月的需求预测值。

解: $F_5 = \sum_{i=1}^{4} \omega_i A_{t-i} = 0.4 \times 95 + 0.3 \times 105 + 0.2 \times 90 + 0.1 \times 100 \approx 98$(件)

3. 指数平滑法

(1)简单指数平滑法。

移动平均法下需要大量连续的历史数据才能进行需求预测。有时,我们仅仅只能根据上一期的历史数据预测当期的需求,此时,可以采用指数平滑法来进行预测,其每个预测值是前一预测值和前一实际需求的加权平均。因此,该方法和移动平均较为类似,不同之处在于其需要对过去的数据乘以权重,越是近期的数据权重越大。该方法无须大量连续历史数据,模型简单,计算过程简单,预测的准确度比较高,但其预测的误差有传递性。

计算公式如下:

$$F_t = F_{t-1} + \alpha(A_{t-1} - F_{t-1}), 0 < \alpha < 1 \qquad (3-2)$$

式中,F_t——当期的需求预测值;

F_{t-1}——上一期的需求预测值;

A_{t-1}——上一期的需求观察值;

α——平滑系数。

例题 3.3 某产品的长期需求比较稳定,平滑系数 $\alpha = 0.05$,假设上个月的预测值为 2 050 件,上个月的实际需求量为 2 000 件。试预测本月的需求量。

解: $F_t = F_{t-1} + \alpha(A_{t-1} - F_{t-1}) = 2\,050 + 0.05 \times (2\,000 - 2\,050) \approx 2\,048$(件)

即本月该产品的需求预测值为 2 048 件。

指数平滑法的关键一步是要选择合理的平滑系数 α。α 将直接影响过去各期观察值的作用。当 α 取值较大时,对时间序列的修匀程度较小,平滑后的序列能够反映原序列的变化情况,适用于变化较大的时间序列。当 α 取值较小时,对时间序列的修匀程度较大,平滑后的序列对原序列的变化反应较迟钝,适用于变化较小、较平滑的时间序列。在实际预测过程中,α 值需要经过比较才能确定。从理论上来讲,α 值取 0～1 的任意值都可以,其原则是保证预测的误差最小。根据经验,一般可以选择不同的 α 值进行试算,然后分别计算其均方差 MSE,选择 MSE 最小的 α 值。

误差的均方差计算公式为:

$$\text{MSE} = \frac{1}{n} \sum_{i=1}^{n} (A_i - F_i)^2 \qquad (3-3)$$

式中,F_i——i 期的需求预测值;

A_i——i 期的需求观察值;

n——期数。

例题 3.4 某地区进行物流规划,需要预测未来的货运量数据,统计收集到的 2013—2022 年的历史数据如表 3.4 所示。试利用指数平滑法预测其 2023 年的货运量数据。

解: 由表 3-4 数据可知,当 $\alpha = 0.2$ 时,$F_2 = F_1 = A_1 = 400$,则 $F_3 = F_2 + \alpha(A_2 - F_2) = 400 + 0.2 \times (430 - 400) = 406$;$F_4 = F_3 + \alpha(A_3 - F_3) = 406 + 0.2 \times (420 - 406) = 408.8$。

以此类推,我们可以得到 $\alpha = 0.2, \alpha = 0.4, \alpha = 0.6, \alpha = 0.8$ 时的预测试算值(详见表 3-4)。

表 3-4 不同 α 值下的预测试算值

年 份	对应的 i	货运量实际值/万吨	F_i ($\alpha=0.2$)	F_i ($\alpha=0.4$)	F_i ($\alpha=0.6$)	F_i ($\alpha=0.8$)
2013	1	400	400	400	400	400
2014	2	430	400	400	400	400
2015	3	420	406	412	418	424
2016	4	440	408.8	415.2	419.2	420.8

续 表

年 份	对应的 i	货运量实际值/万吨	F_i ($\alpha=0.2$)	F_i ($\alpha=0.4$)	F_i ($\alpha=0.6$)	F_i ($\alpha=0.8$)
2017	5	460	415.04	425.12	431.68	436.18
2018	6	440	424.03	439.07	448.57	455.23
2019	7	470	427.23	439.44	443.47	443.05
2020	8	430	435.78	451.67	459.39	464.61
2021	9	440	434.62	443.00	441.76	436.92
2022	10	420	435.70	441.80	440.70	439.38
2023（预测值）	11	—	432.56	433.08	428.28	423.88

从试算结果中可以看出，不同 α 值下的 2023 年的预测值存在一定的差异，我们可以利用误差均方差 MSE 计算方法来选择合理的 α 值，选择过程如表 3-5 所示。

表 3-5 不同 α 值下的 MSE 值

α 值	MSE	最终 α 值
0.2	648.42	0.6
0.4	468.39	
0.6	421.31	
0.8	439.45	

因此，2023 年的预测值最终选择 428.28 万吨。

(2) Holt's 模型（趋势调整的指数平滑法）。

在需求系统成分中仅包括需求水平和需求趋势，而没有季节系数的情况下，使用 Holt's 模型（趋势调整的指数平滑法）最合适。这种情况下：

$$需求的系统成分=需求水平+需求趋势$$

Holt's 模型由 Holt 于 1957 年提出。它与一般的指数平滑模型不同的是它对趋势数据直接进行平滑，并对时间序列进行预测，需要考虑的是两个平滑参数以及初值的选取问题，也被称为 Holt 双参数线性指数平滑模型。利用该模型预测，需要两个基本平滑公式和一个预测公式。两个平滑公式分别对时间数列的两种因素进行，它们是：

$$L_{t+1}=\alpha D_{t+1}+(1-\alpha)(L_t+T_t) \tag{3-4}$$

$$T_{t+1}=\beta(L_{t+1}-L_t)+(1-\beta)T_t \tag{3-5}$$

以及一个预测公式：

$$F_{t+1}=L_t+T_t \tag{3-6}$$

或

$$F_{t+n}=L_t+nT_t \tag{3-7}$$

式中,α 为需求水平的平滑指数,$0<\alpha<1$;β 为需求趋势的平滑指数 $0<\beta<1$;D_t 代表 t 期实际观察值;F_{t+1} 代表预测值;L_t 代表平均需求水平;T_t 代表需求增长趋势。我们可以观察到,不管是需求水平修正还是需求趋势修正,修正后的预测值(需求水平或需求趋势)都是实际观测值和以前预测值的加权平均。

例题 3.5 一家手机制造商观察到过去 6 个月中,它的最新款手机的需求一直保持增长,观测到的实际需求值(单位为百个)分别为 $D_1=8\,415$,$D_2=8\,732$,$D_3=9\,014$,$D_4=9\,808$,$D_5=10\,413$ 和 $D_6=11\,961$,请用趋势调整的指数平滑法预测其第 7 期的需求量。其中 $\alpha=0.1$,$\beta=0.2$。

解:我们可以运用线性回归法求出需求水平和需求趋势的初始预测值。首先,我们对需求和时间进行线性回归(利用 Excel 的数据工具|数据分析|回归),根据手机的实际销售数据可得:$L_0=7\,367$ 和 $T_0=673$。

SUMMARY OUTPUT					
回归统计					
Multiple	0.955665				
R Square	0.913295				
Adjusted	0.891619				
标准误差	433.9514				
观测值	6				
方差分析					
	df	SS	MS	F	gnificance
回归分析	1	7934336	7934336	42.13358	0.002905
残差	4	753255.3	188313.8		
总计	5	8687591			
	Coefficien	标准误差	t Stat	P-value	Lower 95%
Intercept	7367.133	403.9868	18.23608	5.32E-05	6245.486
X Variabl	673.3429	103.7342	6.491039	0.002905	385.3305

由公式可知第 1 期的预测值为:

$F_1=L_0+T_0=7\,367+673=8\,040$

第 1 期的需求实际观测值为 $D_1=8\,415$,那么第一期的预测误差如下:

$E_1=F_1-D_1=8\,040-8\,415=-375$

当 $\alpha=0.1$,$\beta=0.2$ 时,利用基本平滑公式,可对第 1 期需求水平和需求趋势的预测值进行修正,得到:

$L_1=\alpha D_1+(1-\alpha)(L_0+T_0)=0.1\times 8\,415+0.9\times 8\,040=8\,078$

$T_1=\beta(L_1-L_0)+(1-\beta)T_0=0.2\times(8\,078-7\,367)+0.8\times 673=681$

由于第 1 期需求的初始预测值过低,所以,修正过程中把第 1 期的需求水平预测值从 8 040 提高到 8 078,需求趋势预测值从 673 提高到 681,于是我们可以继续求得第 2 期的预测值:

$F_2=L_1+T_1=8\,078+681=8\,759$

同理可得:

$L_2=8\,755, T_2=680, L_3=9\,393, T_3=672, L_4=10\,039, T_4=666,$
$L_5=10\,676, T_5=661, L_6=11\,399, T_6=673$

从而得到第 7 期的预测值为：

$F_7=L_6+T_6=11\,399+673=12\,072$

(3) Winter 模型（趋势和季节调整的指数平滑法）。

当需求的系统成分包括需求水平、需求趋势和季节系数时，Winter 模型最为适用。此时：

$$需求的系统成分 = (需求水平 + 需求趋势) \times 季节系数$$

假定每次季节性循环包含的期数为 p。首先，我们需要对需求的初始水平（L_0）、需求的初始趋势（T_0）和季节系数（$S_1,\cdots,S_p$）进行预测。

在第 t 期，事先给定需求水平为 L_t、需求趋势为 T_t 和季节系数为 $S_t,\cdots,S_{t+p-1}$，那么未来时期的预测值计算如下：

$$F_{t+1}=(L_t+T_t)S_{t+1} \tag{3-8}$$

和

$$F_{t+m}=(L_t+mT_t)S_{t+m} \tag{3-9}$$

观测到第 $t+1$ 期的需求后，我们对需求水平、需求趋势和季节系数的预测值进行修正：

$$L_{t+1}=\alpha(D_{t+1}/S_{t+1})+(1-\alpha)(L_t+T_t) \tag{3-10}$$

$$T_{t+1}=\beta(L_{t+1}-L_t)+(1-\beta)T_t \tag{3-11}$$

$$S_{t+p+1}=\gamma(D_{t+1}/L_{t+1})+(1-\gamma)S_{t+1} \tag{3-12}$$

式中，α 为需求水平的平滑指数，$0<\alpha<1$；β 为需求趋势的平滑指数，$0<\beta<1$；γ 为季节系数的平滑指数，$0<\gamma<1$；D_t 代表 t 期实际观察值；F_{t+1} 代表预测值。从以上公式中，我们可以知道，不管是需求水平修正还是需求趋势修正、季节系数修正，修正后的预测值（需求水平、需求趋势和季节系数）都是实际观测值和以前预测值的加权平均。

我们将前面讨论的几种预测方法和它们的适用环境进行总结，如表 3-6 所示。

表 3-6 不同预测方法的适用性

预测方法	适用情况
移动平均法	需求没有呈现需求趋势或季节系数
简单指数平滑法	需求没有呈现需求趋势或季节系数
Holt's 模型	需求呈现需求趋势但没有季节系数
Winter 模型	需求呈现需求趋势和季节系数

（二）因果关系分析法

因果关系分析法是利用引起需求变化的变量来推测需求变化趋势的一种预测方法。当某种产品（或服务）的需求量与自变量（如价格、消费偏好等）之间存在因果关系时，可以使用因果关系分析法来预测需求。它是利用实际数据而不是预测数据来进行预测的。这些变量包括通货膨胀率、GNP、失业率、天气状况、其他产品的销售情况等。这些变量与需求变化之间或具有确定性关系(或称函数关系),或具有不确定性关系(或称相关关系)。我们可以找出这些因果关系,并据此预测出需求的变化趋势。常见的因果关系分析法包括回归分析法和经济计量法。

1. 回归分析法

回归分析法是指在掌握大量观察数据的基础上,利用数理统计方法建立因变量与自变量之间的回归关系函数,通过回归方程来描述因变量与自变量之间数量平均变化关系的预测方法。

回归分析法有多种分类方法。若按照自变量的个数,可将其划分为一元回归分析和多元回归分析。当研究的因果关系只涉及因变量和一个自变量时,称为一元回归分析;当研究的因果关系涉及因变量和两个或两个以上自变量时,称为多元回归分析。此外,根据自变量与因变量之间因果关系的函数关系是线性还是非线性,可将其划分为线性回归分析和非线性回归分析。其中,线性回归分析是最基本的回归分析方法,也是一种重要的需求预测方法。

例题 3.6 某地区搜集到新房屋销售价格 y 和房屋面积 x 的数据,如表 3-7 所示。

表 3-7 房屋销售价格表

房屋面积 x/平方米	80	105	110	115	135
销售价格 y/万元	18.4	22	21.6	24.8	29.2

(1) 求线性回归方程。
(2) 利用(1)的结果预测房屋面积为 150 平方米时的销售价格。

解:(1) 由已知数据可计算得到:

$$\overline{x} = \frac{1}{5}\sum_{i=1}^{5} x_i = 109, l_{xx} = \sum_{i=1}^{5}(x_i - \overline{x})^2 = 1570,$$

$$\overline{y} = \frac{1}{5}\sum_{i=1}^{5} y_i = 23.2, l_{xy} = \sum_{i=1}^{5}(x_i - \overline{x})(y_i - \overline{y}) = 308$$

设所求线性回归方程为: $\hat{y} = a + bx$

则

$$b = \frac{l_{xx}}{l_{xy}} = \frac{308}{1570} \approx 0.1962$$

$$a = \overline{y} - b\overline{x} = 23.2 - 109 \times \frac{308}{1570} \approx 1.8166$$

故所求线性回归直线方程为: $\hat{y} = 0.1962x + 1.8166$。

(2) 根据(1)的结果,当 $x = 150$ 平方米时,销售价格的预测值为:

$$\hat{y} = 0.1962 \times 150 + 1.8166 = 31.2466(万元)$$

2. 经济计量法

经济计量法是揭示市场变量之间复杂因果关系数量变化的方法。这种方法是以经济理论和事实为依据,在定性分析的基础上,利用数理统计方法建立一组联立方程式,通过经济计量模型来描述预测目标与相关变量之间经济行为结构的动态变化关系的预测方法。

四、需求预测方法选择标准

需求预测的方法很多,如何选择,需要结合实际问题的特点和预测技术的能力来决定。下面介绍一些选择的标准:

(1) 考虑预测的目的,明确进行预测的目的是想进行大致的预测还是精确的预测。

(2) 考虑预测对象的系统动态性,即预测对象的系统对经济数据的变化是否反应灵敏,是否具有季节性或趋势性。

(3) 考虑历史数据对预测未来需求的重要程度。如果历史数据很重要,时间序列方法就有意义;如果系统变化太显著而使得过去的数据作用下降,则判断或市场调查方法更有效。

(4) 对于处于不同生命周期的产品采用不同的预测方法,其效果可能会更好。对于处于引入期的产品,应该采用市场调查法和判断法;对于成长期的产品,采用时间序列法较好;对于成熟期的产品,最好采用时间预测法和因果法。

最后,结合使用上面介绍的不同方法,预测的质量通常会得到改善,因为在给定的情形下,一般很难直接从几种可用预测方法中挑出最有效的方法。

第三节 供应链需求预测风险管理

在未来计划中必须考虑预测误差带来的风险,预测误差可能导致库存、设备、运输、采购、定价甚至信息管理中严重的资源分配不当。生产网络设计过程中的预测误差会引发过多、过少或错误类型的设施建设。在计划层面,计划的依据都来自预测,所以实际的库存、生产、配送、采购和价格计划都依赖于预测的精确性。即使在操作层面,预测也对企业实际的日常内部活动起着一定的作用。作为每个阶段必需的前期工作之一,预测影响着许多其他过程,因此包含了大量的内在风险。

很多因素都可能引起预测不精确,但其中少数因素会经常发生,值得特别关注。较长的提前期迫使企业提前更多时间做出预测,从而影响预测的可靠性。需求的季节性影响也会增加预测误差。由于预测时可参考的历史数据较少,短生命周期的产品预测误差会增加。拥有少量顾客的企业通常需求波动会比较大,而拥有大量小客户的企业需求往往比较平稳,因此前者更难进行预测。根据供应链中中间商的订单进行预测,而不是根据最终顾客的实际需求进行预测,会使预测质量变差。这在2001年的电信部门中体现得最为明显,那时制造商的预测大大超出了顾客的实际需求。所以不了解最终顾客的需求,企业很难提供可靠的预测。

  有两种降低预测风险的策略：提高供应链的响应性和利用需求集中的机会。提高响应性可以使企业降低预测误差，从而减少相关风险。飒拉以及日本 7－11 便利店都成功设计、运作过响应型供应链。飒拉一周数次向店面补货，而 7－11 一日数次向店面补货。因此，店面经理只需相对精确地进行短期预测就可以了。

  加快响应速度和增加集中往往会增加成本。响应性的加快需要加大产能投资，而增加集中也会相应增加运输费用。为了实现风险缓解与成本之间的平衡，我们需要制定合适的风险缓解策略。比如对日用商品，通过现货市场采购很容易弥补缺货，因此投入大量资金提高市场响应性是不值得的。相反，如果产品只有很短的生命周期（如飒拉这样的快速时尚品牌），投资于提高响应性就是值得的。同样的道理，只有当潜在的预测误差很大且商品价值远高于运输成本时，投资于集中才会是非常有益的。如果预测误差很小，那么投资于集中通常是不恰当的。

本章参考文献

[1] 苏尼尔·乔普拉，彼得·迈因德尔. 供应链管理[M]. 第 5 版. 陈荣秋，等，译. 北京：中国人民大学出版社，2013.

[2] 胡建波. 供应链管理实务[M]. 成都：西南财经大学出版社，2021.

[3] 王长琼. 供应链管理[M]. 北京：北京交通大学出版社，2013.

[4] 刘慧贞，李宁，王玉玺. 供应链管理[M]. 北京：机械工业出版社，2015.

[5] 冯耕中，刘伟华. 物流与供应链管理[M]. 第 2 版. 北京：中国人民大学出版社，2014.

同步测试题

第四章 供应链采购与供应管理

学习目标

通过本章的学习,应掌握以下知识目标与能力目标:① 掌握采购、采购管理、供应与供应链管理的概念;② 理解采购管理与供应管理的关系;③ 掌握供应链采购和准时制采购的特点;④ 掌握供应商的评估、选择的基本理论;⑤ 能应用供应商选择评估的方法选择或评估供应商;⑥ 掌握准时制采购的实施条件,并能应用于实践;⑦ 树立供应链采购观念;⑧ 了解供应一体化管理模式;⑨ 能结合实际进行比较简单的自制与外包决策。

案例导入

2022年,中国汽车产业面对芯片短缺和原材料涨价这两座大山,如何安全度过寒冬才是最关键的问题。汽车消费需求收缩、汽车配件供给不足和消费预期转弱等现象,严重制约着中国汽车供应链的发展。恢复正常的生产和供应,是2022年中国汽车产业健康发展要面对的首要问题。汽车芯片短缺是压在中国汽车产业头上的第一座大山。2021年,汽车产业因芯片供应短缺,全球减产汽车超过1 100万辆,中国减少大约200万辆。如果不是芯片短缺,2021年中国汽车产销可以实现两位数增长。原材料涨价是压在中国汽车产业头上的第二座大山。2021年,汽车原材料和零部件涨价过猛。广汽埃安2021年汽车销量同比增长超过1倍,但是日子过得很辛苦,因为仅动力电池涨价就增加了十几亿元成本。

思考:1. 汽车企业应如何应对,才能尽可能减少这些问题带来的影响?

2. 如何通过加强采购与供应管理,防范以后随时可能出现的类似问题?

第一节 采购与供应管理概述

一、采购与供应的内涵

(一) 采购的内涵

狭义的采购(Purchasing)是指组织或者个人从市场获取产品或服务的整个过程。个人采购主要是居民消费者购买所需生活资料和消费资料的过程;企业或政府等组织的采购,与简单的市场交易有所不同,一般包括制订采购计划、审核采购计划、选择供应商、签订采购合同、收货付款及采购交易后的合同管理等环节。广义的采购除了包括以购买方式获取物品的整个过程外,还包括通过租赁、借贷、交换等途径获取物品使用权的整个过程。

(二) 供应的内涵

从不同的角度来理解供应,其内涵会有所不同。从供应方的角度来看,供应是指供应方向需求方提供产品或服务的整个过程,这个概念包括企业内部的供应。从卖方的角度来看,供应是指卖方向买方提供产品或者服务的整个过程,该概念仅涉及市场交易中的供应行为。站在企业供应部门的角度看,供应是指企业为了满足生产经营的需要,将从外部采购或者自己内部生产加工的物品分配给企业内部需求部门的过程。在供应链中,企业即是供应方也是需求方,作为需求方,通过对供应过程的管理以保证需求得到满足的同时提高供应物资的利用效率,而作为供应方,通过加强供应管理以确保供应过程按计划实施的同时提高供应过程的效率和客户满意度。

站在企业的角度来看采购与供应,不难发现:采购是企业从外部环境获得资源的过程,而供应则是企业将从外部获得的或者自己生产的资源供给企业内部和外部需求者的过程。由于两者之间存在密切的联系,为了提高组织及流程的一体化程度,有些企业将采购与供应合在一个部门统一进行管理。

二、采购管理

(一) 采购管理的内涵

采购管理是指对采购业务过程进行计划、组织、实施与控制的管理过程。它包括采购申请管理、采购计划管理、询价比价管理、招投标管理、供应商管理、合同管理以及物料管理等内容。采购计划管理是对企业的采购计划进行制定和管理,为企业提供及时准确的采购计划和执行路线。采购计划包括定期采购计划和非定期采购计划,定期采购计划是指采购计划的周期是固定的,比如每季度制订的采购计划,非定期采购计划是根据销售或者生产的需要制订采购计划。

(二) 采购管理的基本流程

在金蝶、用友等供应链管理系统或者是当下比较热的数字化供应链管理云平台中,都会有采购管理子系统。系统设计人员在进行该子系统的设计时,首先要对该子系统的流程进行层次分解,以全面了解实际工作中该子系统分别有哪几种情况,每种情况涉及哪些业务流程,这些业务流程之间的关系以及相关部门,对应的业务子模块,该业务子模块需要具备的功能,涉及的报表等;然后再按照同样的思路对关联业务子模块进行分析,以了解该业务子模块又是由哪些具体活动构成,这些活动之间的关系以及操作人员和相应的单据等。图 4-1 描绘了采购管理的基本业务流程图。

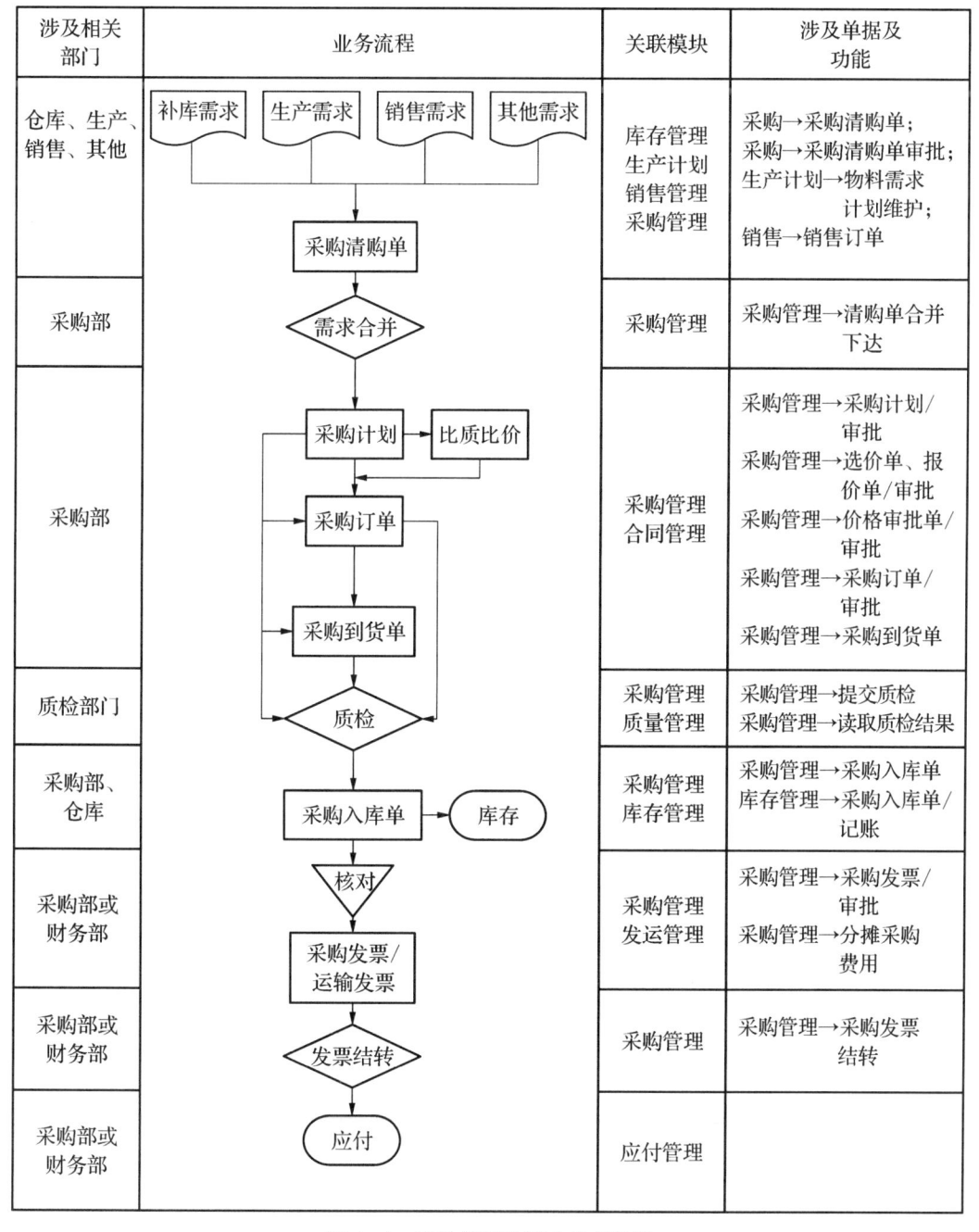

涉及相关部门	业务流程	关联模块	涉及单据及功能
仓库、生产、销售、其他	补库需求 生产需求 销售需求 其他需求 → 采购清购单	库存管理 生产计划 销售管理 采购管理	采购→采购清购单; 采购→采购清购单审批; 生产计划→物料需求计划维护; 销售→销售订单
采购部	需求合并	采购管理	采购管理→清购单合并下达
采购部	采购计划 ↔ 比质比价 → 采购订单 → 采购到货单	采购管理 合同管理	采购管理→采购计划/审批 采购管理→选价单、报价单/审批 采购管理→价格审批单/审批 采购管理→采购订单/审批 采购管理→采购到货单
质检部门	质检	采购管理 质量管理	采购管理→提交质检 采购管理→读取质检结果
采购部、仓库	采购入库单 → 库存	采购管理 库存管理	采购管理→采购入库单 库存管理→采购入库单/记账
采购部或财务部	核对 → 采购发票/运输发票	采购管理 发运管理	采购管理→采购发票/审批 采购管理→分摊采购费用
采购部或财务部	发票结转	采购管理	采购管理→采购发票结转
采购部或财务部	应付	应付管理	

图 4-1 采购管理的基本业务流程

(三) 采购管理的作用

采购管理是企业管理的重要内容,它涉及企业的生产、运营、研发和销售等各个方面。采购管理在以下几个方面具有重要作用:

(1) 直接提高公司利润。采购是企业成本的重要生成点。通过优化采购流程,选择合适的供应商和采购渠道,加强采购管理,企业可以有效降低采购成本。通过加强采购管理,可以充分发挥采购的利润杠杆效应,大幅度提高公司的利润增长率。

随着市场需求变化加快、竞争加剧,为了更好地对市场需求做出有效反应,企业需要将非核心业务外包,以加强其核心能力的培养。一般而言,采购成本是企业最大的成本项目。有学者研究了全球20家企业的采购额占销售额的比例,发现研究对象中比例最高的是60%,最低的也有14%,平均比例为45%。由于采购额占销售额的比例非常大,因此,采购管理的利润杠杆效应非常明显,即当采购成本降低一个百分点时,企业的利润增长率将会上升更高的比例。例如,通用汽车2001年的销售额是1 773亿美元,花费在零部件上的采购成本是1 438亿美元,利润率是0.3%。假设该公司采购成本减少0.5%,则可以节约7.19亿美元的采购费,公司净利润将比采购成本节约前增加7.19亿美元。假设公司的销售额仍是1 773亿美元,则利润率增加0.4%,公司利润率从0.3%直接增加至0.7%。因采购成本节约0.5%带来的利润增长率为133%[=(0.4/0.3)×100%]。如果通用汽车欲通过增加销售额达到同样的净利润增长效果,那么必须增加销售额2 400亿美元,这显然是一个很难完成的任务。

(2) 提高采购产品的品质。采购管理可以帮助企业实现对采购品质的管理和控制,确保采购商品的质量符合企业的标准和要求。优质的采购品质可以提高企业的产品质量、生产效率和客户满意度。

(3) 降低风险。采购管理可以帮助企业识别并控制采购过程中的风险,从而降低采购和供应链管理中的不确定性和风险,降低企业的运营成本和经营风险。

(4) 为管理决策提供有效数据。采购管理可以为企业提供有关采购过程中的数据和信息,这些数据是企业开展管理和优化运营决策的基础。通过采购数据的分析和采购流程的优化,企业可以更好地掌握采购和供应链管理的情况,从而实现管理的不断改进和提高。

(5) 预防采购腐败。在买方市场条件下,采购者作为市场交易的买方,对交易的成功起着决定性的作用。为提高交易的成功率和交易的价格,卖方有很大的动机去贿赂买方。采购中的腐败行为会间接影响采购产品的质量、价格以及相关服务水平。加强采购管理,预防采购腐败对企业提高市场竞争力具有重要作用。

三、供应管理

(一) 供应管理的定义

供应管理是为了保质、保量、经济、及时地供应生产经营所需要的各种物品,对采购、储存、供料等一系列供应过程进行计划、组织、协调和控制,以保证企业经营目标的实现的过程。

(二) 供应管理的作用

供应管理的作用是为企业提供所需的原材料、物品和服务，保障企业正常运行。除此之外，供应管理也是企业了解市场动态信息、获取外部知识的重要途径。在供应链中，上游环节对下游环节的供应，要求能在正确的时间、以较低的价格、快速供应所需产品，为下游环节的运转提供输入保障。随着供应链管理理念和方法的推广，企业外包业务量快速增加，供应管理在企业中的作用和重要性也越来越大。如图 4-2 供应管理作用的思维导图显示，供应管理的作用主要体现在以下四个方面。

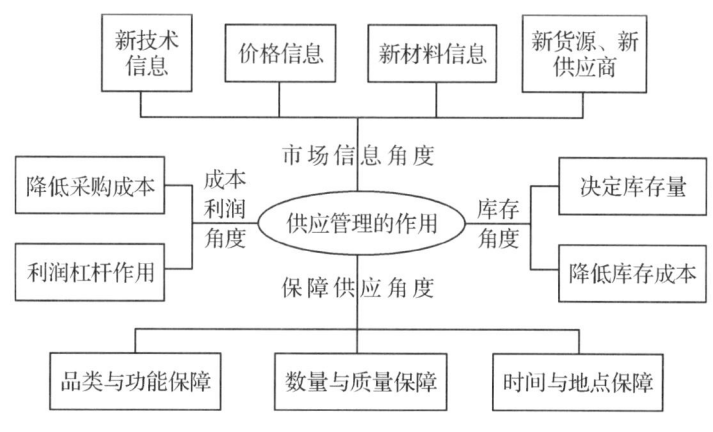

图 4-2 供应管理作用的思维导图

1. 供应管理是供应链企业顺利运转的保障

供应链企业通过加强供应管理，保障下游企业（环节）的需求得到满足。不稳定的供应会导致下游企业（环节）因缺货而影响其生产及销售。通过加强供应管理，满足下游企业在物品种类、功能、数量、质量、时间和交货地点等方面的要求，同时为下游企业开展准时制的、"零库存"的精益生产提供保障。另外，上游环节供应的原材料、零部件和产成品的性能与质量直接关系到下游环节的产品性能、产品质量和顾客的满意度，也直接关系到下游环节的作业进程和作业效率。除了不及时供应会影响作业进程外，供应质量问题也会导致返工和反复的检查，这些都是供应链浪费的源头。

2. 供应管理能够降低供应链企业的库存量与库存成本

供应链上游企业的供应管理水平将直接影响下游企业的库存量和库存成本。大批量不稳定的供应方式会导致下游企业（环节）的库存居高不下，造成大量的库存浪费，拖慢库存及资金的周转速度。通过加强供应管理，实现小批量和准时的供应方式，在降低下游企业（环节）库存浪费的同时减少下游企业（环节）的缺货现象。

3. 供应管理能够提高企业获取供应信息的效率

供应部门直接与市场接触，可以方便地收集供应市场的各种信息。加强供应部门对外部信息收集的管理，可以有效提高企业获取外部信息的效率。供应部门有责任及时为企业内部相关部门提供市场供应价格、新技术、新材料、新供应货源等方面的重要信息。这些信息是企业进行管理决策和开展创新的基础。建立供应信息收集及管理机制，制定相关激励考核制度,以提高供应信息的收集、处理及共享效率,对企业创新及内部管理有重要意义。

4. 供应管理对提高企业的利润率有重要作用

供应管理对提高企业利润率的作用主要体现在以下几个方面:一是通过供应管理实现准时供应,减少供应链的库存浪费、返工浪费、反复检查的浪费等;二是通过加强供应管理,减少因供应不及时而带来的等待浪费;三是通过加强采购价格管理,有助于在保障供应的同时降低采购成本和采购费用;四是通过发挥采购的利润杠杆效应,大幅度提高利润率。

四、自制与外包决策

在供应管理中,企业通常会面临自制与外包的决策问题。自制或外包决策是指企业在生产经营中各环节输入的物料等要素是由企业自己完成还是外包给其他企业完成的决策,即围绕企业生产要素的取得方式而进行的决策。比如,企业是自己加工某种零部件还是购买零部件,自己建造仓库、购买卡车组建运输车队还是委托给第三方物流公司,自己组装产成品还是委托其他企业来完成组装作业,自己设计还是聘请咨询公司、购买设计方法等决策等都属于自制与外包决策的范畴。

(一) 自制与外包的比较

自制与外包决策对于企业来说是一项重要决策,需要谨慎地权衡,以选择对企业最有利的方式。表4-1从成本、控制、风险、灵活性、研发创新以及竞争优势来源角度对两种供应方式进行了比较。从成本角度看,两者花费的成本项目不同,花费的金额也很难相同。需要强调的是,所有成本项目中,对于已经花费的固定成本,在进行自制和外包决策时,需要考虑这些固定成本是否已投资,是否能转移,转移成本多高?如果已经投资且很难转移或者转移成本很高,那么在进行自制和外包决策时最好不要全部计算已投入的固定成本,以免影响决策的科学性。对于外包成本而言,管理成本、交易成本、协调成本很容易被忽视,而且这些成本的弹性很大,在有些情况下,这些成本的支出很高,如果在进行自制和外包决策时忽略这些成本,做出的决策将不合理。

表4-1 自制与外包的比较

比较角度	自制	外包
成本角度	固定成本、材料成本、人工成本、可变制造成本	外购成本、管理成本、交易成本、协调成本
控制角度	质量、及时性、信息方面控制力强	有助于间接控制外部优势资源
风险角度	投资风险、存货风险、资源分散风险	信息外泄风险、供应风险、技术外泄风险
灵活性角度	限制产品设计的灵活性和降低生产系统的适应能力	外购件、外协件较多的企业灵活适应性更高
研发创新角度	研发过程的控制力强,但整体创新力受限	外包件的研发能力受限,核心领域的创新力加强
竞争优势来源角度	来源:专有技术、经验积累	来源:集中优势资源打造核心竞争力

> **拓展阅读**
>
> 成功的业务外包策略可以降低企业的成本、提高业务能力,但是业务外包也会带来其他问题。1981年年底,当IBM决定要进入PC机市场时,公司没有PC机的生产能力。为了加快产品上市的速度,IBM几乎将PC机的所有主要部件的生产都外包出去了。例如,微处理器交给了英特尔公司,操作系统由位于西雅图的微软公司提供。通过对这些公司的专家和资源进行整合,IBM在15个月内将计算机推向了市场。而且,在三年内,IBM取代了苹果公司成为PC机市场上的老大。到1985年,IBM已经占据了PC机市场的40%。然而,当竞争对手康柏公司进入市场时选择了和IBM相同的供应商,IBM外包策略开始出现问题了。当IBM试图用它新开发的配置了OS/2操作系统的新产品线PS/2重新控制市场时,其他公司没有跟随IBM,原来的系统仍然在市场上占据主导地位。到1995年年末,IBM的市场份额下降到了8%,康柏成为市场领导者,占据10%的市场份额。

(二) 基于能力与业务重要性的自制与外包决策模型

企业应当如何确定哪些业务由自己生产,哪些业务可以外包呢?一般来说,企业首先需要确定自身的核心竞争力,自制与外包决策的关键是企业能否找到自己的核心竞争力,并利用这种能力向外发展。因此,企业需要分析支持企业核心产品和主营业务的技术优势和专长是什么,这种技术和专长的难度、先进性和独特性如何,企业是否能够巩固和发展自己的专长,能为企业带来何种竞争优势,以及竞争力强度如何等。

在进行自制与外包战略决策时,企业的能力和业务的重要性是需要重点分析的两个关键因素。根据业务对企业运作成功的重要程度和企业处理该项业务的能力,可以分四种情况,如图4-3所示。

(1) 自制。当企业在某项业务方面具备很强的能力,并且该项业务是企业的关键业务时,企业适合采取自制模式,并可以在自制的基础上扩展相关业务。

图4-3 基于能力和业务重要性的自制与外包决策模型

(2) 寻找战略合作伙伴,进行战略外包。当某项业务是企业的重要业务,但企业在该项业务方面的运营能力相对比较弱时,企业适合发展合作伙伴,寻找合适的外包方,将业务进行战略外包。

(3) 外包策略。当某项业务是企业的非核心业务,并且企业在该项业务的运营方面能力不足,此时,企业可以采用普通的外包策略。

(4) 自制或外包。当企业在某项业务方面具备很强的能力,并且该项业务是企业的非核心业务,在这种情况下,需考虑企业的资源拥有情况、人员和设备的安置能力、成本因素等具体情况,决定自制还是外包。

(三) 基于知识和生产能力的自制与外包决策

凡恩(Fine)和惠特尼(Whitney)根据生产能力和知识两维因素提出了基于知识和生

产能力的自制与外包决策框架。企业进行外包的原因可划分为两大类：① 依赖生产能力。企业具备生产产品的知识和技能，但考虑产能投资、生产成本等各种因素决定外包，以依赖外部市场的生产能力。② 依赖知识。企业不具备生产产品的人力、技能和知识，外包是为了能够获取这些知识。当然，企业必须具备能够评价客户需求的能力和知识，并能将其转换成产品所需的关键要求和特征。如图4-4所示，当企业的知识和生产能力都高的时候，企业自己完成产品的设计，自己生产；而当企业的生产能力较高，相关知识比较缺乏时，则应将知识外包，聘请外部的咨询、设计公司，购买知识来弥补自己的不足。

图4-4 基于知识和能力的自制/外包决策

拓展阅读

丰田公司在发动机生产方面的能力和知识水平高，该公司自己生产全部的发动机；对于变速箱而言，丰田公司自己设计，因为其拥有设计和生产全部零部件的知识，但依靠供应商的生产能力，将变速箱等70%的零部件外包给供应商生产；而汽车电子系统则完全由供应商设计并生产，在能力和知识两方面都依赖外部力量。丰田公司根据部件和子系统的战略重要性来决定外包策略。部件的战略地位越高，对外部知识和能力的依赖度就越低。

（四）考虑产品结构、知识和能力的自制与外包决策框架

在进行产品自制与外包决策时，产品本身的结构特点也会影响决策的选择。从产品的结构设计角度来看，产品可以区分为模块化产品和整体化产品。模块化产品由不同的部件组装而成，如个人计算机，顾客可以选择确定内存、硬盘、显示器等。模块化产品有如下特点：① 部件各自相对独立；② 部件可替换；③ 采用标准的接口；④ 部件能在不考虑其他部件的情况下进行设计或改进；⑤ 客户偏好决定产品配置。

整体化产品则是由一系列功能紧密联系的部件组装而成的，主要特点包括三个方面：① 整体化产品不是根据现成部件生产出来的；② 整体化产品是用统一的从上到下的设计方法按系统进行设计的；③ 对整体化产品的评价应当建立在整个系统的基础上，而不能单独对某一部件进行评价。

产品的模块化或整体化存在程度上的差异。个人计算机是模块化特征非常典型的产品，被称为高模块化产品。与此相反，飞机的整体化特点相对明显，是高整体化产品。汽

车则既包括诸多模块化部件,如音响或其他电子设备,同时又包含许多整体化部件,如发动机等。

表4-2给出了凡恩和惠特尼提出的用于自制与外包决策的框架。这个决策框架同时考虑了产品的结构特点及企业对知识和能力的依赖程度。对于模块化产品来说,不论企业有没有生产能力,获取产品的相关知识更为重要。例如,对于电脑生产商来说,应当了解不同部件的设计特性。这样如果企业具备了这种知识,将生产过程外包出去能降低成本。另一方面,如果企业既没有相关知识也不具备生产能力,那么外包则是一个风险较大的策略,因为由供应商开发的这种知识可能会转移到竞争对手的产品中去。对于整体化产品来说,只要有可能就应当同时掌握产品的知识和生产能力,企业自制是最好的选择。

表4-2 考虑结构、知识、能力的自制与外包决策框架

产 品	依赖知识和生产能力	不依赖知识但依赖生产能力	不依赖于知识和生产能力
模块化	外包有风险	外包是一个机会	外包有降低成本的机会
整体化	外包风险非常大	可以选择外包	自己生产

表4-2给出的自制与外包的总体决策框架无法回答零部件的自制与外包决策问题,也就是说,企业如何决定某个特定的零部件是自己制造,还是从外部采购。针对这个问题,需要综合考虑以下五个问题:

(1) 零部件对客户的重要性。该零部件对于客户来说是不是重要?对客户的感受有什么影响?该零部件是不是影响着客户对产品的选择?简言之,该零部件对顾客的价值有多大?

(2) 零部件的更新速度。该零部件相对于系统中其他零部件来说,技术的变革有多快?

(3) 竞争优势。公司有没有制造该零部件的竞争优势?

(4) 可用的供应商。有多少具有相关能力的供应商?

(5) 产品结构。这个零部件对于整体系统结构来说,是不是模块化的或者一体化的?

根据这些问题,可能的决策包括外包、自制、获取生产能力、与供应商建立战略合作伙伴、帮助供应商开发能力。例如,① 在零部件对客户非常重要(第一条标准)、产品更新速度快(第二条标准)、公司具有竞争优势(第三条标准)的情况下,零部件自制是合适的选择,该决策与供应商的数量(第四条标准)以及产品结构(第五条标准)无关;② 在零部件对客户不重要、产品更新速度慢、公司不具有竞争优势的情况下,外包是合适的选择,这与供应商的数量以及产品结构无关;③ 在零部件对客户重要、产品更新速度快、公司不具有竞争优势的情况下,公司可能采取的策略包括开发自制能力,或者根据市场上供应商的数量,和供应商建立战略合作伙伴;④ 最后,在零部件对客户重要、产品更新速度慢、公司不具有竞争优势的情况下,公司的决策取决于产品的结构。当产品的结构是模块化时,外包是合适的选择;相反,当系统是一个难以分割的整体时,和供应商共同开发,或者企业自己开发,都是合理的选择。

第二节 供应链管理环境下的采购

一、供应链管理环境下采购的定义和特点

(一)供应链采购的定义

供应链采购是指供应链管理环境下供应链内部企业之间的采购,即供应链内部下游企业向上游企业的采购。在供应链管理环境下,企业重视供应商的开发与战略伙伴关系的建立,通过与供应商建立战略伙伴关系来确保采购与供应的连续性,保障供应质量;通过加强与供应商和第三方物流企业的合作,实施准时采购;重视帮助供应商提高供应能力和降本能力,以实现双赢。供应链采购与传统采购相比,物资的供需关系没变,采购目的没变,但是供需双方的关系、采购流程、采购模式等很多方面会发生变化。

(二)供应链采购的特点

传统采购采用的模式主要有询价采购、比较采购和招标采购等。这些采购方法的管理重点是与供应商的商业交易。传统采购过程中重视供应商的价格比较,通过供应商的多头竞争,从中选择价格最低的作为合作者。虽然质量、交货期也是采购管理需要考虑的重要因素,但在传统的采购方式下,质量、交货期等都是通过事后把关的办法进行控制。传统采购过程是典型的非信息对称博弈过程,即买卖双方在信息不对称的情况展开博弈,而且常常是一种零和博弈(一方所失即为另一方所得)。验收检查是采购部门的一个重要的事后把关工作,质量控制难度大;供需关系是临时的或短时期的合作关系,而且竞争多于合作;企业对用户需求的响应能力迟钝。

供应链管理模式下,常常采用准时采购模式,即企业只在需要的时候(既不提前,也不延迟),按需要的数量,将企业所需要的物料采购回来,供应商必须要按照买方所需物料的时间、数量、质量、地点进行小批量、高频率的准时供货;供应链采购重视供应商的选择、管理和培训,为提高供应商合作的积极性,对高质量的供应商颁发免检资格,外部资源管理成为采购与供应管理的重点;供应链采购主要通过事前、事中控制的方式对采购进行管控,事后控制虽然也会发挥作用,但其重要性大幅度降低。供应链采购是一种典型的订单驱动型采购,即下游用户的需求订单驱动上游企业的采购、生产和配送,即客户的订单驱动企业的生产计划单,企业的生产计划单驱动物料的采购订单;供应链采购管理由被动转变为主动,以实现对用户需求的准时响应,供应商管理库存、联合库存管理等现代库存管理模式被广泛采用;供应链管理模式下,为实现准时制采购与供应模式,供需双方的关系是战略伙伴关系,信息共享、风险共担,双方协调合作以降低整个供应链的成本,提高供应链的绩效。表4-3对传统采购和供应链采购进行了简单的比较。

表 4-3 供应链采购与传统采购的比较

比较角度	供应链采购	传统采购
采购性质	订单驱动的采购	库存驱动的采购
	供应商主动型采购	需求方主动型采购
	合作型采购	对抗型采购
采购环境	友好合作的环境	利益互斥、对抗的环境
信息	信息共享	信息保密
库存	供应商管理库存	需求方管理自己的库存
	需求方可以实现零库存	需求方水平库存高
送货方式	小批量多频次地送货	大批量小频次地送货
双方关系	供需双方关系友好	供需双方关系敌对
	利益共享、风险共担、协调合作	责任自负、利益独享、零和博弈观念驱动下的竞争关系
货检	对信任的供应商给予产品免检资格	货检力度大、成本高
采购模式	准时采购、联合采购	询价采购、比价采购、招标采购

二、供应链管理环境下的准时制采购

（一）准时制采购的定义及基本思想

准时制采购也称为 JIT(Just In Time)采购，是一种基于供应链管理思想的先进的采购模式，是准时制管理思想在采购中的应用和反映。按照 JIT 管理原理，一个企业中的所有活动只有当需要进行的时候才进行，因此下游企业只有在需要的时候才采购，上游企业只有在下游企业需要的时候才供应。准时制采购的基本思想是：在恰当的时间、恰当的地点，以恰当的数量、恰当的质量提供恰当的物品。

（二）准时制采购的特点

表 4-4 对准时制采购和传统采购进行了比较。通过比较发现，准时制采购具有以下明显的特点：一是准时制采购的供应商数目一般较少，有时甚至是单源供应，这样有助于加强对供应商的管理，方便与供应商建立比较稳定的战略伙伴关系，减少传统采购模式下买卖双方博弈所带来的问题；二是在制定供应商选择标准时，重视供应商的产品研发、生产计划、质量管控、物料配送等方面的能力，确保供应商能根据需求及时保障供应；三是要求供应商准时交货，而准时交货取决于供应商的生产计划、生产制造及运输配送能力；四是进货检查的频次大幅度降低，有时甚至是无须检查；五是要求供应与需求双方信息高度共享，保证供应与需求信息的准确性和实时性；六是小批量采购是准时采购的一个基本特征。

表4-4 准时制采购与传统采购的比较

比较因素	传统采购	准时采购
供应商数量	采用较多的供应商,关系协调难度大,质量容易出现问题	采用较少的供应商,双方关系稳定,供应商主动控制质量,质量稳定
供应商选择	价格、质量、服务	合同履行能力、生产计划能力、物料配送能力、产品研发能力、质量管控能力等
交货方式和时间	由采购商安排,按合同交货	由供应商安排,确保交货准时性
进货检查	每次进货检查	进货检查的频次大幅度降低
信息交流	信息不对称,容易暗箱操作	双方高度共享准确实时信息,快速、可靠,易建立信任
采购批量与运输	大批量采购,配送频率低,运输次数较少	小批量采购,供应商配送频率高,运输次数多

(三)准时制采购的优缺点

任何事情都具有两面性,准时制采购模式也是既有优点也有缺点(见表4-5),正确认识其优缺点,有助于管理者根据企业的实际情况进行权衡,以做出科学合理的采购决策,尽可能发挥准时制采购模式的优点,采取措施防范其缺点带来的风险。

表4-5 准时制采购的优缺点

序 号	优 点	缺 点
1	减少浪费	单源供应的缺点
2	减少库存	小批量采购的缺点
3	降低采购价格	长期伙伴关系的缺点
4	提高质量	准时交货的缺点
5	实现柔性生产	

表4-5列举了准时制采购的优点,主要有:准时制采购具有有助于企业减少浪费、减少库存、降低采购价格、提高采购质量、为企业实施柔性生产提供基础条件等优点。下面对这些优点进行简单论述。

(1)准时制采购有助于企业减少浪费。在采购及与采购相关的活动中,存在大量的不增加产品价值的活动,如反复询价比价、与供应商重复博弈、重复性的为交易做准备、反复的质量检验、重复称重与点数、多次入库及移库等,这些活动都是不增值的活动,把时间、精力、资金花在这些活动上是一种浪费。JIT采购由于精简了采购作业流程,与供应商建立伙伴关系,有助于减少这些浪费,降低成本,提高企业的效率。

(2)准时制采购有助于减少原材料和外购件的库存。降低企业原材料库存不仅取决于企业内部,而且取决于供应商的管理水平。JIT采购模式不仅对企业内部的科学管理提出了严格的要求,而且对供应商的管理水平提出了更高、更严格的要求。JIT采购不仅是一种采购方式,也是一种科学的管理模式,JIT采购模式的运作,需要在用户企业和供应商企业中铸造一种新的科学管理模式,这将大大提高用户企业和供应商企业的管理水平。根据国外一些实施JIT采购策略的企业的测算,JIT采购可以使原材料和外购件库存降低40%~85%。实施准时制采购策略,有利于企业减少流动资金的占用,加速流动资金的周转,同时也有利于节省原材料和外购件库存占用空间,从而降低库存成本。

(3) 准时制采购有助于降低原材料和外购件的采购价格。由于供应商和制造商的密切合作以及内部规模效益与长期订货,再加上消除了采购过程中的一些浪费,就使得购买的原材料和外购件的价格得以降低。以美国施乐公司为例,通过实施JIT采购策略,其采购物资的成本下降了40%~50%,取得了显著的经济效益。

(4) 准时制采购有助于提高采购产品的质量。一般来说,实施JIT采购,可以使购买的原材料和外购件的质量提高2~3倍。这是因为在长期合作伙伴关系下,严格的长期合作协议驱使供应商主动控制质量,主动控制信息风险,主动减少因信息不对称所致的"以次充好、以少充多"等委托代理问题。

(5) 准时制采购是实现柔性生产的基础。柔性的JIT采购模式有助于保障企业在需要的时间、需要的地点获得所需要物资的数量和质量,从而为企业根据市场需要调整产能以及根据市场变化开展研发提供基础保障。

准时制采购模式有优点的同时,必定有缺点。表4-5简单列举了准时制采购的缺点,这些缺点主要有:

(1) 较少甚至是单源供应的缺点。准时制采购模式下的供应商数量较少,有时甚至采用单源供应模式。单源供应是指某一种原材料或外购件只从一个供应商那里采购。单源供应有助于整合采购需求,加大采购批量,有助于发挥采购的规模效应并与供应商建立长期战略伙伴关系。单源供应有利的同时必定有弊,一个很大的弊端是依赖单一供应商容易出现因单源供应中断或者单源供应产品缺陷而导致企业生产的大面积中断和大量缺陷产品的风险。

拓展阅读

2009年8月24日,丰田在华两家合资企业——广汽丰田、一汽丰田宣布,由于零部件出现缺陷,自8月25日开始,召回部分凯美瑞、雅力士、威驰及卡罗拉轿车,涉及车辆总计688 314辆。2010年1月21日,丰田在美国市场召回问题车230万辆,涉及凯美瑞、RAV4、卡罗拉、汉兰达等车型,召回原因都是油门踏板故障隐患。丰田宣称,大规模召回的原因是同一供应商的油门踏板供应给两家企业,多种车型使用同一零部件,而该零部件供应商美国汽车零部件生产商CTS公司生产的加速器脚踏板出现质量问题。很有意思的是,CTS公司则迅速发表声明,说其质量管理是按照丰田标准进行的。丰田的"召回门"事件提醒管理者注意单源供应的风险。

(2) 小批量采购的缺点。由于准时制生产、精益生产模式的需要和企业生产对原材料、外购件需求的不确定性,为了保证准时、按质按量供应所需的原材料和外购件,必须采取小批量采购的模式。小批量采购的缺点有两个:一是小批量采购必然增加运输次数和运输成本,从而加重供应商的送货负担,特别是当供应商的仓库在距离企业比较远的情形下,实施JIT采购增加的运输配送成本会更大;二是小批量供应虽然可以减少企业的库存,但也伴随缺货与中断风险,一旦供应出现问题,缺货和中断风险就会发生。为减少小批量采购的缺点,可以要求供应商将工厂或者仓库建在距离企业工厂较近的地方,或者要求供应商将订单处理、物流配送委托给第三方物流公司,由第三方物流公司代理供应商进行订单处理与物流配送作业。

拓展阅读

戴尔的物料保姆

戴尔采用订单驱动的准时制生产模式,戴尔收到客户订单后才启动采购、组装及配送作业。为防范准时采购的问题,戴尔严格选择第三方物流公司,要求与其合作的供应商都与该第三方物流公司建立合作关系。戴尔对第三方物流的要求特别高,需要系统化的仓储、通关以及全球畅通的运输服务能力等,这些都不是戴尔和供应商擅长的,将其外包给专业的有实力的物流公司有利于提高整体效率。波灵顿公司(BAX)承担戴尔中国客户中心大部分物流工作。BAX厦门公司的总经理黄澍铮说,厦门库房是专门为戴尔量身定做的保税仓库。戴尔厦门工厂收到订单后,将完成客户订单所需要的零配件数量汇总后发送给BAX厦门公司。如图4-5所示,厦门仓库在收到订单后必须在两个小时内将戴尔订单所涉产品送至戴尔厦门工厂的生产线入口。为了确保2小时内准时供应,一是BAX厦门仓库设在戴尔厦门工厂附近,无意外情况下20分钟能完成送货任务;二是厦门仓库必须具有高效的通关及分拣能力,因为仓库完成订单处理、电子报关、拣货、核实、包装、装车等所有作业的时间不能超过70分钟。

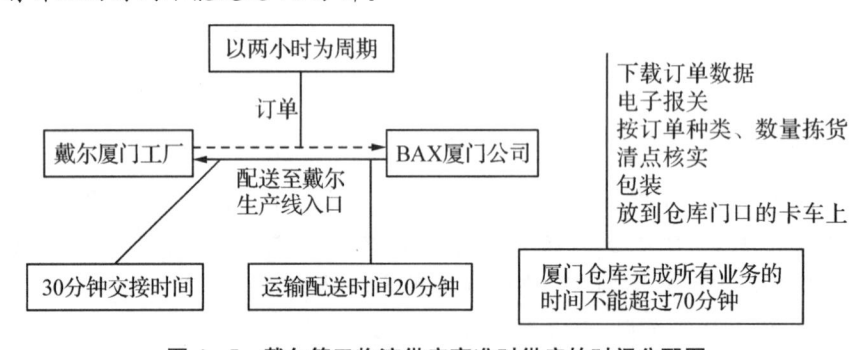

图 4-5 戴尔第三物流供应商准时供应的时间分配图

(3) 长期伙伴关系的缺点。准时制采购模式要求企业与供应商建立战略伙伴关系,战略伙伴关系有很多优点,但也有缺点。一是战略伙伴关系加大了供应商选择与管理的重要性和难度,因为长期合作伙伴下,一旦伙伴能力存在问题,将严重影响准时供应的实施。可以说,能否选择到合格的供应商是JIT采购能否成功实施的关键。合格的供应商应具有较好的技术、设备条件和较高的管理水平,可以保障采购的原材料和外购件的质量,保证准时按量供货。二是长期伙伴关系的刚性问题,也就是说,当企业与某企业建立了长期伙伴关系,预示着放弃了与其他优质供应商合作的机会,一旦该伙伴在能力及创新方面的速度无法跟上企业发展的步伐,会影响企业的创新与发展。为防范这类问题所带来的风险,在建立伙伴关系时,就要制定相关柔性条款,以克服长期合作的弊端。

(4)准时交货的缺点。JIT采购的一个重要特点是要求交货准时,这是实施准时化生产的前提条件。而影响准时交货的因素有很多,有些是可控的,有些是企业不可控的。为了实施准时供应,供应商必须对以下可控因素方面加强管控:一是加强对企业生产的管控,企业必须能根据客户的订单快速制订生产计划,快速排产,企业要有较强的柔性生产能力,以保证生产的连续性和稳定性,减少因生产不稳定导致延迟交货或误点现象;二是加强对物流配送的管控,为了提高交货准时性,物流与配送问题也不可忽视。从表面看,企业的采购、生产、运输与配送,都是可控的影响准时供应的因素,但事实上每一方面都存在不可控的深层因素,如运输过程中突然发生的交通事故,突然到来的疫情导致工厂停工……。所以,企业在实施准时采购时一定要有相关的应急预案,一旦相关风险发生就要有快速的应对措施,以将风险的损失降至最低。

(四) 准时采购成功实施的条件

实施准时采购,需要具备一些前提条件,这些条件是决定准时采购成功与否的关键。以下是实施准时采购必须具备的条件:

(1)距离越近越好。供应商和用户企业的空间距离越近越好,太远了无法发挥准时采购的优点,很难真正做到准时。

(2)制造商和供应商建立互利合作的战略伙伴关系。准时采购策略的推行,有赖于制造商和供应商之间建立起长期的、互利合作的新型关系,相互信任,相互支持,共同获益。

(3)良好的基础设施条件。良好的交通运输和通信条件是实施准时采购策略的重要保证,制造商和供应商都应注重基础设施的建设。当然,这些条件的改善,不仅仅取决于制造商和供应商的努力,与当地政府的投入和基础设施条件有着密切关系。

(4)强调供应商的参与。准时采购不只是企业物资采购部门的事,它也离不开供应商的积极参与。供应商的参与,不仅体现在准时、按质按量供应制造商所需的原材料和外购件上,还体现在积极参与制造商的产品开发设计过程中。与此同时,制造商有义务帮助供应商改善产品质量,提高劳动生产率,降低供货成本。

(5)建立实施准时采购策略的组织。企业领导必须从战略高度来认识准时采购的意义,并建立相应的企业组织来保证准时采购策略的成功实施。

(6)制造商向供应商提供综合的、稳定的生产计划和作业数据。综合的、稳定的生产计划和作业数据可以使供应商及早准备,精心安排其生产,确保准时、按质按量交货。否则,供应商就不得不求助于缓冲库存,从而增加其供货成本。

(7)注重教育与培训。通过教育和培训,使制造商和供应商充分认识到实施准时采购的意义,并使他们掌握准时采购的技术和标准,以便对准时采购进行不断的改进。

(8)加强信息技术的应用。准时采购是建立在有效信息交换的基础上的,信息技术的应用可以保证制造商和供应商之间的信息交换和信息共享。

第三节 供应商选择

一、供应商评估选择的认知

供应商的评估及选择问题是采购与供应管理的一项重要内容。在传统的供应链管理中,供应链成员之间处于一种对立竞争的局面,供需双方进行零和博弈。因此,传统的供应商选择指标主要侧重于成本。一般在众多供应商参与竞标的情况下,中标的往往是报价最低的供应商。企业在选择供应商时注重成本的短期行为,往往会引起供需双方的敌对关系,从而导致产品质量的下降和交货期限的拖延。现代供应管理强调从战略的高度选择供应商,建立起长期的合作伙伴关系。

图 4-6 通过思维导图的形式简要介绍了供应商评估选择的重要性、评估选择的指标权重、跨部门行为以及评估选择方法等方面的基本概念,以帮助读者快速形成对供应商评估选择的正确认知。

(1)从重要性角度来看,供应商的评估选择是一个战略寻源过程,关系到企业的长远发展,是采购与供应管理中的一项非常重要工作,在实践中要防止相关领导"拍脑袋式"的简单决策,所有评估选择都要建立在科学理论指导和大量数据分析的基础上;加强评估选择的管理,采用科学的方法、建立科学的评价体系,将供应商的评估与选择过程分解交给不同的专业人员负责,可以有效防范采购腐败。

(2)供应商的评估选择必须是跨部门的行为,不能由某一个人、某一个部门单独决定,要充分尊重和发挥采购、质量、生产、技术等相关部门人员的意见和作用,全方位地对供应商进行评估和选择,以有效防范战略寻源的失败。

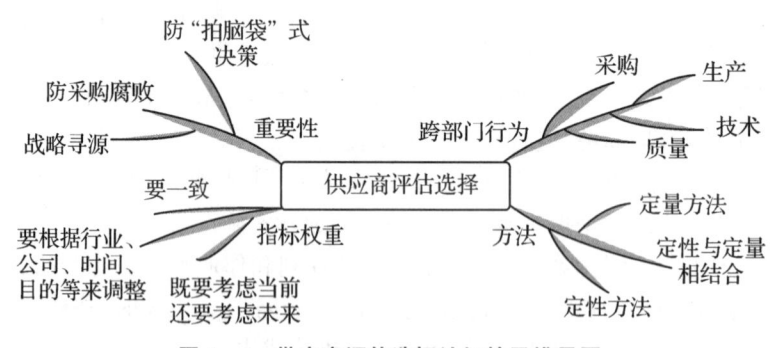

图 4-6 供应商评估选择认知的思维导图

(3)在进行评估选择时,评估指标和各指标所占的权重都是非常重要的决策,在对同一物料的不同供应商进行评价时要做到评价指标与权重的一致性,防止相关人员插入个人情感,随意更改指标和权重;评价指标和权重要根据行业、公司、时间和评价目标的变化而做出及时的调整,在确定指标及权重时,要有动态的调整机制,要能综合考虑当前与未来的需要。

（4）评估方法是决定评估与选择结果是否有效可靠的重要因素，综合应用定性与定量的方法进行评估是供应商评估与选择的基本要求，在适当的时候可以借助外部的专家团队来进行评估，以提高结果的可靠性和公平公正性。

二、供应商选择评价指标

供应商选择要考虑的指标因素有很多，不同情况下，需要重点考虑的评价指标和指标的重要度都有所不同。在选择供应商时，一般需要考虑的基本因素包括产品价格、产品质量、交货可靠性、售后服务、供应商的地理位置、财务稳定性和技术能力等。表4-6对供应商选择应考虑的几个重要因素做了简单分析。这些指标中交货提前期、产品质量、交货可靠性和产品价格等四个因素是供应商选择最关键的指标。具体如下：① 交货提前期通常是指企业发出订单到收到订货之间的时间。对于需求方来说，交货提前期越短越好。供应商缩短交货提前期可以减少需求方的库存水平，又能提高企业对其需求方的反应速度，从而可以提高供应链的客户满意度。② 产品质量是指供应商的产品满足企业需求的程度，一般用合格产品占总产品的比重来衡量，该指标值越大越好。③ 交货可靠性是指供应商及时满足企业订单的程度，一般用及时交货的订单数占总订单数的比例或及时交货的产品数占订货总产品数的比例来表示，该指标值越大越好。交货可靠性和交货提前期是影响供应链敏捷度的两个重要指标。④ 产品价格是指企业采购的每一单位产品的价格。在现代供应链管理中，产品价格不是选择供应商时考虑的首要因素，但仍是供应商选择的一个重要的因素。

企业在建立供应商选择的指标体系时，可以以这四个基本的指标为基础，根据供应链的具体特征，增加其他指标，以形成具体的评价指标体系。

表4-6 供应商选择评价指标

指　　标	包含的内容
产品价格	单位价格、批量采购的价格和提供的折扣
产品质量	是否通过质量认证？是否得到采购公司的认可
交货可靠性	满足供货时间的历史记录
售后服务	缺损货物的调换、设备使用的指导、产品的修理与更新等服务
供应商的地理位置	这会影响到供货时间、运输成本以及紧急供货的灵活性
可用库存量	供应商是否随时都备有足够的库存量
交货提前期	供应商对需求、产品设计和订单数量变动的反应能力如何
财务稳定性	供应商的利润与负债情况如何
技术能力	供应商的研发能力如何？是否有资源保证持续的产品开发活动
产品范围	是否有能力供应多种产品

三、供应商选择方法

供应商选择需要综合考虑很多指标，不同指标对企业的重要度又有所不同，而且不同指标的衡量办法又千差万别。在实践中,开发了很多方法来辅助企业开展供应商的评价和选择。常用的方法有加权评价法、层次分析法等。

(一) 加权评价法

1. 加权评价法概述

加权评价法是一种比较简单的方法。应用加权评价法,首先需要根据所采购物品的需求特点,确定供应商选择需要考虑的一系列因素。在确定了评价因素(指标)后,管理者还必须确定每个因素对公司的重要性(权重)。例如,如果产品可靠性对该公司最重要,那么可靠性指标应该被赋予最高的重要性等级,对应最大的权重。关于各因素(指标)重要度的确定可以采取专家意见法、层次分析法等方法。

一旦确定了评价因素和各因素的重要度,就可以按照这些评价因素(如产品可靠性、价格、订货的方便性)来衡量各个候选供应商。加权评价法一般采用5分制的评分标准,1分代表最差,5分代表最好,实际应用时也可根据具体情况采用其他的分数制。加权综合评价值的计算公式为:

$$\text{PDZ}_i = \sum_{j=1}^{n} p_{ij} \times r_j \qquad j=1,\cdots,n \qquad (4-1)$$

式中,PDZ_i 表示第 i 个供应商的加权综合评价值;p_{ij} 表示候选供应商 i 在评价因素 j 上的得分;r_j 表示第 j 个指标的重要度等级,即第 j 个指标的权重;n 表示评价指标的数量。

用一句话概括就是:供应商 i 的加权综合评价值是供应商 i 在各因素上的得分乘以该因素的重要性等级的和。加权综合评价值越高,供应商就越符合采购方的需求和条件。加权评价方法的特点是易于操作,可以考虑包括定量、定性因素的多种因素,但是评价的主观性相对较强。图 4-7 给出了加权评价法 Excel 表设计示例的截图。该 Excel 表的行头表示评价指标及各供应商的加权总分,栏头为指标权重及各供应商的名称(代号)。Excel 表设计好后,由评分专家或者评价小组对各供应商进行打分,并填入对应单元格,Excel 会自动计算加权总分。下图中的 29 是单元格 B12 的值,是各指标权重的和。sumproduct 函数是将括号中的两个数组对应单元格的数相乘再相加。比如,C12 单元格中 sumproduct 函数表示将供应商 A 在各指标的得分(对应 C2:C11 数组)与该指标的权重(对应 B2:B11 数组)相乘后再相加。

	A	B	C	D
1	评价指标	指标权重	供应商A得分	供应商B得分
2	产品质量	5		
3	产品价格	4		
4	交货提前期	4		
5	售后服务	3		
6	交货可靠性	3		
7	技术能力	3		
8	产品范围	2		
9	财务稳定性	2		
10	地理位置	2		
11	可用库存量	1		
12	加权总分	=SUM(B2:B11)	=SUMPRODUCT(B2:B11,C2:C11)/29	=SUMPRODUCT(B2:B11,D2:D11)/29

图 4-7 加权综合评价法 Excel 表格设计示例的截图

2. 加权评价法应用示例

某公司要为其全球市场在供应商1和供应商2中挑选一个作为最终合作伙伴。

首先,成立由供应商工程师、采购经理、采购员、供应商经理、产品设计工程师、销售经理、销售精英、生产经理、售后服务经理、售后服务员等构成的供应商选择评价小组。

其次,经过评价小组的讨论,决定以质量、成本、交期、服务、技术、财务状况以及供应商全球网络的发展情况构建评价指标体系;考虑到各指标的量纲不一致,如质量用次品率来衡量,成本用金额来衡量,而服务用是否及时响应来衡量,因此需要确定一个统一的评价等级。评价小组决定采用4分制,对应优秀、良好、一般、差四个等级,具体对应关系如图4-8所示。图中的质量用有缺陷的产品数来表示,如果10万个产品中有缺陷的产品数低于300个则评为优秀,得4分;有缺陷产品数在300~1 000则评为良好,得分3分;成本以成本最低者为最好,比最低者的成本增加5%则评为良,得分3分;交货期以准时交货率来评价;服务以服务响应时间来评价;技术以能否满足企业需要来评价;财务状况以营业额来评价;全球网络以全球网络的建设情况来评价。

	质量	成本	交期	服务	技术	财务状况	全球网络
4=优秀	小于300	最好的	95%以上	当天回复	所有技术不断提高	营业额1.5亿+	有网络完善
3=良好	小于1000	+5%	90%以上	24小时内	90%能满足	营业额0.8-1.5	有网络不完善
2=一般	小于3000	+10%	80%以上	回复跟进	80%满足缺关键	营业额0.3-0.8	没有计划建
1=差	其余	+20%	其他	不跟不回	不可接受	其他	没有没计划
评分人	供应商工程师	供应商工程师	采购员	供应商经理	工程师/设计	供应商经理	售后服务

图4-8　各指标的评价等级、评价标准及评分人

第三,确定各评价指标评分的具体负责人。

第四,综合应用定性与定量相结合的方法。评价小组对各评价指标的重要度进行讨论与分析,确定各评价指标的重要度,具体数值见加权综合评价Excel表(见图4-9)。

第五,在所有准备工作完成后,各指标评价负责人对两个供应商进行深入调研,获取相关指标的数据,将数据填入评价等级表,以确定该供应商在该指标的具体得分。

第六,将各指标的得分填入Excel综合评价表(见图4-9),计算各供应商的加权总分。供应商1的得分是3.2分,供应商2的得分是3.3分。

	A	B	C	D
1		重要度(权数)	供应商1得分	供应商2得分
2	质量	4		
3	成本	4		
4	交期	4		
5	服务	3		
6	技术			
7	财务状况	2		
8	全球网络	2		
9		=SUM(B2:B8)	=SUMPRODUCT(B2:B8,C2:C8)/B9	=SUMPRODUCT(B2:B8,D2:D8)/B9

图4-9　加权综合评价表的截图

第七，为直观地反映供应商在各指标的得分情况，将各供应商的各指标得分情况绘入蛛网图，具体如图4-10所示。

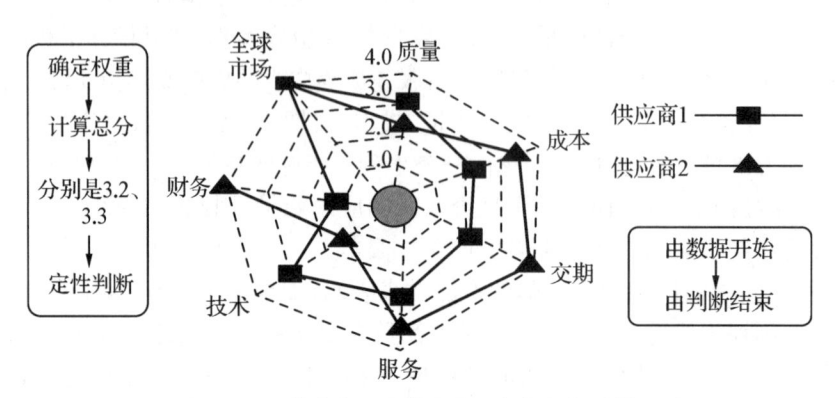

图4-10 供应商1和供应商2各指标得分情况

（二）层次分析法

层次分析法（Analytical Hierarchy Process，AHP）是美国运筹学家沙旦（T. L. Saaty）于20世纪70年代提出的一种定性与定量分析相结合的多目标决策分析方法。下面结合具体例子来说明层次分析法在供应商选择问题上的应用。

假设某企业采用四个指标（价格、质量、服务和交货）来评价供应商，候选供应商有四个（S1、S2、S3和S4），应用层次分析法求解该问题的层次建立，如图4-11所示。

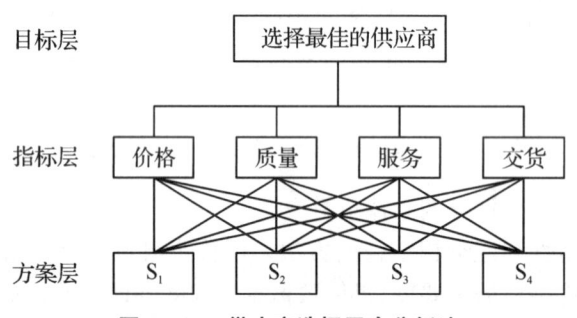

图4-11 供应商选择层次分析法

在层次分析法中，决策者必须进行一系列的两两比较来确定指标的相对重要性，判断标准可采用1～9的评分标度，其含义如表4-7所示。

表4-7 评分标度

所评分数	含　义
1	表示两个目标同等重要
3	表示一个目标比另一个目标重要
5	表示一个目标比另一个目标明显重要
7	表示一个目标比另一个目标重要得多
9	表示一个目标比另一个目标极端重要

注：其余2、4、6、8作为中间值。

层次分析法分析步骤如下:

第一,构造指标重要性判断矩阵。根据1~9评分标度对指标的相对重要性进行比较,如表4-8所示。

第二,计算指标权重。对判断矩阵的每列求和,将矩阵中的每个数值除以相应列之和得到调整后的矩阵,计算调整后矩阵的行平均值,即可得到各指标的权重,如表4-9所示。

表4-8 指标相对重要性判断矩阵

指标	质量	价格	交货	服务
质量	1	2	0.25	5
价格	0.5	1	0.33	4
交货	4	3	1	5
服务	0.2	0.25	0.2	1
合计	5.70	6.25	1.78	15

表4-9 指标权重的计算

指标	质量	价格	交货	服务	权重
质量	0.175	0.320	0.140	0.333	0.242
价格	0.088	0.160	0.185	0.267	0.175
交货	0.702	0.480	0.562	0.333	0.519
服务	0.035	0.040	0.112	0.067	0.064
合计					1.000

第三,进行一致性检验。为了保证判断矩阵的合理性,需要对判断矩阵进行一致性检验(主要判断专家打分是否合理,如果不合理则需要对指标分值进行调整)。下面以上述判断矩阵为例,说明一致性检验的检查过程。

(1)计算判断矩阵的一致性指标CI(Consistency Index)。

$$CI = \frac{\lambda_{max}}{n-1} = \frac{4.2486 - 4}{4-1} = 0.0829 \qquad (4-2)$$

式中,λ_{max}是判断矩阵的最大实特征值,n是判断矩阵的阶数。

(2)计算一致性比例CR(Consistency Ratio)。

$$CR = \frac{CI}{RI} = \frac{0.0829}{0.92} = 0.09$$

式中,RI(Random Index)为平均随机一致性指标,查表可得,如表4-10所示。一般而言,CR值越小,判断矩阵的一致性越好。通常情况下,当CR<0.1,即可认为判断矩阵满足一致性检验;否则,应对判断矩阵进行调整。

表 4-10 平均随机一致性指标 RI

n	2	3	4	5	6	7	8	9	10
RI	0	0.58	0.92	1.12	1.24	1.32	1.41	1.45	1.49

第四,对供应商单指标排序。该步骤工作类似于前三步骤,在对判断矩阵进行处理,计算权重之后,根据第三步的方法进行一致性检验。在本例中,供应商在各指标上的权重计算结果如表 4-11 所示。

表 4-11 供应商单指标排序

供应商	S_1	S_2	S_3	S_4	权重
质量指标排序					
S_1	1	6	4	0.5	0.325
S_2	0.167	1	0.5	0.125	0.056
S_3	0.25	2	1	0.2	0.099
S_4	2	8	5	1	0.520
合　计					1.000
价格指标排序					
S_1	1	2	0.25	0.33	0.126
S_2	0.5	1	0.2	0.25	0.079
S_3	4	5	1	2	0.490
S_4	3	4	0.5	1	0.306
合　计					1.000
交货指标排序					
S_1	1	3	3	2	0.455
S_2	0.33	1	1	0.5	0.141
S_3	0.33	1	1	0.5	0.141
S_4	0.5	2	2	1	0.263
合　计					1.000
服务指标排序					
S_1	1	1	0.5	1	0.200
S_2	1	1	0.5	1	0.200
S_3	2	2	1	2	0.400
S_4	1	1	0.5	1	0.200
合　计					1.000

第五,进行供应商总排序。供应商在各指标下的排序权重与各指标权重之积累加后

即可得到供应商的排序总分,如表 4-12 所示。

表 4-12 总排序

供应商	质量(0.242)	价格(0.175)	交货(0.519)	服务(0.064)	总权重
S_1	0.325	0.126	0.455	0.2	0.350
S_2	0.056	0.079	0.141	0.2	0.113
S_3	0.099	0.49	0.141	0.4	0.208
S_4	0.52	0.305	0.263	0.2	0.329

本例中最佳的供应商为 S_1。层次分析法最重要的优点是简单明了,适用于存在不确定性和主观信息的情况,可以以合乎逻辑的方式运用经验、洞察力和直觉;其缺点是,存在一定的主观性。

本章参考文献

[1] 施先亮,王耀球. 供应链管理[M]. 第二版. 北京:机械工业出版社,2013.

[2] 黄丽华,唐振龙,袁媛. 供应链管理[M]. 长沙:湖南师范大学出版社,2013.

[3] 邵晓峰,张存禄,李娟. 供应链管理[M]. 北京:高等教育出版社,2013.

[4] 马士华,林勇. 供应链管理[M]. 第四版. 北京:高等教育出版社,2015.

[5] 张小兵,徐叶香. 论企业的供应链管理[J]. 商业研究,2002(4).

[6] 苏尼尔·乔普拉,彼得·迈因德尔. 供应链管理[M]. 第五版. 陈荣秋,等,译. 北京:中国人民大学出版社,2013(1).

[7] 刘助忠,李明. 供应链管理[M]. 长沙:中南大学出版社,2021.

同步测试题

第五章 供应链物流管理

学习目标

通过本章的学习,需要掌握以下知识目标与能力目标:① 掌握库存与库存管理的概念、内容和作用;② 了解供应链库存管理中面临的主要问题;③ 理解供应链库存管理的评价指标;④ 了解供应链库存管理决策的主要内容;⑤ 掌握供应商管理库存(VMI)和联合库存管理(JMI)的基本原理;⑥ 了解供应链运输管理决策的主要内容;⑦ 掌握协同运输管理的主要内容;⑧ 能选择合适的库存管理策略开展供应链库存管理;⑨ 能发挥供应链库存管理和协同运输管理在降低成本、缩短响应时间方面的作用。

案例导入

张凯是湖南涉外经济学院2016届物流管理专业毕业的学生,毕业后一直在餐饮行业工作。他在不同餐饮企业做过服务员、物资采购员、仓库管理员、门店店长等。前不久,在某猎头公司的介绍下,他进入某连锁餐饮企业任供应链总监。上任后,公司的李总和他做了一次深入交谈,介绍了公司的基本情况、主要烦恼。公司目前在长沙地区有八家门店和一个仓库。公司对各门店需要的食物采取集中采购、集中储存、集中配送模式。采购部门根据各门店的需求决定采购食物的种类、间隔时间、采购量和采购方式等。各门店每天根据销售情况向总部下达供应申请。总部仓库在每天早晨九点前将门店需要的物资配送至门店。最近,公司进行了一项专项调查,发现各门店畅销菜品的缺货问题、滞销菜品的呆滞库存问题、食物不新鲜引起的顾客满意度低问题以及库存浪费问题非常严重。这些问题严重影响了公司的利润。围绕这些问题的产生原因,门店、仓库、采购等部门常常争论不休,相互推诿责任。李总期待张总监能尽快拿出一个改革方案,尽快解决这些问题。

张总监从"采购—库存—配送—加工—客户服务—需求预测"等角度对问题类别、产生原因、相关主体等画了一个思维导图,以帮助自己理清思路。对于库存问题,张总监从种类、数量、时间、地点、成本、管理策略、相关影响等角度思考与"库存"有关的问题,并组织相关人员就以下问题展开讨论:哪些产品需要设置库存?库存量为多少?库存周转时间为多久?库存存放在哪里更好?与库存相关的成本有哪些?该采用哪种库存管理策略?库存对采购、生产、运输、客户满意度的影响有哪些?影响库存物品质量的因素有哪些?如何防止呆滞库存?哪些产品需要季节性库存?哪些产品需要安全库存?哪些产品应该由供应商直接供应,采用即时采购的"零库存"模式?是否需要引进第三方物流企业进行库存物资的统一管理与供应?

思考: 1. 餐饮企业食品的存放地点可以是供应商的仓库或者直接存放在生产基地吗?

2. 产生呆滞库存的原因有哪些,如何减少呆滞库存?

3. 导致缺货的原因有哪些,如何减少缺货损失?

4. 从供应链角度思考餐饮企业改善食物新鲜度的措施。

第一节 供应链库存管理

一、供应链库存管理概述

(一) 库存管理的内涵、作用及评价指标

1. 库存及库存管理的内涵

库指仓库,存指储存,从字面上看,库存是指储存在仓库中的货物。广义的库存是指为了满足未来需要而暂时处于闲置状态的物资。广义的库存不仅包括在仓库中存储的原材料、零部件、半成品、产成品等,还包括处于生产状态的在制品,在码头、车站和机场等物流节点上等待运输的货品以及处于运输途中的货品。在不同情境下,在库存前面加上定语,就出现了不同的库存概念。例如,为了分析库存的作用和产生原因,提出了周转库存、安全库存、在途库存、加工库存、季节性库存、投机性库存、促销性库存和沉淀库存等概念;根据库存满足的需求的重复性不同,提出了单周期库存和多周期库存;根据需求的相关性不同,提出了独立需求库存和相关需求库存;为了区分库存物资的种类,提出了原材料库存、在制品库存、产成品库存、配件库存等概念;根据需求量的变化情况不同分为确定型库存和随机型库存。

鉴于库存的内涵有广义和狭义之分,相应地,也可以从广义和狭义两个层面来理解库存管理的内涵。狭义的库存管理是对存放在仓库中的物资的管理活动;而广义的库存管理则是对以备将来使用的暂时处于闲置状态的物资的管理活动。从供应链层面来看,库存的存放地点可以是企业、供应商或者用户的仓库,也可以是商店、工厂,还可以是供应商的车间,甚至可以是运输工具、港口、货场等地;库存的存放状态可以是产成品,也可以是原材料和半成品。因此,库存管理包括对库存物资的种类、存放地点、存放状态、存放时间、库存量、库存成本以及与库存物资相关活动的计划、组织、协调与控制等活动。

对库存进行管理的主要目的是在满足需求的前提下尽可能降低成本。其核心问题是在满足用户需要的前提下,保持合理的库存水平,即在防止缺货的前提下,通过控制库存量来降低库存总成本。如图5-1所示,在需求率不变或者不可控的情况下,控制库存量的关键是控制货物入库的速率,即通过对什么时候订货以及订多少货问题的控制来控制库存量。因此,库存管理决策的关键

图5-1 出入库速率与库存量的关系

问题是单次订货量问题和两次订货的间隔时间问题。

2. 库存管理的作用

企业加强对库存物资的种类、存放状态、存放地点、存放量等的计划、组织、协调和控制,能给企业带来以下好处。

(1) 有利于降低企业乃至整个供应链的库存成本。

一般而言,通过加强库存量的管理,可以从以下几个方面降低与库存量密切相关的成本:一是降低入库环节随着购买量的变化而变化的成本。比如:当单位价格随单次订货量的变化而变化时会导致单位时间内的购买费用发生变化;当单次订货量发生变化时会导致单位时间内的订货次数变化从而带来单位时间内的订货费用变化;当单位运费随着单次运输量的变化而变化时会使单位时间内的入库运输成本发生变化。

二是降低在库环节的库存持有成本。在库环节与持有库存量的多少密切相关的成本主要有:持有库存预示着积压资金,而企业资金需要成本,因此产品价格越高资金积压成本越高;持有库存会产生有形和无形的损耗,单位时间内有形和无形损耗越大的产品库存持有成本越高;持有库存需要设施设备,占用设施设备越多的产品,库存持有成本越高;持有库存需要人员管理,需要耗费水、电、汽等,越需要精心管理的产品,库存持有成本越高;如果库存物资比较贵重,还需要缴纳保险。

三是降低出库环节与库存量有着密切关系的成本。比如缺货成本。一般来说,入库环节与库存量密切相关的成本具有规模效应,单次入库量越大,单位时间内的相关成本越低;而随着单次入库量的增加,库存量会增加,导致在库环节的库存持有成本增加;企业为了减少库存持有成本降低单位时间内入库的速率,会带来入库环节的成本和出库环节的缺货成本增加。因此,仅从单个企业的角度来分析,就发现一个明显的二律背反现象。当库存增加时,虽然入库成本、缺货成本降低,但库存持有成本会增加;当库存减少时,虽然库存持有成本下降,但入库成本和缺货成本可能增加。从整个供应链层面看,某企业为了降低其库存持有成本,不仅会带来入库环节和出库环节的相关成本的变化,还会导致上下游企业的库存持有成本、缺货成本、生产成本等的变化。因此,通过供应链库存管理确定最佳的库存持有量、库存存放地点和存放时间等,有助于降低企业及整个供应链的库存成本。

(2) 有利于提高客户服务水平。

客户服务水平的一个重要衡量指标是顾客需求的满足率,即顾客所需商品的有货率。如果一个企业的缺货率高,其他服务做得再好,顾客也不可能满意。因此,从定量化的角度分析,客户服务水平等于1减去缺货率。比如,企业计划服务水平为0.9,那预示着允许有10%的缺货率。同时,库存量、库存的存放地点、存放状态又是影响顾客需求响应时间的关键因素。因此,企业通过高效的库存管理,科学决定库存的存放量、存放时间和存放地点,有助于在合理的库存成本条件下,缩短客户需求响应时间,降低缺货率,提高客户服务水平。

(3) 协调供需,降低生产成本。

库存是连接供需的纽带,在协调供需的过程中发挥蓄水池式的作用。首先,供应链上不同环节生产作业的节奏会有所不同,通过库存管理,可以使先后两个或多个独立的、速度不同的作业更有效、更经济地运行。其次,季节性产品的生产速率与全年的需求速率是不同的,通过库存状态、库存量及存放地点的合理计划与实施,在满足旺季需求的条件下实现均衡生产,可有效避免旺季临时增加的加班成本、雇用或解雇成本、培训成本以及外包成本,即通过均衡生产,避免临时改变生产规模而产生的成本。季节性产品的均衡生产在淡季时会产生季节性库存,会增加库存持有成本。对于季节性产品的库存管理,决策时需要权衡增加的库存成本与减少的旺季临时增加生产规模而产生的成本的高低。再次,生产成本包括固定的准备成本和可变的加工成本,生成时间包括准备时间和加工时间。当单次生产批量加大,分摊到单位产品上的准备成本会减少,分摊到单位产品上的准备时间也会减少。在年需求固定的条件下,单次生产批量越大,年准备成本和准备时间会越少。准备时间的减少对企业瓶颈资源的意义更大,因为准备时间的减少预示着瓶颈资源利用率的增加,预示着公司有效产出和产能的增加。总之,通过高效的库存管理,有助于协调生产作业速率、减少生产准备时间,提高生产规模效应,降低生产成本。

3. 库存管理绩效的评价指标

无论是库存管理者还是供应链管理者,都会关注库存管理的绩效。反映库存管理绩效的指标有很多,比如平均库存、库存周转率、缺货率、准时交货率、可供应时间、平均安全库存、呆滞库存、超过指定天数的库存产品、季节性库存、需求满足率、平均补货量等。表5-1简单介绍了几个指标的计算公式。

表5-1 库存管理绩效评价指标的计算公式

序 号	指 标	计算公式
1	库存周转率	计算期内的出库总数量(金额)/该期间的平均库存数量(金额)×100%
2	平均库存	[期间内的最高(期初)库存+期间内的最低(期末)库存]/2
3	周转天数	期间内的发出总数/期间内的平均库存
4	缺货率	(缺货次数/顾客订货次数)×100%
5	准时交货率	(期间内准时交货次数/期间内的总交货次数)×100%
6	可供应时间	期间内的库存总值/期间内每天的销售值

(1) 平均库存。平均库存是指一个计算周期内的平均存货情况,它的计算公式为:平均库存=[期间内的最高(期初)库存+期间内的最低(期末)库存]/2。比如:在经济订货模型(EOQ)中,一个订货周期内的期初库存为 Q,期末库存为0,平均库存为 $Q/2$。通过平均库存数据,可以有效反映某段时间内库存产品占用的资金情况,同时平均库存也是计算其他指标的重要数据。

(2) 库存周转率。库存周转率又名存货周转率。库存周转率=某时段内的出库总数量(金额)/该时段的平均库存数量(金额)×100%。库存周转率用时间表示时是库存周转天数。该指标是衡量和评价企业购入存货、投入生产、销售收回等环节管理状况的综合性指标。库存周转率的高低不仅反映企业存货管理水平的高低,还反映库存产品的畅销度、库存资产的变现能力、短期偿债能力。因为库存周转速度越快,库存流动性越强,库存转换为现金或应收账款的速度就越快。库存周转率不仅是衡量库存管理者、供应链管理者绩效的重要指标,还是衡量采购及研发绩效的重要指标。

(二) 供应链库存管理面临的问题

传统的库存管理侧重于单个企业的库存成本最低,即以订货成本、存货持有成本、缺货成本所构成的总成本最低来计算经济订货批量和订货点。对顾客的服务需要整个供应链的企业来协同完成,因此基于单个企业库存成本最低的库存管理显然存在不足。企业需要转变观念,开展基于供应链的库存管理。传统企业在开展基于供应链的库存管理时一般会面临以下问题。

1. 企业缺乏供应链整体观念问题

供应链是由多个具有独立经济利益的法人所构成的虚拟组织,供应链成员的利益有时会存在冲突,很难确保所有成员的努力目标与供应链整体目标一致。企业基于自我利益最大化的决策常常会导致供应链整体效率降低,这在去库存中表现得更加明显。例如,某品牌白酒为了月末(年底)去库存,强硬要求经销商加大订货量,将库存转移给经销商,这不仅增加了经销商的成本,影响了经销商的收益,而且过早布局库存存在盲目性,容易导致呆滞库存与缺货并存的局面。有媒体报道:某品牌电器供应链的供应商为了配合核心企业的"零库存"目标,不得已让送货车辆在高速公路上来回跑。又如,印第安纳的一家汽车制造配件厂为了在绩效评价中得到一个较好的成绩而大量压缩库存,导致它到组装厂与零配件分销中心的响应时间变得更长且波动不定,组装厂与分销中心为了满足顾客的服务要求不得不维持更高的库存。由于企业利益和供应链整体利益的不一致性,供应链成员企业形成基于供应链整体利益最大化的库存管理观念有一定难度,需要在核心企业的协同下,制定基于整体利益最大化的库存管理收益分配与风险分摊制度。

2. 容易忽视供应链库存管理的复杂性

供应链涉及供应商、制造商、分销商、零售商等成员企业的供、产、销全过程,涉及面广,行业跨度大。一般来说,供应链上游企业的产出是下游企业的投入,经过下游企业的生产加工(服务)后又转化为下下游企业的投入,如此一环扣一环,紧密衔接,关系复杂。与之相对应,供应链库存涉及供应商库存、制造商库存、批发商库存和零售商库存,表现为多级库存系统,有多种网络结构形式。这种库存结构的复杂性给供应链库存系统的协调管理带来了很大的挑战。因为企业在进行研发、产品及供应链设计时,一不小心就忽视了其设计对整个供应链库存成本的影响,导致"生产中节省下来的成本被库存成本抵消""增加或关闭一个工厂或分销中心,导致物流成本增加"等问题。

3. 忽视不确定性对库存的影响

供应链运作中存在诸多不确定因素,为了减少不确定性对库存的影响,首先要了解不确定性的来源和影响程度。很多公司并没有认真研究和跟踪不确定性的来源和影响,错误地估计供应链中物料的流动时间,造成"有些物品库存过多、有些物品库存不足"与"有些地区库存过多、有些地区缺货""高库存与高缺货并存"的问题。

4. 信息传递系统效率低

在供应链中,各个供应链节点企业之间的需求预测、库存状态、生产计划等都是供应链管理的重要数据,这些数据在不同的供应链节点企业之间流动。为提高用户响应速度,必须实时传递信息。通过信息系统集成的办法,将一个个信息孤岛整合成一个信息共享的整体是当务之急。因为信息系统低效率是目前的普遍状态,供应商得到的常常是延迟的信息和不准确的信息。不准确的信息加大了需求预测的误差,影响采购、生产计划的可靠性,进而导致高库存和高缺货现象。比如:企业制订生产计划,需要获得关于需求预测、当前库存状态、订货的运输能力、生产能力等信息,这些信息来源于供应链的不同节点企业。从不同企业获取数据、整理数据、制订主生产计划,编制物料需求计划,这个过程需要时间,时间越长,预测误差越大,制造商生产出的产品种类、数量及分销计划与终端实时需求的吻合度就越小,"高库存与高缺货并存"现象就越严重。

5. 库存控制策略简单化

无论是生产性企业还是物流企业,库存控制的目的都是为了保证供应链运行的连续性和应付不确定需求。首先,企业需要了解和跟踪影响不确定性状态的因素;其次,企业要利用跟踪到的信息去制定相应的库存控制策略。由于不确定性状态会不断变化,这加大了库存控制的难度。不同供应商的交货日期与产品质量可靠性不同,不同物品的需求可预测性不同。企业在制定库存控制策略时应充分考虑供应链上不同节点、不同产品、不同区域、不同渠道、不同顾客的差异与不确定性。简单采用统一的库存控制策略肯定会出现问题。另外,前面已经提到,传统的库存控制策略基于单一企业的利益最大化,没有体现供应链整体最优的理念,这不利于企业制定合理的库存控制策略。

6. 缺乏合作与协调性

供应链是一个整体,需要协调各方活动。通过协调,使供应链成员企业在"指挥棒"的指引下开展协同有序的行动。供应链涉及不同的利益主体,及时准确的信息是企业协同有序行动的基础。供应链信息系统的低效率是导致供应链缺乏合作与协调的重要原因。此外,供应链利益分配与风险分担等激励约束机制不合理也是影响供应链成员企业合作与协调性的重要因素。供应链成员企业缺乏合作与协调会使供应链库存控制变得更加困难。在分布式的组织体系中,成员企业的利益目标不同、绩效评价标准不同、存放物资的仓库不同,缺乏合作与协调的供应链对库存进行统一管理与集中控制将面临很大阻力。如何建立一套行之有效的激励机制来解决企业之间的合作与协调问题是供应链库存管理面临的重要问题。

(三) 供应链中的不确定性与安全库存

供应链中存在大量不确定性因素,企业为了减少不确定性因素的影响而设置的缓冲库存就是安全库存。安全库存的大小取决于供应和需求的不确定性、顾客服务水平(或订货满足率),以及缺货成本和库存持有成本。其他条件不变的情况下,供应链的不确定程度越高,安全库存就越高。安全库存与不确定程度、顾客服务水平和缺货成本都成正相关,与库存持有成本成负相关。安全库存会随不确定程度、服务水平、缺货成本的增加而增加,随库存持有成本的增加而减少。

1. 供应链中的不确定性

(1) 供应链中不确定性的表现形式。供应链中的不确定性有两种主要的表现形式:一是衔接不确定性,即企业之间(或部门之间)的不确定性,主要表现在合作上,为了消除衔接不确定性,需要加强企业之间或部门之间的合作与协调;二是运作不确定性,无论是供应、生产还是分销环节的市场主体,在运作中都可能存在不确定性。系统运行不稳定是系统内部缺乏有效的控制机制所致。为了消除供应链运行中的不确定性,需要加强对供应链组织的控制,提高供应链系统的可靠性。

(2) 供应链不确定性的来源。供应链不确定性主要来源于三个方面:一是供应不确定;二是需求不确定;三是企业自身存在的不确定性。供应不确定性主要表现为供货提前期不确定性、供应量不确定性等,如因意外导致的供货中断、供货延期等。导致供应不确定的原因有很多,如供应商的生产系统发生故障,供应商的原料供应短缺,供应商的需求突然增加,意外的交通事故等。导致需求不确定的原因主要有顾客需求、购买能力变化,需求偏好变化,需求预测产生偏差等。企业自身的不确定性主要表现为自身能力及产出不确定,如机器的故障、计划执行发生偏差等。

2. 供应链的不确定性与库存的关系

(1) 衔接不确定性与库存的关系。库存与衔接不确定性呈正相关。衔接不确定性普遍存在于供应链中。供应链中的企业为了各自的利益而将物质资源和信息资源封闭起来,形成资源壁垒,造成信息传递和沟通障碍。为防范沟通障碍所伴随的系列问题,企业不得不建立库存。在传统的供应链运作模式下,上游企业依据下游企业的需求信息做生产或供应决策,需求信息在供应链上逐级往上传递时会失真,而且越往上失真程度越大,伴随的另一个现象是越往上库存越高。在现代供应链管理理念下,强调集成化的供应链管理,强调共享顾客需求信息,强调建立合作伙伴关系,通过系列举措推动供应链成员企业之间的信息交流、沟通与合作,以降低衔接不确定,减少因应对衔接不确定而设置的库存量。

(2) 运作不确定性与库存的关系。供应链企业之间的衔接不确定性可以通过供应链联盟或供应链协作而得以削减,这种合作关系同样也可以消除运作不确定性对库存的影响。因为当企业之间的合作关系得以改善时,企业的内部生产管理运作系统的输入与输出都会变得更加稳定。企业之间的衔接不确定性因素减少时,就可以减少不确定性因素对生产运作系统输入和输出的影响,接下来只要企业加强对内部生产运作的控制,提高内部生产运作的稳定性。当外部影响因素的稳定性加强,内部生产运作系统的可控性加强,整个生产运作系统变得更加稳定,因生产运作不稳定而产生的安全库存就能减少。

(四) 供应链规模效应与周转库存

1. 周转库存的含义及计算

周转库存指在一定条件下,企业为保证生产或者销售的正常进行而保持一定数量的满足周转需要的库存。周转库存是企业组织生产、实现商品流通必不可少的物质基础。

正常的周转库存的计算,可以通过计划年度某物资每天的需求量乘以合理周转天数来计算。苏尼尔·乔普拉(Sunil Chopra)、彼得·迈因德尔(Peter Meindl)在《供应链管理》(第5版)中将周转库存定义为供应链中的平均库存,是因生产或采购批量超过客户需求量而产生的库存。在经济订货批量模型的相关假设条件下,企业面临的需求和供货提前期稳定,当企业的库存降至0时,企业订购的货物量Q立即入库,所以企业的最大库存为Q,最小库存为0,根据平均库存的计算公式:平均库存=(最大库存+最小库存)/2,可得企业的周转库存是订货批量的一半,即Q/2。

2. 因规模经济效应而产生周转库存的几种情况

苏尼尔和彼得认为,周转库存的产生原因是为了利用规模经济降低成本而大批量地生产或者大批量地采购。企业管理者在进行库存管理决策时,需要在由物料购买成本、固定订货成本、库存持有成本以及缺货成本等成本构成的总成本最低的条件下确定最优的订货批量。为了获得采购和订货的规模经济,管理者不得不增大订货批量和周转库存,但是周转库存量的增加会增加库存持有成本。因此,管理者在确定订货批量时必须权衡,以使总成本最小。从供应链层面来看,在进行周转库存决策时,决策者必须考虑供应链的总成本。在实际工作中,供应链各环节基本都是独立进行周转库存决策。由于供应链上不同企业间的周转库存常常存在冲突,供应链成员企业独立进行周转库存决策的模式会增加供应链的周转库存以及供应链总成本。

在以下三种情况下,供应链任一环节都有可能为了实现规模经济而产生周转库存:一是每次订货或生产时,都会发生固定的订货或者生产准备费用,加大单次订货或者生产批量,分摊到单位产品上的固定成本会减少,这是导致周转库存增加的一个重要原因;二是供应链企业为了发挥销售的规模经济,会根据客户的订货数量给予价格折扣,客户企业为了获得折扣而加大订货量,从而产生周转库存;三是企业为了有效利用供应商提供的短期价格折扣或商业促销优惠,会加大订货批量而产生周转库存。

3. 降低周转库存的关键措施

降低周转库存的关键在于削减订货批量,削减订货批量而不增加成本的关键是减少每次订货(生产)的固定成本。企业利用现代订货技术(生产)可以有效降低单次订货(生产)的固定成本;此外,联合多种产品、多个客户、多个供应商的订货,也能达到减少固定成本的目的。比如:同一个城市的社区超市,实行联合采购,不仅可以获得因订货批量加大的价格折扣,而且可以通过加大分母而降低分摊的固定订货成本。

二、供应商管理库存

(一) 供应商管理库存的含义和作用

1. 供应商管理库存的含义

所谓供应商管理库存(Vendor Managed Inventory,VMI)是一种以降低用户和供应商的成本为目的,在一个共同的协议框架下由供应商管理库存,并通过协议执行情况的监督和不断修正使库存管理得到持续改进的合作性策略。该策略打破了传统的各自为政的库存管理模式,体现了集成化的供应链管理思想,是一种新的有代表性的库存管理模式。

VMI的主要思想是供应商在用户的允许下设立库存,确定库存水平和补给策略,并拥有库存控制权。

传统的库存管理模式下,库存由库存使用者拥有并管理,库存的计划、设置、使用与管理都是由同一组织完成。这种库存管理模式存在不足。比如:供应商用库存来满足用户不可预测的或不稳定的需求,用户也通过设立库存来防范内部需求不稳定或供应链不确定所带来的风险,供应链中每一个企业都独立地采取保护措施,防范供应链不确定所带来的风险,这种供应链成员企业各自独立地、重复地建立缓冲库存的模式加大了供应链的总库存,而缺货现象却并没有得到有效改善,而且随着供应链长度的增加,整个供应链系统的库存也会随着供应链的需求扭曲现象而变得更加严重。VMI库存管理系统能够突破传统的条块分割的库存管理模式,以系统的、集成化的管理思想进行库存管理,使供应链系统获得同步化运作的好处。

VMI管理模式是从快速响应(Quick Response)和有效客户响应(Efficient Customer Response)的基础上发展起来的。其核心思想是供应商通过共享用户企业的当前库存和实际耗用数据,按照实际的消耗模型、消耗趋势和补货策略进行更准确的补货。在该库存管理模式下,交易双方都改变了传统的独立预测模式,尽可能减少因预测不确定性带来的浪费,降低了供应链的总成本。

2. 供应商管理库存的作用

在传统的管理模式下,存货成本和用户服务水平两者之间常常存在背反现象,即降低存货成本的同时降低了用户服务水平,而成功地实施VMI能给供应商和用户在降低存货成本和提高用户服务水平两个方面都发挥积极作用。

采用VMI模式,供应商将从以下几个方面获得利益:一是供应商可以无障碍地获得用户的销售信息,从而减少因需求逐级传递、需求信息失真导致的预测误差、计划变更、生产及库存资源配置不合理等问题所致的浪费,特别是应对不确定需求的用于缓冲的库存浪费。二是供应商可以很方便地采用集中库存、仓配一体化等模式降低物流成本。三是方便供应商对供应链库存进行统一规划,优化配置,提高库存的利用率,降低库存浪费。四是有助于供应商削弱产量的波动,在保持合理存货水平的条件下实现均衡生产,发挥生产及采购批量的规模效应。五是供应商获得源源不断的真实需求信息后,供应商的计划、协调的有效性得到提高。六是供应商可以通过运输配送路线的合理规划、统一补货、高效配载等措施降低运输配送成本。例如,社区商业连锁公司(比如零食很忙)在同一区域密集开店,方便公司采用一辆货车为同区域的商店集中补货,从而实现小批量、高频次补货的同时降低补货成本;最后,可以有效提升服务水平,减少缺货率。因为在VMI模式下,供应商更方便开展计划、协调工作,可以更好地平衡所有顾客的需求,顾客最主要的需要会得到优先满足;更方便开展库存共享,从而提升服务水平,因为VMI模式下,库存信息不仅对供应商可视,对用户也是可视的,用户可以了解供应商的整体存货配置(分布)情况,在缺货时,可以立即查找库存分布情况,了解库存的存放地点,快速做出决策。

采用VMI模式,用户可以获得以下好处:一是解决了有冲突的执行标准带来的两难状况。比如,月末的存货水平和顾客的服务水平对于用户来说是有冲突的。传统模式下,他们常常需要储备货物以保证高水平的顾客服务,而到季(月)末涉及财政报告时,又会不顾服务水平,千方百计地去库存。二是用户远离了与库存有关的烦恼,实现"零库存"和准时采购。采用VMI模式后,库存由供应商管理。供应商根据用户的销售情况及时补充或者根据用户的准时采购订单实施准时送货,用户的"高库存与高缺货"问题得到有效解决。三是用户能以更低的成本满足顾客的需求,因为采用VMI模式后,用户可以减少与库存相关的设施、设备、管理及存货等成本,供应商提供的高频次、小批量补货策略可以帮助用户有效减少缺货损失;补货频率由每月提高到每周甚至是每天,客户从低水平库存流转中受益,月末或季末的服务水平也得到提高。四是可以使产品更新更加方便,新产品的上架速度更快,零售商可以保持"时尚"的好名誉。

(二) 供应商管理库存的实施

1. 实施原则

要实施供应商管理库存必须坚持以下基本原则:一是合作原则。在实施该策略时,相互信任与信息透明是很重要的,供应商和用户(零售商)都要有较好的合作精神,才能够相互保持较好的合作。二是互惠原则。实施VMI模式必须确保供应链总成本得到减少的同时双方的成本都能减少。三是必须有统一的框架协议和共同的目标。双方都明白各自的责任,对库存放在哪里,什么时候支付,是否要管理费,要花费多少等问题都详细地体现在框架协议中。四是连续改进原则。此原则的目的是供需双方不断改进工作流程,共同消除浪费和分享利益。

2. 实施步骤

实施VMI策略的步骤:第一,建立信息系统,实现销售时点信息和库存信息的共享。因为要有效地管理库存,供应商必须及时从零售商处获得销售数据,并使用该数据来协调其生产、库存活动以及零售商的实际销售活动;用户间及用户与供应商间必须共享库存以有效提高存货利用率和服务水平。第二,建立销售网络管理系统。供应商要很好地管理库存,必须建立起完善的销售网络管理系统,保证自己产品的需求信息和物流畅通。为此,必须做到:保证产品条码的可读性和唯一性;解决产品分类、编码的标准化问题;解决商品存储运输过程中的识别问题。第三,建立供应商与用户的合作框架协议。通过协商,供应商和用户确定订单处理的业务流程以及库存控制的有关参数,如再订货点、最低库存水平等;选择库存信息的传递方式,如EDI或Internet等。第四,组织机构的变革。引入VMI策略后,产生了一个新的职能部门,负责控制用户的库存、库存补给和服务水平。

3. 供应商管理库存的方式

根据Carlyn和Mary的研究,供应商管理存货的方式主要有以下四种:一是供应商提供用于制定存货决策的支持软件,用户可使用该软件执行存货决策,用户拥有存货所有权,管理存货。二是供应商在用户所在地,代表用户执行存货决策,管理存货,但是存货的所有权属于用户。三是供应商在用户所在地,代表用户执行存货决策,管理存货,供应商拥有存货所有权。四是供应商不在用户的所在地,但是定期派人或者委托公司代表用户执行存货决策,管理存货,供应商拥有存货的所有权。

4. 实施模式

(1)"制造商—零售商"型 VMI 模式。这种模式通常存在于制造商作为供应链的核心企业,制造商对它的客户(如零售商)实施 VMI。如图 5-2 所示,图中的制造商是 VMI 的主导者,由它负责对零售商的供货系统进行检查和补充。这种模式多出现在制造商是一个比较大的产品制造者的情况下,制造商具有相当的规模和实力,完全能够承担起管理 VMI 的责任。例如,美国的宝洁(P&G)就发起并主导了对中国国内某些大型零售商的 VMI 管理模式。

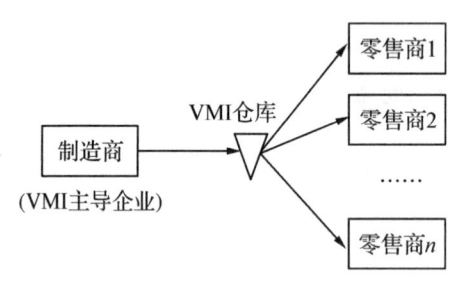

图 5-2 "制造商—零售商"VMI 系统

(2)"供应商—制造商"型 VMI 模式。如图 5-3 所示,VMI 的主导者可能还是制造商,但是它是 VMI 的接受者,此时的管理者是该制造商的上游供应商。例如,在汽车制造业,汽车制造商是供应链的核心企业,为了应对激烈的市场竞争,它会要求零部件供应商实施 VMI 的库存管理方式。由于制造商一般要求供应商按照 JIT 的方式供货,所以供应商不得不在制造商的周边建立仓库,导致供应链库存管理资源重复配置。表面上看,这些库存管理成本由供应商支付,但增加的供应链成本最终会由顾客买单,这不利于提升供应链的竞争力。另外,很多零部件供应商规模小,由这些供应商完成 VMI 比较困难。所以,这种形式的 VMI 模式逐渐被"供应商—3PL—制造商"模式取代。

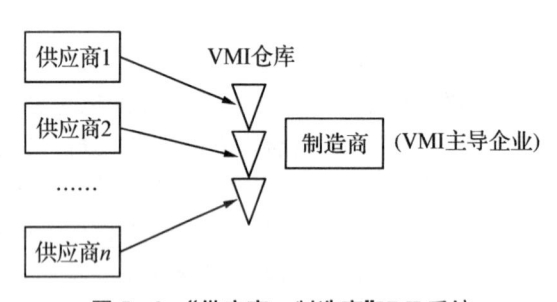

图 5-3 "供应商—制造商"VMI 系统

(3)"供应商—3PL—制造商"型 VMI 模式。为了克服第二种模式的弊端,提出了"供应商—3PL—制造商"型 VMI 模式。这种模式引入了一个第三方物流(3PL)企业,由 3PL 提供一个统一的物流和信息流管理平台,统一执行和管理各个供应商的零部件库存控制指令,负责完成向制造商生产线上配送零部件的工作,而供应商则根据 3PL 的出库单与制造商按时结算,如图 5-4 所示。由第三方物流(3PL)企业运作的 VMI 仓库可以合并多个供应商交付的货物,采用了物流集中管理的方式,因此形成了规模效应,降低了库存管理的总成本。

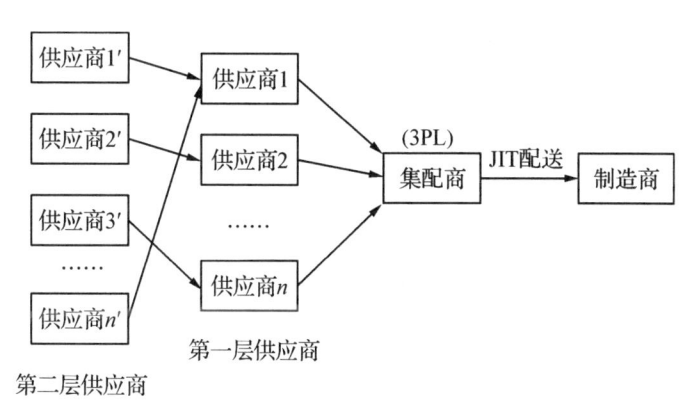

图 5‑4　基于 3PL 的 VMI 实施模式

这一模式的优点还有：3PL 推动了供应商、制造商、3PL 之间的信息交换和整合；3PL 提供的信息是中立的，根据预先达成的框架协议，物料的转移标志了物权的转移；3PL 能够提供库存管理、拆包、配料、排序和交付，还可以代表制造商向供应商下达采购订单。由于供应商的物料提前集中在由 3PL 运营的仓库中，使得上游的众多供应商省去了仓储管理及末端配送的成本，从而大大地提高了供应链的响应性并同时降低了成本，因此，也有人将这种 VMI 的实施模式称为 VMI-HUB。

三、联合库存管理

（一）联合库存管理的含义

联合库存管理（Jointly Managed Inventory，JMI）是供应商与客户同时参与、共同制订库存计划，实现利益共享与风险分担的供应链库存管理策略。

联合库存管理是解决供应链系统中由于各节点企业相互独立的库存运作模式导致的需求变异放大现象，提高供应链同步化程度的一种有效方法。与供应商管理库存把决策权交给供应商，风险主要由供应商承担不同，联合库存管理强调双方共同参与，共同制订库存计划，强调风险共担，确保供应链相邻节点对需求的预期一致，从而消除需求变异放大现象。任何相邻节点需求的确定都是供需双方协调的结果，库存管理不再是各自为政的独立运作过程，而是连接供需的纽带和协调中心。

（二）联合库存管理的优点

图 5‑5 为基于协调中心联合库存管理的供应链系统模型。基于协调中心的库存管理和传统的库存管理模式相比，有如下几个方面的优点。

（1）减少了需求信息扭曲现象。联合库存管理系统把供应链系统管理进一步集成为上游和下游两个协调管理中心，从而部分地消除了由于供应链环节之间的衔接不确定性和需求信息扭曲现象导致的供应链库存波动。通过协调管理中心，供需双方共享需求信息，因而起到了增强供应链运作稳定性的作用。

（2）联合库存管理有利于简化供应链的库存层次，有助于开展联合运输，降低运输成本。

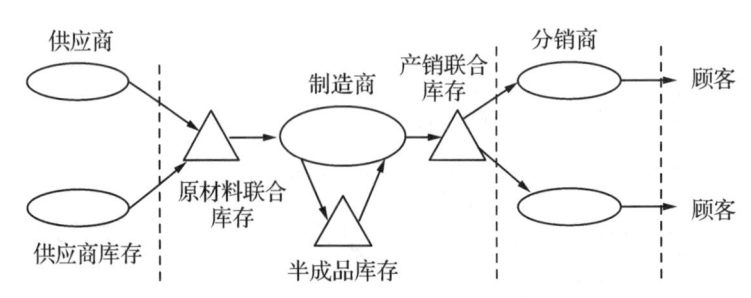

图 5-5 基于协调中心联合库存管理的供应链系统模型

传统的库存管理模式下,供应链上各企业都独立设立库存,随着核心企业分厂数目的增加,库存物资的运输路线将呈几何级数增加,而且重复交错,这显然会提高运输规划的复杂度,运输距离、在途车辆数和运输成本都会明显增加。

(3) 联合库存管理有利于降低供应链的库存费用。

因为联合库存管理减少了库存点,减少了库存设立费及仓储作业费,从而降低了供应链库存费用。如图 5-6 所示,每个销售商直接向工厂订货,每个销售商都有自己的库存,据估计通用汽车公司每年销售 500 万辆轿车和卡车,平均价格是 18 500 美元,销售商维持 60 天的库存,库存费是车价值的 22%,一年总的库存费用达到 3.4 亿美元。如图 5-7 所示,采用分销中心的销售方式,各个销售商只需要少量的库存,大量的库存由地区分销中心储备,从而减轻了各个销售商的库存压力,分销中心发挥了联合库存管理的功能,此举大大缓解了库存浪费问题。分销中心既是一个商品的联合库存中心,也是需求信息交流与传递的枢纽。

图 5-6 传统的销售模式　　　　图 5-7 有地区分销中心的销售模式

此外,联合库存管理为实现供应链的同步化运作提供了条件和保证;联合库存管理中心作为供需双方信息交流和协调的纽带,可以暴露供应链管理中的缺陷,为改进供应链管理水平提供依据;为实现"零库存"管理、准时采购以及精细供应链管理创造了条件;将供应链管理环境下的资源共享和风险分担原则落到实处。

(三) 联合库存管理的实施策略

1. 建立供需协同管理机制

为了发挥联合库存管理的作用,供需双方应从合作的精神出发,建立供需协调管理的机制,通过相互的协调作用,明确各自的目标和责任,建立合作沟通的渠道,为供应链的联合库存管理提供有效的机制。没有一个协调的管理机制,就不可能进行有效的联合库存管理。图 5-8 为供应商与分销商的协调管理机制模型。

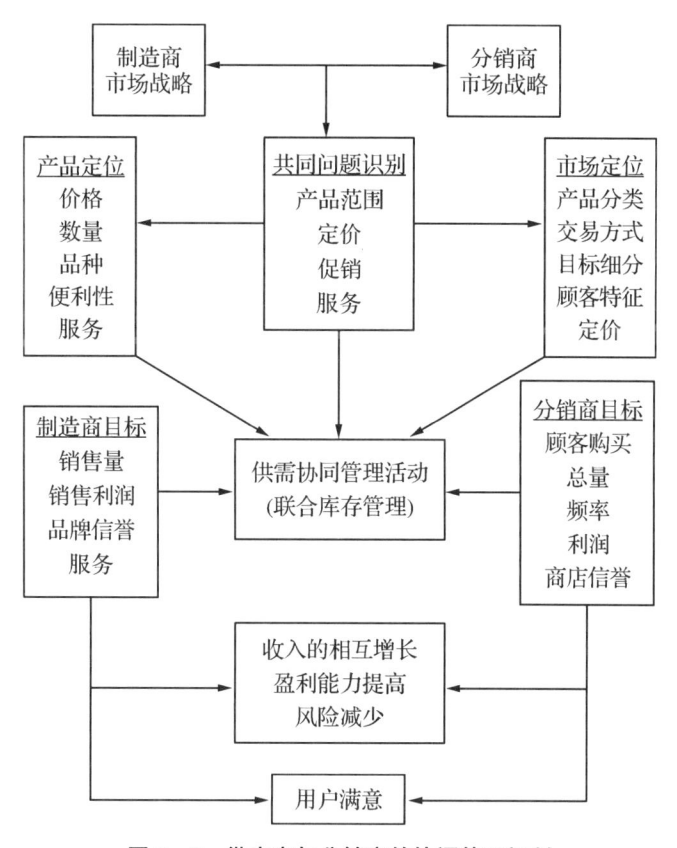

图 5-8 供应商与分销商的协调管理机制

建立供需协调管理机制,要从几个方面着手:一要建立共同的合作目标。要成功实施联合库存管理模式,供需双方要本着互惠互利的原则,建立共同的合作目标。为此,要理解供需双方在市场目标中的共同之处和冲突点,通过协商形成共同的目标,如用户满意、利润的共同增长和风险的减少等。二要建立联合库存的协调控制方法。联合库存管理中心担负着协调供需双方利益的角色,起协调控制器的作用。因此需要明确库存优化的方法,主要包括库存如何在多个需求商之间调节与分配,库存的最大量和最低库存水平、安全库存的确定、需求的预测等。三要建立一种信息沟通渠道或系统。为了提高整个供应链需求信息的一致性和稳定性,减少由于多重预测导致的需求信息扭曲,增加供应链各方对需求信息获得的及时性和透明性,应建立一种信息沟通的渠道或系统,以保证需求信息在供应链中传递的畅通和准确。要将条码技术、扫描技术、POS 系统和 EDI 集成起来,并且充分利用互联网的优势,在供需双方之间建立一个畅通的信息沟通桥梁和联系纽带。四要建立科学的利益分配、激励机制。要有效运行基于协调中心的库存管理,必须建立一种公平的利益分配制度,并对参与协调库存管理中心的各个企业进行有效的激励,防止机会主义行为,增加各企业间的协作性和协调性。

2. 发挥两种资源计划系统的作用

为了发挥联合库存管理的作用,在供应链库存管理中应充分利用目前比较成熟的两种资源管理系统,即企业资源计划系统(ERP)和配送资源计划系统(DRP),可以在供应链系统中把两种资源计划系统很好地结合起来。

3. 建立快速响应系统

快速响应系统是在20世纪80年代末由美国服装行业发展起来的一种供应链管理策略,目的在于减少供应链中从原材料到用户的时间和库存,最大限度地提高供应链的运作效率。美国的Kurt Salmon协会的调查分析认为,实施快速响应系统后供应链效率大有提高,缺货大大减少,通过供应商与零售商的联合协作保证24小时到货;库存周转速度提高1~2倍;敏捷制造技术企业的产品中有20%~30%是根据用户的需求而制造的。

4. 发挥第三方物流企业的作用

第三方物流企业(TPL或3PL)是供应链集成的一种技术手段。TPL(Thrid Party Logistics)也叫物流服务提供商(Logistics Service Provider,LSP),它为用户提供各种服务,如产品运输、订单选择、库存管理等。第三方物流系统的产生,一种是由一些大的公共仓储公司通过提供更多的附加服务演变而来,另外一种是由一些制造企业的运输和分销部门演变而来。

如图5-9所示,把库存管理的部分功能交给第三方物流系统管理,可以使企业更加集中精力于自己的核心业务,第三方物流系统起到了供应商和用户之间联系的桥梁作用,可以为企业带来诸多好处。

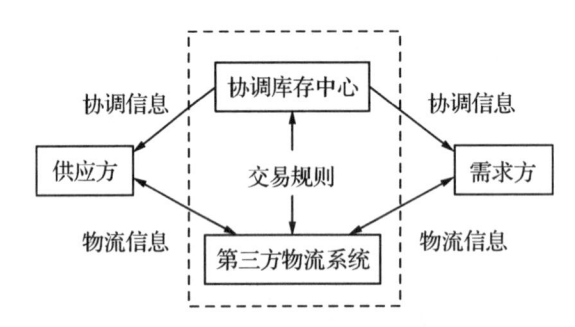

图5-9 第三方物流系统在供应链中的作用

面向协调中心的第三方物流系统使供应与需求双方都取消了各自独立的库存,增加了供应链的敏捷性和协调性,并且能够大大改善供应链的用户服务水平并提高运作效率。

第二节 供应链运输管理

一、供应链运输管理的重要性及主要决策内容

(一) 供应链运输管理的重要性

运输是衔接供应链网络实现物流空间价值的核心职能。运输管理(Transportation Management)在供应链中的重要性主要体现在以下三个方面。

1. 提高供应链系统的效率

现代物流关注从原材料、零配件到成品的每个物资流动过程,将运输、仓储、加工、配送等过程通过信息有机结合,形成完整的供应链和需求链。特别是随着价格低而质量高的运输服务的出现,产品生产与产品消费在空间上的距离将越来越大,也就是说供应链的地域范围越来越广,供应链节点之间的运输活动越来越频繁。随着供应链物流向多频次、小批量、准时制、柔性化等趋势的发展,运输在供应链中的重要性也得到进一步增强,成为供应链物流系统最核心的功能要素之一。运输资源利用效率的高低对供应链系统整体的柔性和运行效率有着举足轻重的作用,并直接影响供应链系统总成本。

2. 降低供应链物流成本

在物流活动中,运输费用是物流总费用中占比最大的一项。根据美国企业对物流成本的分类,将物流成本划分为运输费、仓储费、客户服务(即订单处理)费、库存持有成本、管理费一共五个项目,其中,运输成本约占企业物流总费用的40%。日本曾对一部分企业进行调查,在从成品到消费者手中的物流费用中:保管费占16%,包装费占26%,装卸搬运费占8%,运输费占44%,其他占6%。我国将社会物流成本分为仓储费、运输费和管理费三项,根据我国发展与改革委员会近几年的统计,运输成本占到物流总成本的50%以上。可见,降低运输成本对降低物流成本、降低供应链成本的重要性。

3. 降低供应链风险

供应链中的运输是一个由多方共同参与的过程,它具有很强的不确定性。运输时间的延长、运输过程中产品质量受损概率的增加等,不仅影响运输环节本身的绩效,更重要的是,最终会影响顾客的满意度,影响供应链服务水平。供应链管理如果没有先进高效的运输资源作为支撑,供应链运作的精细化目标就很难实现。另外,产品从生产商到用户的整个过程中,随时都存在破损或损耗的风险,因此运输过程是影响供应链管理风险的重要环节,尤其是在全球供应链中,运输的中断还可能引起供应链的中断。只有具有高可靠度的运输系统,才可能使供应链管理风险可控。

总之,由于运输与其他物流环节之间的紧密联系,运输在物流系统中具有十分重要的地位,科学合理的运输管理与决策对于降低供应链成本、提高客户服务水平等均具有十分关键的作用。

(二)供应链运输管理决策的主要内容

运输决策是供应链物流决策中的重要内容,不仅影响供应链中的仓储、库存、配送和设施布局等决策,而且对供应链系统运作成本、整体效益也有重要的影响。因此,供应链环境下的运输决策需要考虑众多因素。从托运人的角度而言,运输决策的内容主要包括选择自营运输还是外包运输、运输方式的选择、运输服务商的选择、运输路线的选择等。

1. 选择自营运输和外包运输

考虑使用自营运输、外包运输或二者兼而有之,应基于企业自身的运输管理能力和运输业务对企业发展战略的重要性。当运量较小、运输业务不是企业成功的关键因素时,可以将运输业务外包给第三方承担,而专注于发展企业的核心业务。然而当运量大、客户响应程度重要时,运输业务对企业发展战略的成功影响非常大,企业应拥有自己的运输车队。

2. 设计规划运输任务

规划运输任务要站在供应链的整体高度,统一规划有关的运输任务,确定运输方式、运输路线,联合运输方案,设计运输蓝图,在满足各点运输需要的前提下,使总运输费用最小。其中会涉及多个企业、多个品种、多种运输方式、多条运输路线的组织规划等问题。通常的做法是根据供应链正常运行的节拍,确定各点之间的正常运量;然后统一组织联合运输、配送和准时化供货。

选择适当的运输方式是物流运输合理化的重要前提。一般应根据物流系统要求的服务水平和允许的物流成本来决定,选择一种运输方式或采用多式联运(Multimodal Transportation)方式。判断标准主要包括货物的性质、运输时间、交货时间的适应性,运输成本、批量的适应性,运输的机动性和便利性,运输的安全性和准确性等。对于托运人而言,运输的安全性和准确性、费用、运输总时间等因素是其关注的重点。

3. 选择运输服务商

确定了运输任务方案,如果选择运输外包,就需要确定运输服务商;或者在供应商确定运输方式后,选择合适的运输服务商。随着客户需求的变化,运输服务商也逐渐从提供单一运输方式的服务商发展到提供专门化运输(如包裹递送)、多式联运、运输代理服务等多种不同的运输服务商类型。在选择运输服务商时,不同的决策者会有不同的决策标准和偏好,可以在综合考虑运输服务商的服务时间、质量、价格等因素的基础上进行选择决策。一旦选择了合适的运输服务商,可以考虑与符合要求的运输服务商建立长期的战略性合作伙伴关系。

4. 车辆路径规划

车辆路径规划是供应链中最重要的决策任务之一。其决策内容包括根据客户的运输量、位置分布等特点指派合适的车辆、规划合理的送(取)货顺序,即确定车辆行驶最佳路径。车辆路径规划的目标是在满足客户服务水平要求的前提下,使用的车辆数最少、总行驶里程最短、成本最低。因此,这是一个多目标决策问题,可以运用运筹学、系统工程等方法寻找最佳方案或满意方案。限于篇幅,这里不做具体阐述。

二、供应链协同运输管理

(一) 协同运输管理的由来与含义

协同运输管理(Collaborative Transportation Management,CTM)是在供应商管理库存(VMI)和协同计划预测与补货(CPFR)的基础上发展而来的一种新型运输管理模式。CTM能够将运输整合到供应链各成员的运营计划当中,减少运输商的无效运输,准确预测运输需求,提高整个供应链的客户响应能力。

据美国学者2000年对实施VMI企业的一项调查结果,VMI实施的成功率并不高,只有30%~40%的企业取得成功,30%~40%的企业有点成效,剩下的10%~20%没有任何效果。主要原因在于VMI系统有两个主要缺点:一是VMI把太多的责任放在生产商身上，销售商制定规则，而生产商只能服从，且生产商对库存的差额负全部责任；二是VMI并没有考虑和承运商的协作，因此，承运商的能力限制会导致运输的延迟，从而影响供应链运行效率，特别是全球供应链和多式联运成为大势所趋的背景下，VMI将会造成更多的延迟。

2000年，全球最大零售商沃尔玛向供应商宝洁（P&G）、货运巨头亨特提出了一种新型的合作方案，要在三者间实现更透明的信息交换，通过信息共享和供应链协作，完成制订计划、预测、运输、库存和补货等商品服务全过程。三方达成合作关系以后，沃尔玛大大简化了货物处理过程，亨特减小了16%的装卸货等待时间，空载率下降了3%，宝洁实现了库存的下降。

上述策略和管理模式确实有效解决了VMI中的第一个缺点，但是它依然没能解决另外一个矛盾。后来，CTM随之诞生了。CTM是在原有发货人和收货人的合作关系上，扩展到承运人或第三方物流服务商。

CTM的雏形是货运合并，保持货车的满载移动。这就意味着公司可以更好地利用自身资源，减少空载浪费。这种方法在北美相当流行，合作关系已在超过1 600个合作伙伴中形成，它们建成一个统一的信息平台，通过多站式的装卸货，保持货车的最低空载率。对于最终消费者而言，不仅使服务时间大大缩短，成本还降低了15%～25%。目前协同运输管理的含义远远不仅于此。根据VICS（Voluntary Inter-industry Commerce Standards Association）2004年在协同运输管理白皮书中的定义：协同运输管理是一个整体的流程——它把供应链的合作伙伴和运输服务商聚集到一起，达成协议，使运输规划和作业流程避免出现无效率的运作。其目的是通过促进供应链中运输作业参与者[包括发货人、承运人、收货人或者另一种形式的参与者（如第三方物流等）]的相互影响和协同合作，消除无效作业。协同运输管理始于订单发货预测（订单可能来自合作计划、补货或者其他程序），主要包括以下程序：运输能力的预测和时间安排、生成订单、装货、送货、付款。

（二）协同运输管理的主要内容

协同运输管理作为一种新型的供应链管理模式，相对于传统的供应链合作模式而言，更注重供应链范围内企业层面的战略性合作，同时也涉及战术层和运作层面的一系列问题。

1. 战略层

战略层决策包括明确实施协同运输管理的相关参与者之间的战略伙伴关系，以及战略合作的方式、保障措施等，具体包括签署正式合作协议，规定合作时间、合作范围，并决定流程，确定所需的共享数据及如何进行信息共享。此外，还包括货物条款中的关系各方（付款方、责任方）、指明运输服务商或3PL由哪一方负责管理，运输的货物范围，运输的条款，涉及的场地、发货的类别及意外管理的条款，并细化由谁来负责运输路线的决策、运输方式以及其他的运输策略等。最后，协议还要细化预期收益的分享方式。

2. 战术层

战术层决策包括以制订产品/订单的预测计划为起点，制订运输流程的计划内容。产品/订单预测完成后,根据预定的装载策略制订发货计划(如集成或合并运输)。为了能够准确预测装载量,参与各方应尽早掌握发货计划,预测未来的运输量,以便承运人提前掌握装货期、运输时间、发货地和接货地等信息,准确预测未来设备需求。运输公司收到计划后,必须根据计划要求,确定承担运输的能力。如果运输能力无法达到要求,所有参与者都必须启用在协同运输管理的战略中所制定的"意外管理纲目",如修改发货要求、改变运输公司或利用可以对接的公共服务等。

3. 运作层

运作层的决策主要是制定完成客户订单的物流运作具体操作方法,包括运输合同、配送策略(如集成、对接、组装、接力)、发货计划等。运输公司将收到电子装货申请,核实运输能力,如果运输能力有限,不能按计划提供运输工具,就启用"意外管理纲目"。承运人接受装货申请,落实运输时间后,接着做好装运/收货准备。在完成订单的装运任务过程中,所产生的相关文件单据(如发货通知、在途状况)以协议中所规定的格式文件进行传递。如果有影响到伙伴关系整体运作的意外事件发生(如预计交货时间将被延迟),参照"意外管理纲目"处理。最后就是运费会计流程,以确保承运人得到运输条款所规定的报酬,或者依据"意外管理纲目"解决各种争端。

(三)成功实施协同运输管理的关键因素和主要障碍

1. 成功实施的关键因素

协同运输管理是供应链运输管理中的一种崭新思想,要求供应链各方建立一种"共赢"的战略合作伙伴关系,站在供应链战略的高度实施。其成功实施的关键在于以下三个方面:

第一,建立和掌握运输的最佳实践。最佳运输实践主要包括良好的运输控制和集中运输管理,建立核心运输计划,制定正确合同条款,优化每天的运输计划,实施电子支付,撰写运输状态报告并使订单、运输和库存可视化;不断改进运作程序;进行运输成本分析等。最佳运输实践对于供应链的无缝连接有着非常重要的作用。

第二,注重供应链各方关系管理。供应链各方首先应认识到协同运输管理是供应链活动中的重要部分,成员之间理解共同利益,保证一定的开放性,实行信息共享,相互协调,相互信任,利益共享等。

第三,应用先进的信息技术。信息技术是协同运输管理的神经系统,对于提高运输运作效率,保证资金、物资及信息的高效流动和交流起着至关重要的作用。各种信息技术,如计算机软硬件技术、网络技术、条码技术、射频识别技术、地理信息系统、全球定位系统、电子数据交换技术、互联网技术、资源配置技术、云计算技术和物联网技术等,对于协同运输管理的成功实施都非常重要。

2. 成功实施的主要障碍

协同运输管理在实际运作中面临的主要障碍包括以下方面:传统管理思想和体制的禁锢,仍采用传统的方法运作和进行成本核算;成员之间对供应链的视野仍停留在自己一方,而没有从供应链整体看待;每次谈判过程要花大量时间和精力,因此供应链各方过于注重各自利益或对协同运输管理的预期期望过大;信息传递不准确等。

(四)实施协同运输管理的好处

在供应链协同运输管理中,协同合作的参与者通过共享需求和供应信息(如预测、事件安排、所需能力)、理念甚至运作能力来提高运输规划和作业整体流程的绩效。供应链各方协作的程度越高,实施协同运输管理的效果就越好,其价值越明显。协同运输管理产生的价值大小随协作程度高低的变化关系如图 5-10 所示。

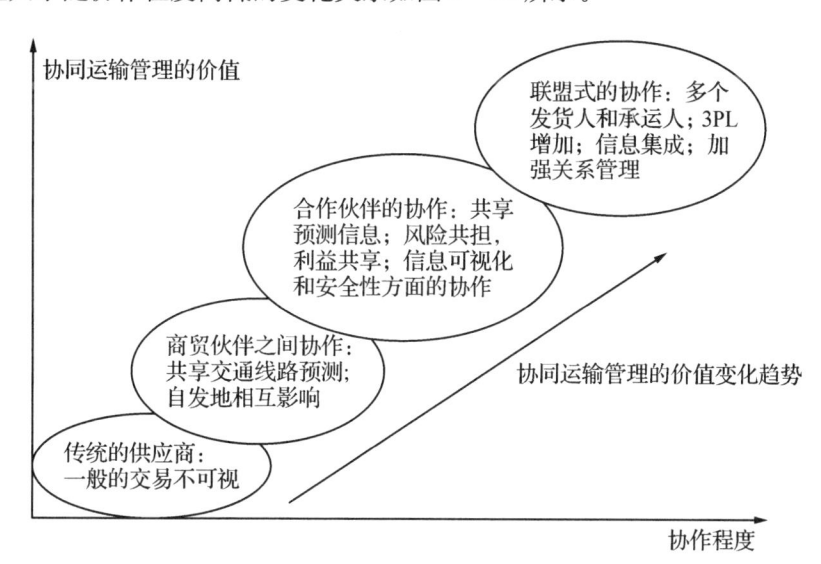

图 5-10 协同运输管理价值与协作程度的关系示意图

目前,协同运输已在北美国家、日本及我国台湾地区得到推广实施。这些国家或地区的实践证明,协同运输管理项目已取得很好的效果,主要体现在以下三个方面:

(1) 对于供应商:可以提前与运输商分享信息,保证运输工具及时到位,提高回程货物装载率,并获得最低运价。实施此战略后,按时送货率提高了 35%,库存水平降低了 50%,通过增加服务给客户,使销售量提高了 23%,提前期缩短了 75%,管理成本减少了 20%。

(2) 对于运输商:减少了运输商装货卸货的等待时间和空载率;降低了运输疏忽造成的货物损失;减少了单据错误和不准确的沟通。统计表明,无利润里程减少了 15%,滞留时间减少了 15%,运输设备利用率提高了 33%,司机流动降低了 15%。

(3) 对于客户:客户满意度大大提高。

拓展阅读

随着 PC 市场竞争愈演愈烈,越来越多的 PC 厂商希望通过敏捷的全球供应链来维持市场份额并增加利润。例如,戴尔、苹果、惠普、IBM、日立等公司,把中国台湾作为笔记本电脑的生产基地。为了减少周转时间和总成本,台湾笔记本电脑生产商决定转变国际运输策略,利用协同运输管理,实现门到门服务,而中间的第三方物流服务由联邦快递(FedEx)负责。对于 FedEx 来说,它要在不同价格、不同周转时间的货物间实现协同运输和门到门的服务,且承诺所有的笔记本电脑将在3～5天内交付给客户。这种合作关系始于1999年,当时笔记本电脑的需求市场极不稳定,每天的总需求可从600件变化到6799件,平均为3368件。但FedEx每天的可运输量仅为4000件。所以,要保证飞机容量的充足和维持服务水平,是很严峻的挑战。

为了解决运力不足和服务水平增加的问题,FedEx在2000年年初提出了CTM方案,并与主要的笔记本生产商商讨合作协议。该方案的目标是2000年年底完成95%的准确运输,合作队伍包括销售部、技术部、设计部、客户服务部等,以促成CTM的实施。

在CTM的计划阶段,FedEx会把合同主要内容提出来,包括利率、期望的运输时间、提货时间和每日的最大运输量,如果实际运输量大于每日的最大值,那么就会在运输时间上加上一天。FedEx在出货人的计划需求基础上制订容量需求计划。在预测阶段,出货人提供每月和每周的出货预测,FedEx更新飞机运输容量计划,这样,FedEx可以赢得足够时间,安排充分的容量,以便满足月末和季度末的需求高峰。

在实施阶段,信息技术的集成是整个合作的基础。FedEx发展了一个新的CTM整合器,用以连接生产商的ERP系统,在运输投标阶段找到货运信息,确定提货时间。一单货物被提取,提单确认通知就会通过CTM整合器发送回生产商,FedEx还提供货物实时状态的网上查询,发货人可以实时发现任何不符合要求的运送问题,通过邮件或电话通知FedEx令其更改。另外,最终消费者也可以通过网络或客户服务部查询。

在CTM中,FedEx委派一支细心的队伍,随时调整CTM的实施,解决运输过程的所有例外情况。另外,该队伍回顾运输预测并根据FedEx每天的要求改变实际情况。在集成系统的帮助下,FedEx也很好地解决了发票的鉴别和验证,有效地把每天或每月的合并运输情况通知生产商。

2000年6月,CTM方案成功地在三个主要的生产商中实施。CTM方案实施以后,运输准确率得到保证的同时,缩短了运输周期。此外,FedEx的飞机容量利用率更高,运营成本减少,生产商降低了库存,保证了运输的可靠性,销售额也增加了。除了可视性和及时性的收益,CTM还使合作双方在全球供应链中更具竞争力。

第三节 供应链配送模式

一、基于Supply-hub的仓储与配送一体化模式

(一) Supply-hub模式概述

Supply-hub指的是专注于物流集配服务的第三方物流集配商/集配中心。通过Supply-hub,将分布式VMI运作模式下的VMI仓库进行资源整合和优化组织管理,变原先的分散运作管理为集中管理,实施仓储与配送的一体化运作,可以克服分布式VMI运作模式存在的投资大、运营管理成本高、易导致供需关系紧张等问题,能同时降低供应链

整体的投资成本和运营管理成本。近几年,Supply-hub 模式在实践中得到广泛应用。例如,伯灵顿全球(BAX GLOBAL)专注于 IT 行业负责 Apple,DELL 和 IBM 在东南亚的物流集配服务;UPS 作为一个极具重要地位的"Supply-hub",为 Fender 管理来自世界各地厂家的海陆进货并完成其配送过程的流线化和集中化;国内的上海大众、武汉神龙等企业也采用集配中心的运作方式支持其多品种、小批量、多频次、混流生产的零部件 JIT 直送生产工位。基于 Supply-hub 的供应链仓储与配送一体化模式如图 5-11 所示。

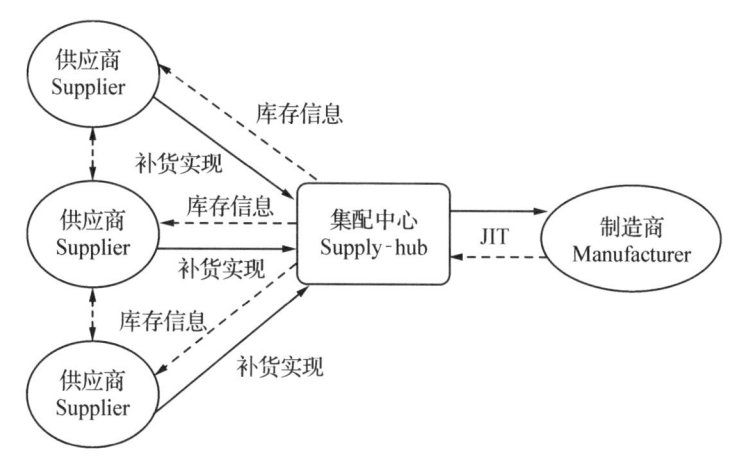

图 5-11 基于 Supply-hub 的供应链仓储与配送一体化模式示意图

Supply-hub 作为原材料或零部件供应商与制造装配厂商之间的协调组织,在整个供应链中主要承担中转"集配"的职能。中转"集"的功能是指 Supply-hub 负责制造装配厂商所需原材料、零部件等物料的集中统一采购运输并中转入库,或者是将小批量的转运聚集成具有大批量的整合运输(拆箱、拼箱业务)。中转"配"的功能是将集中采购入库的原材料、零部件等根据制造装配厂商的需求计划进行拣选、组装并准时配送到生产线的各个工位。制造商只通过 Supply-hub 与其他供应商建立合作关系。

Supply-hub 模式体现了 VMI 的思想和 JIT 物流同步化运作的思想。首先,在 Supply-hub 模式下,全部或部分供应商的库存设在集配中心,根据制造商的生产计划和物料需求计划,供应商与集配中心运营主体协商确定库存水平和补货策略,供应商拥有库存的所有权,集配中心负责库存管理及质量控制。宝洁、海尔、神龙汽车等企业的实践表明,利用 Supply-hub 实施 VMI 策略可显著降低供应链库存水平。其次,该模式基于需求导向和订单驱动,制造商根据产品分销计划和生产订单制订产品生产计划和物料需求计划,实施 JIT 生产,供应环节的 Supply-hub 围绕制造商的物料需求计划或采购订单实施 JIT 采购送料,即体现了 JIT 物流同步运作的思想。当终端市场或用户需求发生改变时,需求订单驱动生产订单发生改变,生产订单又驱动采购订单发生改变。当然,要适应多变的市场需求,必须在供应、制造和分销配送环节实施高度的信息共享,以增加供应链的柔性和敏捷性。

这种按单生产方式,从根本上消除了生产的盲目性,提高了需求信息的准确性,减少了信息扭曲程度,提高了生产计划执行的准确性,减少了反复调整的现象;反过来又保证了对供应物料需求的准确性,使整个系统步入一个协调同步运作的良性循环,如图 5-12 所示。

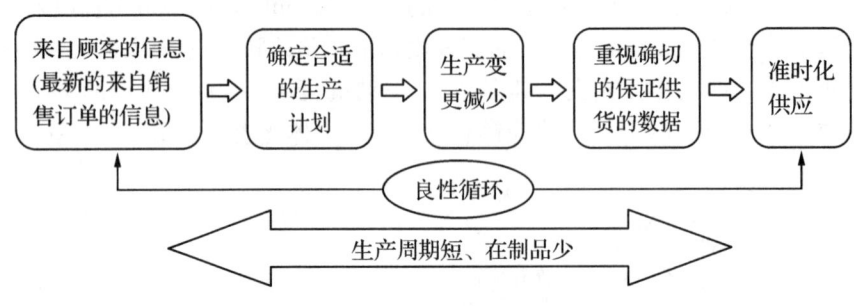

图 5-12 按单生产、同步化物流模式

Supply-hub 模式是在一般供应链物流组织模式基础上发展过来的。相比而言,Supply-hub 模式能够利用更专业的管理队伍掌控物流运作,能够针对供应链的需要调度相关资源,对于供应链上物流的整合具有非常重要的作用。实践证明,这种模式能有效地增强供应链系统运作的稳定可靠性,有助于实现供应链物流协同运作并缩短订单响应周期。

(二) Supply-hub 的运营主体

1. 核心制造商运营主体

核心制造商运营管理 Supply-hub 可以更加有力地控制原材料、零部件的进向物流,降低采购活动的不确定性。如图 5-13 所示,这种运作方式实际上是制造企业采购部门的前置(Pre-position)。例如,海尔的集配使用的是其物流推进本部,安徽烟草集团通过自己的物流基地对下属的多个烟厂进行原材料的 JIT 配送。该模式的局限性在于,由于对品类繁多的零部件和原材料的库存管理和直送工位等活动并非制造厂商的专长业务,人员培训、运作成本较高,固定投资较大,而且会使制造厂商从核心业务中分散资源和精力。

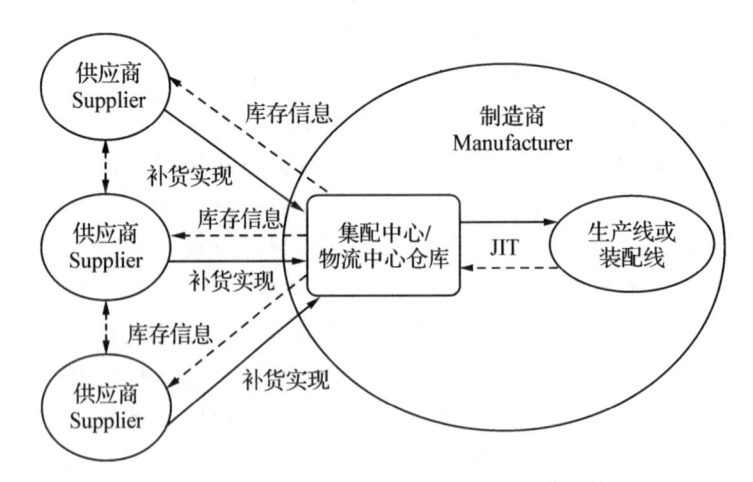

图 5-13 Supply-hub 的核心制造商运营主体

2. 第三方物流运营主体

第三方物流(Third Party Logistics，3PL)作为 Supply-hub 的运营管理主体的情况最为常见，如图 5-14 所示。对于核心制造企业而言，通过"集配中心"整合自身物流网络，利用 3PL 的专业能力，将非核心业务委托给专业公司，形成虚拟企业整合体系。例如，本小节开始提到的 Apple、DELL 和 IBM 就是利用集配商伯灵顿全球(BAX GLOBAL)提供其在东南亚市场的物流服务。

这种模式既可以发挥 3PL 的专业优势和资源优势，通过集中库存控制和 JIT 供应，有效地降低供应链运作管理成本，提高供应链的响应性；又可以使供应商和制造商集中发展自身的核心业务，减少其在物流设施设备及人员方面的投资，制造商不再需要与众多的供应商进行协调，只需要与 3PL 企业协调零部件供应物流和工位直送配送计划。

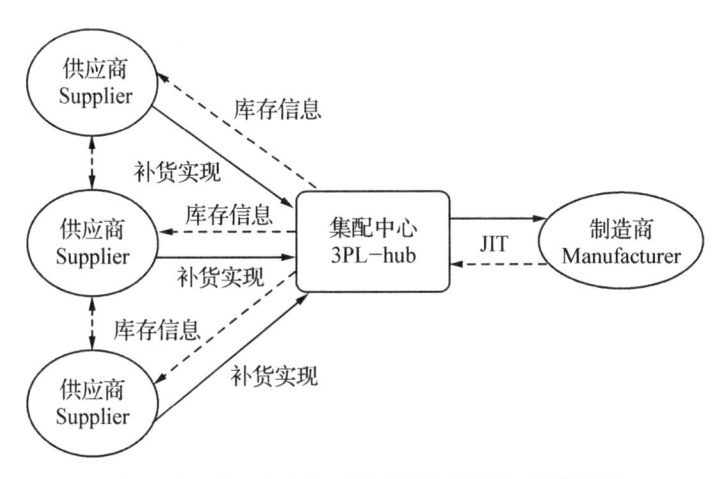

图 5-14　Supply-hub 的第三方物流(3PL)运营主体

3. 第四方物流运营主体

第四方物流(Fourth Party Logistics，4PL)服务提供商实际上是一个供应链集成商，它对企业内部和具有互补性的服务提供商所拥有的资源、能力和技术进行整合和管理，为客户提供一整套供应链解决方案。4PL 作为 Supply-hub 运营主体的主要优势在于对供应链上游资源的整合，它提供信息技术、管理技术，制订供应链策略和战略规划方案，而具体物流业务的实施则由一家或多家优秀的 3PL 在其指导下完成，从而为一个或多个客户提供综合一体化的物流服务。其模式如图 5-15 所示。

4. 大型供应商或供应商联合(Supply Union)运营主体

在众多的供应商中，有一些规模较大、实力较强的供应商，也可以作为 Supply-hub 的运营主体。这类供应商往往具有完善的物流网络和设施条件，且其供应的原材料、零部件占制造厂商比较大的份额。不过，其他供应商尤其是与作为运营主体的大型供应商有直接竞争关系的供应商在信息共享方面会形成一定的障碍。而由关键原材料、零部件供应商通过某种方式组成联合体作为 Supply-hub 的运营主体则在一定程度上能够减弱这种障碍带来的影响，其模式如图 5-16 所示。

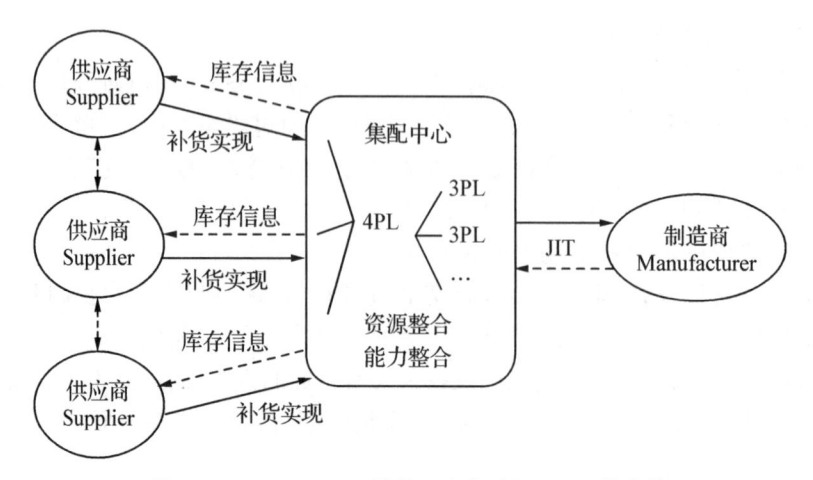

图 5-15 Supply-hub 的第四方物流(4PL)运营主体

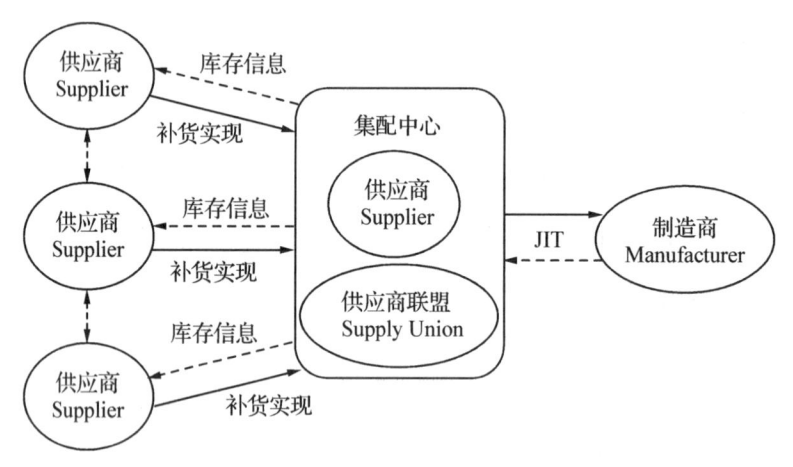

图 5-16 Supply-hub 的供应商或供应商联合运营主体

(三) Supply-hub 的角色定位及其功能范围

尽管电子、家电、汽车等行业都比较适合采用基于 Supply-hub 的运作模式,但是在不同的供应链体系和运作环境下,Supply-hub 具有不同的角色定位和功能范围,从而对 Supply-hub 运营主体的运作能力也就有相应的不同要求,如表 5-2 所示。

表 5-2 Supply-hub 的功能范围及对运营主体的要求

Supply-hub 角色定位	功能范围	主要功能活动	对运营主体的要求
一般业务执行者	一般物流业务执行	集货入库、库存控制、零件匹配、送料上线	物流协同运作能力、物流信息能力
一般业务组织者	一般物流业务组织管理和执行	集货入库、库存控制、零件匹配、送料上线、订货入库、订单跟踪、交货评价、生产排程	物流运作能力、物流信息系统的构建和运作、供应链管理

续 表

Supply-hub角色定位	功能范围	主要功能活动	对运营主体的要求
一般业务决策者和组织者	一般业务决策和组织	代为采购、集货入库、库存控制、零件匹配、订货入库、订单跟踪、交货评价、生产排程、送料上线	较强的整合供应链资源的能力
战略伙伴	战略合作	一揽子业务功能活动	很强的整合供应链资源的能力,行业领导者

当Supply-hub在整个供应链体系中只是一般业务的执行者时,Supply-hub主要承担一般物流业务活动(如库存管理、物流运输与配送等)的具体执行,要实现对下游需求方的JIT响应,基于信息技术的物流协同运作能力是其核心竞争力。

当Supply-hub在整个供应链体系中充当一般业务组织者角色时,Supply-hub除了承担一些物流业务的具体执行,还要承担部分物流业务的组织管理业务,如订货入库、订单跟踪、交货评价、生产排程等。运营主体不仅要有较强的物流运作能力,而且对物流信息系统构建和运作等方面也提出了较高要求。

当Supply-hub在整个供应链体系中充当一般业务决策者和组织者角色时,Supply-hub除了承担操作层方面的物流业务组织、执行以外,还要承担战术层的决策管理,如采购计划决策等。这就要求Supply-hub的运营主体不仅要具有很强的执行操作能力,而且要具有较强的整合供应链资源的能力。

当Supply-hub在整个供应链体系中与其他相关主体之间是战略伙伴关系时,Supply-hub除了承担具体物流业务运作和物流信息系统整合外,运营主体还与上游供应商和下游制造商签订一揽子协议,全权负责供应与制造环节之间的所有业务活动和战略性业务,如供应商选择评价、供应链能力计划等。因此,Supply-hub的运营主体必须具有很强的整合供应链资源的能力。这种情况下,Supply-hub的运营主体往往是第三方物流或第四方物流中的佼佼者。

拓展阅读

汽车、电子等行业广泛采用基于Supply-hub的运作模式,用于整合上游资源。A公司是一家专门从事柴油发动机生产的企业,该公司从日本和德国引进最先进设备,采用基于Supply-hub的3PL直送工位的供应链协同运作模式。

该厂主要生产两款发动机,核心力量集中于发动机缸体、缸盖、曲轴三个部件的生产和产品的研发,将生产所需的其他300多种零部件完全外包。在Supply-hub模式的运作中,3PL企业的职责主要包括负责整机生产所需其他零部件的准时配送服务;零部件从加工线到整装线之间的区间物流;整机下线仓储包装,运输到客户服务。这种Supply-hub协同运作模式对于该发动机厂整合供方各环节资源,实现供应链上游各方的协同,从而提升整个供应链的协同程度和快速响应能力起到了重要作用,其协同运作模式如图5-17所示。

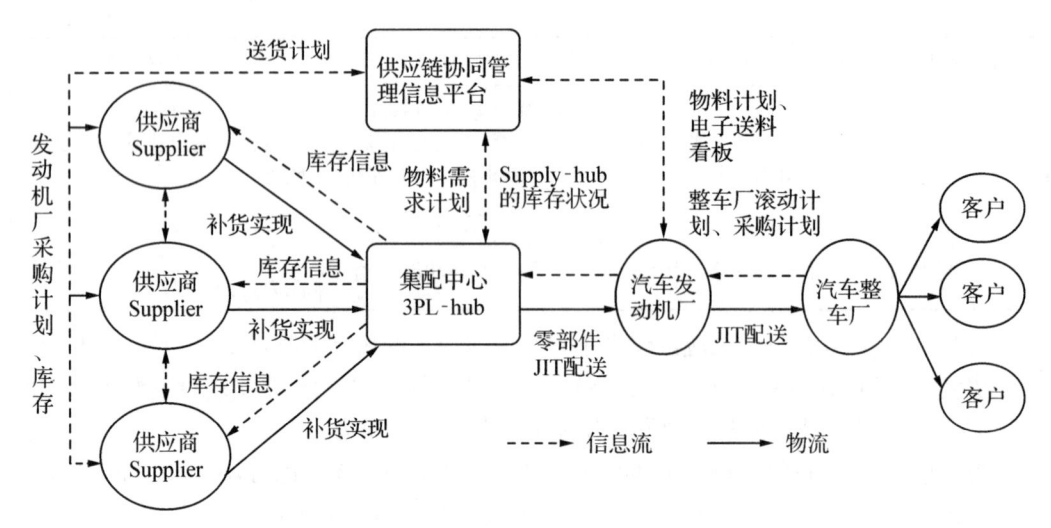

图 5-17　A 汽车发动机厂的 Supply-hub 协同运作模式

在该发动机厂供应链的上游,主要采用 Supply-hub 协同运作模式,实现发动机厂与供应商和第三方物流服务提供商的信息协同、物流协同以及业务协同等运作。供应链协同管理信息平台对三方的信息协同和业务协同等具有重要作用,发动机生产厂根据下游整车生产厂的生产和采购订单以及预测需求制订生产计划、外购件采购计划和自制件生产计划及总的物料周、日需求计划,并将有关信息在平台上发布。各零部件供应商在该协同平台上获取各级计划信息,实时查询库存数据,确认发货,与发动机厂实现纵向的计划协同和业务协同。

Supply-hub 根据协同平台提供的物流周、日需求计划,安排对发动机生产车间直送工位的 JIT 物流协同活动,并将 Supply-hub 中各种零部件的库存状况信息传递到信息平台上,作为制造商运行 MRP 的输入,并支持供应商库存状态的查询。在横向协同上,各个零部件供应商之间通过供应链协同信息平台可以实现协同设计和协同供应,Supply-hub 与零部件供应商之间进行供货计划协同,以及补货、供货的物流协同,从需求计划的发布,到原材料的入库管理,Supply-hub 需要全程跟踪,确保零部件及时入库和 JIT 直送工位。

在协同运作中,从零部件供应商、Supply-hub 运营商到发动机厂的供应链上游各环节物流、信息流、资金流和业务流,通过 Supply-hub 以及供应链协同信息平台得到了整合,并实现了供应商与制造商之间、供应商与供应商之间的二维业务活动协同。通过将物流业务外包给第三方,发动机厂不仅能够专注于发动机的研发与匹配标定等核心业务,而且能够获得准时、可靠的物料上线服务,实现物流成本的可视化,获得规模经济和专业服务带来的物流成本降低。通过基于 Supply-hub 的供应链协同运作模式,发动机厂能快速响应下游客户的需求,在市场竞争中保持领先优势。

二、Cross-Docking 物流配送模式

Cross-Docking Logistics(CDL) 即接驳式转运物流或越库物流配送模式,该模式因沃

尔玛而出名,作为一种先进的物流配送战略和运作模式在西方发达国家已获得成功应用。国外学者认为,配送网络优化、运输整合及采用越库技术是降低供应链物流成本的主要方法。

(一) 越库配送的定义与特征

1. 越库的定义

我国国家标准《物流术语》将越库作业定义为:产品在物流环节中,不经过中间仓库或站点,直接从一个运输工具换载到另一个运输工具的物流衔接方式。Maida Napolitano 在其著作《向 CDL 物流转变——CDL 物流运作的计划、设计和实施的应用指南》中定义:"CDL 是几乎跨越仓库存储生命周期本身的一种运作战略。它是一个过程,在这个过程中,通过一种设施把收到的产品和其他偶然将运到同一个地点的产品一起尽可能早地运送,而不长期地存储这些产品。"Apte 和 Viswanthan 认为,越库作业是以最少的停留时间将产品直接从发送站点运至接收站点的一种仓储策略,以减少产品的装卸搬运,并减少库存。简而言之,越库提供了一种以产品快速移动为目标的库存补充战略。越库策略对于缩短产品交付期、提高配送效率、加快库存周转、降低库存成本和物流成本具有重要作用。

一般认为,在 CDL 配送系统中,仓库充当库存的协调点而不是库存的存储点。在典型的 CDL 配送系统中,商品从制造商到达仓库,然后转移到零售商的车辆上,从而尽可能快地配送给零售商。商品在仓库中停留的时间很短,通常不超过 12 个小时。

2. 越库配送的特征

综合国内外关于 CDL 配送的研究文献和实践,可归纳出 CDL 配送的几个典型特征:① CDL 配送以"零库存"为最终目标,是一种基于 JIT 的先进的现代库存管理系统;② CDL 配送以更精确的顾客需求预测为基础,是一种需求驱动的"Pull"控制系统;③ CDL 配送以供应链上各方的积极参与为基础,旨在提高供应链系统性能和效率;④ CDL 配送以成本效益分析为基础,是一种先进的配送战略;⑤ CDL 配送是一个遵循 PDCA 循环(计划—实施—检查—行动)的连续性改进过程。

对于上述 5 个特征的理解并达成共识,是任何公司成功运作 CDL 物流的基础。成功运作 CDL 物流的困难不在于技术方面,重要的是它体现了与以往截然不同的运作方式。

(二) 典型的 CDL 配送运作流程

CDL 配送模式是沃尔玛为了使配送流程更有效率而实施的一种物流策略,在零售连锁行业中已得到广泛应用。以零售连锁业为例,如图 5-18 所示,典型的 CDL 配送运作流程为:① 各门店根据自己的销售情况分析,通过网络在线向公司配送中心的信息中心发出需求订单。② 公司配送中心的信息中心对所有门店的需求订单进行汇总后,通过与供应商共享的 EDI 网络向供应商信息中心发送需求订单。③ 供应商由于事先能够获得对所有门店的 POS 及相关数据分析,能够较快地组织生产(加上一定的库存),在供应商信息中心收到零售商配送中心的需求订单后,经过相应的准备首先向零售商配送中心的信息中心发送预先发货通知(ASN),然后按照需求订单发货。④ 零售商配送中心的信息中心接到 ASN,安排组织收货准备工作,首先根据各门店的需求,对商品进行分拣、包装等一系列工作,然后把商品配送到各门店。

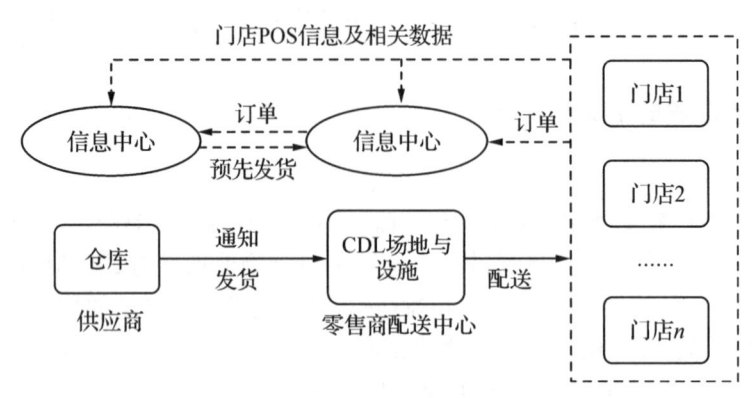

图 5-18　CDL 配送运作流程

与传统的仓储配送战略相比,CDL 配送战略的最大特点是取消或者极大地弱化了仓库的储存功能,体现了与传统的仓储配送战略截然不同的运作方式,它的成功运作需要企业具有较高水平的供应链管理能力以及以物流运作能力作为支撑,其实施需要诸如在管理理念、组织结构、物流设施等方面进行一系列变革。在与 CDL 配送相关的运作基础尚不完善以及管理水平不匹配的情况下,大规模地实施 CDL 配送战略将蕴含极大风险。从国内零售连锁业来看,大多数零售商仍然采用的是传统仓储配送战略与门店直送配送的组合战略。

本章参考文献

[1] 王长琼.供应链管理[M].北京:北京交通大学出版社,2013.
[2] 黄丽华,唐振龙,袁媛.供应链管理[M].长沙:湖南师范大学出版社,2013.
[3] 邵晓峰,张存禄,李娟.供应链管理[M].北京:高等教育出版社,2013.
[4] 马士华,林勇.供应链管理[M].第四版.北京:高等教育出版社,2015.
[5] 张小兵,徐叶香.论企业的供应链管理[J].商业研究,2002(4).
[6] 黄吉乔,张冬.论新经济时代的业务外包[J].物流技术,2002(1).
[7] 施先亮,王耀球.供应链管理[M].第 2 版.北京:机械工业出版社,2012.
[8] 刘慧贞.供应链管理[M].北京:机械工业出版社,2015.
[9] 刘助忠,李明.供应链管理[M].长沙:中南大学出版社,2021.

同步测试题

第六章 供应链信息管理

学习目标

通过本章的学习,应掌握以下知识目标与能力目标:① 知道信息管理的基本对象及过程;② 掌握供应链管理中信息的构成;③ 掌握信息管理对供应链的重要作用;④ 掌握条码技术的概念及分类;⑤ 掌握 EDI 技术、RFID 技术的概念、构成要素及工作原理;⑥ 了解条码技术、EDI 技术及 RFID 技术在供应链管理中的应用;⑦ 掌握供应链信息管理系统的概念;⑧ 了解供应链信息管理系统的组成及选择。

案例导入

南方小镇上的情人啤酒[①]

在南方的一个小镇上,居民喜欢在下班后到酒吧中休闲娱乐。酒吧老板们每天从零售商那里进货,采取简单的补货式的订货模式,即啤酒销量低于某一个数量的时候,就开始订货,补足到库房能容纳的数量。

有一天,酒吧的客人开始争相喝一种"情人"牌的啤酒,但库存不足导致脱销。于是,酒吧老板向零售商、零售商向批发商加大订量,但制造商不可能马上增加产量,所制造的啤酒产量不能满足市场需求。但酒店老板、零售商不愿意错失千载难逢的大好销售时机,将订货量升至平时需求量的1倍,甚至2倍!啤酒却总是迟迟不能按照订量到达,这样的情况维持了整整8个星期。

突然有一天,酒吧老板的客人的口味又恢复了常态,"情人"牌啤酒不再受欢迎,销量骤然跌回原来的水平。恰在这时,酒吧老板前几周加订的"情人"牌啤酒都给补足了,酒吧老板的库房都装不下了!这么多天迟迟不来、痴痴等待的啤酒来得却不是时候!酒吧老板损失惨重!

原来小镇上播放一部讲述都市男女爱情故事的电视连续剧,故事中男女主人公约会时经常喝的啤酒就是"情人"牌啤酒。男女主人公缠绵的爱情故事精彩频出,让小镇上的居民看得如痴如醉,大家茶余饭后都在谈论这个故事,喝酒时也纷纷以喝"情人"牌啤酒为时尚。但8个星期过去,电视剧结束了,大家又恢复了往日的生活,"情人"牌啤酒的销量也就恢复了常态。

思考:1. 酒吧老板和制造商为什么会损失惨重?

2. 酒吧老板大量的订货对整条供应链有什么影响?如何减少这些影响?

---

① 从情人啤酒解读牛鞭效应. http://www.360doc.com/content/18/1116/22/51621000_795372314.shtml.

第一节　信息管理概述

信息流是供应链管理中的神经组织,供应链上信息完整、高效地流转既是保障供应链竞争能力提升的重要措施,又是实现供应链协调的基本前提。供应链信息管理就是要借助 IT 技术,通过供应链中的信息系统,实现对供应链中各类信息的获取、处理、利用和再生,最终为管理者制定决策提供科学依据,最后形成企业价值。

一、信息管理基本对象及过程

(一) 基本对象

信息管理指对人类社会信息活动中的人、信息、技术和机构等各种相关因素进行科学的计划、组织、控制和协调,从而实现信息资源合理开发及有效利用的全过程。其基本对象包括信息资源和信息活动两个方面。

1. 信息资源

信息资源是人类经济社会活动中积累起来的信息、参与人员、信息技术等信息活动要素的集合,其涉及信息生产、处理、传播、利用等整个信息劳动过程。信息资源主要包含四个方面:一是人类经济社会活动中积累、整合、提炼的有效信息的集合;二是为特定目的而生产、管理、使用有效信息的参与人员的集合(如信息的生产人员、管理人员及服务人员);三是对信息进行收集、加工、处理和传递的信息技术的集合;四是信息活动所需的其他要素(如信息设施设备等)的集合。

信息资源的开发利用,就是由信息参与者借助专门的信息技术,对各种原始数据进行收集、选择、加工、处理、分析、研究形成的信息产品,然后提供给需要者使用。信息资源的各要素有机地结合在一起,构成了具有特定功能的整体,这个整体就是我们常说的信息系统。

2. 信息活动

信息活动是指和信息行为相关的全部社会活动,如信息的产生、分析、处理、加工、存储、传播、利用等。人类社会的信息活动主要包含个人、组织和社会三个层次的信息活动。其中个人信息活动主要是个人对信息资源的开发和利用,其效率与个人的能力、素质和环境等有关。组织信息活动是组织为实现其特定的目标和任务,搜集、分析、处理及利用各种信息的过程,组织在实践中通常借助信息系统来完成各种信息活动。社会信息活动可以体现出一个国家或地区对信息管理的整体水平。

(二) 主要过程

信息管理的目的就是为了合理开发和有效利用相关信息,这就必然涉及信息的采集、加工、处理、存储、传递、服务及反馈等一系列的活动。

1. 信息采集

信息采集是按照特定目标、要求,选取合适的策略、途径及方法,对不同时间、不同地点、不同空间的相关信息进行收集的过程。其一般步骤为：分析需求，确定采集策略、途径、方法，实施信息采集，编写采集报告。常用的信息采集方法有直接观察法、访问调查法、问卷调查法和文献检索法。

2. 信息加工

信息加工是信息管理过程中不可或缺的环节，它是按一定的程序和方法对采集到的信息（又称原始信息）进行筛选、分类、整理和编制等，使采集到的信息变得有用。信息加工对信息具有优化和序化的作用，有利于信息的进一步存储、检索、传递和利用。

信息加工主要包含信息筛选、信息标引和著录两个方面的内容。信息筛选是从大量的原始信息中筛去假信息和伪信息；而信息标引和著录则使筛选后的信息变得系统和有序，提升信息资源的价值。

3. 信息存储

信息存储指对加工后的信息进行有效记录（以载体形式，实体表现为纸张、交卷、磁带、磁盘、光盘等）并科学保管的过程。信息存储工作主要包括以下三个方面的内容：一是按照一定的规则，把加工后的信息记录在相应的载体上。二是根据载体的形式特征、信息的内容组织成系统有序的、方便检索的集合体。三是采取相应的措施，维护载体理化性质的稳定，保证信息的真实性与长效性。

4. 信息传递

信息传递是指信息从提供者转移到接收者的这一过程。在信息管理过程中，信息传递主要包括以下两个方面：一是组织系统自身产生的信息在系统内部传递及对外部系统传递；二是组织管理根据特定的需求专门采集并经过加工、处理后的信息，在系统内外的传递。

5. 信息服务

信息服务指以有效的信息组织和服务把有价值的信息传递给用户，最终协助用户解决实际问题的一项信息管理活动。通过信息的传播和交流，实现信息增值的这一过程是信息管理的出发点和归宿。

6. 信息反馈

信息反馈是指通过收集反馈信息，总结信息的实际成效，并为后面行动提供指导的过程。信息传递的目的是指信息发送者把相关信息完整、准确、有效地传递给信息接收者，并指导信息接收者采取正确行动。如果不能实现这个目的，则说明传递的信息不灵、存在偏差；而信息反馈有助于核查并纠正其中的偏差。信息反馈主要包括某项决策实施前、实施中及实施后三个阶段的信息反馈。

二、供应链管理中的信息构成

通常，我们可以从供应链环节角度和层次结构角度两个层面将供应链管理中的信息进行划分，具体如下。

（一）供应链环节角度

1. 原材料采购信息

原材料采购信息是供应链供应环节所产生的信息，主要包括供应商的基本情况、供货情况、产品类型及价格情况,物料的需求计划、物料订购及订单信息等。

2. 生产信息

生产信息包括生产的产品类型及数量、生产基地情况、生产的进度安排、工艺技术、生产成本、订单规模等相关信息。

3. 分销和配送信息

分销和配送信息包括各分销商的地址、销售计划、库存情况;物流运送的方式、路径、成本;配送网络的规划等。

4. 需求信息

需求信息可以通过需求者的主动收集获取,也可以由企业自主搜集获取。其中自主搜集获取包含面对面、电话、网络等方式;而主动收集获取主要为市场调查、信息购买等方式。

(二) 从层次结构角度

从层次结构角度可以划分为个人级信息、工作组级信息、企业级信息及供应链级信息四个层次。其中个人级信息是指独立个人的相关信息,其所含信息量最小;工作团队级信息是指组织中各部门或团体的相关信息;企业级信息是有关整个企业的相关信息;而供应链级信息是企业所在供应链的相关信息。

三、供应链信息管理的重要作用

(1) 节约交易成本。可以缩短供应链内各个环节的交易时间,提高交易效率,降低交易成本。

(2) 降低存货量。通过扩展组织的边界可以实现联合库存,供货商可以掌握实时的存货信息,核心企业和物流企业都不需要维持较高的存货量。

(3) 降低采购成本。供货商通过信息能够及时获取存货和采购信息,大幅度降低因获取需求信息所需花费的成本,从而降低采购成本。

(4) 减少循环周期。有效促进供货商、企业、物流公司的管理水平,实现供需信息的实时传递和反馈,可以大幅度缩短采购、生产、配送的时间,提高客户的满意度。

(5) 增加收入和利润。通过组织边界的进一步延伸,企业能及时、高效地履行合同,提高市场份额。

第二节 供应链中的信息技术

信息技术(Information Technology,IT)是以信息科学的基本原理和方法为基础,以电子计算机和现代通信为主要手段,从而实现信息的获取、处理、传递、利用和再生等功能的技术的总称。供应链的协调运行是以各个节点企业信息的高质量、高效率传递与共享为基础,因此有效的供应链管理与信息技术密不可分。信息技术的高质量发展和广泛应用有效地推动了供应链管理的发展,提高了企业之间信息交换的效率和准确度,减少了在复杂重复工作中的人为失误,降低了时间和经济的损失,大幅度提高了供应链管理的运行效率。

一、条码技术

1949 年,美国的 N. T. Woodland 首次提出条形码。条形码可以实现自动扫描并识别信息,是一种高效、准确、可靠的数据采集方式。条码技术的发展和应用,提升了数据采集和录入的效率,为供应链管理提供了有力的技术支持。

(一) 基本概念

在国家标准《条码术语》(GB/T 12905—2001)中,将条码(Bar Code)定义为由一组规则排列的条、空及其对应字符组成的标记,用以表示一定的信息。这些规则排列的条和空表示一定的数据信息,能够通过特定的设备进行识读,并转换成计算机可识别和应用的二进制或十进制信息。条码系统是为了识别、阅读条形码所代表的信息,其由放大整形电路、条形码扫描器、译码接口电路、计算机系统等部分组成。目前,条码扫描器主要有 CCD 或激光枪、180 或 360 度的激光平台等。

与手工输入方法相比,条码技术主要有以下三个方面的优势:

一是条码技术实现了信息的自动识别、录入、存储,数据输入快速、准确可靠。通过手工键盘输入时,每分钟打 90 个字的打字员 1.6 s 可以录入 12 个字符或字符串;而使用条码技术,同样的工作只需要 0.3 s,效率提高 5 倍以上。此外,手工键盘输入时,平均每 360 个字符会出现一个错误;而使用条码输入时,则平均每 15 000 个字符会出现一个错误,失误率大幅度降低。

二是条码技术更加灵活、便捷、实用。条码符号既可以作为一种识别手段单独使用,也可以和相关设备整合实现自动化识别和阅读,还可以和其他控制设备整合实现整个系统的自动化管理,同时也可实现手工键盘输入。

三是条码技术设备的结构简单、操作容易。

(二) 主要分类

目前,全球在用的条码有 250 种之多。根据条码的编码结构、性质,条码的分类方法有多种。通常,我们按照维数的不同,将条码分为一维条码、二维条码和多维条码。

一维条码主要包含 EAN 码、UPC 码、交叉 25 码、39 码、128 码、库德巴码(Code Bar)、ITF-14 码等,如表 6-1 所示。根据 GS1 系统的编码体系可知:目前,一维条码广泛应用于零售商品的编码、非零售商品的编码和物流单元的编码(具体编码规范可以通过中国物品编码中心网获取)。在实践应用中,由于其信息容量低、纠错能力差,且标签尺寸的局限性,其在实际应用中存在较大的限制。

表 6-1 一维条码码制

码 制	特点及应用领域
EAN 码/UPC 码	国际通用的编码体系,长度固定、无含义的条码,其所表达的信息均为数字,主要应用于国际商品标志

续 表

码 制	特点及应用领域
39码和128码	ASCⅡ字符集编码。美国国防部和汽车行业最先使用。目前我国为企业内部自定义码制,可按实际需求确定条码的长度和信息(可以是数字,也可是字母),主要应用于工业生产、图书管理等
交叉25码	主要应用于货物的包装和运输,以及国际航空机票的顺序编号等
Code bar	主要应用于包裹、血库、图书等的跟踪和管理

二维码用某种特定的几何图形,按照一定的规律,在平面分布的黑白相间的记录数据信息的图形符号。由于二维码具有较高的信息密度,应用范围广泛、可靠性好,且易于图像处理系统进行识读等,因此倍受学者专家的关注,开展了许多有意义的理论探索和应用开发。通常,二维码分为行排式和矩阵式两类。其中,行排式二维码是由两个及以上短截的一维条码纵向堆积而成的,又称为堆积式二维码或层排式二维码,代表有Code49、Code16K、PDF417等,如图6-1所示。矩阵式二维码则由点的矩阵式排列组合来表示代码的含义,在矩阵相应元素的位置上以点表示二进制"1",空(无点)表示二进制"0",代表有 QR Code、Data Matrix、Maxi Code 等,如图 6-2 所示。

图 6-1 堆叠式/行排式二维码

图 6-2 矩阵式二维码

(三) 在供应链管理中的应用

条码技术在供应链管理中的应用主要体现在以下几个方面。

1. 物料管理

条码技术应用在物料管理方面,不仅可以提高物料管理的水平,还可以避免由于物料无序而导致的损失。通过对物料开展编码管理,便于企业的库存管理,提高生产效率,有助于企业资金的合理利用。此外,便于对物料的跟踪管理,实现在物料的单件跟踪,建立完整的产品档案。

2. 生产管理

在生产过程中的应用主要体现为通过标志条码,对产品的生产进行跟踪、监控,采集生产数据和质检数据,从而提高产品的合格率。

3. 仓库管理

在仓库管理中的应用主要体现为出入库及仓储管理方面。在出入库时,通过条码采集信息,更加快速准确地完成仓储出入库存操作,提高数据录入的速度和准确性,进而有效提升物流效率。在仓储管理时,通过条码管理,实现对仓库的进、销、存的全方位管理;当产品入库时,将库位条码与产品条码一一对应;而当产品出库时,则按照复位货物的库存时间,实现先进先出、批次管理。

4. 渠道管理

在渠道管理中的应用主要体现为对市场冲突的管理。为扩大产品销售,企业根据地区消费水平的不同,对不同地区制定适合的产品批发和零售价格。但部分投机的经销商在某地以较低的价格取得产品后,把产品以较低的价格销售到较高的地区,扰乱了区域市场,极大地损害了企业的整体利益;在销售配送过程中采集并记录产品的条码信息,对产品的销售渠道进行跟踪,以控制市场冲货问题。

5. 售后服务

在售后服务方面的应用主要体现为产品的售后维修。通过产品条形码检查并确定产品是否符合维修条件和范围,监督维修点信息,记录维修原因,建立售后维修档案,并反馈售后维修记录。通过对售后服务信息的采集与跟踪,给企业产品的售后保修服务提供依据;同时也能够有效地消除售后服务中存在的困难(如因产品重要部件被替换而导致的保修损失等)。

> **拓展阅读**
>
> ### 储运包装商品条码在供应链中的应用[①]
>
> 箱码(Case Code)又称为非零售商品条码或储运包装商品条码(详见 GB/T 16830—2008)。其是印刷或粘贴在商品外包装箱的条码标志,便于商品在订货、批发、配送及仓储等各个流通环节进行记录或跟踪。
>
> (1) 箱码长什么样? 通常,最常用的箱码有以下三种,具体如图 6-3 所示。

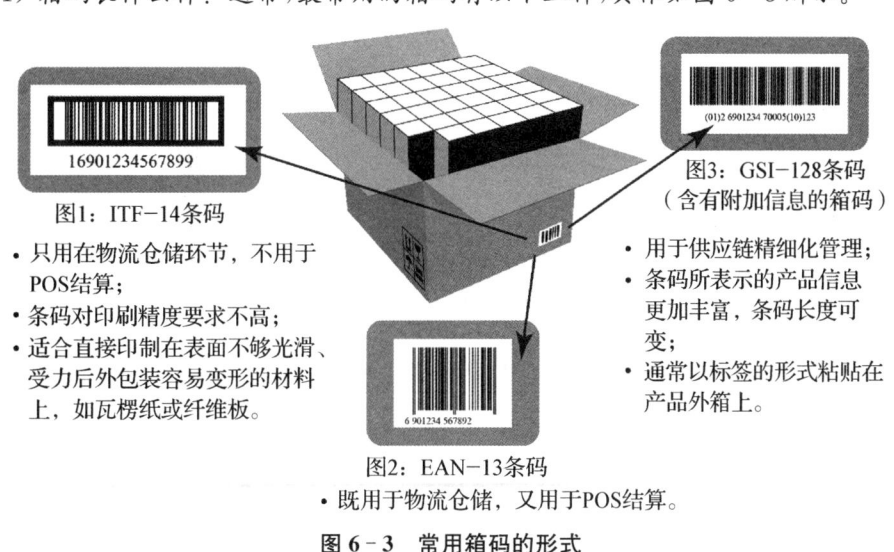

图1:ITF-14条码
- 只用在物流仓储环节,不用于POS结算;
- 条码对印刷精度要求不高;
- 适合直接印制在表面不够光滑、受力后外包装容易变形的材料上,如瓦楞纸或纤维板。

图2:EAN-13条码
- 既用于物流仓储,又用于POS结算。

图3:GSI-128条码(含有附加信息的箱码)
- 用于供应链精细化管理;
- 条码所表示的产品信息更加丰富,条码长度可变;
- 通常以标签的形式粘贴在产品外箱上。

图 6-3 常用箱码的形式

---

① 储运包装商品条码在供应链中的应用. http://www.ancc.org.cn/Application/Logistics.aspx? classid=15.

(2) 箱码用在何处？箱码应用于供应链的全过程中，具体如图6-4所示。

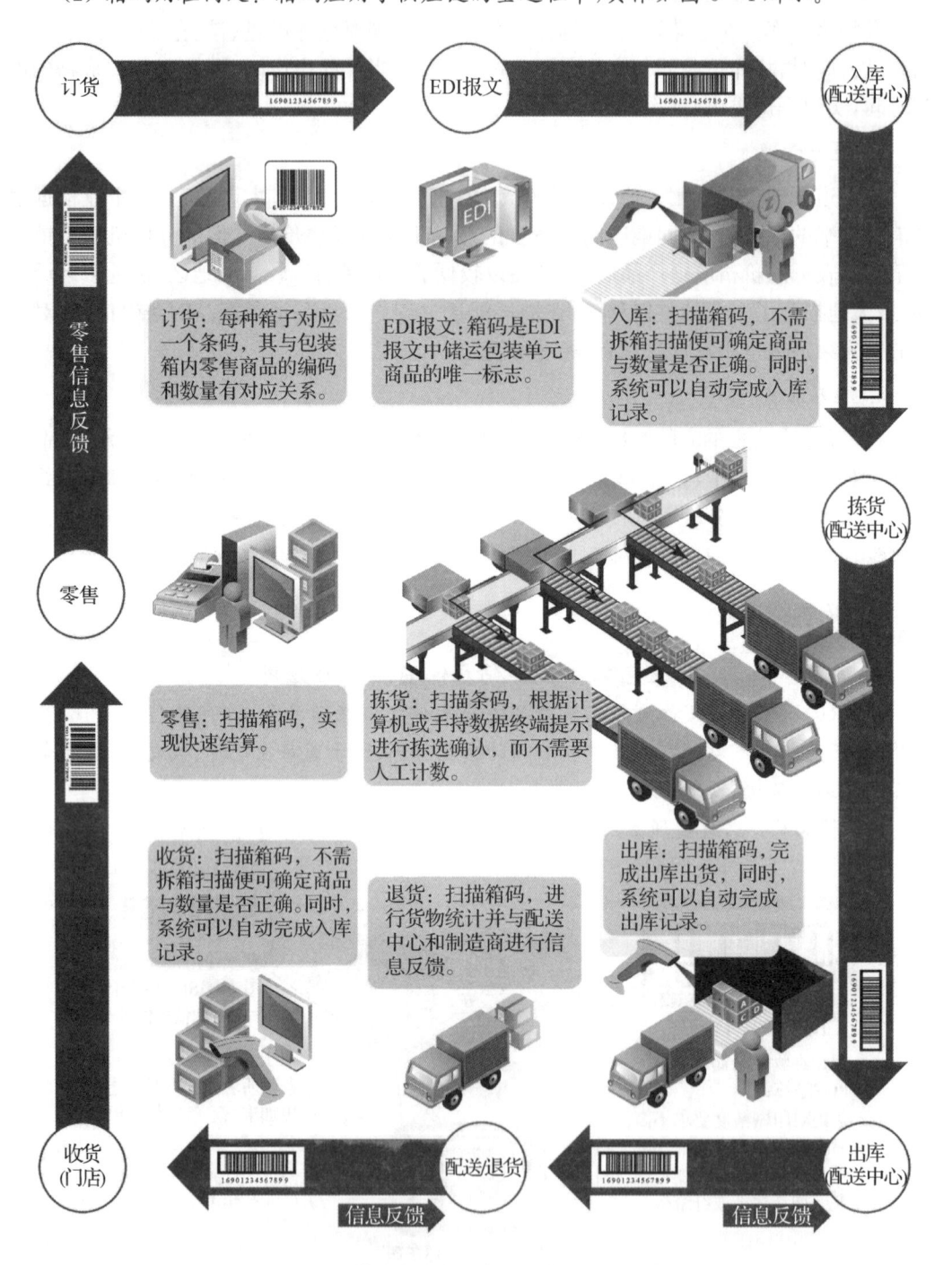

订货：每种箱子对应一个条码，其与包装箱内零售商品的编码和数量有对应关系。

EDI报文：箱码是EDI报文中储运包装单元商品的唯一标志。

入库：扫描箱码，不需拆箱扫描便可确定商品与数量是否正确。同时，系统可以自动完成入库记录。

拣货：扫描条码，根据计算机或手持数据终端提示进行拣选确认，而不需要人工计数。

出库：扫描箱码，完成出库出货，同时，系统可以自动完成出库记录。

零售：扫描箱码，实现快速结算。

收货：扫描箱码，不需拆箱扫描便可确定商品与数量是否正确。同时，系统可以自动完成入库记录。

退货：扫描箱码，进行货物统计并与配送中心和制造商进行信息反馈。

图6-4　箱码在供应链全过程中的应用示意图

(3) 箱码有什么好处？在日常的物流供应链过程中，产品以箱为单位进行配送，箱码可和其他文字、图案一起印刷在外包装箱上，在不增加成本的基础上，既可以实现对物流信息进行自动采集、信息共享与传递,还可以提高供应链效率、减少差错、降低运营成本。

箱码作为全球通用、统一的物流信息标志,其标准化使用为供应商和零售商提供了诸多便捷,主要表现在以下几个方面:① 在供应链的全过程中,实现信息的高效交换和无障碍沟通;② 有效区分商品的类别和包装级别,提高物流信息的准确性;③ 在货物分拣、配送、仓储、盘点等各环节实现自动化,避免人为失误;④ 实时统计企业产品的库存量,并精准预测需求量,减少库存、提高周转效率。

二、EDI 技术

(一) 基本概念

EDI(Electronic Data Interchange)即电子数据交换,是利用计算机进行商务处理的方式。EDI 将贸易、运输、银行、保险等各相关行业的信息,用一种国际公认的标准格式,形成具有结构化的事务处理的报文数据,运用计算机通信网络,实现相关部门与企业之间进行数据的传递、交换及处理,并完成以贸易为核心的全部业务。EDI 的定义如下:

联合国:在商业用途中,运用计算机网络实现标准格式的电子数据交换。

美国国家标准局:在相互独立的组织机构之间,形成的非模糊的、标准格式的具有商业或战略意义的信息传输方式。

国际标准化组织(SIO):在商业或行政事务处理时,按照一个公认的标准,形成具有结构化的事务处理的报文数据格式,实现计算机之间相互传输。

TTU-T(原 CCETT):一种在计算机之间可以相互传输,具有结构化的事务数据交换。

一个较为公认的 EDI 定义为:按照公认的结构格式,把标准的经济信息转换成电子数据,运用通信网络,商业伙伴之间通过电子计算机系统实现数据信息的交换和处理。EDI 以电子数据识读代替了人工数据录入,以电子数据传送取代传统的纸质文件交换。其主要目的并不是取缔纸质文件,而是消除信息的重复录入、传送过程中时空上的延误。

为了在全球推行 EDI 技术,便于贸易伙伴之间的信息传送,国际标准化组织制定了一整套国际标准。由于受传统增值网传输机制的限制,EDI 的推广和应用受到极大阻碍。但随着信息技术的发展,且 Internet 具有成本低、易接入等优点,形成了一种基于 Internet 的使用可扩展标记语言(XML)的新技术,EDI 的应用范围及领域迅速扩大。

(二) 构成要素

从技术实现角度来看,EDI 系统是由 EDI 软硬件、通信网络和 EDI 标准三个要素组成。其中软硬件是 EDI 实现的前提,通信网络是 EDI 实现的基础,标准是 EDI 实现的关键;且三个要素之间相辅相成,共同构成 EDI 的基础框架。

1. EDI 软件和硬件

EDI 的实现需要配备相应的软件和硬件。EDI 软件是将用户数据库系统中的相关信息转化成 EDI 的标准格式,以供存储和传输。虽然 EDI 标准具有一定的多样性和灵活性,可以适应不同行业的需求,但每个公司对信息格式均有自己的相关规章制度,因此当需要运用 EDI 时,必须先从公司专有数据库中提取所需信息,并翻译成 EDI 标准格式后,才能进行传输,这一过程需要相关软件的协助。

(1) EDI 软件。

EDI 软件可以把用户数据库中的信息翻译成 EDI 标准格式,以便传输和交换。其主要包括转换软件、翻译软件和通信软件。EDI 软件结构如图 6-5 所示。

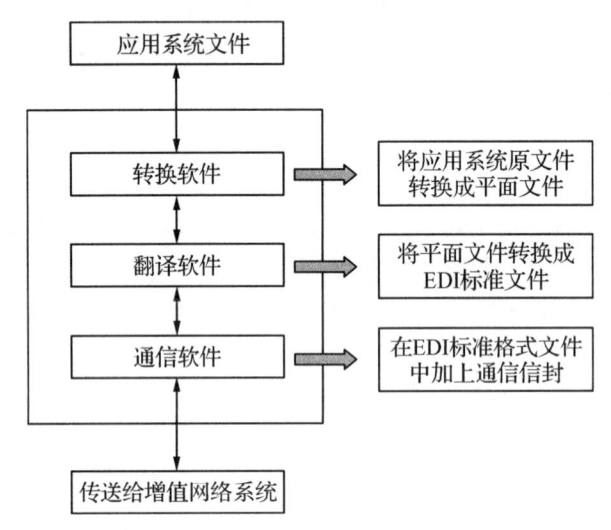

图 6-5　EDI 软件结构示意图

转换软件:帮助用户把计算机系统中存储的文件转换成 EDI 翻译软件能够理解并识别的平面文件,或把翻译软件接收来的平面文件转换成计算机系统中用于存储的文件。

翻译软件:把平面文件翻译成 EDI 标准格式文件,或把通信软件接收到的 EDI 标准格式文件翻译成平面文件。在一次 EDI 交易过程中,不需要所有企业均使用相同的应用程序来读取信息;运用翻译软件,把某种应用程序格式中的信息转换成一种通用格式。

通信软件:把 EDI 标准格式文件的外层套上通信信封,再通过通信软件发送至 EDI 系统交换中心邮箱,或把从 EDI 系统交换中心接收到的文件取回。

(2) EDI 硬件。

EDI 所需的硬件设备主要包含计算机、调制解调器和通信线路。

计算机:目前所使用的各类计算机,如 PC、工作站、小型机、大型机等均可。

调制解调器:通信网络是 EDI 系统的重要组成要素,因此 Modem 是必要的硬件设备,并根据实际需求进行选择。

通信线路:目前,最常用的通信线路是电话线路;但如果所传输的数据文件十分机密或有较高时效要求时,则可以考虑专线。

2. 通信网络

通信网络是 EDI 系统的重要组成要素,是实现 EDI 的主要手段。其通信方式主要分为直线连接方式和增值网络方式两种。

如图6-6所示,直线连接方式主要分为点对点、一点对多点、多点对多点三种连接方式,适用于贸易伙伴数量较少时。

点对点　　　一点对多点　　　多点对多点

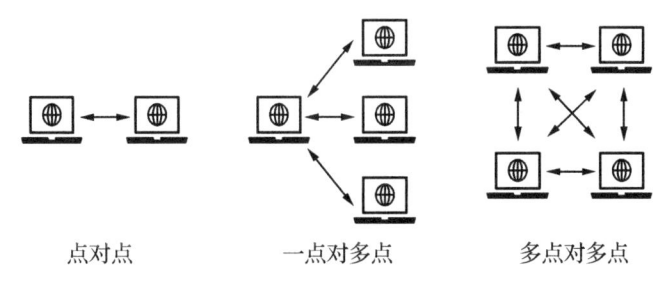

图6-6　直线连接示意图

如图6-7所示,增值网络方式适用于当贸易伙伴数量较多时,由于各企业之间的计算机型号、通信协议、工作时间等存在差异,若多家企业直接用计算机进行通信可能会出现一些难以解决的问题。为克服这些问题,许多企业在使用EDI时,采用第三方网络与贸易伙伴之间进行通信,即增值网络(VAN)方式。由于VAN可以提供存储转送、格式转换、通信协议转换、记忆保管、安全管制等功能,因此运用该方式传送EDI文件,不仅可以降低资料传输复杂度,还可以提高传输效率。

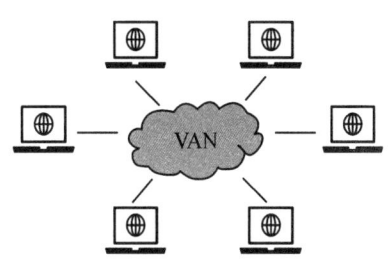

图6-7　增值网络连接示意图

3. EDI标准

EDI标准是由各企业、各地区代表共同讨论、制定的电子数据交换共同标准,可以使各组织之间的不同文件格式,通过共同的标准达到彼此之间文件交换的目的。

为有效促进EDI的发展,世界各国都在大力推进EDI标准的国际化,最大限度发挥EDI的作用。目前,国际上最有名的EDI标准是由联合国欧洲经济委员会(UN/ECE)下属的第四工作组(WP4)于1986年制定并发布的《用于行政管理、商业和运输的电子数据互换》标准,即EDIFACT(Electronic Data Interchange For Administration, Commerce and Transport)标准,其已被国际标准化组织确认为国际标准(编号:ISO 9735)。此外,还有由美国国家标准协会(ANSI)X.12鉴定委员会(AXCS.12)于1985年制定并发布的广泛应用于北美地区的ANSI X.12标准。

(三) 基本原理

EDI的实现过程就是将用户的相关数据从自己的计算机系统传送至贸易方的计算机系统。在这一工作过程中所传送的都是结构化的报文数据,考虑用户所使用的硬件、软件及通信环境有所差异,通常分为以下几个步骤,如图6-8所示。

(1) 生成EDI平面文件。EDI平面文件是指通过应用层系统把用户的单证、票据等应用文件或数据库中的数据映射成一种公众认可的、标准的中间文件。而这一转换过程则称为映射。

(2) 翻译并生成EDI标准格式文件。通过翻译模块把平面文件转化成EDI标准格式

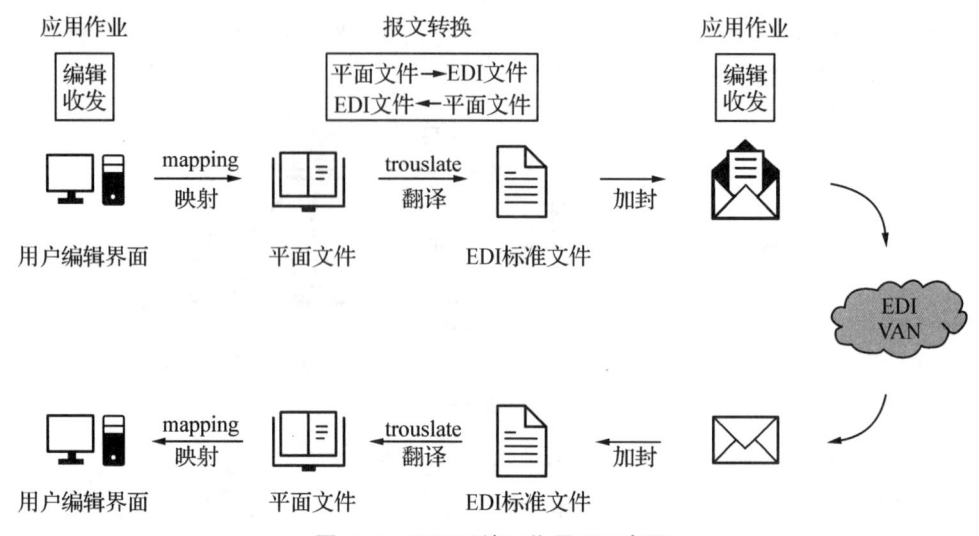

图 6-8 EDI 系统工作原理示意图

文件（ASCII 文件，如 EDI 电子单证、票据等），其是用户之间进行贸易和业务往来的依据。

（3）通信。通信模块是 EDI 系统与通信网络的接口，用户通过该模块发送 EDI 信件。用 MHS（Message Handling System，报文处理系统）数据通信平台里面的信箱系统把转换成标准格式的 EDI 报文投递到接收方的信箱中，信箱会自动完成投递、转接，并根据通信协议的相关要求，给电子单证加上信封、信尾、投递地址、安全要求及其他辅助信息。

（4）EDI 文件的接收和处理。接收方从 EDI 信箱中接收和处理信件。而该接收和处理过程就是发送 EDI 信件的逆过程。用户通过通信网络接入 EDI 信箱系统，打开自己的信箱，把收到的函件接收到自己的信箱中。

（5）打开 EDI 信件并翻译成平面文件。接收方通过翻译模块将 EDI 标准格式文件转化成平面文件，是第二个步骤的逆过程。

（6）把平面文件进行转换，并将其传送到接收方的信息系统。该过程首先通过应用系统将平面文件转化成用户的原始单证、票据等应用文件，是第一个过程的逆过程，这个过程也是映射的一部分；然后再将应用文件传送到接收方的信息系统。

（四）在供应链管理中的应用

EDI 是一种对供应链上信息进行管理或处理的有效手段和方法，充分利用计算机及通信网络资源，提高贸易伙伴之间的通信效率，降低成本。

为了有效提高整个供应链体系的运作效率，国际物品编码协会（EAN）在 UN/EDIFACT 标准的基础上，针对流通领域制定了 EDI 标准——EANCOM。EDI 报文是传统业务单证中数据的结构化和标准化文件，是 EDI 传送信息的有效载体。供应链管理过程中所涉及的 EDI 报文主要包括参与方信息报文、价格销售目录报文、报价请求报文、报价报文、订购单报文、订购单应答报文、发货通知报文、收货通知报文、发票报文、汇款通知报文等。

> **拓展阅读**
>
> 假设企业 A 是供应商,企业 B 是客户,且 A 与 B 通过 EDI 进行交易。其交易过程如图 6-9 所示。
>
> 图 6-9 EDI 业务流程示意图
>
> 第一,企业 A 通过 EDI 将产品的相关信息发送给企业 B,若企业 B 对企业 A 的某种产品感兴趣,想进一步了解该产品的价格、交货条件等具体信息,其可以向 A 发送一个报价请求报文。
>
> 第二,企业 A 用报价报文来回答企业 B 的相关问题,若 B 接受 A 的报价条件,可以向 A 发送一个订购单报文。
>
> 第三,企业 A 向企业 B 发送订购单应答报文,若 B 的答复是肯定的,则 A 可以立即开始备货;待货物备齐后发货给 B。
>
> 第四,为了预先把发货信息传送给 B,A 可以向 B 发送一份发货通知报文;而 B 在收到货物后,则向 A 发送一份收货通知报文,说明对该货物的接收情况。
>
> 第五,企业 A 接到收货通知后,可以向 B 发出发票报文;而 B 汇款后,可以向 A 发出汇款通知报文。

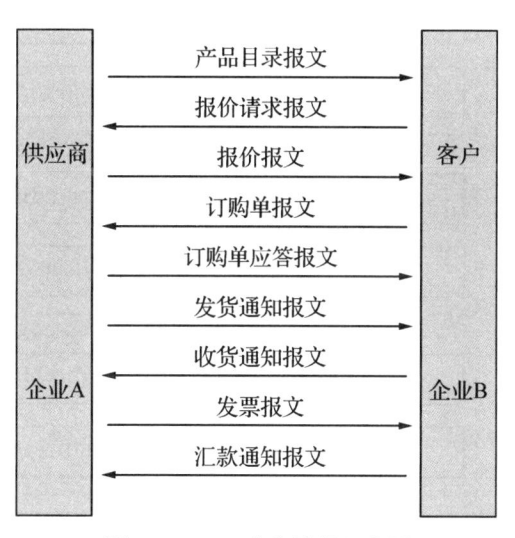

三、RFID 技术

(一) 基本概念

RFID(Radio Frequency Identification)即射频识别技术,又称无线射频识别技术。RFID 是利用电磁感应、无线电波或微波能量,在标签与阅读器之间实现无接触信息传递、识别和存储。

1. 发展历程

RFID 诞生于 20 世纪 40 年代;随着芯片和电子技术的发展,到 90 年代被广泛应用。

其发展历程可分为四个阶段,如图 6-10 所示。

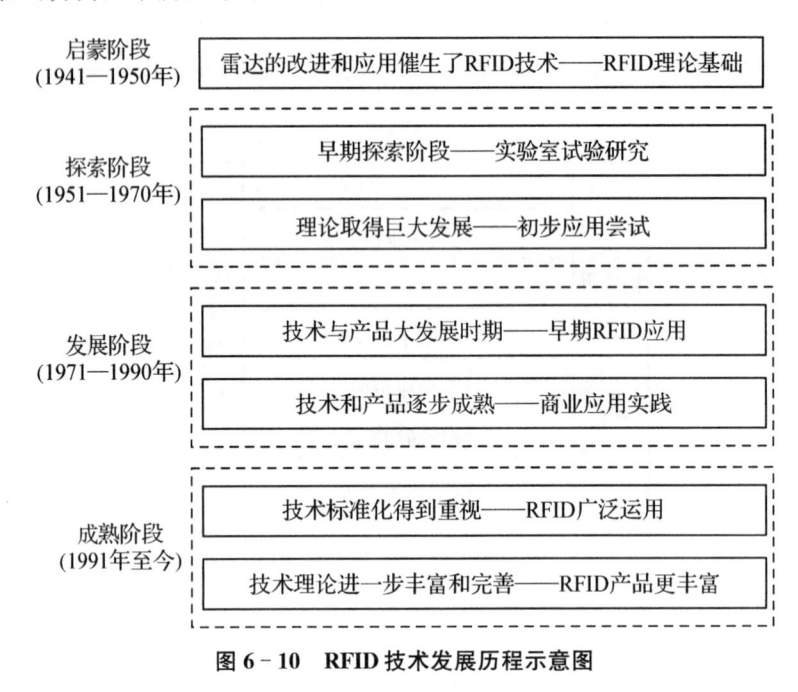

启蒙阶段 (1941—1950年)：雷达的改进和应用催生了RFID技术——RFID理论基础

探索阶段 (1951—1970年)：
- 早期探索阶段——实验室试验研究
- 理论取得巨大发展——初步应用尝试

发展阶段 (1971—1990年)：
- 技术与产品大发展时期——早期RFID应用
- 技术和产品逐步成熟——商业应用实践

成熟阶段 (1991年至今)：
- 技术标准化得到重视——RFID广泛运用
- 技术理论进一步丰富和完善——RFID产品更丰富

图 6-10　RFID 技术发展历程示意图

2. 主要特点

RFID 技术是一项既易于操作,又简单实用,且特别适用于自动化控制的灵活的应用技术。与其他识别技术相比,其具有独特的优越性,主要体现在以下几个方面:

(1) 读取方便快捷。

读取数据不需光源,甚至可透过外包装进行识读;有效识别距离长,当采用自带电池的主动标签时,其有效识别距离超过 30 米。

(2) 识别速度快。

标签一旦进入磁场范围,阅读器就可以及时读取信息;可同时识别处理多个标签,实现批量化处理。

(3) 数据容量大。

PDF417 的最大容量可达 1 848 个字母字符或 2 729 个数字字符,且 RFID 标签还可以根据用户的实际需求进行扩展。

(4) 使用寿命长、应用范围广。

由于运用无线电通信方式,其使用基本不受环境条件限制(粉尘、水、油污等高污染环境和放射性环境均可使用),应用范围广;此外封闭式的包装也可以大幅提升其使用寿命。

(5) 可重复使用。

RFID 为电子数据,可以被反复修改,因此可以回收并重复使用。

(6) 更好的安全性。

标签不仅可以嵌入或附着于不同类型、不同形状、不同环境的产品上,还可以对标签数据的读取和修改设置保护密码,提升标签的安全性。

(7) 动态实时通信。

通常,标签与阅读器之间的通信频率为 50～100 次/秒。只要附着 RFID 标签的物体进入阅读器的有效识别范围内,就可以对物体进行动态监控。

(二) 构成及分类

1. 系统组成

RFID 系统包括电子标签、阅读器和系统上层三个部分,如图 6-11 所示。无源系统的阅读器通过耦合元件发送出一定频率的射频信号,当电子标签进入阅读器的有效识别区域时,电子标签可以从耦元件获得能量,进而驱动电子标签中的芯片和阅读器进行通信。阅读器识别并读取标签自身编码信息,解码后传送至数据处理子系统。而对于有源系统,电子标签进入阅读器有效识别区域后,由自身内嵌电池为标签内的芯片提供能量,从而完成芯片与阅读器之间的通信过程。

图 6-11 RFID 系统组成

(1) 电子标签。

电子标签是由 IC 芯片、无线通信天线组成的超微型标签,也可称为智能标签(Smart Tag)。目前,市场上有多种类型可供选择。根据标签内是否含有内置电池,可以将电子标签分为被动式、半被动式、主动式三类。标签内部模块如图 6-12 所示。

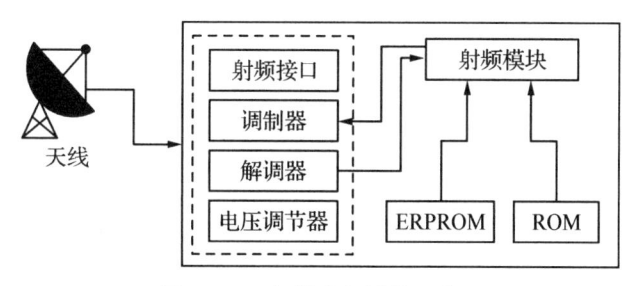

图 6-12 标签内部模块示意图

被动式(无源):标签内无内置电池,所需能量全部由阅读器进行供给。该类标签的价格低、体积小,应用最为广泛(如智能卡、存货管理等);其主要缺点是读取的距离较短。

半被动式:标签内置电池可以驱动内部芯片和感应周围环境,但标签与阅读器之间信息交互所需能量需由阅读器供给。该类标签的读取距离较被动式要远,且抗干扰能力也更强。其主要运用于检测环境情况。

主动式:标签内置电池,标签可以主动侦测阅读器信号,并将自身相关信息发送至阅读器。该类标签的优点是通信范围广、电容量大;但也存在体积较大、价格昂贵、使用寿命较短等缺点。其主要运用于军事、医疗和工业中。

(2) 阅读器。

阅读器又称为读写器。接收系统上层控制指令,实现阅读器与电子标签之间的双向通信。RFID 系统工作的频段由阅读器的频率决定,阅读器的有效识别距离则由其自身的功率决定。阅读器是 RFID 系统信息控制和处理的中心,既可以是只读装置,也可以是读写装置,其通常由天线、射频接口、逻辑控制单元三个部分组成。基本组成结构如图 6-13 所示。

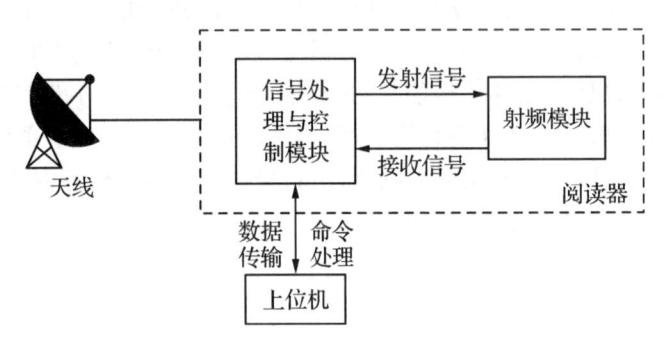

图 6-13 阅读器的基本组成示意图

天线是一种发送和接收电磁波,并将电磁波与电流信号进行相互转换的装置。在RFID 系统中,阅读器必须通过天线发射能量并形成电磁场。

射频接口的主要任务和功能包括以下几个方面:① 产生高频发射能量,进而激活电子标签并为其提供能量;② 调制发射信号频率,将数据信息传输给电子标签;③ 接收并解调电子标签的射频信号等。射频接口中有两个信号通道,它们分别承担了电子标签和阅读器之间两个方向的数据传输。

逻辑控制单元也称读写模块,该单元的功能主要包括以下几个方面:① 与应用系统软件进行通信,并执行从应用系统软件发送来的指令;② 控制阅读器与标签之间的通信过程;③ 实现信号的编码与解码;④ 对阅读器和标签之间传送的数据信息进行加密和解密;⑤ 执行防碰撞算法;⑥ 对阅读器和标签的身份进行验证等。

(3) 系统上层。

系统上层也称为应用系统,其包含中间件、信息处理系统和数据库三个主要组成部分。在 RFID 系统应用软件中,除标签和阅读器上的部分软件外,中间件(Middleware)是介于阅读器与企业应用之间的重要组成部分。

如图 6-14 所示,中间件把底层硬件与上层企业应用软件紧密结合。其主要任务是把阅读器发送的,与标签相关的数据信息进行过滤、汇集和计算,精简传往企业应用的数据信息。不同 RFID 系统应用软件中间件包含的具体内容存在一定差异。

2. 系统分类

根据 RFID 系统包含功能的不同,可将 RFID 系统分为以下四种类型。

(1) EAS 系统。

EAS(Electronic Article Surveillance)即电子商品防窃系统,是一种设置在需要控制

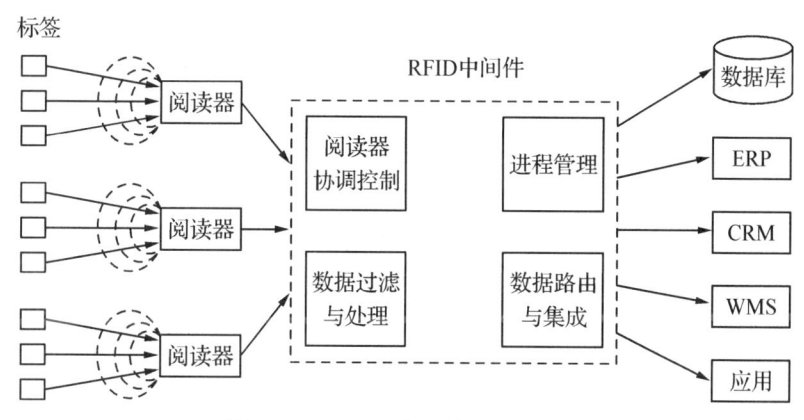

图 6-14　RFID 中间件构成示意图

物品出入位置的 RFID 技术,该技术的典型应用场景点包括商店、图书馆、数据中心等。不管是大件商品,还是小件物品,未被授权而被人非法取走时,EAS 系统就会发出警报,可以有效防止物品被盗。EAS 系统通常由三个部分组成:① 附着在商品上的电子标签和电子传感器;② 电子标签灭活装置,授权商品,以便能正常出入;③ 监视设备,在出口周边设置一定区域的监视空间。

EAS 系统的工作原理:在监视区域内,发射器以一定的频率向接收器发射信号。通常,发射器与接收器安装在零售店、超市、图书馆的出入口,在出入口周边形成一定的监视空间;一旦有特殊特征的标签进入该区域,就会对发射器发出的信号产生干扰;经过微处理器的分析判断,进而控制警报器的鸣响。按照发射器所发出的信号不同或对信号干扰原理的不同,EAS 可以分为多种类型。目前,标签制作是 EAS 的最新研究方向,探讨 EAS 标签是否可以像条码一样,在产品的生产、包装等过程中加进产品,成为产品的一部分。

(2) 便携式数据采集系统。

便携式数据采集系统是指带有 RFID 阅读器的手持式数据采集器。这种系统灵活性较大,适用于不宜安装固定 RFID 系统的应用环境中。手持式数据采集器既可以在读取数据时通过无线电波实时地向主计算机系统传输数据,也可以将数据暂存,再分批次向主计算机系统传输数据。

(3) 物流控制系统。

在物流控制系统中,将 RFID 阅读器分散布置在给定的区域,并与数据管理信息系统直接连接。而发射机是移动的,通常安装在可以移动的物体或人身上,当物体或人靠近阅读器识别区域时,阅读器会自动扫描并识别标签上的信息,并将信息输入 RFID 数据管理信息系统进行存储、分析、处理等,从而实现控制物流的目的。

(4) 定位系统。

定位系统不仅可用于对自动化加工系统中的物品进行定位,也可以对车辆、轮船等运动的物体进行实时位置监控。信号发射机固定在操作环境的地表下,而阅读器则放置在需要监测的物体上(含移动的车辆或轮船,自动化流水线中移动的物料、半成品或成品)。

信号发射机发送有位置信息的信号,阅读器可以通过无线或有线的方式与主信息管理系统连接。

(三) 工作原理

RFID 的基本原理是电磁理论,利用无线电波识别并记录标签的数据信息。阅读器通过天线发射出一定频率的射频信号,一旦无源标签或被动标签进入磁场,该射频信号可凭借感应电流获得能量,识别存储在标签中的产品信息(Passive Tag),经解码后传送到计算机主机进行相关处理。如果是有源标签或主动标签(Active Tag),则其会主动发送某一频率的信号,将自身携带的产品信息传递出去,阅读器通过天线接收到标签发射出来的信号后,由阅读器进行识别,并传送到计算机主机进行处理。其基本工作原理如图 6-15 所示。

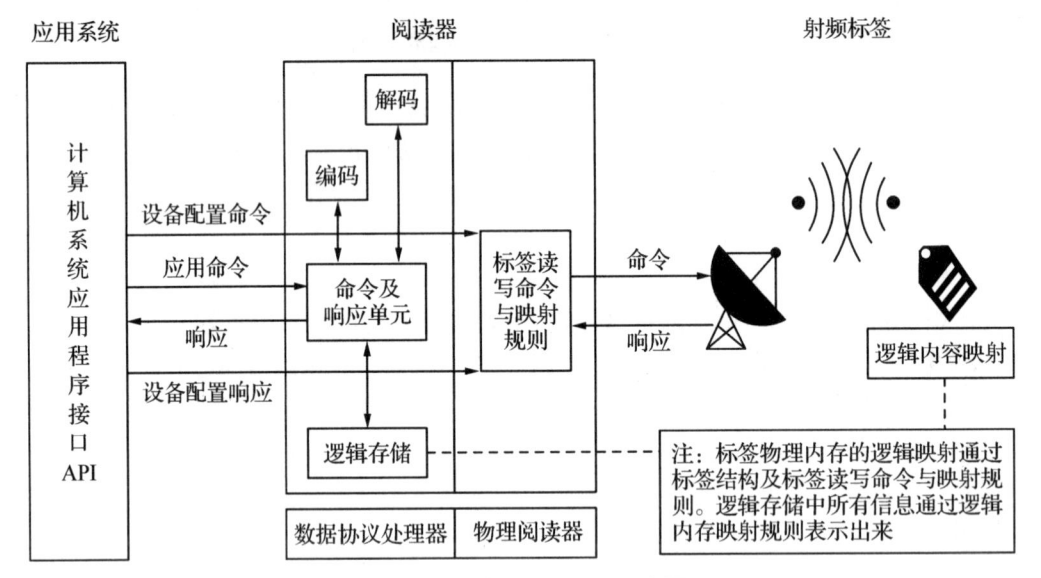

图 6-15 RFID 工作原理示意图

RFID 系统的具体工作流程如下:

第一步,预先把数据信息录入电子标签;

第二步,阅读器通过天线向外发射无线电载波信号;

第三步,一旦标签进入阅读器的工作区域,标签会被激活,并将自身携带的产品信息以载波信号的形式发送出去;

第四步,接收天线接收到标签所发出的载波信号后,传送给阅读器,阅读器对该信号进行解调解码,并发送到后台计算机;

第五步,计算机内部的控制器根据程序设定的逻辑运算对标签的合法性进行识别和判断,并发送指令信号以控制执行机构的运行;

第六步,执行机构根据计算机发出的指令实施相应的操作;

第七步,通过计算机通信网络将多个监控点(区域)连接起来,从而搭建总控信息平台,并针对不同项目的特定需求设计特定的程序和软件,实现其特定功能。

（四）在供应链管理中的应用

RFID技术广泛用于供应链管理的诸多环节，如仓库配送管理、运输管理、采购管理、生产管理、零售管理等，并为这些领域带来了很大的技术革新。

1. 生产管理

RFID技术能够实现生产线的自动化，生产原料（含材料、零部件等）及产品的实时定位，从而降低人工识别成本，减少出错率，提高生产质量和效率。其可以对生产情况和产品状态进行实时监控，提高产品的合格率，为生产管理者提供及时、准确的数据信息，及时调整作业计划，解决生产中可能出现的问题，均衡流水线的负载情况，自动管理产品库存。通过RFID技术可以实现对各车间生产物料进行识别和实时跟踪，把企业的生产过程监控系统与管理信息系统融为一体，建立综合实时信息库，为企业决策者的决策提供依据，提高管理效率，为实现JIT等先进的管理模式提供基础。

2. 配送/分销环节

采用RFID技术可以大幅度加快配送速度，提高拣选效率和准确率，减少人工识读成本和配送成本。如果所有商品都附着RFID标签，中央配送中心的阅读器可以实时读取托盘上商品标签信息，将这些信息与发货记录进行核对，发现其可能存在的错误，并更新RFID标签信息。

3. 运输环节

在运输的货物和车辆上粘贴RFID标签，运输线路沿线的检查点上安装RFID接收装置，接收装置一旦检测到RFID标签信息，可将标签信息、地理位置等相关信息通过Internet实时传送回运输调度中心，企业可以随时了解供应链中特定产品的状态、位置等信息。在直接转装运作过程中，运用RFID技术可以实现自动送货处理，既可以提高装载的准确性，减少产品转移，提高核查点效率和运输安全性，还可以提升运输资产利用率和交付周转速度。

4. 仓储环节

RFID技术广泛应用于存取货物与库存盘点。货物进入仓储中心时，仓储中心入口的阅读器会自动识别商品的标签信息并完成库存盘点。将RFID技术与仓储管理系统的收货、取货、转运等实际功能相结合，能够高效、准确地完成各种操作业务（如指定堆放区域、上架取货、补货等）。由于RFID实现自动化的数据录入，管理员在进行仓储货物盘点时，不需要重新检查或扫描条形码，可以大幅度减少人力和物力，提升盘点速度和效率。此外，RFID技术还可以实现库存自动化管控，随时了解产品的库存信息，掌握产品的实际需求，快速补货，提高库存管理能力和补给效率，降低库存平均水平，降低库存成本。

5. 销售环节

RFID可以有效提升零售商的库存管理水平。当装有阅读器的货架上的物品被顾客取走时，其可以实时监测并报告货架上的物品情况，并在适当时候通过系统发布补货信息；同时能够对装有RFID标签的物品进行实时监控。由于单个产品的RFID标签是唯一的，可实现对产品的运输、促销、防盗、顾客行为等以最小单位进行管理。其可以实时监控物品的运送、仓储等情况,提升供应链的运营效率和零售店上货效率,进一步提高产品的销售额。

6. 售后环节

通过 RFID 技术建立产品用户信息和产品售后维修档案,可以有效提升产品信誉及售后服务质量。通过整合产品售后维修点的维修记录,建立售后维修跟踪记录档案,记录统计维修原因,可以进一步提高产品的售后维修服务品质。统计分析记录档案中的各类维修原因,及时发现维修的原因(如零部件原因、装配原因等),并将统计信息反馈至相关部门,及时解决可能出现的问题。此外,还可以整合客户反馈意见,了解零部件的质量,有助于企业选择最好的供应商。

第三节 供应链信息管理系统

供应链要想获得符合要求的数据信息,其需要借助基础信息采集技术(如条码技术、EDI 技术、RFID 技术等)和追踪定位技术等对供应链上的各类活动数据进行实时采集;并传送至供应链信息管理系统,对相关信息进行存储、处理、利用及再生,有助于管理者在内部和外部供应链中制定正确、合理的决策。

一、供应链信息管理系统概述

(一) 基本定义

目前,学术界对供应链信息管理系统还没有明确、统一的定义。在查阅大量文献、书籍的基础上,我们可以将供应链信息管理系统大致理解为:基于供应链管理的思想,利用信息技术手段,将供应链管理中实际业务需求、流程与信息系统紧密结合的供应链管理软件系统集合。该系统可以帮助管理者提高订单处理效率和库存周转率,从而降低库存水平和企业资金压力。

(二) 组成结构

按照供应链流程可以将供应链信息管理系统分为三个主要的部分:CRM(Customer Relationship Management)、ISCM(Internal Supply Chain Management)、SRM(Supplier Relationship Management)。

1. CRM 软件

CRM 即客户关系管理软件,其专注于供应链中企业与下游客户之间流程的管理,及时获取客户需求、促成交易及跟踪订单的执行情况是其核心目标。该软件可分为市场管理、销售管理、订单管理、服务中心等模块。CRM 的管理着眼于企业需求的来源,因此它是供应链管理的起点,但要发挥出它的最大绩效就不能独立存在,必须和管理企业内部流程的软件结合起来使用。

2. ISCM 软件

ISCM 即内部供应链管理软件，其专注于供应链中企业内部流程的管理，包括关于订单、计划和履行的所有流程，主要包含以下几个模块：

（1）需求计划管理。需求计划管理系统包含多种分析预测模型，预测市场需求服务，为企业制定适用于不同战略要求的市场需求提供理论依据。同时，在预测执行过程中，可以根据订单到达后的实际情况，对预测和订单进行修正，提高可靠性。

（2）供应计划管理。供应计划管理以需求计划流程中的需求预测和客户下达的实际订单作为输入源，通过一系列先进的优化算法，在企业现有库存量、采购订单量、工单等供应资源的基础上，为满足需求的情况，对企业的外部采购计划和内部生产计划进行预测。

（3）订单履行管理。当签订生产或采购订单合同后，订单履行的条件随即生效。订单履行管理系统可以实现对客户订单、仓储、物流、配送等环节的追踪管理，并在约定的时间、地点完成交付。

ISCM 系统可以与 CRM 系统紧密结合，CRM 系统收集客户需求，ISCM 则根据客户需求管理产品的生产制造，并最终交付给客户。

3. SRM 软件

SRM 即供应商关系管理软件，其专注于供应链中企业与上游供应商之间流程的管理，包括设计、合作、采购、谈判、购买和供应等。供应链内部计划能否顺利执行，受供应商的供给能力的影响很大，只有与供应商紧密合作，掌握供应商的订单的执行情况，内部计划才能够顺利完成。

二、供应链信息管理系统选择

目前，供应链信息管理系统软件类型多种多样，不同的软件之间存在较大差异，而企业所选择和使用的软件决定了企业的信息化管理水平，因此选择适合企业自身需求的软件是非常重要的。在企业选择软件产品时，应该遵循以下几个基本的原则或理念。

（一）适用于企业所属行业的需求

每个行业均有独特的行业特征，是否能够对这些行业特征进行有效管理是企业能否成功的关键。例如，消费型电子产品生产商，产品生命周期短，库存跌价风险高，这类型企业关注的重点是最优的库存管理水平；而日用品生产公司，产品需求稳定，生命周期很长，这类型企业关注的重点是生产车间的生产设施设备是否都得到了有效利用，而不是库存。那么，在选择供应链信息管理系统软件时，消费型电子产品生产商会重点关注和考察该软件是否具有优化库存管理的能力或功能；日用品生产公司则会优先选择在生产设施设备的利用方面有着丰富经验的软件。

（二）统一规划、分步实施并衡量价值

运用供应链信息管理系统对企业的管理流程进行管理，就意味着企业流程的重组（Business Process Reengineering，BPR）。如果将企业的所有管理流程一次性实施供应链信息管理系统，业务流程和人员的适应性可能受到很大挑战，项目实施的风险就非常高。在这种情况下，通常是根据企业的自身需求和实际状况，对企业的供应链信息管理系统进

行统一规划,并制定切实可行的分布实施方案或策略(如可以从需求管理流程开始实施,待运行稳定后,再推广到供应计划、订单履行管理等后续流程),这样既可以让企业决策者及时了解软件应用后的成效,又不至于对企业造成大的震动。

(三)与公司的实际需求保持一致

企业必须综合考虑其实际需要、承受能力、计划使用深度等因素来确定供应链信息管理系统软件。因为,较低水平的系统不能满足企业对供应链管理水平的要求,而超出企业管理能力水平的系统不仅会使企业的整个流程失灵,也会造成资源浪费。

(四)满足现状需求,着眼未来发展需要

供应链信息管理系统的应用部署是一项耗时、耗力、耗资工程,其不仅要满足企业现在的实际需求,还要考虑企业未来发展的需要。随着企业的发展及时间的推移,其对管理水平的要求往往也会变化,因此企业在实施供应链信息管理系统项目之前,需要进行综合评估。如果将来企业的业务发生变化,系统的调整柔性有多大?此外还需要了解软件供应商是否有对企业未来的发展需要提供支持和服务的能力。

本章参考文献

[1] 熊静,张旭,喻钢. 物流信息管理[M]. 北京:国防工业出版社,2017.
[2] 王晓平. 物流信息技术[M]. 第2版. 北京:清华大学出版社,2017.
[3] 刘小卉. 物流管理信息系统[M]. 第二版. 上海:复旦大学出版社,2021.
[4] 邵晓峰,张存禄,李娟. 供应链管理[M]. 高等教育出版社,2013.
[5] 何志凌. 基于Oracle EBS的宝龙达公司供应链信息管理系统设计[D]. 兰州大学,2017.

同步测试题

第七章 供应链合作伙伴关系管理

学习目标

通过本章的学习，应掌握以下知识点与相关能力：① 了解供应链战略合作伙伴关系的产生背景和发展趋势；② 理解供应链战略合作伙伴关系的概念；③ 了解建立供应链战略合作伙伴关系的现实意义；④ 了解供应链战略合作伙伴的选择；⑤ 理解供应链合作伙伴评价体系和存在问题；⑥ 掌握供应链管理的主要工作流程；⑦ 具备分析供应链的典型结构能力；⑧ 学会辩证地看待合作及风险问题，具备具体问题具体分析的能力。

案例导入

2020年8月17日，白宫颁布了一项9月15日正式生效的制裁禁令，要求任何企业基于美国软件或技术所开发、生产出来的芯片都不得供货给华为公司使用，除非能够获得美国商务部颁发的特殊许可证。该禁令一旦正式生效实施，华为就有可能陷入无"芯"可用的境地。就在该项禁令正式生效前的最后5天，韩国三星公司和LG公司选择屈服于美国的淫威，宣布从9月15日起停止向华为供应高端智能手机面板，意味着未来华为不仅有可能陷入无"芯"可用的困难境地，还会陷入高端手机屏幕货源严重不足的情况。

严格意义上讲，华为在韩国的这两家重要合作伙伴并不是故意想要切断其供应链，而是无法与之继续展开合作，原因在于在不使用美国技术和设备的情况下几乎不可能完成生产和检验产品，为了避免被美国制裁禁令砸中，只能宣布与华为断交。韩媒表述的"无法合作"根本谈不上，其实就是为追随美国而断供华为的借口。显然，断供芯片对于华为而言才是最危险的，毕竟我国当前还没有能生产高端芯片的设备。不过从另一个角度看，华为被断供芯片也未尝不是一件好事，因为这样一来国内会有很多的资本和技术进入半导体行业，加快补齐我国被西方"卡脖子"的短板。

资料来源：https://new.qq.com/rain/a/20200910A0FTG600.

思考：1. 供应链合作伙伴关系存在哪些风险？
2. 华为面临芯片断供给我们提供了哪些方面的警示？

第一节　供应链合作伙伴关系概述

一、供应链战略合作伙伴关系的产生

1980年以前,企业、供应商、客户之间的市场交易关系一般表现为竞争性质,企业总是寻找各种机会、手段,不惜牺牲供应商及客户利益来实现自身利益最大化。因此,企业在采购供应商的物品时,总是想尽一切办法压低采购价,在销售产品给客户时,总是尽其所能抬高销售价。但自从20世纪80年代以来,随着竞争环境日趋激烈,企业为了持续提高利润,增加市场占有率及提升本身的竞争优势,不断地在市场寻找较低价供应商,供应商在被压榨的情况下渐渐失去对买方企业的忠诚和信赖。此外,企业高频率地更换供应商,使得交易成本和不确定性大幅提高,使企业面临巨大的风险。

因此,许多企业发现采取传统以交易的采购方式不再有效率。企业逐渐考虑与供应商及客户之间建立长期合作关系,以合作双赢来谋求利益最大化。从国内外研究文献中,可以看到,针对供应链管理模式,人们强调得最多的就是企业间的"战略伙伴关系"问题。这种新型企业关系是供应链管理模式形成的基础,也是供应链管理模式与传统管理模式的根本区别。这是近年来企业关系发展的新动向。

(一) 自动化工业中企业关系的发展阶段

莱明(Lamming)在《超越伙伴关系:革新的战略和精细供应》一书中,将自动化工业中企业关系的发展分为以下五个阶段:

(1) 传统关系阶段(1975年以前)。这一时期的市场特征基本上是供不应求。企业的管理战略是:改进工艺和技术,提高生产率;扩大生产规模,降低单位产品成本。由于市场相对稳定,企业各忙各的,竞争比较温和,竞争压力小。

(2) 自由竞争时期(1972—1985年)。市场上产品供应日趋饱和,企业间的竞争非常激烈,竞争力的破坏性很大;竞争压力很大,具有爆炸性,令人无法忍受。

(3) 合伙关系时期(1982年前后)。市场竞争激烈、混乱,顾客对产品的质量要求日益提高。质量竞争使得企业经营战略转向纵向一体化,以确保最终产品质量稳定。企业间合作比较紧密,部分合作具有一定的战略性,竞争压力适中。

(4) 伙伴关系时期(20世纪90年代初期)。市场变化加快,纵向一体化经营模式反应迟缓,失去市场机会的风险、投资风险、行业经营风险都不断增大,企业逐渐由纵向一体化经营转向横向一体化经营,纷纷采取快速响应市场变化的竞争战略。企业间确立伙伴关系,使得经营合作具有一定的层次性、能动性,竞争压力很大。

(5) 战略联盟关系时期(20世纪90年代后期)。企业间过去是你死我活的竞争,现在由于市场全球化的发展,经营难度和经营风险不断加大,企业间不得不进行更紧密的合作,于是产生了双赢的合作竞争和企业间的战略联盟。企业间的竞争压力非常大,但这种压力是企业为了更好地发展而自我施加的。

（二）企业关系演变过程

从历史进程上看，企业关系大致经历了三个发展阶段，如图7-1所示。

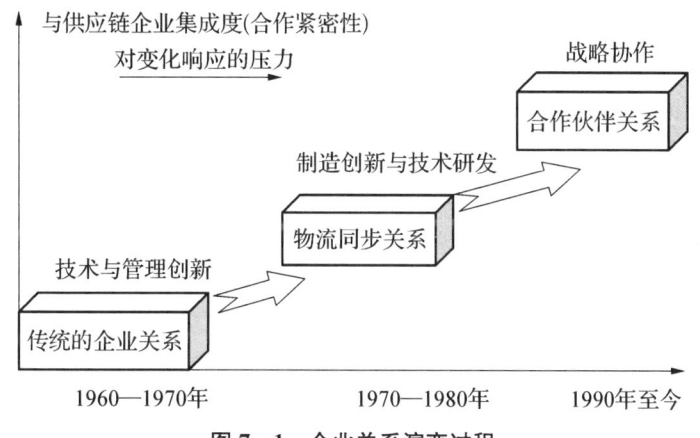

图7-1 企业关系演变过程

1. 传统的企业关系

从传统的企业关系过渡到创新的合作伙伴关系模式，经历了从以生产和物流相结合为特征的物流关系（20世纪70年代到80年代）到以战略协作为特征的合作伙伴关系（20世纪90年代）的过程。在传统的企业关系中，供应管理被等同于物流管理，企业之间的关系主要是"买—卖"关系。基于这种关系，企业的管理理念是以生产为中心的，供销处于次要的地位。企业间很少沟通与合作，更谈不上企业间的战略联盟与协作。

2. 物流同步关系

从传统的以生产为中心的企业关系模式向物流关系模式转化，JIT管理思想起着催化剂的作用，因为JIT的实施要求所有相关企业的物流必须同步运行，否则就无法使整个系统达到准时生产。为了达到生产的均衡化和物流同步化，必须要加强部门间、企业间的合作与沟通。基于物流同步关系的企业合作关系，可以认为是一种处于作业层和技术层的合作。在信息共享（透明性）、服务支持（协作性）、并行工程（同步性）、群体决策（集智性）、柔性化与敏捷性等方面都不能很好地适应越来越剧烈的市场竞争的需要，企业需要更高层次的合作与集成，于是产生了基于战略伙伴关系的企业模型。

3. 合作伙伴关系

具有战略合作伙伴关系的企业体现了企业内外资源集成及优化利用的思想。基于这种企业运作环境的产品制造，从产品的研究开发到投放市场的周期大大缩短，而且顾客定制化程度更高，模块化、通用化、标准化组件的生产模式使企业在多变的市场中柔性和敏捷性显著增强，虚拟制造与动态联盟加强了业务外包这种策略的利用。企业集成从原来的中低层次的内部业务流程重构（BPR）上升到企业间的协作，这是一种最高级别的企业集成模式。在这种企业关系中，市场竞争策略最明显的变化就是基于时间的竞争和价值链的价值让渡系统管理或基于价值的供应链管理。

二、供应链合作关系的定义及内容

(一) 供应链合作关系的定义

供应链合作关系（Supply Chain Partnership，SCP），一般指供应商—制造商（Supplier-manufacturer）关系，或者卖主/供应商—买主（Vendor/Supplier-buyer）关系、供应商关系（Supplier Partnership）。供应链合作关系可以定义为供应商与制造商之间，在一定时期内共享信息、共担风险、共同获利的协议关系。

这种战略合作关系形成于集成化供应链管理环境下，形成于供应链中具有特定的目标和利益的企业之间。形成的原因通常是为了降低供应链总成本、降低库存水平、增强信息共享水平、改善相互之间的交流、保持战略伙伴相互之间操作的一贯性、产生更大的竞争优势，以实现供应链节点企业的财务状况、质量、产量、交货期、用户满意度和业绩的改善和提高，战略合作关系必然强调企业相互之间的合作和信任。

建立供应链合作关系，就意味在合作伙伴之间共同开发新产品/技术、共享数据和信息交换、共创市场机会、共担风险及共享收益。在供应链合作关系环境下，制造商选择供应商时不是只考虑价格，而是更注重选择能在优质服务、技术创新、产品设计等方面良好合作的供应商。

(二) 供应链合作关系的内容

一般而言，供应商为制造企业的生产和经营供应各种生产要素（原材料、能源、机器设备、零部件、工具、技术和劳务服务等），供应商所提供要素的数量、价格，直接影响制造企业生产的好坏、成本的高低和产品质量的优劣。因此，制造商与供应商的合作关系应着眼于以下几个方面：

第一，让供应商了解企业的生产流程和生产能力，使供应商能够清楚地知道企业需要产品或原材料的期限、质量、数量。

第二，向供应商提供自己的经营计划和经营策略，使供应商了解企业自身的希望。

第三，企业与供应商要明确双方的责任，并各自向对方负责，使双方明确共同的利益所在，并为此而协同一致，以达到双赢的目的。

供应链合作关系发展的主要特征就是从以产品/物流为核心转向以集成/合作为核心。在集成/合作逻辑思想指导下，供应商和制造商把它们的需求和技术集成在一起，以实现为制造商提供最有用产品为共同目标。因此，供应商与制造商的交换不仅仅是物质上的交换，还包括一系列可见和不可见的服务（如R&D、设计、信息、物流等）的交换。

供应商要具备创新能力和良好的设计能力，以保证交货的可靠性和时间的准确性。这就要求供应商采用先进的管理技术（如JIT、TQM等），管理和控制自己的网络。而对制造商来说，要提供的活动和服务包括控制供应市场、管理和控制供应网络、提供培训和技术支持、为供应商提供财务服务等。

三、供应链合作关系与传统供应商关系的区别

在新竞争环境下，供应链合作关系研究强调直接和长期的合作，强调共同努力实现共

有的计划和解决共同问题,强调相互之间的信任与合作。这与传统的关系模式有很大的区别。

供应链合作关系与传统供应商关系的区别主要体现在如表7-1所示的几个方面。

表7-1 供应链合作关系与传统供应商关系的比较

比较项目	传统供应商关系	供应链合作关系
相互交换的对象	物料	物料、服务
供应商选择标准	强调价格	多标准并行考虑(交货的质量和可靠性等)
稳定性	变化频繁	长期、稳定、紧密合作
合同性质	单一	开放合同(长期)
供应批量	小	大
供应商数量	大量	少(少而精,可以长期紧密合作),甚至单一供货
供应商规模	小	大
供应商的定位	当地	国内和国外
信息交流	信息专有	信息共享(电子化连接、共享各种信息)
技术支持	不提供	提供
质量控制	依靠入库检查控制质量	质量保证(供应商对产品质量负全部责任)
选择范围	投标评估	广泛评估可增值的供应商

四、建立供应链合作关系的重要意义

(一)缩短供应链的响应时间

企业赢得竞争的关键靠速度,供应链中制造商要求供应商加快生产运作速度,缩短供应链总的响应时间,降低成本和提高质量。从图7-2中可以看出,要缩短总周期时间,主要依靠缩短采购时间、流入物流(Inbound Logistics)时间、流出物流(Outbound Logistics)时间和设计制造时间(制造商与供应商共同参与),因此,加强供应链合作关系运作的意义重大。

供应链管理的实质是实现产品/服务的高质量和快速响应的同时使成本最小化。供应链战略伙伴关系的重要意义在于其能够缩短供应链总周期时间。一般认为供应链总周期时间由采购时间、内向运输时间、产品设计制造时间和外向运输时间构成,如图7-2所示。

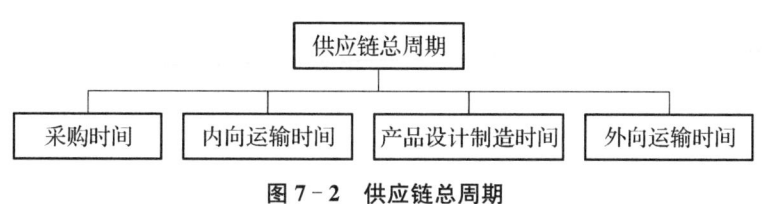

图7-2 供应链总周期

理论和实践都表明,合作伙伴关系有助于上述几个阶段时间的缩短。无论是对于买家还是供应商,成功的合作伙伴关系是一种双赢的局面,在降低成本、提高产品和服务质量、快速响应市场、获得更高利润等方面都是有益的结果。从供应链合作关系在缩短供应链总周期中的地位可以看出它对于供应链管理企业的重要意义。

(二) 能给供应链伙伴企业带来的利益

通过建立供应商与制造商之间的战略合作关系,可以给制造商/买主、供应商/卖主以及双方带来如下利益。

1. 对制造商/买主而言

实现数量折扣、稳定而有竞争力的价格;提高产品质量和降低库存水平;改善时间管理;缩短交货提前期和提高可靠性;提高面向工艺的企业规划;更好的产品设计和更快的对需求变化的反应速度;强化数据信息的获取和管理控制。

2. 对供应商/卖主而言

保证有稳定的市场需求;对用户需求更好地理解;提高运作质量;提高零部件生产质量;降低生产成本;提高对买主交货期改变的反应速度和柔性;获得更高的利润(相比非战略合作关系的供应商而言)。

3. 对双方而言

改善相互之间的交流;实现共同的期望和目标;共担风险和共享利益;共同参与产品和工艺开发,实现相互之间的工艺集成、技术和物理集成;减少外在因素的影响及其造成的风险;降低投机思想和投机概率;增强矛盾冲突解决能力;在订单、生产、运输方面实现规模效益,以降低成本;减少管理成本;提高资产利用率。

虽然有这些利益存在,仍然有许多潜在的风险会影响供应链战略合作关系的参与者。最重要的是,过多地依赖某一个合作伙伴可能在合作伙伴不能满足期望要求时造成惨重损失。同时,企业可能因为对战略合作关系的失控、过于自信、合作伙伴的过于专业化而缺乏柔性等原因降低其自身竞争力。此外,企业可能过高估计供应链战略合作关系的利益而忽视了潜在的缺陷和风险。所以企业必须对传统合作关系和战略合作关系策略做出正确对比,再做出最后的决策。

(三) 促进企业内外资源的集成与优化利用

具有战略合作伙伴关系的企业关系体现了企业内外资源的集成与优化利用。基于这种企业环境的产品制造过程,从产品的研究开发到投放市场的周期大为缩短,而且顾客导向化程度更高,模块化、通用化、标准化的组件,使企业在多变的市场中具有更强的柔性和敏捷性。虚拟制造与动态联盟加强了业务外包策略的利用,企业集成从原来的中低层次的内部业务流程重组上升到了企业间的协作,形成了一种更高级别的企业集成模式。合作关系密切程度带来的价值增值如图7-3所示。

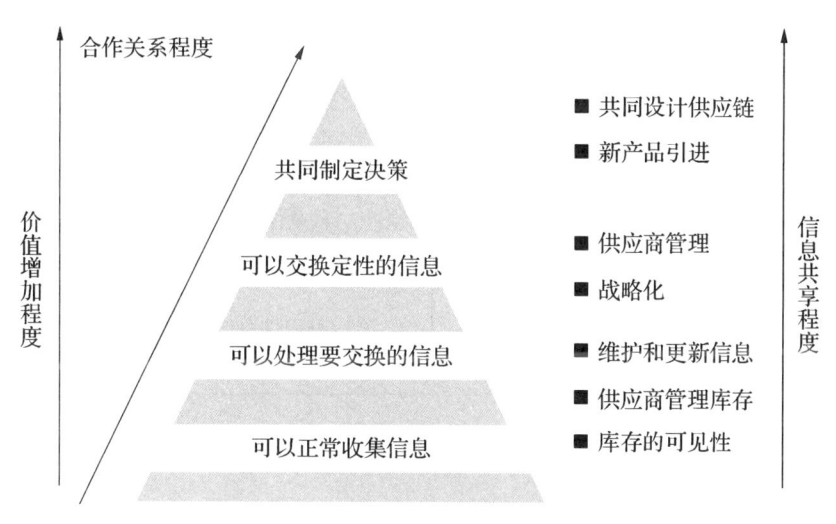

图 7-3 合作关系带来的价值增值

第二节 供应链合作伙伴的选择

合作伙伴的评价选择是供应链合作关系运行的基础。当前,合作伙伴的业绩对制造企业的影响越来越大,在交货、产品质量、提前期、库存水平、产品设计等方面都对制造商的成功产生影响。合作伙伴的评价、选择对企业来说是多目标的,包含许多可见、不可见的多层次的因素。

一、集成化供应链管理环境下合作伙伴的类型

在集成化供应链管理环境下,供应链合作关系的运作需要减少供应源的数量(短期成本最小化的需要,但是供应链合作关系并不意味着单一的供应源),相互的连接变得更专有(紧密合作的需要),并且制造商会在全球市场范围内寻找最合适的合作伙伴。因此,可以把合作伙伴分为两个层次:重要合作伙伴和一般合作伙伴。重要合作伙伴是少而精的、与制造商关系密切的合作伙伴;一般合作伙伴则是相对多的、与制造商关系不很密切的合作伙伴。供应链合作关系的变化主要影响重要合作伙伴,而对一般合作伙伴的影响较小。

根据合作伙伴在供应链中的增值作用及其竞争实力,可将合作伙伴分成不同的类别,分类矩阵如图 7-4 所示。纵轴代表的是合作伙伴在供应链中的增值作用。对于一个合作伙伴来说,如果它不能对增值做出贡献,它对供应链的其他企业就没有吸引力。横轴代表某个合作伙伴与其他合作伙伴之间的区别,主要是设计能力、特殊工艺能力、柔性、项目管理能力等方面的竞争力的区别。

在实际运作中,应根据不同的目标选择不同类型的合作伙伴。对于长期而言,要求合作伙伴能保持较高的竞争力和增值能力,因此最好选择战略性合作伙伴;对于短期或某一短暂市场需求而言,只需选择普通合作伙伴即可,以保证成本最小化;对于中期而言,可根

据竞争力和增值率对供应链的重要程度的不同,选择不同类型的合作伙伴(有影响力的或竞争性/技术性的合作伙伴)。

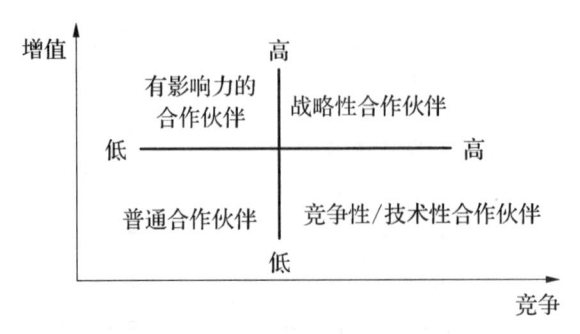

图 7-4 合作伙伴分类矩阵

二、选择合作伙伴时应考虑的主要因素

通过调查数据以及与一些企业管理人员的交谈中发现,我国企业评价、选择合作伙伴时存在以下几个方面的问题:企业在选择合作伙伴时,主观成分过多,有时往往根据企业的印象来确定合作伙伴的选择,还存在一些个人的成分;选择的标准不完善、不全面,目前企业的选择标准多集中在企业的产品价格、质量、柔性、交货准时性、提前期和批量等方面,往往突出价格因素,以低价取胜,没有形成一个全面的综合评价指标体系,不能对企业做出客观、全面、具体的评价。

(一) 综合评价指标体系的设置原则

1. 系统全面性原则

评价指标体系必须全面反映合作伙伴企业目前的综合水平,并包括反映企业发展前景的各方面指标。

2. 简明科学性原则

评价指标体系的大小也必须适宜,亦即指标体系的设置应有一定的科学性。如果指标体系过大、指标层次过多、指标过细,势必将评价者的注意力吸引到细小的问题上;而指标体系过小、指标层次过少、指标过粗,又不能充分反映合作伙伴的真实水平。

3. 稳定可比性原则

评价指标体系的设置还应考虑到易于与国内其他指标体系相比较。而随着经济全球化的加深,评价指标体系也应考虑与国际接轨。

4. 灵活可操作性原则

评价指标体系应具有足够的灵活性,使企业能根据自己的特点以及实际情况,灵活运用指标。

(二) 综合评价指标体系结构

根据企业调查研究,影响合作伙伴选择的主要因素可以归纳为四类:企业业绩、业务结构与生产能力、质量系统和企业环境。近年来,随着全球对环保问题的日益关注,企业的可持续发展能力也逐渐成为企业在选择伙伴关系时考虑的主要因素之一。

为了有效地评价、选择合作伙伴,可以框架性地构建三个层次的综合评价指标体系,如图7-5所示。第一层次是目标层,包含五个主要因素;第二层是影响合作伙伴选择的具体因素,第三层是与其相关的细分因素。这三个层次的建立需要根据企业所处的不同行业背景和具体情况进行设计。

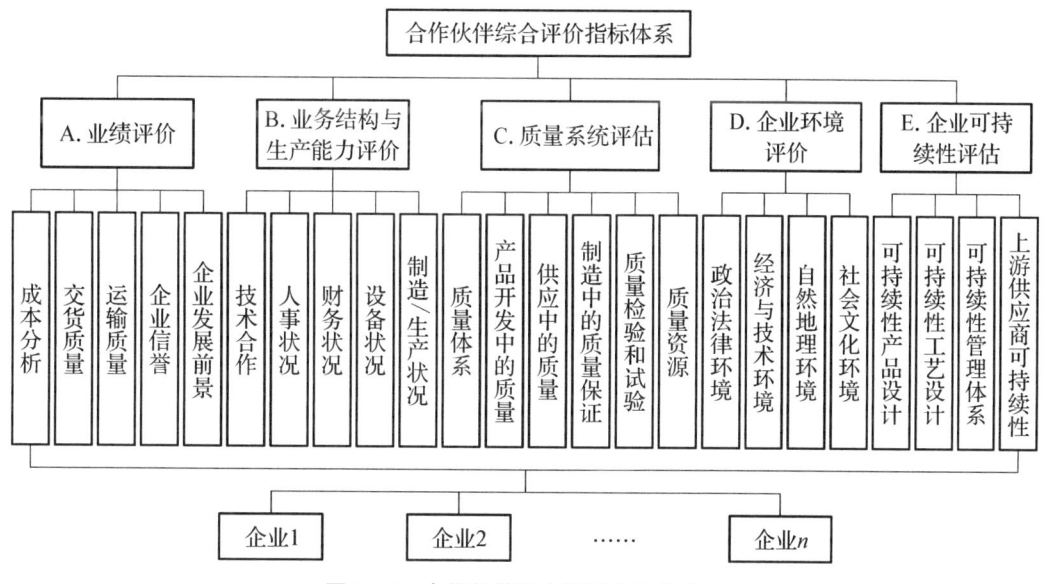

图 7-5 合作伙伴综合评价体系结构图

三、供应链合作伙伴选择方法

选择合作伙伴,是对企业输入物资的适当品质、适当期限、适当数量与适当价格的总体进行选择的起点与归宿。选择合作伙伴的方法较多,一般要根据对供应商的了解程度、供应商的多少以及对物资需要的时间需求等因素要求来确定。目前国内外较常用的方法有以下几种。

(一)直观判断法

直观判断法是根据征询和调查所得的资料并结合人的分析判断,对合作伙伴进行分析、评价的一种方法。这种方法主要是倾听和采纳有经验的采购人员的意见,或直接由采购人员凭经验做出判断,常用于选择企业非主要原材料的合作伙伴。

(二)招标法

当订购数量大、合作伙伴竞争激烈时,可采用招标法来选择适当的合作伙伴。它是由企业提出招标条件,各招标合作伙伴进行竞标,然后由企业决标,与提出最有利条件的合作伙伴签订合同或协议。招标法可以是公开招标,也可以是指定竞级招标。公开招标对投标者的资格不予限制;指定竞标则由企业预先选择若干个可能的合作伙伴,再进行竞标和决标。招标方法竞争性强,企业能在更广泛的范围内选择适当的合作伙伴,以获得供应条件有利的、便宜而适用的物资。但招标法手续较繁杂,时间长,不能适应紧急订购的需要;订购机动性差,有时订购者对投标者了解不够,双方未能充分协商,造成货不对路或不能按时到货的后果。

(三) 协商选择法

在供货方较多、企业难以抉择时,也可以采用协商选择的方法,即由企业先选出供应条件较为有利的几个合作伙伴,分别与他们进行协商,再确定适当的合作伙伴。与招标法相比,协商方法由于供需双方能充分协商,在物资质量、交货日期和售后服务等方面较有保证。但由于选择范围有限,不一定能得到价格最合理、供应条件最有利的供应来源。当采购时间紧迫、投标单位少、竞争程度小,订购物资规格和技术条件复杂时,协商选择方法比招标法更为合适。

(四) 采购成本比较法

对质量和交货期都能满足要求的合作伙伴,则需要通过计算采购成本来进行比较分析。采购成本一般包括售价、采购费用、运输费用等各项支出的总和。采购成本比较法是通过计算分析针对各个不同合作伙伴的采购成本,以选择采购成本较低的合作伙伴的一种方法。

(五) ABC 成本法

鲁德霍夫(Roodhooft)和科林斯(Jozef Konings)在 1996 年提出基于活动的成本分析法(Activity Based Costing Approach),通过计算合作伙伴的总成本来选择合作伙伴。他们提出的总成本模型为:

$$S_i^B = (p_i - p_{\min}) \times q + \sum_j c_j^B \times D_{ij}^B$$

式中,S_i^B——第 i 个合作伙伴的成本值;

p_i——第 i 个合作伙伴的单位销售价格;

$p_{\min}$——合作伙伴中单位销售价格的最小值;

q——采购量;

c_j^B——因企业采购相关活动导致的成本因子 j 的单位成本;

D_{ij}^B——因合作伙伴导致的在采购企业内部的成本因子的单位成本。

这个成本模型用于分析企业因采购活动而产生的直接和间接成本的大小。企业将选择 S_i^B 值最小的合作伙伴。

(六) 层次分析法

层次分析法是 20 世纪 70 年代由著名运筹学家赛惕(T. L. Satty)提出的,韦伯(Weber)等提出利用层次分析法进行合作伙伴的选择。它的基本原理是根据具有递阶结构的目标、子目标(准则)、约束条件、部门等来评价方案,采用两两比较的方法确定判断矩阵,然后把判断矩阵的最大特征根对应的特征向量的分量作为相应的系数,最后综合给出各方案的权重(优先程度)。由于该方法让评价者对照相对重要性函数表,给出因素两两比较的重要性等级,因而可靠性高、误差小,不足之处是遇到因素众多、规模较大的问题时,该方法容易出现问题,如判断矩阵难以满足一致性要求,往往难于进一步对其分组。

它作为一种定性和定量相结合的工具,目前已在许多领域得到了广泛的应用。

此外,蒂默曼(Timmerman)提出的合作伙伴评价分类法(Categorical Method),温德(Wind)和罗宾森(Robinson)提出的标重法(Weighted Point Plan)等都可以用于合作伙伴的选择,但应用在供应链环境下,都存在一些问题,因为没有考虑具体的环境,所以不能有效地进行合作伙伴的评价和选择。

(七) 神经网络算法

人工神经网络(Artificial Neural Network,ANN)是20世纪80年代后期迅速发展起来的一门新兴学科。ANN可以模拟人脑的某些智能行为,如知觉、灵感和形象思维等,具有自学习、自适应和非线性动态处理等特征。

ANN应用于供应链管理环境下合作伙伴的综合评价选择,意在建立更加接近于人类思维模式的定性与定量相结合的综合评价选择模型。通过对给定样本模式的学习,获取评价专家的知识、主观判断、经验及对目标重要性的倾向,当对合作伙伴做出综合评价时,该方法可再现评价专家的经验、知识和直觉思维,从而实现了定性分析与定量分析的有效结合,也可以较好地保证合作伙伴综合评价结果的客观性。

基于人工神经网络的合作伙伴综合评价选择的处理总体流程结构模型如图7-6所示。

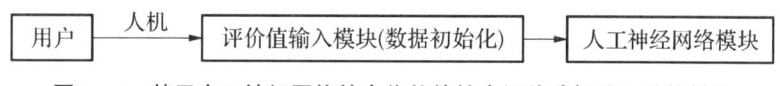

图7-6 基于人工神经网络的合作伙伴综合评价选择流程结构模型

四、供应链合作伙伴选择的步骤

一个企业要想从实施供应链战略合作关系中获益,首先必须认识到这是一个复杂的过程,供应链合作关系的建立不仅是企业结构上的变化,而且在观念上也必须相应改变。所以,企业必须非常认真地选择合作伙伴,以确保真正实现供应链合作关系的利益。

建立战略合作关系的第一步是必须明确战略关系对于企业的必要性,企业必须评估潜在的利益与风险。然后,确立选择合作伙伴的标准和初步评估可选的合作伙伴。一旦合作伙伴选定后,必须让每一个合作伙伴都认识到相互参与、合作的重要性,真正建立合作关系。最后的步骤包括实施和加强合作关系,如果双方不能持续发展下去则可解除无益的合作关系。

供应链合作伙伴的综合评价、选择可以归纳为以下几个步骤(见图7-7),企业必须确定各个步骤的开始时间,每一个步骤对企业来说都是动态的(企业可自行决定先后和开始时间),并且每一个步骤对于企业来说都是一次改善业务的过程。

步骤1:分析市场竞争环境(需求、必要性)。

市场需求是企业一切活动的驱动源。建立基于合作、信任、开放性交流的供应链长期合作关系,首先必须分析市场竞争环境,其目的在于找到针对哪些产品市场开发供应链合作关系才有效。必须知道现在的产品需求是什么,产品的类型和特征是什么,以确认用户的需求,确认是否有建立供应链合作关系的必要。如果已建立供应链合作关系,则根据需求的变化确认供应链合作关系变化的必要性,从而确认合作伙伴评价、选择的必要性。同时分析现有合作伙伴的现状,分析、总结企业存在的问题。

```
         ┌─────────────────────────────────┐
         │ 1.分析市场竞争环境(需求、必要性)  │◄──┐
         └────────────────┬────────────────┘   │
                          ▼                    │
         ┌─────────────────────────────────┐   │ 比较新旧
    ┌───►│    2.建立合作伙伴选择目标        │   │ 合作伙伴
    │    └────────────────┬────────────────┘   │
    │                     ▼                    │
    │    ┌─────────────────────────────────┐   │
    │    │    3.建立合作伙伴评价标准        │◄──┤ 修改评价
    │    └────────────────┬────────────────┘   │ 标准
    │                     ▼                    │
  反│    ┌─────────────────────────────────┐ 反│
  馈│    │    4.成立评价小组                │ 馈│
    │    └────────────────┬────────────────┘   │
    │                     ▼                    │
    │    ┌─────────────────────────────────┐   │
    │    │    5.合作伙伴参考                │   │
    │    └────────────────┬────────────────┘   │
    │                     ▼                    │
    │    ┌─────────────────────────────────┐   │
    │    │    6.评价合作伙伴                │◄──┐
    │    └────────────────┬────────────────┘   │
    │           否        ▼                  ┌─┴──┐
    └────────────────◄ 选择 ►                │工具│
                         │                   │技术│
                       是▼                   └────┘
         ┌─────────────────────────────────┐
         │       实施供应链合作关系         │
         └─────────────────────────────────┘
```

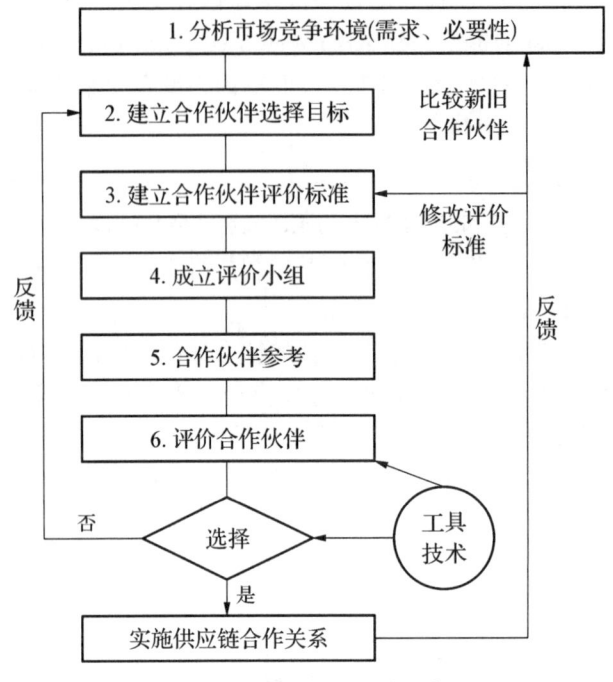

图 7-7 合作伙伴评价、选择步骤图

步骤 2：建立合作伙伴选择目标。

企业必须确定合作伙伴评价程序如何实施,信息流程如何,谁负责,而且必须建立实质性的目标。其中降低成本是主要目标之一。合作伙伴评价、选择不仅仅是一个简单的评价、选择过程,它本身也是企业自身和企业与企业之间的一次业务流程重构过程,实施得好,它本身就可带来一系列的利益。

步骤 3：建立合作伙伴评价标准。

合作伙伴综合评价标准和其指标体系是企业对合作伙伴进行综合评价的依据和标准,是反映企业本身和环境所构成的复杂系统不同属性的指标,是按隶属关系、层次结构有序组成的集合。企业应该根据稳定可比性、系统全面性、灵活可操作性、简明科学性等原则,建立集成化供应链管理环境下合作伙伴的综合评价指标体系。值得注意的是,不同行业、不同企业、不同环境下、不同产品需求的合作伙伴评价应是不一样的。但都涉及合作伙伴的业绩、人力资源开发、设备管理、质量控制、用户满意度、成本控制、技术开发、交货协议以及可持续发展能力等可能影响供应链合作关系的方面。

步骤 4：成立评价小组。

企业必须成立一个小组以控制和实施合作伙伴评价。组员主要来自采购、生产、质量、工程等与供应链合作关系密切的部门,组员必须有团队合作精神,具有一定的专业技能。评价小组必须同时得到制造商企业和合作伙伴企业最高领导层的支持。

步骤 5：合作伙伴参与。

一旦企业决定实施合作伙伴评价,评价小组必须与初步选定的合作伙伴取得联系,以确认它们是否愿意与企业建立供应链合作关系,是否有提高业绩水平的愿望。企业应尽可能早地让合作伙伴参与到评价的设计过程中来。但是,因为企业的力量和资源是有限的,企业只能与少数的、关键的合作伙伴保持紧密合作,所以参与的合作伙伴不能太多。

步骤6:评价合作伙伴。

评价合作伙伴的一个主要工作是调查、收集有关合作伙伴的生产运作等各方面的信息。在收集合作伙伴信息的基础上,就可以利用一定的工具和技术方法进行合作伙伴的评价(如前面提出的用人工神经网络技术进行评价)。

在评价的过程最后,有一个决策点,根据一定的技术方法选择合作伙伴,如果选择成功,则可开始实施供应链合作关系,如果没有合适的合作伙伴可选,则返回步骤2重新开始选择。

步骤7:实施供应链合作关系。

在实施供应链合作关系的过程中,市场需求将不断变化,可以根据实际情况及时修改合作伙伴评价标准,或重新开始合作伙伴评价、选择。在重新选择合作伙伴的时候,应给予旧合作伙伴以足够的时间适应变化。

第三节　供应链合作伙伴的管理

一、供应链合作伙伴关系的维护

良好的供应链合作关系首先必须得到最高管理层的支持和协调,并且企业之间要保持良好的沟通,建立相互信任的关系。在战略分析阶段需要了解相互的企业结构和文化,解决文化、社会和态度之间的障碍,并适当地改变企业的文化和结构,同时在企业之间建立统一一致的运作模式或体制,解决业务流程和结构上存在的障碍。而在合作伙伴评价和选择阶段,有关成本和利润的分配、财务稳定性、文化兼容性、管理的兼容性、合作伙伴的能力和位置(自然地理位置分布)等将影响合作关系的建立。必须增强与主要供应商和用户的联系,增进相互之间的了解(包括对产品、工艺、组织、企业文化等方面),相互之间保持较高的一致性。在建立供应链战略合作关系的实质阶段,需要进行期望和需求分析,供应链中的企业相互之间需要紧密合作,相互之间要加强信息共享和提供技术交流和设计支持。在实施阶段,相互之间的信任最为重要,良好愿望、柔性、业绩评估、解决矛盾冲突的技能、有效的技术方法和资源支持等都很重要。

供应链系统运行业绩的好坏主要取决于合作伙伴关系是否协调,只有和谐而稳定的关系才能发挥最佳效能。通过发挥主导企业的核心作用,在培育企业自身实力及核心竞争力的同时,不断缩小与合作企业之间的文化差异,加强信息交流与知识共享,建立相应的激励措施,树立供应链全局观念,最终实现供应链企业之间合作的双赢关系。

(一)信息交流与知识共享机制

信息交流和知识共享有助于减少投机行为,有助于促进重要生产信息的自由流动。

为加强供应链成员企业间的信息交流,可以从以下几个方面着手:一是在供应商与制造商之间经常进行有关成本、质量控制信息、作业计划的交流与沟通,保持信息的一致性和准确性。二是实施并行工程。制造商在产品设计阶段让供应商参与进来,这样供应商可以在原材料和零部件的性能和功能方面提供有关信息,为实施 QFD(质量功能配置)的产品开发方法创造条件,把客户的价值需求及时地转化为供应商的原材料和零部件的质量与功能要求。三是建立联合的任务小组解决共同关心的问题。在供应商与制造商之间应建立一种基于团队的工作小组,双方的有关人员共同解决供应过程以及制造过程中遇到的各种问题。四是应经常互访。供应链上下游企业应经常性地互访,及时发现和解决各自在合作过程中出现的问题和困难,建立良好的合作气氛。五是使用因特网技术进行快速的数据传输和电子数据交换(EDI)。

(二) 合作伙伴的激励机制

要保持长期的双赢关系,对合作伙伴的激励是非常重要的。在激励机制的设计上,要体现公平、一致的原则。比如给供应商价格折扣和柔性合同,以及赠送股权等,使供应商和制造商分享成功,同时也使供应商从合作中体会到双赢机制的好处。

(三) 合理的评价方法和手段

没有合理的评价方法,就不可能对合作伙伴的合作效果进行评价,这将大大打击合作伙伴的合作积极性和合作的稳定性。对合作伙伴的评价要抓住主要指标和问题进行比较,比如交货质量是否改善了,提前期是否缩短了,交货的准时率是否提高了等。通过评价,把结果反馈给供应链上的企业,和企业一起共同探讨问题的根源,并采取相应的措施予以改进。

二、供应链企业之间的合作模式的确定

供应链企业之间的合作模式可以根据其合作的时间长短和关系密切程度分为长期战略性合作、中期策略性合作、短期临时性合作。

(一) 长期战略性合作

在战略合作模式中,通过与合作伙伴的战略合作,使得双方都把各自的资源投入共同的任务(诸如共同的研究开发项目)中,这样不仅可以使企业分散开发新产品的风险,还可以使企业可以获得比单个企业更高的创造性和柔性。

通常形成战略合作关系的企业之间主要是为了实现在产品、研究开发市场、资本、销售等方面的优势互补。Altera 公司与竞争者 Intel 公司的合作就是一个最好的例证。Altera 公司是一个高密 CMOS 逻辑设备的领头企业,当时它有了一个新的产品设想,但是它没有硅片的生产能力,而作为其竞争者的 Intel 公司能生产,因此,他们达成一个协议:Intel 公司为 Altera 公司生产这种硅片,而 Altera 公司授权 Intel 公司生产和出售 Altera 的新产品。这样两家通过合作都获得了单独所不可能获得的竞争优势,Altera 获得了 Intel 的生产能力,而 Intel 获得了 Altera 的新产品的相关利益。

尤其是在高科技领域,企业要获得竞争优势,就必须尽可能地提高柔性,并尽可能地在合作过程中与其他企业采用长期的战略性合作模式。

（二）中期策略性合作

介于长期和短期两种模式之间的是一种中期策略性合作模式。合作的规模比长期战略性合作小，但是比短期临时性合作大，是基于一定项目的合作。合作中一般不考虑长期的战略性影响。在市场产生一定的市场需求时，需要企业之间形成一定的策略性合作，企业之间一般采用中期的策略性合作模式，以快速地应对急剧变化的市场机会，在市场需求消失后，这种合作即告结束。这种合作模式的主要特点是动态性。供应链企业会在不同市场需求环境下不断更换合作对象，这也是形成供应链动态性的原因之一。

（三）短期临时性合作

一些企业在完全控制他们的主导产品生产过程的同时，会外包一些诸如自助餐厅、门卫、邮件管理等辅助性、临时性的服务，从而在企业与外包服务企业之间形成一种临时性的合作模式。临时性合作模式的优势在企业需要有特殊技能的职工或需要短期的设备或资源而又不需永久拥有，或在企业有超额工作时尤为显著。这种模式可以让企业缩减过量的经常性开支，降低固定成本，同时提高生产率，提高劳动力的柔性。

供应链合作策略模式的选择对于企业的长期发展战略具有重要影响。据报道，肯德基推出的"墨西哥鸡肉卷"在中国近700家肯德基餐厅一上市，就大受欢迎。但是，令人遗憾的是，这个看似简单的肉卷除调料"莎莎酱"进口外，外面那层薄薄的面皮也要进口。实际上，肯德基一直致力于在中国国内寻找供应商，但在整个中国都找不到一家合格的面皮供应商。肯德基在中国国内找不到合适供应商的情况下，不得不从美国和澳大利亚进口面皮。中国国内面皮供应商与肯德基失之交臂。

三、供应链企业合作关系需要注意的问题

供应链的良好运作是以供应链成员企业相互间充分信任和相互合作为基础的。供应链上的企业甚至可以了解到另一个合作企业的生产作业计划，由此可见供应链中的企业相互间是相当信任和合作的。缺乏这种信任和强烈的合作愿望，供应链的有序运作是不可能实现的。但是，供应链合作伙伴之间不可能永远是一团和气。供应链中的企业都是独立的利益个体，虽然相互间存在战略伙伴关系，但也同时存在自身的利益，而这些企业加入供应链的最根本的出发点也正是为了获得更多的利益。由于存在利益的分配问题，不免存在异议、矛盾，甚至冲突。要保证供应链良好的信任和合作，就必须意识到这些问题的客观存在并找到相应的解决办法。

目前供应链中企业间的连接手段主要是合同，并由核心企业充当事实上的链管中心。这种运作方式虽然表现很好，但是在实际运作中仍然存在许多问题。首先，在法律上存在许多问题，使得供应链的信任和合作缺乏有力的保障；其次，由于对信任和合作没有良好的保障，不免降低了供应链的功效。具体地讲，供应链企业间合作关系中存在以下几个方面的问题。

（一）合同问题

供应链企业间的合同有两种：一种为长期合同，即原则性合同，确立两企业间的长期合作；另一种是短期合同，如订货合同，这种合同几乎每天都会发生。这两类合同从根本

上规范了供应链企业间的行为。但是,由于这两类合同仍然存在一些设计上的缺陷,所以有时会让合作双方都对对方不满,而同时双方又都感到自己做出了牺牲。这是需要进一步研究解决的问题。

(二) 知识产权问题

由于供应链和知识产权各自的特点,知识产权问题是供应链中所涉及的一个重要法律问题。供应链中的知识产权包括商标权的使用、专利权的使用、专属知识产权等。

在供应链上,当一项专利被分解成产品在几个企业之间生产时,如何保护专利所有人的利益?因为一个企业使用某专利的一部分进行生产的产品不仅仅只提供给一家企业,而是同时提供给许多家企业。这种利用某部分专利的专利使用者如何分担总的专利使用费?除了专利使用费问题外,一些企业也存在没有申报专利的核心技术(如可口可乐的配方至今没有申请专利)在供应链中使用的问题。在这种情况下,核心技术需要严格保密。在保护机密时,如何做到信息充分共享而不致损害合作关系,降低供应链的功效?

商标共用现象在供应链中普遍存在。产品到用户手中时只会有一个商标品牌。这个品牌在名义上属于一个特定的企业,但它需要所有参与生产该产品的企业共同去维护。这样谁去真正承担商标的保护,如何承担?当外侵出现时,对商标的保护比较容易一致对外;当出现内扰时如何控制?特别是在保护策略不同、商标具体属于某个企业时,如何去要求其他企业共同维护这一资源?

在如今的电子产品、软件产品中,企业往往拥有自己的专属知识产权。专属知识产权在这些企业中相当于核心能力。但是,由于要和其他企业实现信息共享,专属知识产权必须在供应链企业间公开,特别是电子产品、软件产品,在制造与开发中如何保护?如果企业间不了解信息、共享不充分将有损合作,降低供应链的功效。

(三) 利益协调问题

供应链上合作企业之间的产品传递时必须有一个合理的价格。目前商品定价有两条基本原则:一是成本价,即以成本为基础制定价格;二是市场价,即依市场竞争结果而形成价格。供应链从根本上说也是一个市场,供应链上产品传递价格理应以市场价为准。但供应链上产品成本构成清晰,交易双方相互间极为了解,隐藏成本价也常常被使用。然而,成本定价对一些优势企业是极为不利的,特别是掌握了某些稀缺资源(核心技术)的企业,想获得一些超额利润很可能不被供应链认可。

供应链定价反映共同利润在企业间的合理分配。在供应链环境下,各个企业在战略上是相互合作关系,但是各个企业的利益不能被忽视。供应链获得一个总的利润需要在供应链中各个企业间进行合理的分配,这种合理的分配主要体现在价格上。产品传递价格的高低实质反映企业分配利润的多少,这个原则是什么?

在供应链上,有时会出现以下两种情况:其一,为了积极配合,一个企业总是为另一个企业提供无偿服务,总是付出而得不到任何回报;其二,因供应链优化的需要使得某些企业承担额外支出,而另一些企业得到额外收益。例如,物流优化时将本应放在 B 仓库的产品放在 A 仓库,这种优化的结果使 B 仓库节省了库存费用而 A 仓库却增加了额外支出。如果实际情况只是如此简单的话,将 B 仓库节省的支出补给 A 仓库即可解决问题。事实上情况比这要复杂得多,首先一般涉及多个企业,其次支出与收益的对象、数量均不易辨别。这两种情况反映了供应链在运行过程中出现利益矛盾时需要进一步协调的问题。

在涉及相互间利益协调问题时,相互间利益如何划分?由谁或什么机构去划分?

(四) 供应链自身的法律定位问题

供应链在认识上是作为一种生产组织模式,或者是一种管理方式,但在运作时却表现出很多的如同一个企业的实体特性,比如作为一个整体与其他供应链竞争有统一的计划等。

关于企业的法律非常多,主要有国有企业法、公司法、集体企业法、独资企业法和合伙企业法等。同样,供应链也需要得到法律的承认,需要法律来规范,即供应链的法律定位问题。

在一个法制社会,任何活动没有法律的规范是不可想象的。但是到如今仍然没有关于供应链的法律。在解决供应链的问题时更多的是借用关于企业的法律,或是将企业法延伸至供应链层次。但是这种做法毕竟有许多局限性。因此,必须解决供应链的法律定位问题,并使供应链得到法律的认可。

(五) 供应链在不同国家法域的协调问题

供应链的全球化已经是客观事实了,供应链的运作涉及许多国家,跨越众多法域。国家不同,政策、法律就不同。每个国家都有自己的海关,都有自己的关税政策。供应链是众多企业一体化的产物,不能因为国界的阻隔和法域的障碍而固守自闭。供应链的正常运行必须面对这些现实问题。

前些年,一些国际集团利用某些发展中国家对保税区的特殊政策进行合法逃税。这些集团先在某国的保税区设立一个企业,然后以母公司无利润的极低价格将产品卖给这家企业进行交易,再以一个非常高的价格买回这些产品或加工后的产品,这样,母公司根本不盈利,只需缴纳非常少的税或者根本不缴纳任何税;而保税区的企业盈利极高,但由于保税区的免税政策而不用纳税,从而达到逃税的目的。

第四节 供应链合作伙伴关系管理实训

通过供应链合作伙伴关系的学习,我们了解到通过供应链纵向和横向的合作,能达到 $1+1>2$ 的效果。在市场需求变化不断加速,企业单打独斗难以满足如今产品需求个性化和多样化产品的末端市场的需求。供应链合作共赢的理念,无疑给企业带来胜利的曙光。理论上合作共赢是完全没有问题,但现实环境复杂多变,一旦出现合作框架设置不合理,合作对象选择不当,合作时机选择不当,合作利益分配机制选择不当抑或是合作过程当中外界环境突变等情况,都可能导致合作关系的破裂,导致供应链成员放弃合作共赢,放弃追求整体利益最大化反而转向个体利益最大化,放弃长期利益而追求短期利益。对此我们设计两个实训任务,让学生置身于供应链中感受合作伙伴关系的奥秘。

实训一　合作与背叛游戏

（一）游戏规则

游戏双方分别代表公司 A 和公司 B，两公司欲合作开发某一市场。双方约定均摊开发市场的投入成本，均摊收益。现假设收益情况分别为：

（1）A、B 均按约定投入，A、B 均得收入 3；

（2）A 按约定投入，B 违约，A 得收入 0，B 得收入 5；

（3）B 按约定投入，A 违约，A 得收入 5，B 得收入 0；

（4）A、B 均不按约定投入，均得收入 1。

每次对弈时间不超过 2 分钟。游戏共 11 轮，每轮结束，将策略及得分填入表格。每轮游戏前后可沟通，游戏进行中不得沟通。

（二）开展游戏

将班级人数分成偶数组（6~8 组为最佳），每组通过选举推选一名总经理，总经理对公司经营业绩负全部责任。少数服从多数，以投票数的多少来定方案，总经理有一票否决权。

游戏得分最高组本次活动成绩为 100 分，得分第二的小组本次活动成绩为 95 分，得分第三的小组活动成绩为 90 分，第四名得分 85 分，第五名为 80 分，第六名为 75 分。如果所有组的得分一样则各组得分均为 80 分。活动中"事不关己"类同学得分为 0 分。

（三）游戏汇报

游戏结束，每组派人汇报策略选择依据及活动心得，汇报最好的小组在原得分的基础上加 7 分，第二名的小组加 6 分，第三名的小组加 5 分，第四名的小组加 4 分。

（四）游戏总结

任何一个行动主体的收益不仅取决于本人的行为，而且取决于其他局中人的行为。而局中人的行为又与其偏好、个性、实力等有着密切联系。由此可见，选择合作伙伴成为一个非常重要的问题，且合作伙伴的选择宜以合适为好。

当背叛的收益大于合作收益时，背叛成为优选策略。因此，制定科学的风险分担、收益共享机制非常重要。

如果合作是短期的，合作要得以实现的难度非常大，除非短期合作收益大于背叛收益；如果合作是长期的，则长期合作所带来的期望收益增大了合作的可能性；类似的道理，临近结束，背叛的可能性将增大。由此可见，建立长期战略伙伴关系对增强供应链竞争力有着非常重要的意义。

为了防范合作伙伴的投机行为，不仅要让伙伴明白合作和背叛所对应的长、短期收益；而且要有可实施的针对伙伴背叛行为的惩罚措施，以增加其背叛成本，确保其合作收益大于背叛收益。由此可见，供应链制度、契约制定对维持健康的伙伴关系尤为关键。

思考：1. 合作中会遇到哪些问题？2. 如何有效开展合作？

实训二　加油站游戏

加油站游戏目的：通过让团队成员在经营过程中进行价格博弈，充分了解供应链博弈的特征,认识供应链合作的重要性,提高团队合作意识。

(一) 游戏规则

(1) 决策有效规则:一个团队中的成员可分别投票表决维持原价和提价两种策略,根据投票数量多少来确定是维持原价或提价,如果投票总数为偶数时,系统自动排除最后一个投票人的投票,保证决策的有效性,建议游戏分组时人员为奇数。

(2) 受益计算规则:如果双方维持原价,这一周期内双方的销售额都只有2 000元;若双方同时适当提价,则这一周期内双方的销售额都增至3 000元,即共同受益。问题难在仅一方提价,另一方维持原价时,顾客都涌到对面价低的一方去,使那边顾客盈门,门庭若市,销售额猛增至4 000元,而提价的一方顾客裹足,门可罗雀,销售额跌至只有1 000元了。规则表如表7-2所示。

表7-2 规则表

A组策略	A组收益	B组策略	B组收益
原价	2 000	原价	2 000
提价	3 000	提价	3 000
提价	1 000	原价	4 000
原价	4 000	提价	1 000

(3) 游戏组织规则:(此游戏共分两个阶段进行)

第一阶段竞争:此阶段的特点是两对手之间互不往来,彼此不通气,各自关门决策。这一阶段可包括若干调价周期(可多轮)。每一周期给各加油站3分钟时间讨论并做出定价决策。决策结果写在纸上呈交裁判(讲师),集中公布。待此阶段各轮竞赛结束,裁判总计销售额,裁定下列名次或优胜方:① 各对竞争者的优胜方;② 全班各竞争对(两加油站)合计销售额最高的一对;③ 全班按全阶段销售额分一、二、三名。

第二阶段竞争:方式与第一阶段一样,唯一不同的是在每一决策前,各站派出一名代表,与对手方的代表做短期私下接触沟通,谈判协调行动,达到定价默契的可能性。名次裁决同前。

(二) 开展游戏

教师在微信小程序——易木游戏中发布游戏,学生通过口令加入游戏,按规则操作游戏。

投票执行策略如下:

(1) 当游戏创建者启动游戏后,所有用户进入对应的加油站投票界面。

(2) 进行价格决策,每组所有成员均有决策资格,每人有一次投标票,投票后不能更改,因此需所有参与者谨慎选择投票。

(3) 每轮的投票思考时间有限,当蓝色计时条计时完成后则不允许再次投票。

(4) 投票计票规则。为本组所有投票数进行统计,哪种多就作为本组投票的最终决策,如果总投票人数为偶数,且平分到两种策略时,系统会自动将最后一个投票者的投票信息作废,以确定一个投票结果。

（三）游戏数据分析

游戏结束后，系统自动跳转到"全体数据统计"页面，该页面展示的内容为各加油站总收入：点击可查看每组的详细数据，每组两个加油站之间每轮价格策略以及每轮收益情况，可通过该数据体现出队员们的价格策略。如何更好地加强沟通，是有效实现收益的关键。

（四）实训总结思考

竞争结束后，各小组分别就下列问题总结讨论：
（1）第一和第二阶段竞争有何不同？
（2）在这两个阶段，各有何经验教训？
（3）最理想的竞争策略是什么？
（4）每组讨论后，推选1至2人发言，向全班同学报告讨论过程和结果，并进行互动，达成共识。注意：分享与交流过程由各讲师操控，游戏所传达的除参与者"亲验式体会"外，讲师的点拨起着点睛作用。
（5）撰写"加油站博弈游戏"的心得体会。

本章参考文献

[1] 刘助忠,李明.供应链管理[M].长沙:中南大学出版社,2021.

[2] 马士华,林勇.供应链管理[M].北京:高等教育出版社,2006.

[3] 施先亮,王耀球.供应链管理[M].北京:机械工业出版社,2013.

[4] 森尼尔·乔普瑞,彼得·梅因德尔.供应链管理：战略、规划与运营[M].李丽萍,等译.北京:社会科学文献出版社,2003.

[5] 邵晓峰.供应链管理：策略[M].北京:高等教育出版社,2013.

同步测试题

第八章 供应链协同管理

学习目标

通过本章的学习,应掌握以下知识目标与能力目标:① 掌握协同、供应链协同、协同管理、供应链协同管理等相关概念;② 理解供应链协同的动因和机制,并能采取措施推动供应链协同;③ 掌握牛鞭效应的内涵;④ 理解需求信息扭曲现象产生的原因;⑤ 能结合实际采取措施降低需求信息扭曲现象;⑥ 理解曲棒球棍现象、物料齐套比率差现象的内涵、原因,能采取措施防范物料齐套比率差问题;⑦ 理解双重边际效应的内涵,能采取措施降低双重边际效应的影响;⑧ 掌握 CPFR 的基本概念及特点;⑨ 理解 CPFR 的基本理论模型,掌握实施 CPFR 的步骤。

案例导入

华为从 1994 年开始使用 MRP 物料需求计划系统进行资源调配,2000 年着手建设集成化的供应链体系。内部运作协调是支撑华为公司高速发展的重要基石;在外部供应链协同管理方面,华为与供应商和承运商之间建立了良好的战略合作伙伴关系,对供应商实行分层分级的管理,并通过 SCC 供应链协作系统与供应商的供需状况做到实时交互,极大地保证了供应的稳定性和及时性。为了提高产供销协同的能力,华为先后引进 IPD、ISC、IPMS 等流程,通过 S&OP 流程把市场、研发和供应链像拧麻花一样拧在一起,使公司的效率越来越高,极大地提升了公司的竞争力。

自从华为实施供应链协同管理以来,其库存和订单的准确率从 96% 提高到了 99.5%。过去,华为使用的人工系统在信息流动上会出现滞后两天的问题;而现在,华为通过使用无线数据交互系统,只需 1 天即可完成。在供应链协同管理模式下,华为不仅实现了高效率、低成本的运营目标,同时还为世界各地通信运营商及专业的网络拥有者提供更加先进的软硬件设备、一流的服务和有效的解决方案,大幅提升了华为品牌的全球影响力。

资料来源:(1) 向华为学习集成供应链管理:让产供销协同起来的供应链计划管理. https://zhuanlan.zhihu.com/p/481761658;

(2) 通过华为来看上下游企业间供应链协同建设的必要性. http://www.pmczy.com/forum.php?mod=viewthread&tid=8523.

思考:1. 案例材料中,华为为实施协同供应链管理采取了哪些措施?

2. 对其他企业开展协同供应链管理有何借鉴意义?

第一节　供应链协同管理相关概念

一、协同

(一) 协同的汉语释义

协同不是新事物,它随人类社会的出现而出现,随人类社会的发展而发展。先了解"协"的含义,在东汉·许慎《说文》中:协,众之同和也;在《左传·僖公二十四年》中有"君臣不协"的词语,这里的"协"引申为共同、合作。至于"同",东汉·许慎《说文》中提到"同,合会也";《新华字典》中将"同"解释为:相同,一样;共同。对于"协同",《新华字典》解释为:动词,各方互相配合或甲方协助乙方做某事,如协同办理,协同作战。而百度百科对"协同"的解释为:协同是指协调两个或者两个以上不同资源或个体,协同一致地完成某一目标的过程或能力。协同除了可以是动词和名词,还可以是形容词,如协同计划、协同力等词语中,协同是形容词。

(二) 从协同论角度理解协同

有学者认为,协同一词来自古希腊语,或曰协和、同步、和谐、协调、协作、合作,是协同学(Synergetics,又称协同论)的基本范畴。德国科学家赫尔曼·哈肯(Hermann Haken)在1969年第一次提出"协同学",他指出协同学就是一门协作的科学。哈肯描述了动词属性的协同,指出协同是系统中诸多子系统的相互协调的、合作的或同步的联合作用、集体行为;对于名词属性的协同,哈肯认为协同是"系统的各部分之间相互协作,使整个系统形成微观个体层次所不存在的新的结构和特征"。哈肯认为:自然界和人类社会的各种事物普遍存在有序、无序的现象,一定的条件下,有序和无序之间会相互转化,无序就是混沌,有序就是协同,这是一个普遍规律。协同现象在宇宙间一切领域中都普遍存在,没有协同,人类就不能生存,生产就不能发展,社会就不能前进。在一个系统内,若各子系统(要素)不能很好地协同,甚至互相拆台,这样的系统必然呈现无序状态,发挥不了整体性功能而终至瓦解。相反,若系统中各子系统(要素)能很好配合、协同,多种力量就能集聚成一个总力量,形成大大超越原各自功能总和的新功能。

协同论认为,千差万别的系统,尽管其属性不同,但在整个环境中,各个系统间存在相互影响而又相互合作的关系。其中也包括通常的社会现象,如不同单位间的相互配合与协作,部门间关系的协调,企业间相互竞争的作用,以及系统中的相互干扰和制约等。协同是指元素对元素的相干能力,表现了元素在整体发展运行过程中协调与合作的性质。结构元素各自之间的协调、协作形成拉动效应,推动事物共同前进,对事物双方或多方而言,协同的结果使所有个体获益,整体加强,共同发展。导致事物间属性互相增强、向积极方向发展的相干性即为协同性。

(三) 从协同软件角度理解协同

随着技术的发展、人们协同合作程度加深,协同场景更加广泛,协同方式更加灵活多样,最为明显的是各种协同软件应运而生,同时也赋予"协同"更深的含义。随着协同软件的产生,协同不仅包括人与人之间的协作,也包括不同应用系统之间、不同数据资源之间、不同终端设备之间、不同应用情景之间、人与机器之间、科技与传统之间等全方位的协同。

(四)从协同战略角度理解协同

从协同战略角度看,协同是经营者有效利用资源的一种方式。企业可以是一个协同的系统,通过协同,企业获得的整体效益大于各组成部分效益的总和,常直观表述为"1＋1＞2"。IGOR ANSOFF(1965)认为,协同就是企业通过识别自身能力与机遇的匹配关系来成功拓展新的事业,企业通过协同战略把多元化的业务联结起来,即企业通过寻求合理的销售、运营、投资与管理战略安排,有效配置生产要素、业务单元与环境条件,实现一种类似报酬递增的协同效应,从而使公司得以更充分地利用现有优势,并开拓新的发展空间。安德鲁·坎贝尔等(2000)在《战略协同》中说:通俗地讲,协同就是"搭便车"。通过人力、设备、资金、知识、技能、关系、品牌等资源的共享来降低成本、分散市场风险以及实现规模效应。哈佛大学教授莫斯·坎特(R. Moss Kanter)认为:多元化公司存在的唯一理由就是获取协同效应。蒂姆·欣德尔(2004)指出,企业可以通过共享技能、共享有形资源、协调的战略、垂直整合、与供应商的谈判和联合力量等方式实现协同。

二、供应链协同

对供应链协同概念的理解,学者们从不同角度表达了自己的观点。SIMATUPANG和SRIDHARAN 从供应链协同的内容、手段、目的等角度提出,供应链协同(Supply Chain Collaboration,SCC)是指供应链成员企业联合规划、管理、运作,通过共享信息、合作决策、分享利润等方式运营的过程,以共同创造竞争优势,获得更大的收益。FOSTER和SANJAY 从"共享"以及"协同目的"角度将供应链协同总结为不同的经济实体通过信息与技术共享,共享运作流程和企业内部资源,使整条供应链的价值发挥最大效益。下面这个概念更全面地描述了供应链协同的内涵:供应链协同是指通过将供应链上分散在各地的、处于不同价值增值环节的、具有特定优势的企业联合起来,以协同机制为前提,以协同技术为支撑,以信息共享为基础,从系统的全局观出发,促进供应链企业内部和外部协调发展,在提高供应链整体竞争力的同时,实现供应链节点企业效益最大化的过程。供应链协同可以有效地消除产品价值链上重叠的功能、重复的作业和不确定性,实现各环节有机衔接,资源合理配置,从而降低成本,提高企业快速反应能力,创造整体竞争优势。

MBA智库百科对供应链协同的介绍中,提出供应链协同有三层含义:一是组织层面的协同,通过组织层面的协同将"合作—博弈"转变为"合作—整合";二是业务流程层面的协同,通过业务流程层面的协同,在供应链层次打破企业界限,围绕满足终端客户需求这一核心,进行流程的整合和重组;三是信息层面的协同,通过 INTERNET 技术实现供应链伙伴成员间信息系统的集成,实现运营数据、市场数据的实时共享和交流,从而实现伙伴间更快、更好地协同响应终端客户需求。通过这三个层面的协同,供应链才能够更快响应、更具有预见性、更好地抵御风险,以更低的成本为客户提供更优的产品和服务。

三、供应链协同管理

（一）协同管理

由于人们对协同内涵的界定不同，以及对协同与管理关系的理解不同，对协同管理的含义可以做不同的理解。例如，黄媛媛（2005）在《供应链协同管理的研究》中指出：协同是一种过程，如果在管理下实现这种过程就是协同管理；按类似思路，也可以理解为：协同是要达成的目标，为了实现这一目标而进行的管理是协同管理；此外，协同涉及的要素有协同对象、协同行为、协同机制、协同手段、协同目标等，协同管理也可以理解为对所有协同要素的管理。下面这个概念是基于协同学的基本思想对协同管理内涵的描述：协同管理是指根据复杂系统的结构和功能特点，运用协同学原理，按照可持续发展的预期目标，对系统进行有效的管理，以实现系统的协调，产生协同效应。本书认为：协同管理是为了打破人、财、物、信息、流程、组织等各种资源之间的壁垒和边界，使它们为了实现共同目标而协调有序运作的计划、组织、协调与控制过程。

（二）供应链协同管理

供应链协同管理是指为了同一目标，实现"共赢"的局面，供应链上分散在不同层次和价值增值环节，具有特定核心竞争优势的企业，通过公司协议或联合组织等方式结成一种集成化程度很高的联合体，在这个联合体中，以信息技术为基础，以文化价值观为纽带，通过一系列的协同机制，为实现供应链成员企业之间相互协调、相互支持、共同发展而进行的一系列管理活动。供应链协同管理是供应链中各节点企业为了提高供应链的整体竞争力而进行的彼此协调和相互努力。

通过前面对供应链协同管理相关概念的解剖，不难发现，从以下几个方面入手可以更好地理解供应链协同管理：一是供应链协同管理的目的是为了实现共同目标，减少供应链各节点企业的冲突和内耗，发挥供应链协同效应；二是供应链协同管理必须建立在"共赢"的基础上，所有成员企业都要为实现共同的目标而努力；三是必须建立公平公正的利益共享与风险分担的机制；四是必须在信任、承诺和弹性协议的基础上进行广泛深入的合作；五是必须搭建基于IT技术的信息与知识共享平台，实现及时沟通；六是必须进行面向客户和协同运作的业务流程再造。

第二节 供应链协同的动因与机制

一、供应链协同的动因

供应链协同的动因包括外部动因和内部动因。外部动因是驱使供应链成员企业协同有序地为了同一个目标行动的外部动力和原因。市场竞争加剧、顾客需求多样化、产品与技术更新换代速度加快、外部环境快速变化、政府进行管制与引导、供应链竞争取代企业竞争等都是驱使供应链成员企业"抱团"行动的动力和原因。驱使供应链成员企业为实现同一目标协同有序行动的内在动力和原因有很多,如为了在激烈的市场竞争中更好地生存和发展;为了获得比"单打独斗"更高的利润;为了减少浪费和内耗,降低运营成本;为了更好地利用供应链成员企业所拥有的稀缺资源;为了同步、有序地行动,以更快更好地响应顾客的需求……除了这些最大化自我利益类原因外,还有协同机制、协同环境类原因,也就是供应链内部或者是供应链所处环境中,建立了有效的协同机制,形成了良好的协同氛围,企业养成了协同的习惯等,都有可能是企业参与协同的原因。当企业通过参与协同或者是主导协同,满足了自己的需要,达成了自己的目标后,企业协同的动力将得到加强;反之,企业协同的动力将减弱。目前理论界和实践界普遍认可唐建生、程国平(2005)提出的"谋求中间组织效应、追求价值链优势和构造竞争优势群是供应链协同的内在动因"的观点。

(一)谋求中间组织效应

1. 中间组织

按照企业能力理论的观点,任何企业都不可能掌握企业所需的所有能力,企业的资源只能集中于某一核心领域。为了在动态的市场竞争中取胜,多个企业以各自核心能力为合作条件组建新的组织形态,这个组织形态就是中间组织。中间组织不是法律意义上的独立实体,而是由多个具有法律意义的经济实体组成。

按照博弈论的观点,两个或两个以上的企业在无限次重复博弈中,当各方具有完全的行为理性且具有完全信息时,博弈的结果是"合作"。供应链中的企业,通过长期的互利合作,实现了信息透明与相互信任,最后形成合争的组织形态——中间组织,即在合作中创造价值、在竞争中分配价值的组织。中间组织体现了博弈各方无限次博弈后合作的思想。

从企业之间关系的角度看,在市场经济条件下,企业之间的关系有:组织外的关系,即市场交易关系;组织内的关系,如总公司与子公司,企业集团内的成员公司之间的关系;还有一种是"中间组织"关系。在中间组织关系下,企业之间在技术、资本、人才、市场等方面开展合作,它们之间在形式上保留了市场交易关系,又融入了一些组织内部关系的特征。中间组织既具有内部一体化组织的一些控制和协同优势,又保持了市场的灵活性。

2. 中间组织效应

日渐激烈的全球化竞争和层出不穷的技术创新使公司很难完全依靠自己的力量来建立所有必要的能力,供应链协同可以帮助公司弥补自身资源或能力的不足并扩展已有技术。供应链企业协同的动因之一是为了谋求"中间组织效应",即为了稳固、强化企业之间的协同关系,发挥协同效应,避免企业组织规模扩大可能产生的负面问题。具体包括以下几点:

(1)发挥协同效应。协同效应(Synergy Effects),简单地说,就是"1+1>2"的效应。协同效应包括外部协同效应和内部协同效应。外部协同效应是指一个集群中的企业由于相互协作、共享业务行为和特定资源,而拥有的比单独运作更高的盈利能力;内部协同则指企业生产、营销、管理等不同环节、不同阶段、不同方面共同利用同一资源、为实现同一目标而有序行动所产生的整体效应。供应链协同创造的价值主要来源于以下几个方面:一是资源、业务行为的共享;二是市场营销、研究开发的扩散效益;三是采购、生产、运输等的规模效应；四是内耗和浪费的减少；五是更好、更快地满足顾客需要所增加的顾客价值；六是"抱团"竞争提高整体竞争能力和获利能力。

(2) 稳定供应链企业间的协同关系。激烈的市场竞争、外部环境以及消费者需求的快速变化使企业之间的协同变得越来越重要，但是利益冲突以及追求自我利益最大化往往会导致协同关系的破裂。为了稳固和强化彼此之间的协同关系，有必要通过公司协议或联合组织等方式结成战略协同组织。

(3) 避免企业组织规模扩大可能产生的问题。企业参与供应链协同，能保证成员企业的基本独立性，从而避免了组织规模扩大可能产生的弊端；同时又通过成员企业之间的协同合作获得协同效益。

(二) 追求价值链优势

当今时代，任何企业不可能也没有必要从事价值链上的所有活动。随着社会分工的不断深化，技术创新及其推广速度的加快，全球化竞争的加剧，价值链的分解与整合越来越频繁。价值链的分解与整合，为企业保持具有竞争优势的环节、分离或外包没有竞争优势的环节提供了良好的外部条件。一方面，在市场上寻找合作伙伴，结成协同关系，共同完成整个价值链上的所有活动，是所有企业降低风险、提高灵活性和适应性的必然选择；另一方面，价值链的分解与整合是企业生产与组织的创新，是企业获取外部优势资源、提高核心竞争力的法宝。此外，价值链的分解与整合，使得价值链的增值环节越来越多，结构越来越复杂，稳定难度也越来越大，供应链协同是稳定价值链，提高企业的增值能力和盈利能力的关键。追求价值链分解与整合所带来的优势，是驱动供应链企业协同的一个重要动因。

(三) 构建竞争优势群

所谓竞争优势群就是由不同诱因、可持续性和作用空间的竞争优势所构成的持续演进的竞争优势系统，其构成随着时间的推移不断发生变化，旧有的竞争优势逐渐丧失，新的竞争优势不断产生。典型的竞争优势群包括主导优势和支撑优势。竞争优势群的动态发展包括竞争优势的创造、维持、增强、权衡和创新诸环节。并不是每一个企业都有能力构造必要的竞争优势群系统，就算能自己构造也颇费时日，并有可能错失发展良机。供应链协同是一种较为便利和便宜的方式，可以使成员企业优势互补，形成共赢的局面。

企业在强化主导竞争优势的同时，要分析、辨明所需的支撑优势，并在市场上寻求具有这些优势的潜在伙伴，与之组成战略联盟，共同构筑竞争优势群。竞争优势群系统建立起来以后，有一个动态发展的过程，协同成员要相互督促伙伴维持、强化各方的竞争优势，同时还要共同创造新的竞争优势，必要时吸收具有新优势的新成员或者清除有碍竞争优势群保持的成员。

二、供应链协同机制

(一) 供应链协同机制的含义

"机制"一词最早源于希腊文，原指机器的构造和工作原理，后来被引申为有机体的构造、功能及其相互关系。在社会科学中，"机制"可以表述为"在正视事物各个部分存在的前提下，协调各部分之间的关系以更好地发挥作用的具体运行方式"。人们为了使社会系统内部的各组成要素按照特定的方式相互作用以实现特定的功能,会人为设定运行机制,如竞争机制、市场机制、激励机制和协同机制等。

通过对"机制"内涵的分析可知,协同机制是指系统内各要素为实现共同目标而协同有序行动的具体制度、手段和方式。例如,政府部门建设智慧政务协同办公系统,公众进入系统发起服务申请后,系统自动驱动多部门共同完成公众的服务申请,这里的协同办公系统就是一种协同机制。又如,为了尽快完成某一项复杂任务,任务负责人将任务分解并制定完成任务的具体规则,任务实施人按照规则分工,各实施人以分工合作的方式快速完成任务,任务负责人制定的规则就是一种协同机制。

供应链系统是由不同的具有独立法人地位的经济实体组成,为了实现共同的目标,需要设定相应的实现机制。例如,制造商与供应商协同研发,必须制定协同研发的相关制度及具体方式,这种制度及协同研发的具体方式就是一种协同研发机制;供应商、制造商、分销商通过信息系统开展协同计划、预测和补货,此时的信息系统也是一种协同机制。此外,根据协同的实现手段不同,也有不同的机制,如激励机制、契约机制等。总之,供应链协同机制是指供应链系统成员企业在协同有序地完成某一任务、实现某一目的过程中所采用的组织结构、功能模式和内部关系等。

(二)供应链协同机制的种类

因为机制的内涵很广,人们从不同角度或者是基于不同目的,提出不同的供应链协同机制概念。例如,从协同目的角度,有协同预测机制、协同计划机制、协同研发机制、协同采购机制、协同生产机制、协同运输机制、协同补货机制等;从协同的手段、方式角度,有信任机制、信息共享机制、技术机制、激励与约束机制、契约机制等。

1. 信任机制

供应链信任机制是指供应链系统中构成、影响供应链企业信任关系的各部分及其之间的关系管理机制。信任机制是供应链协同的前提和基础,缺乏信任机制,不仅会导致供应链上企业之间的协作障碍,而且会严重影响供应链的运作效率。供应链中的成员企业都是独立的经济实体,它们之间不存在天然的信任关系,彼此之间的利益冲突和信息不对称等很容易给好不容易建立的信任关系带来毁灭性影响。构成、影响供应链企业信任关系的因素有很多,如威慑型因素、能力型因素、长期契约型因素、协调沟通型因素等。威慑型因素使参与者由于害怕被惩罚,会按照各自的承诺去完成自己的任务。建立威慑型信任关系的前提是"失信成本高于失信收益";能力型因素是供应链企业的能力值得其他企业信赖,相信其能按要求完成任务,因而愿意信任并与之建立协同合作关系;长期契约型因素是供应链企业间签订了长期的合作契约,长期契约增大了企业的失信成本,从而有助于建立并维持供应链企业间的信任关系;协调沟通是建立信任关系的重要手段,通过协调沟通加深供应链企业之间的了解,使之认同信任关系的建立机制,树立信任关系的建立信心。

2. 信息共享机制

供应链各环节之间既分工又合作,既独立又融合,这种分工与合作、独立与融合建立在供应链各节点企业信息互动和共享的基础上。供应链上的各个节点企业只有实现了信息传递和共享,才能协同有序行动,否则就会处于无序状态。信息共享机制是打通供应链协同障碍,解决供应链协调运作中的需求信息扭曲问题和委托代理问题的关键。供应链协同的信息共享机制包括信息共享的实现机制和信息共享的作用机制。信息共享的实现机制是指信息的获取、处理、传递以及在成员企业之间共享的相关原理、技术、流程、规则等。信息共享的作用机制是指发挥信息共享在供应链协同中的作用的相关机制,如原理、规则、技术和运行方式等。

3. 技术机制

供应链协同是一个非常复杂的问题,涉及众多主体、众多环节、众多流程。供应链所服务的市场又充满各种不确定性,信息不对称、供需波动、生产及物流运输延迟等都会给成员之间的协作带来不利影响。不同主体在风险偏好、文化观念、利益目标等方面又会有所不同,这些不同也会使企业的决策和行为偏离协同目标,进而降低供应链的协同运作效率。通过各种协同技术的应用,一是帮助成员企业及时、主动做出反应;二是使成员明确行动的方向和目标;三是通过协同技术的辅助降低协同的难度。信息共享中用到的信息技术就是一种协同技术,与各种协同工作软件相关的技术也是一种协同技术。本章介绍的协同计划、预测与补货技术就是一种广泛应用的协同技术。

4. 激励与约束机制

供应链协同激励主体通过各种激励约束手段,去激发协同企业的协同动力,使之产生内在的协同动力和要求,迸发出协同的积极性、主动性甚至是创造性,同时规范协同企业的行为,使之朝着激励主体所期望的目标前进的过程就是供应链协同激励约束。协同激励约束机制是以协同目标和成员企业的协同作业责任制度为前提,以协同绩效考核制度为手段,以协同激励约束制度为核心的一整套激励约束的管理制度。激励约束包括五个基本要素,即激励约束主体、客体、方法、目标和环境条件,即"谁去""对谁""怎样做""向什么方向""在什么条件下进行激励约束"等问题。正确把握激励约束的五个要素,对建立有效的激励约束机制至关重要。

协同机制包括显性机制和隐性机制,合作契约中规定的关于利益分配、风险分担、违规惩罚、协同方式等规则都是显性机制,前三者属于显性的激励约束机制。由于制度、计划等可能失效,严密的委托代理合约和无休止的谈判无法完全解决代理人激励不足和委托人监督无效等问题,这时需要使用市场竞争机制来弥补协同制度的不足。通过市场竞争机制强化代理人内心的"名誉需求""未来收益预期"和"合约终止忧虑"等,还有供应链内部和外部环境中存在的协同文化,比如长期的协同合作中形成的"协同氛围"以及"协同习惯"等,都属于隐性的协同机制范畴。

拓展阅读

2001年4月16日,思科公司引以为豪的供应链发生了"大事故"——它发布警示性公告,称不久将报废价值25亿美元的过剩原材料。这个数字相当于思科当季销售额的一半,是美国商业史上金额最大的一次库存注销。错误的激励手段——奖励迅速交货的供应商。这使得供应商有极大的动机建立缓冲库存,而毫不考虑思科的真实需求。到了最后,思科已经无法迅速截断源源不断的原材料和半成品供应,只能采取"壮士断腕"的措施。激励手段不合理、不协调常常是导致库存过剩、缺货、预测错误、销售投入不够,甚至客户服务水平低劣的原因。

5. 契约机制

1985 年,PASTEMACK 首次提出了供应链契约协同的概念,指出供应链可以通过相互之间形成一定的契约文件来约束和激励成员行为,使之形成长期稳定的合作,从而让供应链整体效率实现 PARETO 最优。CACHON(2010)认为,如果在某契约机制约束下供应链的最优行为集是一个纳什均衡,那么就可以说该契约能够协同该供应链。契约机制是最常用也是最有效的实现供应链企业协同合作的机制之一。通过契约机制,确定供应链协同的目标、行为规则、利益分配与风险分担机制等以激发和规范企业的协同行为。常用的供应链协同契约包括收益共享契约、回购契约、数量弹性契约、销售折扣契约、数量折扣契约、期权契约等。

(三)供应链协同机制设计

1. 设计框架

机制设计理论由美国经济学家赫维茨(Leonid Hurwicz)、马斯金(Eric S. Maskin)和迈叶森(Rojer Myerson)创建,2007 年 10 月因此获得诺贝尔经济学奖。所谓机制设计,是指在不完全信息市场竞争条件下,设计一种局中人能够按照一定的规则和程序展开博弈、进行自由选择和实现激励相容的运行系统,以达到特定目标的一种制度安排。依据机制设计理论,供应链协同机制设计主要研究供应链协同的目标、规则、业务流程和组织等问题,以提高供应链协同水平和协同效应。

(1)供应链协同目标。

供应链协同目标是指供应链运作的目标体系,有供应链的总体目标,也有各项业务的子目标;有长期目标,也有短期目标。确立供应链协同目标,实际上是规定了供应链的发展方向、业务焦点和各节点企业的利益焦点。供应链协同目标,主要包括供应链业务协同的全球化、集成化、敏捷化、柔性化、网络化、知识化,供应链协同效应的最大化、成本最小化,以及各节点企业的可实现利润等。确立供应链协同目标,应建立目标的协商和选择机制,让供应链参与企业充分地显示自己的信息,表达自己的意见,做出自己的选择。同时还建立目标实施的监督和评价机制,确保供应链协同目标的实现。

(2)供应链协同规则。

供应链协同规则是指供应链协同运作的准则和规范或游戏规则,是供应链有效协同的保证。供应链协同规则除法律规范以外,主要包括确认和选择的价值准则、诚信规范、技术质量标准、办事原则和程序,以及利益和风险分配规则等。利润和风险分配规则决定供应链各企业能否协同,只有建立了合理的利润和风险分配机制,才能使得供应链各企业的协同状态长期保持下去。因此,供应链参与企业应建立供应链协同规则的制定、选择、执行和奖惩机制,确保规则的执行和落实。

(3) 供应链协同的业务流程。

供应链业务流程是从供应商到消费者的一系列供应链管理活动。由于技术、市场、人员、管理等因素的不断变化,供应链业务流程需要不断重组,因此,供应链协同管理显得更为重要。供应链业务流程重组是供应链价值增值焦点。供应链参与企业应利用信息网络技术对业务流程进行重组,在采购、物流、产品设计开发、生产、配送与销售以及信息化管理等方面建立先进的业务流程,提高供应链运作效率。

(4) 供应链协同组织。

供应链协同组织主要包括协同组织和组织行为。协同组织强调建立科学的供应链协同的组织结构,明确供应链协同活动主体的目标、责任、权力和利益。组织行为强调供应链协同活动主体的价值观、行为意向、激励和工作行为等。供应链协同活动主体的价值取向、素质和能力、责任履行和形象展示直接关系到供应链协同活动的效果。因此,在供应链协同活动中,应吸收供应链参与企业的优秀文化,凝聚供应链管理文化,并形成无形资产和竞争优势。

(5) 供应链协同平台。

随着供应链节点企业协同合作的不断深入,彼此之间的交流将会愈加频繁,流程相互渗透融合,大量的数据和信息都需要及时传播、交换共享,而供应链节点企业又是一个个相互独立的实体,空间上彼此分离,信息系统各自独立,这就需要企业利用先进的信息技术,开发出支持分布式协同运作的供应链集成化协同管理信息系统,搭建一个供应链协同管理平台,以实现供应链合作伙伴之间的数据和信息的及时交流与共享,从而增强企业与合作伙伴之间的信息系统的兼容性。

> **拓展阅读**
>
> 金蝶云供应商协同平台是企业与供应商之间进行业务协同的基础系统。企业可以在此平台上建立自身的供应链体系,实现供需双方的在线业务协同。平台的总体目标是充分整合供应链资源,帮助供需双方进行实时高效的业务协同。平台与金蝶云采用相同的数据中心,保障了企业数据与供应商数据的实时性和一致性,主要包括协同模块询报价协同、订单协同、交货协同、库存协同、信息协同等功能。

2. 设计策略

供应链管理富有挑战性的工作是选择最合适的协同机制。进行供应链协同机制设计,可选择以下几个方面的策略:

(1) 进行供应链博弈分析。

机制设计理论可以看作是博弈论和社会选择理论的综合运用,一方面要考虑信息效率问题,即所设计的机制是否只需较少的信息成本;另一方面要考虑激励相容问题,即所设计的机制是否实现每个参与者的目标,并与设计者所要实现的目标一致。通过博弈分析和参与者的对策,能够较好地进行信息显示和传递,也能够较好地实现激励相容。在博弈分析和对策过程中,信息空间的维数越来越小,激励相容越来越大,局中人做出选择越来越容易。博弈论在供应链协同竞争中的研究地位日益突出,通过对供应链上下游节点企业之间博弈行为的分析研究,在战略、战术、操作层面建立供应链各节点企业协同的博弈模型,为供应链各节点企业的协同决策提供支持。因此,在供应链参与者之间应建立信息沟通、协商谈判机制,让参与者进行有效对策。

(2) 建立供应链合作伙伴关系。

建立供应链合作伙伴关系是许多公司的重要策略,但是,在选择合作伙伴的标准、方式、程序、规模上,许多公司还没有很好解决。合作伙伴关系不是短期的交易关系,而是长期、稳定的合作关系,是一个命运共同体。因此,在选择合作伙伴的过程中,一定要建立选择与评价机制,将具有竞争优势的、信誉度高的企业选择进来,并通过签订协议,建立长期稳定的合作关系;要防止资质较低、缺乏诚信的企业进入,以避免损失。

(3) 完善供应链委托—代理关系。

在供应链合作伙伴之间,不是简单的交易关系,而是一种委托—代理关系。从供应商到消费者构成了一个委托—代理关系链,甚至是一个复杂的委托—代理关系网络。在这个链条或网络中,一个委托—代理关系环节出了问题,会影响到整个供应链体系,会发生"链式"反应或"网络式"反应。因此,在博弈分析和对策前提下,一定要按法律规范要求签订委托—代理关系合同,建立委托—代理关系。

(4) 应用信息网络技术。

现代信息网络技术为供应链各节点企业之间的信息沟通、业务协同提供先进的技术平台。企业内部通过信息处理实现各项业务之间的协同,企业之间通过电子商务实现供应链业务流程的协同。目前,协同商务已成为供应链运作的焦点。在供应链管理过程中,应通过电子商务将供应链的所有供应商、合作伙伴、客户、分销商联系在一起,并选择商务价值链上最佳合作伙伴,实现协同工作,获得协同效应;并通过电子商务集成整个供应链网络的信息和知识,实行供应链知识管理,使供应链各节点企业获取、创造、分享和使用知识,以创造更多的价值。

第三节 供应链运作不协调问题

由于供应链中存在"不同环节的目标相互冲突"或者"环节之间的信息传递发生延迟和扭曲"等现象,供应链在运作过程中会产生不协调现象。理论与实践界认为:供应链运作不协调的表现有很多,但需求变异放大现象、曲棍球棒现象、双重边际效应、物料齐套比率差的现象是普遍存在的供应链运作不协调问题。

一、需求变异放大现象

(一) 需求变异放大原理的基本思想

需求变异放大原理是美国著名的供应链管理专家 Hcntl L. Lee 教授对需求信息在供应链中传递时发生扭曲现象的一种描述,其基本思想是:当供应链的各节点企业根据其下游企业的订货信息进行采购、生产和供应决策时,会导致需求信息扭曲程度加大,即需求信息的不真实性会沿着供应链逆流而上逐级放大。如图8-1所示,由于需求变异放大现象在图形上很像一条甩起的牛鞭,因此被形象地称为牛鞭效应。"牛鞭效应"(Bullwhip Effect)是所有供应链中都普遍存在的现象。由于需求变异放大的影响,上游供应商往往维持比其下游需求更高的库存水平,以应付销售商订货的不确定性,从而使供应链企业在生产、供应、库存管理和市场营销等方面面临损失和风险,甚至是生产、供应、营销的混乱。

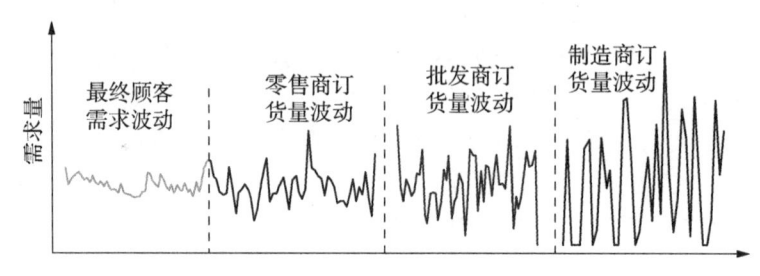

图8-1 供应链需求变异放大现象

拓展阅读

宝洁公司(P&G)在研究"尿不湿"的市场需求时发现,该产品的零售数量是相当稳定的,波动性并不大,但在考察分销中心的订货情况时,发现分销中心订货量的波动明显增大。当考察公司向其供应商(如3M公司)的订货情况时,宝洁公司惊奇地发现订货量的变化更大,而且越往供应链上游其订货偏差越大。经过进一步的研究发现,零售商往往根据对历史销量及现实销售情况的预测,确定一个较客观的订货量,但为了保证这个订货量及时可得且能适应顾客需求增量的变化,他们通常会将预测订货量放大后再向批发商订货,批发商出于同样的考虑,也会在汇总零售商订货量的基础上放大后向销售中心订货。这样,虽然顾客需求量并没有大的波动,但经过零售商和批发商的订货放大后,订货量就一级一级地放大了。

(二) 产生需求变异放大现象的原因

产生需求变异放大现象的原因有很多,需求预测修正、订货批量决策、价格波动、短缺博弈、库存责任失衡和应付环境中的不确定性是主要原因。

1. 需求预测修正

需求预测修正是指当供应链的成员企业采用其下游订货数据作为需求预测的依据,并在预测的结果上进行适当修正后,会导致需求放大。

2. 订货批量决策

订货批量决策是指供应链中的企业在考虑库存、运输费用、订货费用、缺货费用的基础上,确定一个经济订货批量。在订货批量决策模式下,很多因素会导致人为提高订货量,最终导致需求放大。

3. 价格波动

价格波动是指由于供应商的促销或者经济环境突变造成的价格折扣、数量折扣、赠票等因素都会使零售商预先采购的订货量大于实际的需求量。

4. 短缺博弈

短缺博弈是指当供不应求,且供应商按照客户的订货量分配现有供应量时,销售商为了获得更大份额的配给量,会故意加大其订货需求,这种短缺博弈会导致需求信息扭曲。

5. 库存责任失衡

库存责任失衡是指卖方市场下,下游企业要求上游供应商先铺货,与库存相关的责任和风险都由供应商承担,下游企业在收回资金后再与供应商结算货款。下游企业为了获得拥有商品的众多好处,会不顾真实需求而加大订货量。

6. 应对环境中的不确定性

当企业所处环境中存在很大的不确定性时,供应链企业会趋向于加大订货量,以应对不确定性环境所致的突然增加的需求。

(三)抑制或消除需求变异放大问题的措施

从供应链上游企业的角度看,需求变异放大现象是供应链上下游企业转嫁风险和进行投机的结果,它会导致供应链出现生产无序、管理混乱、库存增加、资源浪费、风险增大等一系列问题。通过以下措施,可以有效抑制或消除需求变异放大问题。

1. 对客户进行 ABC 分类管理

在将客户进行 ABC 分类的基础上,对其订货实行分级管理,通过管住关键客户和重要客户来减少需求变异的概率。当出现供应短缺时,可以优先确保关键客户的订货。供应商还可以在合适时机剔除不合格客户,维护销售的统一性和渠道管理的规范性。

2. 实现信息实时传递

销售时点信息共享,实现信息的实时传递,使上游企业获得下游企业的真实需求信息,并根据原始的需求信息制订科学的供需计划,是消除需求变异问题的关键。例如,IBM、惠普和苹果等公司在合作协议中都会明确要求分销商将零售商中央仓库里产品的出库情况及时反馈回去。

> **拓展阅读**
>
> DELL 通过 InternetIntranet、电话、传真等组成了一个高效信息网络,当订单产生时即可传至 DELL 信息中心,由信息中心将订单分解为子任务,并通过 Internet 和企业间信息网分派给各区域中心,各区域中心按 DELL 电子订单进行组装,并按时间表在约定的时间内准时供货(通常不超过 48 小时),从而使订货、制造、供应"一站式"完成,有效地防止了"牛鞭效应"的产生。

3. 合理分担库存责任

合理分担库存责任,以解决因库存责任失衡所致的需求变异放大问题。联合库存管理是上下游企业利益、责任平衡、风险分担的库存管理模式,它在上下游企业之间建立了合理的库存成本、运输成本与竞争性库存损失的分担机制,使双方成本和风险共担、利益共享,有效地抑制了因库存责任失衡和信息不对称所带来的需求变异放大现象。

4. 建立战略伙伴关系

建立供应链成员企业之间的战略伙伴关系,是公开业务数据、共享信息和业务集成和基础,也是开展小批量高频次配送和缩短订货提前期的关键。这样,一方面有助于供需双方都了解对方的情况和能力,避免短缺情况下的博弈行为;另一方面通过开展高频次配送,缩短订货间隔期和订货提前期,以提高预测准确度、减少单次订货批量,从而减少需求预测修正和批量订货决策所产生的需求变异放大问题。

拓展阅读

根据 Wal-Mart 的调查,如果提前 26 周进货,需求预测误差为 40%,如果提前 16 周进货,则需求预测的误差为 20%,如果在销售时节开始时进货,则需求预测的误差为 10%。应用现代信息系统可以及时获得销售时点的信息和货物流动真实情况,同时通过高频度、小批量的联合配送方式,实现实需型订货,从而使需求预测的误差进一步降低。

5. 规避短缺情况下的博弈行为

当面临供不应求时,供应商可以根据顾客历史订货数据或者是历史销售数据进行限额供应,而不是根据顾客的订购数量分配供应量,这样可以防止顾客为了获得更多的供应而夸大订购量。

6. 将供应与回款挂钩

对于不受季节影响,销售比较稳定的商品,将具体的供应与回款直接挂钩,根据回款快慢状况安排供货,是消除订货量虚高的有效方法。企业先确定回款期限,如一个月分为三个期间,回款期限为 10 天,即每 10 天应回款一次。对在回款期前积极支付货款的顾客给予价格折扣或者优先供应等方面的激励。

二、曲棍球棒现象

曲棍球棒现象(Hockey-Stick Effect)又称曲棍球杆现象,是指在某一固定的周期,前期销量很低,到期末销量会有一个突发性的增长,而且在连续的周期中,这种现象周而复始,因其需求曲线的形状类似于曲棍球棒而取名为曲棍球棒现象。这种需求周期性的波动现象大多是人为所致,并不是顾客真实需求的波动。曲棍球棒现象给供应链管理带来很多问题,如订单提前或者滞后问题。订单提前或者滞后不仅会影响供应链企业对需求信息的准确把握,影响供应链企业的计划、采购、生产以及库存决策,而且会导致供应链生产、物流资源的浪费,因为需求不平稳会伴随生产及物流资源的过剩或者不足问题。除了财务月末关账、公司月末去库存、销售员月底冲销量等众多原因导致销售量周期性波动外(见图8-2),以淘宝、京东为首的电子商务企业在每年"6·18""双十一""双十二"的集中促销也会带来销量的周期性剧增(见图8-3)。

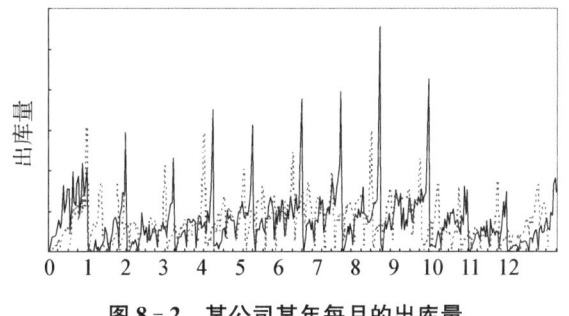

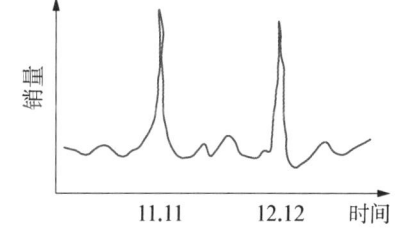

图8-2 某公司某年每月的出库量

图8-3 "双十一""双十二"促销导致销量波动

三、双重边际效应

双重边际效应(Double Marginalization)是指供应链上、下游企业为了谋求各自收益最大化,在独立决策的过程中确定的产品价格高于其边际成本的现象。由于供应链不同企业的目标可能存在冲突,供应链中的每个成员企业在决策时仅考虑各自的边际效益,而不考虑供应链其他成员的边际效益。只要供应链利益的分配对成员的决策影响到市场需求,进而导致所有成员获利减少,就可以称这种现象为"双重边际化",这是供应链成员不合作所带来的不利影响。下面以一个假设的事例来简单描述这种现象,假设在由一个制造商和一个零售商组成的供应链中,当市场价格为200元/件时,市场需求分布情况如表8-1所示。

表8-1 市场需求分布表

需求量/件	300	400	500	600	700	800	900	1 000	1 100	1 200	1 300
需求概率密度	0.00	0.01	0.04	0.10	0.20	0.25	0.22	0.12	0.05	0.01	0.00

假设制造商生产成本为50元/件,当制造商的出厂价为135元/件时,制造商每成功销售一件,可获利85元。假设制造商根据零售商的进货量决定生产量,当零售商的进货量越大时制造商所获得的期望利润就越大。制造商的期望利润线如图8-4中节点为矩形的直线。

再假设零售商向制造商直接采购,进货价为135元/件,销售价格为200元/件时,如未及时销售则产品残值为10元/件,在不考虑销售成本的情况下,零售商成功销售一件的利润为65元,未及时销售的损失为125元。结合市场需求分布情况,可计算零售商的期望利润。零售商的期望利润与进货量的关系如图8-4中节点为菱形的曲线。

而对于整个供应链而言,供应链成本为50元/件,按200元/件的零售价格,成功销售一件给供应链带来的利润为150元/件,如零售商进货后未及时销售给供应链带来的损失为40元(=50-10)。供应链的期望利润线如图8-4中节点为三角形的曲线。

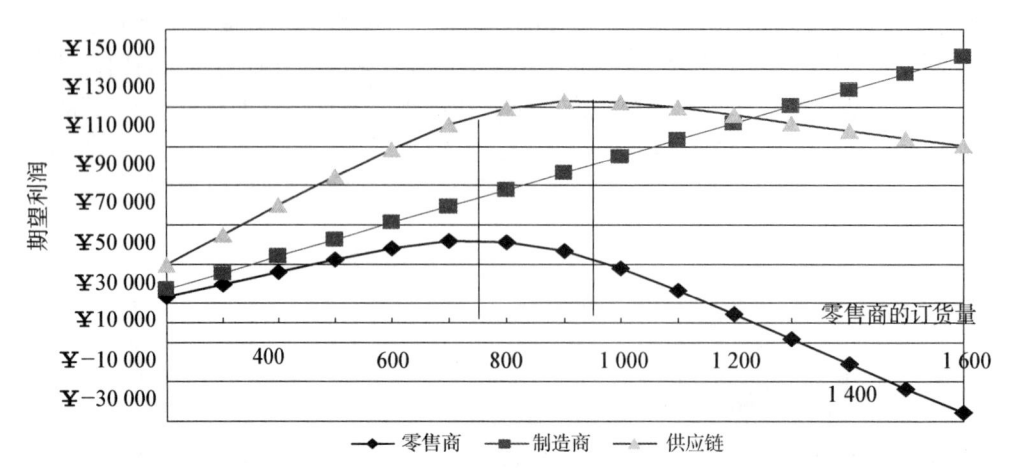

图 8-4 零售商、制造商与供应链的期望利润线

从图 8-4 可以清楚看出,零售商期望利润最大的订货量在 700~800,而供应链整体利润最大的零售商的订货量在 900~1 000。根据离散型随机需求问题最优订货量的计算方法可得如下计算结果:① 对于零售商而言,其最优服务水平为 0.34[=65/(65+125)],为获得最大利润,其最优订货量为 800;② 对于供应链整体而言,最优服务水平为 0.79[=150/(150+40)],为了实现供应链利润最大,零售商的进货量应为 1 000。显然,零售商利润最大与供应链整体利润最大的订货量是不一致的。只有当零售商的最优服务水平与供应链的最优服务水平相等时,零售商基于自我利益最大的决策才能使供应链的整体利益也达到最大。实现供应链利益最大的思路有两条:一是提高零售商的单位销售利润,即在销售价格不变时降低制造商的售价;二是降低零售商未成功销售产品的损失,即降低制造商的售价或者提高产品残值(制造商提高回购价格)。从以上分析可知,必须通过供应链协同,才能使零售商在实现自我利益最大的同时实现供应链利益的最大化,进而保障制造商获得更大的利益。

四、物料齐套比率差现象

物料齐套比率差现象是指在分布式的供应商供应模式下,供应商分别根据制造商的要求,各自将原材料和零部件送往制造商的生产线或装配线,由于供应商的地理位置不同、供应及配送能力不同、所处环境不同等,容易出现一个供应商的零件到达了制造商处,而另一个供应商的零件却由于某种原因延误了,导致制造商因物料齐套比率问题而不能正常生产,甚至延迟订单交付的现象。

出现物料齐套比率问题的原因有很多,除了分布式供应模式本身的缺陷、供应商方面的问题之外,也有制造企业内部协调方面的问题,比如采购部不清楚生产进度,搞不清哪个才是真正的紧急物料,不能根据生产计划和订单需求进行准时采购,导致"该来的不来,不该来的来了一堆",出现"仓库爆仓与物料短缺并存"问题。对于因分布式供应模式问题及供应商问题导致的物料齐套比率差问题,可以通过"供应商管理库存""联合库存管理""协同计划、预测与补货"以及加强与供应商的合作与协同等方式来解决;对于制造商内部供应链不协同引起的问题,可以通过应用 MRP、ERP 等协同管理系统,加强内部的协调与沟通来解决。

> **拓展阅读**
>
> 在早期,华为公司因为内部各部门的"各自为政"出现一系列问题,如研发部门因为没有采用并行设计的思想(DFX),即在产品概念设计和详细设计阶段没有充分考虑产品生命周期中各个环节的要求,使得产品设计与其他要求之间发生矛盾,或者说没有将其他要求反映到产品设计中,导致产品开发成本、产品质量以及产品开发周期出现问题;供应链给销售挖坑,如交期总是不准,让销售一再失信于客户;而销售部门又给研发、供应链出难题,如销售人员随意拍胸脯:"我们什么都能做",销售人员为了订单随便给客户承诺交货期,以客户的名义要求"插单""紧急生产",生产完了却发现客户的基础建设没做好。内部各部门的协调性差导致公司浪费严重,客户满意度低。这些"悲剧"在目前的许多行业、许多公司仍然在上演。

第四节 协同计划、预测和补货

一、CPFR 的提出与发展

协同规划、预测与补货(Collaborative Planning Forecasting and Replenishment, CPFR),是一种协同式的供应链库存管理技术,它既是一种管理理念,又是一系列活动和流程。它从提出到发展经历了一个不断变革的过程。

20世纪90年代,北美跨产业商务标准自发联合会(下文以其缩写 VICS 代替)和沃尔玛等商业巨头先后提出并开展了"连续补货计划"(Continuous Replenishment Program, CRP)、合计预测与补给(Aggregate Forecasting and Replenishment, AFR)、联合预测补货系统(Collaborative Forecast And Replenishment, CFAR)等库存管理系统的应用实践。这些系统的开发与应用,预示着企业将经营视角逐步转向供应链企业的同步经营。1997年,在 VICS 及沃尔玛等商业巨头的推动下,基于信息共享的 CFAR 系统发展为 CPFR 系统。1998年,在 VICS 下组建了 CPFR 委员会,并颁布了 CPFR 指导方针。1999年,开发了支持 CPFR 的应用软件。2002年6月,公布了 CPFR 模型。2004年,VICS 的 CPFR 委员会在改进原模型缺点的基础上提出了 CPFRV 2.0 模型。

二、CPFR 的概念与特点

(一) CPFR 的概念

VICS 将 CPFR 界定为:CPFR 提供了一整套工作流程,该流程以提高消费者价值为共同目标,通过供应链上企业的相互协作、共享标准化的信息、制订有的放矢的计划、开展精确的市场预测、有效的库存管理并根据需求动态及时补货,以提高整个供应链的业绩和效率。

VICS通过整合供应链上的供求信息和信息共享,为供应链企业降低库存成本、减少运营费用、创造更多的业务机会、提高销售额、提升满足消费者需求的能力等提供工作指南。

MBA智库·百科中将CPFR定义为:CPFR是一种哲理,它应用一系列的处理和技术模型,提供覆盖整个供应链的合作过程,通过共同管理业务过程和共用信息来改善零售商和供应商的伙伴关系,提高预测的准确度,最终达到提高供应链效率、减少库存和提高消费者满意程度的目的。

CPFR通过共享促销信息、产品数据和订单信息以提高预测的精确性,通过对合作伙伴之间为确定及实现需求所进行的一系列活动的共同计划与协同,将正确的商品在正确时间送达到正确的地点,从而达到减少库存、避免缺货、提高顾客服务水平以及实现供应链整体优化的目的。

(二) CPFR的主要特点

1. 协同

CPFR是一种协同式的供应链库存管理技术,它在协同预测和补货(CFAR)的基础上,增加了协同计划,即将各企业的计划工作(如生产计划、库存计划、配送计划、销售规划等)也由供应链各企业来共同参与。协同是CPFR的最为显著的特点。在供应链上下游企业之间实行计划、预测和补货作业的协同,要求确立共同的目标,长期承诺公开沟通、信息共享。供应链成员企业之间的信任、承诺、保密协议的签署、纠纷机制的建立、供应链计分卡的确立以及共同激励目标的形成等都是实现协同的保障。在确立协同性目标时,不仅要建立起双方的效益目标,更要确立协同的盈利驱动性目标,只有这样,才能使协同性能体现在流程控制和价值创造的基础之上。

2. 规划

1995年,沃尔玛与Warner-Lambert的CFAR为CPFR的提出奠定了基础。VICS在定义公共标准时,认为需要在已有的结构上增加"P",即增加品类、品牌、分类、关键品种等的合作规划以及在销量、订单满足率、定价、库存、安全库存、毛利等方面开展财务合作。此外,为了实现共同的目标,还需要双方协同制订促销计划、库存政策变化计划、产品导入和中止计划以及仓储分类计划等。

3. 预测

任何一个企业或双方都能做出预测,但是CPFR强调买卖双方必须做出最终的协同预测,像季节因素和趋势管理信息等无论是对服装或相关品类的供应方还是销售方都是十分重要的,基于这类信息的共同预测能大大减少整个价值链体系的低效率、死库存,促进更好的产品销售,节约使用整个供应链的资源。与此同时,最终实现协同促销计划是实现预测精度提高的关键。CPFR所推动的协同预测还有一个特点是它不仅关注供应链双方共同做出最终预测,同时也强调双方都应参与预测反馈信息的处理和预测模型的制定和修正,特别是如何处理预测数据的波动等问题,只有把数据集成、预测和处理的所有方面都考虑清楚,才有可能真正实现共同的目标,使协同预测落在实处。

4. 补货

销售预测必须利用时间序列预测和需求规划系统转化为订单预测,并且供应方约束条件,如订单处理周期、前置时间、订单最小量、商品单元以及零售方长期形成的购买习惯等都需要供应链双方加以协商解决。根据 VICS 的 CPFR 指导原则,协同运输计划也被认为是补货的主要因素。此外,例外状况的出现也需要转化为存货的百分比、预测精度、安全库存水准、订单实现的比例、前置时间以及订单批准的比例,所有这些都需要在双方公认的计分卡基础上定期协同审核。潜在的分歧,如基本供应量、过度承诺等,双方事先应及时加以解决。

三、CPFR 运作的理论模型

CPFR 理论模型定义了供应链的框架结构,划分为协同规划、协同预测、协同补货三个阶段,共包括签署合作协议、联合商业计划、联合销售预测、识别预测异常、协商解决预测异常、创建订单预测、识别订单预测异常、协商解决订单异常和生成订单等九个业务流程,如图 8-5、表 8-2 所示。

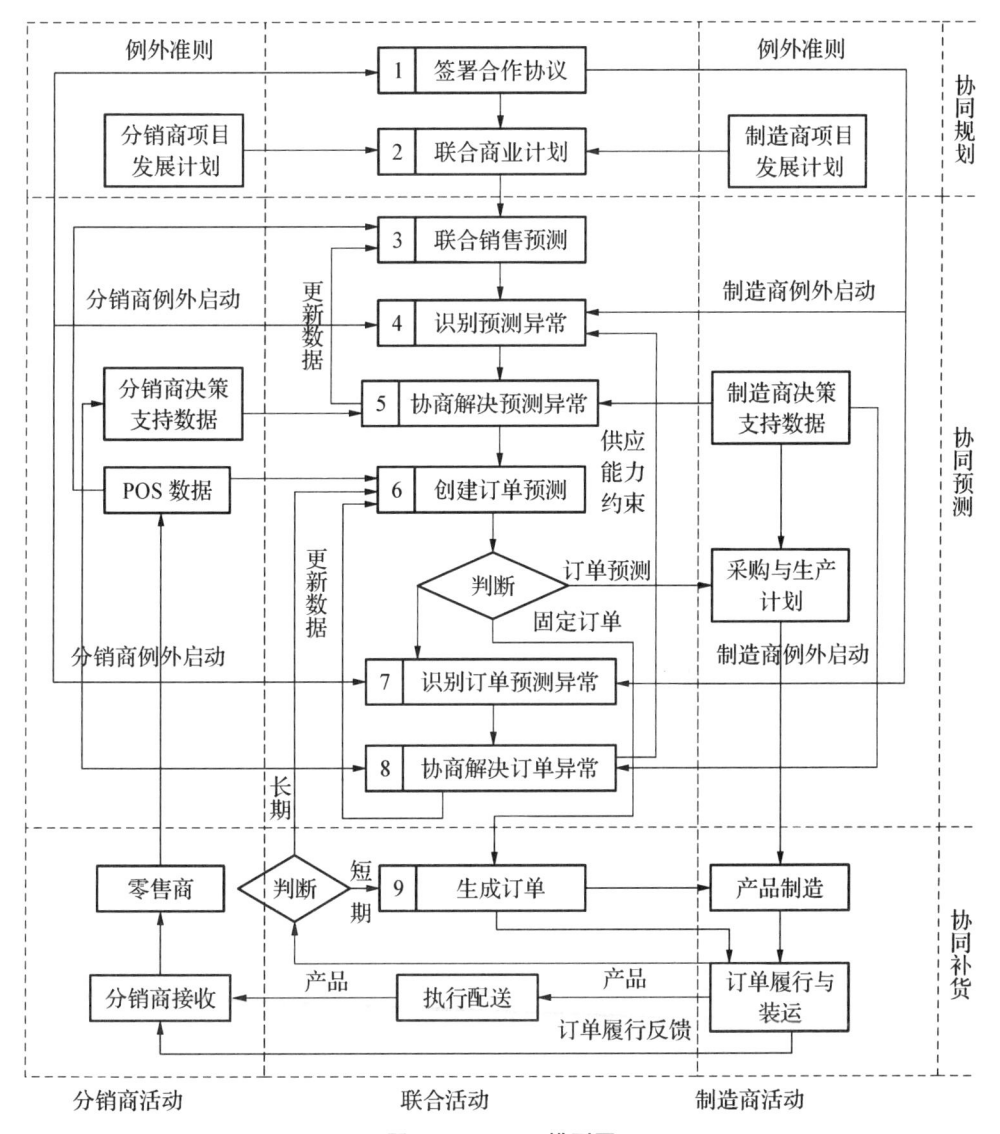

图 8-5 CPFR 模型图

(1) 达成合作协议。该流程主要是指供应商和制造商之间形成合作关系,共同达成一个协议,包括合作认识、合作目标、机密协议、资源授权、合作伙伴的职责和任务、应担风险、绩效的考核、利益分配、关系的确立和接触以及更深层次合作意向等。

(2) 建立合作业务计划。合作伙伴之间相互交换战略计划信息、业务计划信息、相关业务数据等,最终形成联合业务计划。合作双方要首先建立合作伙伴关系战略,形成合作目标,然后定义分类任务、目标和策略,并建立合作项目的管理简况,如订单最小批量、交货期、订单间隔等。

(3) 协同进行销售预测。利用零售商的 POS 数据、因果关系信息、已计划事件信息创建一个销售预测。

(4) 共同识别销售预测例外情况。识别分布在销售预测约束之外的项目,每个项目的例外准则需在第 1 步中得到认同。

(5) 合作解决销售预测例外情况。通过查询共享数据、E-mail、电话、交谈、会议等解决销售预测例外情况,并将产生的变化提交给销售预测(第 3 步)。

(6) 协同进行订单预测。合并 POS 数据、因果关系信息和库存策略,产生一个支持共享销售预测和共同业务计划的订单预测,提出分时间段的实际需求数量,并通过产品及接收地点反映库存目标。订单预测周期内的短期部分用于产生订单,在冻结预测周期外的长期部分用于计划。

(7) 共同识别订单预测例外情况。识别分布在订单预测约束之外的项目,例外准则在第 1 步已建立。

(8) 合作解决订单预测例外情况。通过查询共享数据、E-mail、电话、交谈、会议等,调查研究订单预测例外情况,并将产生的变化提交给订单预测(第 6 步)。

(9) 生产订单交货执行。将订单预测转换为已承诺的订单,完成因为生产订单而产生的相关运输配送的物流活动。订单产生可由制造厂或分销商根据能力、系统和资源来完成,而相关物流活动可以交给第三方物流单位或者根据协议交由制造商或者零售商来完成。

表 8-2　CPFR 的步骤、目的和输出结果

序号	步骤	目的	输出结果
1	签署合作协议	签署制造商与分销商合作文件,明确合作目标与关键绩效指标	例外情况判断规则,规定合作方交换信息和分担风险,CPFR 行动路线图
2	联合商业计划	合作双方交流运营计划,依据合作项目制定合作策略	合作项目的运营计划,合作项目的销售目标,达成目标的策略和措施
3	联合销售预测	利用 POS 数据、临时信息和计划事件信息建立销售预测	预测结果为基本需求与促销需求
4	识别预测异常	由制造商和分销商共同制定销售计划约束的例外情况	例外项目表
5	协商解决预测异常	通过共享的数据、会议等方式共同解决例外项目	修改过的销售预测

续 表

序号	步 骤	目 的	输出结果
6	创建订单预测	基于销售预测或POS数据,考虑生产、库存和运输预测订单	基于时间的精确订单预测和安全库存
7	识别订单预测异常	由制造商和分销商共同确定订单预测约束的例外情况	例外项目表
8	协商解决订单异常	通过共享的数据、电话交谈、会议等方式共同解决例外项目	修改过的订单预测
9	生成订单	将预测周期内的订单预测转化为确定订单	订单及订单确认回执

由此可见,CPFR运行过程的核心就是合作双方在共享POS数据、促销活动等信息的基础上通过联合计划来管理每天的制造、交付和销售等活动。

四、CPFR的实施

CPFR的顺利实施要求在一对多或多对多的合作伙伴关系中实施完全公开的、卖方中立的产品预测或促销等信息的沟通机制。因此,企业之间没有形成合作意识就不可能真正实施CPFR,所以,合作意识的形成与计划是推动CPFR实施的基础。同时,CPFR能否成功运作还取决于以顾客为中心的企业之间全面合作流程的建立,不仅如此,实施CPFR不是挖掘单一企业的相关数据,而是从多个企业中发现可比较的数据,进而对这些数据进行整合、组织,并以此确立企业间的商业规则。因此,CPFR实施过程需要经历识别可比较的机遇、数据资源整合、组织结构评判以及商业规则界定。四个步骤如图8-6所示。

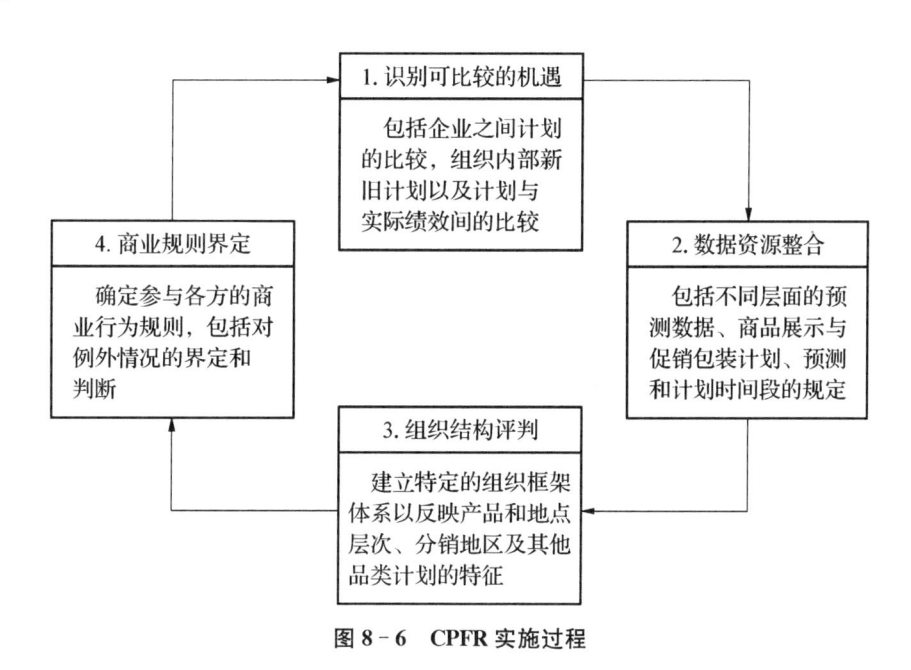

图 8-6 CPFR实施过程

本章参考文献

[1] 李志君. 供应链管理实务[M]. 北京：人民邮电出版社，2011.

[2] 陈国华，刘学林，贾利梅. 供应链协同动因研究[J]. 机械管理开发，2010，25(2).

[3] 唐建生，程国平. 供应链协同的内在动因和规模分析[J]. 西北农林科技大学学报（社会科学版），2005(10)：25.

[4] Pasternack B A. Optimal pricing and return policies forperishable commodities[J]. Marketing science，1985.

[5] Cachon G P. Supply Chain Coordination with Contracts[J]. HANDBOOKS IN OPERATIONS RESEARCH AND MANAGEMENT SCIENCE，2003，11.

[6] 孙华，胡金焱. 风险偏好下的供应链协同契约机制研究[J]. 云南大学学报（社会科学版），2011，10(3).

同步测试题

第九章 供应链风险管理

学习目标

通过本章的学习,应掌握以下知识目标与能力目标:① 掌握风险、供应链风险及风险管理的含义;② 了解风险管理过程;③ 理解风险识别、风险分析、风险评价等方面的基础理论和方法;④ 理解风险防范及风险应对的相关理论,并能应用于分析与解决实践中的风险问题。

案例导入

在全球产业链、供应链深度交叉融合的背景下,国际金融危机、自然灾害、政治风波、贸易摩擦、科技战争、劳资冲突等对全球物资、人员和资本等的流动造成不利影响,导致全球供应链受阻。芯片短缺、能源供应不足、航运不畅、运费暴涨、食材中断、劳动力短缺等供应链危机事件不断。有分析人士认为,供应链问题存在进一步恶化风险。

截至2022年2月9日,美国港口拥堵问题仍然未解,美国南加州海运交易所2月9日数据显示,停泊在洛杉矶港和长滩港外的集装箱船为85艘,相较于1月6日的105艘仅减少了20艘。因疫情防控失败、劳动力短缺、通胀高企,国际金融协会警告称,美国供应链中断的可能性将继续上升,目前制造业交货期延迟情况与2011年福岛核事故后的日本一样严重。美国生产链危机迫使企业押注效率低但抵抗力强的供应链,如采用集装箱运输,但2021年9月的集装箱费比一年前上涨291%,生产成本飙涨引发通胀风险。供应链危机外溢影响全球,引发系列连锁反应。

自2008年国际金融危机爆发后,全球经济并未实现理想复苏,反而陷入持续低迷状态,在贸易保护主义的加码下,"逆全球化"思潮涌动。2021年2月24日,美国总统拜登签署了"美国供应链"第14017号行政令,旨在摆脱对中国供应的依赖,加强该国供应链的弹性、多样性和安全性等。这些"逆全球化"思维下的"脱钩"计划,对当前紊乱的供应链起到推波助澜的作用。

资料来源:根据"全球供应链危机未解"改编,人民网官方账号,2022-02-17. https://baijiahao.baidu.com/s?id=1724960790292933673&wfr=spider&for=pc.

思考: 1. 全球竞争的大背景下,供应链面临哪些风险?

2. 全球化是否会加剧供应链风险?

3. 供应链风险对企业、国家乃至社会有何影响?

4. 中国产业链供应链如何应对其他国家提出的"去中国化"风险。

第一节　供应链风险概述

一、风险与供应链风险的定义

（一）风险的定义

风险(Risk)一词是舶来品,从词源学上讲,其来源充满争议。比较权威的说法是,这个词最初来自意大利语的 Risco,是在早期的航海贸易和保险业中出现的,常被理解为客观的危险,如自然现象或者航海遇到礁石、风暴等事件。"风险"一词的内涵已经随着人类活动的复杂性和深刻性而逐步深化,被人们赋予了更广泛、更深层次的含义。由于对风险的理解和认识程度不一,或对风险的研究角度不同,不同的学者对风险的界定有所不同。

美国学者 Haynes(1895)最早提出风险的概念,他将风险定义为损失发生的可能性;A. H. Mowbray 等(1955)提出风险是不确定性的客观体现;J S. Rosenbloom(1972)和F. G. Crane(1984)将风险定义为(未来)损失的不确定性。日本学者武井勋(1983)在其著作《风险理论》中总结了诸多专家学者的观点,归纳了风险定义本身应具有三个基本因素:① 风险与不确定性有差异;② 风险是客观存在的;③ 风险可以被测算。在此基础上,他提出"风险是在特定环境和特定时期内自然存在的导致经济损失的变化"。国际内部审计师协会(Instite of Intermal Audior, IIA)2001 年修订的《内部审计实务标准》指出:"风险是指可能对目标的实现产生影响的事情发生的不确定性。风险的衡量标准是后果与可能性。"

中华人民共和国国家标准《供应链风险管理指南》(GB/T 24420 200)中,风险表达的是一个抽象而且笼统的概念,风险的特性是强调在未来的可能性,以及未发生事件的不确定性;如果一个事件或活动没有不确定性,即没有风险的存在。《韦氏英文字典》对风险解释为"损失的可能性或危害的结果",认为风险有两层含义:一是易变化的特性和状态,缺乏肯定性,也就是不确定性;二是具有无常的、含糊的或未知性质的事物。

许多学者都尝试着去定义风险,目前较公认的对风险的定义是 Mitchell(1995)提出的,他认为风险是组织或个人发生损失的概率以及损失严重性二者的组合,任一事件的风险为事件的可能发生概率以及事件发生的后果之组合乘积。由此可知,风险包含两项基本组成元素:一个为损失,一个为不确定性。

（二）供应链风险的定义

Deloitte 咨询公司在 2004 年发布的一项供应链研究报告中指出:供应链风险是指对一个或多个供应链成员产生不利影响或破坏供应链运行环境,而使得供应链管理达不到预期目标甚至导致供应链失败的不确定性因素或意外事件。而英国 Cranfield 大学管理学院(2002)把供应链风险定义为供应链的脆弱性;丁伟东等(2003)认为,供应链风险是一种导致供应链系统脆弱性的潜在威胁,将给上下游企业以及整个供应链带来损害;张存禄等(2004)认为,供应链脆弱性主要表现为多参与主体、跨地域、多环节的特征,使得供应链容易受到来自外部环境和链上各实体内部不利因素的影响。马丁·克里斯托弗(2006)在总结他人观点后用一个更直观的公式来描述供应链风险：供应链风险＝中断的可能性×造成的影响。这里的影响主要是指负的、不利的或消极的影响。

供应链风险的基本含义包括两个方面：第一，供应链风险的来源是各种不确定性因素的存在；第二，由于供应链系统中的节点企业之间是相互依赖的，任何一个企业出现问题都有可能波及和影响其他企业，影响整个供应链的正常运作，甚至导致供应链系统的破裂和失败。

综上所述，供应链风险是指所有影响和破坏供应链安全运行，使之达不到供应链管理预期目标，造成供应链效率下降、成本增加、供应链网络解体的各种不确定因素和意外事件。

二、供应链风险的特征

供应链是一个复杂而动态的虚拟网络组织。供应链风险除了具有一般企业风险的客观性、普遍性、不确定性、可测性等基本特征外，还具有与多参与主体、跨地域、多环节和动态联盟等相适应的特征。

(一) 动态性

供应链是一个不断调整适应的动态组织，因外部客观环境或内部结构的不确定性而产生风险，这些风险绝不会客观静止、无生命地僵化在原地，而会随着风险因素以及风险管理的变化而变化。正因为供应链风险的动态性，"星星之火，可以燎原"，完全可以用来表示小型风险如果处理不当，可能演变成毁灭整个供应链的大型风险；反过来，如果处理得当，也可以消除风险。供应链风险变化的每一阶段，几乎都具有因果连锁关系，对供应链风险动态变化规律的认识有助于更好地规避、减缓和防范风险。

(二) 复杂性与层次性

供应链网络的复杂性导致供应链风险呈现复杂性的特征。一方面，供应链从构建开始就要面临许多风险，它不仅要面对单个成员企业所要面对的系统风险与非系统风险，还要面对由于供应链的特有组织结构而决定的企业之间的合作风险、技术与信息资源传递风险、文化冲突风险及利润分配风险等。因此，供应链风险相比企业风险，类型更多、范围更广，也更为复杂。另一方面，供应链的结构呈现层次化及网络化的特征，供应链不同层级的成员对供应链运作的影响程度不同，风险事件对供应链不同层级成员的影响程度也不同。

(三) 传递性

传递性是供应链风险最显著的由供应链自身组织结构所决定的特征。供应链从产品开发、原材料采购、生产加工到仓储配送的整个过程，是由多个节点企业共同参与完成的。各节点环环相扣，彼此依赖和相互影响，任何一个节点出现问题，都有可能波及其他节点，进而影响整个供应链。供应链是链式结构，源头的企业可以通过产品流、信息流等途径把一定风险传递到下游企业，下游企业也可能通过信息流、资金流等途径把风险传递给上游企业。一个企业的采购供应环节发生风险，造成生产、销售等部门的困难，进而导致整条供应链甚至整个产业链都要受到牵连，这种由点到线继而扩展到面的风险传递现象比比皆是。供应链效率、成本、产品质量等指标由各节点企业共同决定,一旦各节点或者各节点的关联活动中出现影响这些指标的风险因素,则供应链最终的效率、成本、质量等指标就会出现问题。传递性会利用供应链系统的联动性,使各节点的风险对供应链系统造成破坏,给上下游企业乃至整个供应链造成损害和损失。图9-1以英国口蹄疫为例演示了供应链风险的传递性。

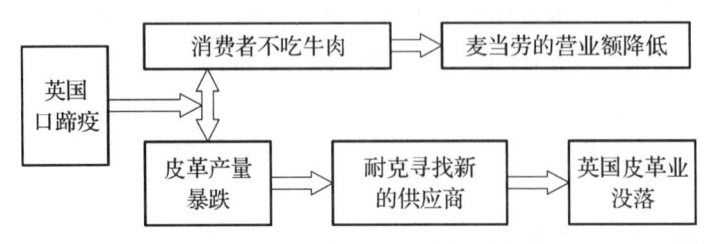

图 9-1 供应链风险的传递性示例

拓展阅读

2018年5月2日,为福特提供镁产品的关键零部件供应商Meridian在密歇根州的工厂发生火灾,直接导致福特三家工厂停产。福特公司发言人凯利·费尔克(Kelli Felker)表示:从5月7日开始,福特密苏里州堪萨斯城的卡车装配厂关闭,约有3 400名工人暂时停工;在5月9日,福特在迪尔伯恩的卡车工厂也被迫关闭,影响了大约4 000名工人。

(资料来源:卓弘毅.供应链风险管理史诗级案例——拯救福特汽车.)

(四)此消彼长性

供应链风险之间往往是互相联系的,采取措施消除一种风险可能会导致另一种风险加剧,一方面,企业内部一种风险的减少会导致另一种风险的增加,如为了加强与供应商的长期战略合作,减少交易成本,可能会选择比较少的供应商,而这无疑增加了供应中断的风险。另一方面,供应链系统内各节点企业之间的风险也具有此消彼长性,即一企业风险的减少可能会导致相关企业风险的增加。例如,制造厂商为了减少自身的库存风险,要求上游供应商采用JIT方式送货,而这必然导致上游供应商的库存、配送风险增加。因此在研究供应链风险,加强对供应链风险的控制时就要充分考虑风险的相互影响性,对此消彼长的风险要进行权衡,以确保供应链整体风险最小。

三、供应链风险因素分析

(一)供应链风险因素概述

供应链风险是由供应链内部运作以及外部环境导致的不确定性。在供应链系统与外部环境发生互动以及供应链成员在协调与合作过程中,存在各种内生不确定和外生不确定的风险因素。供应、生产、需求和物流构成了供应链不确定性的内生因素,同时供应链系统又承受着自然灾害、恐怖事件、突发事件等供应链外生因素的影响。

对供应链风险因素的正确认知可以帮助我们更好地防范风险,降低风险的不利影响。供应链是一个复杂的系统,供应链风险的种类多。不同种类风险的产生因素会有所不同。

根据供应链风险的性质不同,供应链风险可划分为系统风险(不可控制风险)和非系统风险(可控制风险)。罗兰贝格管理咨询公司在2013年发布的《思与行特刊:供应链风险》报告中提出:供应链风险的诱发因素可分为不可抗力因素,如自然灾害、流行病等,以及可以人为控制的因素,如业务、质量、供应等与企业的运营管理能力密切相关的方面。报告还指出,供应链风险与供应链的长度和成熟程度密切相关。

(二)供应链风险因素的种类

如图9-2和表9-1所示,从三个不同维度,归纳出21个风险形成因素。

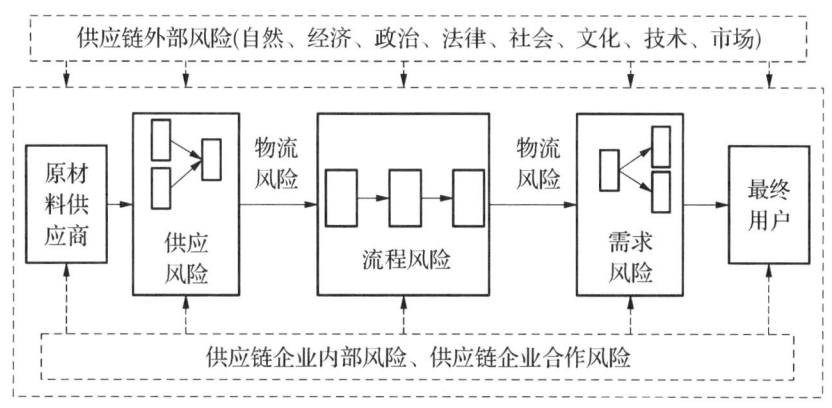

图9-2 供应链风险因素结构关系图

(1)供应链外部风险。外部风险来源于外部环境,即外部环境风险是由引起外部环境发生变化的事件造成的。外部自然风险中发生地震、洪涝、泥石流、火灾等大事故,导致供应链原材料供给短缺,物流中断等;不稳定因素导致国内外政治、政局发生变化,给供应链企业的正常生产、交易造成影响;经济发生危机、经济政策发生变化、消费持续低迷等因素对供应链企业的正常生产、需求造成严重影响;此外,社会、技术、法律、文化和市场等方面都隐藏着风险的形成因素。这些因素有的是可预见的,有的是无法预见的。从风险性质上而言,上述风险因素都属于系统性风险,虽然企业无法人为控制这些风险因素的变化和相应风险事件的发生,但是一旦发生上述风险,可以积极主动地采取有效措施以尽量减少风险带来的损失。

拓展阅读

据央视新闻此前报道,英国全国农民联盟(NFU)负责人在2023年2月21日警告称,由于农民在努力应对不断上涨的能源成本,今年从西红柿到菜花的各种蔬菜都有可能被配给供应。NFU英格兰和威尔士地区主席米内特·巴特斯表示,劳动力短缺、动物饲料成本增加、通货膨胀和俄乌冲突造成的供应链危机,令英国的农业生产充满挑战。

(资料来源:文巧.英国供应链面临25年来最严峻的形势.)

(2)供应链企业内部风险。内部风险源于供应链系统各成员企业内部,主要包括流程风险和管理风险。流程风险是指企业业务流程运作问题给供应链带来的风险;管理风险是企业对业务流程进行管理和实施质量、进度和成本控制过程中由于各种原因造成的风险。

> **拓展阅读**
>
> 在经历了加油站的恐慌性抢购和取暖费飙升后,2021年11月,英国供应链危机蔓延到了薯片。主要原因是英国最大的薯片生产商沃克斯在近期对内部系统进行升级,导致部分产品无法正常生产,从而引发供应中断。系统升级只是买不到薯片的一部分原因,其他供应链危机也加剧了薯片断货。全英卡车司机人手紧缺,导致薯片即使生产出来也无法及时配送。
>
> [资料来源:央视财经(ID:cctvyscj).供应链危机持续,英国薯片出现短缺.]

(3) 供应链企业合作风险。合作风险来源于供应链上下游各环节之间的合作和系统构成要素之间的互动,这类风险通常是由于信息缺乏透明性、缺乏深层次合作意识等原因造成的,主要有战略风险、道德风险、伙伴关系风险、信息风险、采购风险、供应风险、分销风险、需求风险、物流运作风险、财务风险和企业文化风险等。

表9-1 供应链风险因素分类

供应链系统外部风险			
	风险因素	简要描述	具体诱发因素
1	自然风险	自然因素的不确定性给供应链带来的风险	自然灾害、偶发性意外事件,如飓风、地震、海啸、洪水、干旱、火山爆发等
2	政治风险	与政治有关的变动给供应链企业造成的风险	国际政治风云变幻,也包括国内外政治、政策的改变以及动乱、罢工、恐怖袭击等
3	经济风险	各种经济因素的不确定性给供应链带来的风险	通货膨胀、经济危机、经济政策变化、消费低迷等
4	社会风险	导致社会不稳定的因素给供应链带来的风险	偷盗抢劫、就业问题、贫富差距、社会信用机制缺失、不公平分配机制等
5	技术风险	与科学技术相关的供应链运作不确定性因素	技术不足、技术开发、技术保护等,如技术革新对现有技术的冲击
6	法律风险	由于企业外部法律环境发生变化或法律主体的作为及不作为,而对供应链企业产生负面法律责任或后果的可能性	法律环境发生改变,如法律法规调整、修订,法律主体不作为,不履行合同约定等
7	文化风险	给供应链运营带来不利影响的外部文化方面的不确定性因素	观念、道德、情感、信仰、风俗等方面的冲突
8	市场风险	供应链企业因市场的变动而蒙受损失的风险	市场价格变化;市场需求的变化(如消费者偏好变化);新产品开发
供应链企业内部风险			
1	流程风险	企业内部业务流程运作方面给供应链运行带来不利影响的不确定性因素	内部采购、生产、销售等业务流程运作风险

续　表

2	管理风险	伴随企业或供应链管理问题而来的风险	对人、财、物、信息等资源配置规则应用风险,质量、进度和成本控制风险等
供应链企业间的风险			
1	道德风险	在信息不对称条件下,不确定或不完全合同使得负有责任的经济行为主体不承担其行动的全部后果,在最大化自身效用的同时,做出不利于他人行动的现象	合作伙伴间的欺诈和失信行为,缺乏信任导致隐瞒信息,追求自身短期利益,损害供应链长期利益
2	伙伴关系风险	供应链企业不合作或缺乏合作能力等给供应链运营带来不利影响的情况	缺乏忠诚度;缺乏长期合作的意愿;个体理性导致整体观念缺乏
3	信息风险	与信息有关的可能给供应链运行造成影响的不确定事件	如重要信息泄露、信息传递不畅、信息不对称、信息扭曲等
4	战略风险	与企业战略和供应链战略有关的给供应链运行造成影响的不确定性因素	战略方向错误,企业战略与供应链战略不匹配
5	采购风险	因合作关系引起的采购过程中可能出现的对供应链运行造成影响的意外情况	如因客户不合作导致预测不准,继而导致采购、生产、供应出现问题
6	供应风险	供应环节发生的影响供应链运行的意外事件	依赖少数关键供应商,供应商单一;供应能力、供货时间、供货方式等导致不能准时供应;供应商存在不诚实甚至违法行为等
7	分销风险	产品分销环节可能发生的与分销商有关的影响供应链安全运行的意外事件	分销渠道、订单管理、分销策略等方面的问题
8	需求风险	需求方面发生的影响供应链运行的不确定因素	顾客需求的品种、数量、时间等的变化,如需求突然减少
9	物流风险	与第三方物流有关的物流方面的影响供应链运行的不确定事件	第三方物流公司在运输组织、仓储管理与库存控制、配送管理等方面的不确定
10	财务风险	与供应链合作关系有关的财务方面的影响供应链运行的不确定事件	如无法收回债务,无法偿还债务
11	企业文化风险	给供应链运行造成影响的供应链企业文化方面的不确定性因素	价值观不同导致企业目标与供应链整体目标冲突

拓展阅读

在全球竞争以及各种不确定事件的大环境下,产业链、供应链面临的风险越来越大,越来越脆弱。例如,自20世纪80年代,英国出现疯牛病后,对疯牛病的恐慌迅速蔓延到欧洲乃至世界各国。美国农业部2003年12月23日宣布,疯牛病首次在美国出现。芝加哥商品交易所的牛肉价格立即迅速下跌。美国堪萨斯城可罗坡夫咨询公司家畜行业分析师可罗坡夫表示,受疯牛病事件的影响,消费者会减少牛肉的食用,其他国家也会禁止从受感染的国家进口牛肉,美国牛肉行业将产生数十亿美元的损失。除了牛肉生产销售行业受到影响外,食品企业也受到波及。在纽约证券交易所2003年12月23日的场外电子交易中,麦当劳的股价下跌3.6%。在欧洲和日本,每当有疯牛病例报告传出,当地麦当劳的销售就会急速下降。

2014年7月20日,麦当劳、肯德基等洋快餐的供应商上海福喜食品公司被电视台曝光使用过期劣质的臭肉。受福喜事件影响,八月份日本麦当劳的销售额大跌25%,亚太、中东和非洲区同店销售额下降14.5%,麦当劳全球同店销售额下降3.7%。第三季度,麦当劳亚太地区营运收入同比下降55%。

麦当劳在经历了炸鸡短缺、牛奶卖不掉、福喜臭肉等事件后,2022年8月,英国麦当劳又受到供应链危机的影响,1 250家门店因货车司机短缺造成英国供应链中断,导致奶昔和瓶装饮料供应不足。同年12月,受全球供应链危机影响,日本麦当劳的薯条不够用了。

(数据来源:根据网络相关报道整理.)

四、供应链风险的种类

对供应链风险的种类,很多学者进行了分析。其中Chopra和Sodhi(2004)的观点比较有代表性。他们在对各种供应链风险进行调查总结的基础上,把供应链风险归结为中断、延误、系统、预测、知识产权、采购、应收账款、库存、产能等类型,并分析了每类风险的产生原因,具体见表9-2。

表9-2 供应链风险及其产生原因

风险类型	产生原因
中断风险 (Disruption Risk)	(1) 自然灾害; (2) 劳动纠纷; (3) 供应商破产; (4) 战争与恐怖事件; (5) 依赖唯一供应商源,同时后备供应商的生产能力和敏捷性差
延误风险 (Delay Risk)	(1) 供应商的生产利用率高; (2) 供应商敏捷性差; (3) 产品质量差或供应失败; (4) 过境或中转时处理环节过多
系统风险 (System Risk)	(1) 信息基础设施崩溃; (2) 系统整合或系统网络过于庞杂; (3) 电子商务存在的问题
预测风险 (Forecast Risk)	(1) 前置时间长、季节性因素、产品多样性、产品生命周期短、客户基础薄弱等造成预测不准确; (2) 促销、激励、供应链缺乏可见性以及产品短缺使需求夸大,导致"牛鞭效应"和信息失真
知识产权风险 (Intellectual Property Risk)	(1) 供应链垂直整合; (2) 全球外包和全球市场

续 表

风险类型	产生原因
采购风险 (Procurement Risk)	(1) 汇率波动； (2) 依赖单一供应源的主要部件以及原材料百分比； (3) 行业的生产利用率； (4) 长期合同与短期合同
应收账款风险 (Receivable Risk)	(1) 客户的数量； (2) 客户的财务实力
库存风险 (Inventory Risk)	(1) 产品报废率； (2) 产品库存持有成本； (3) 产品价值； (4) 需求与供应的不确定性
产能风险 (Capacity Risk)	(1) 生产力成本； (2) 生产力弹性

第二节 供应链风险管理过程

一、供应链风险管理过程概述

国家标准《供应链风险管理指南》(GB/T 24420—2009)中指出：供应链风险管理是指指导和控制组织与供应链风险相关问题的协调活动。如图9-3所示，供应链风险管理过程包括明确供应链环境信息、风险评估、风险应对以及监督和检查。

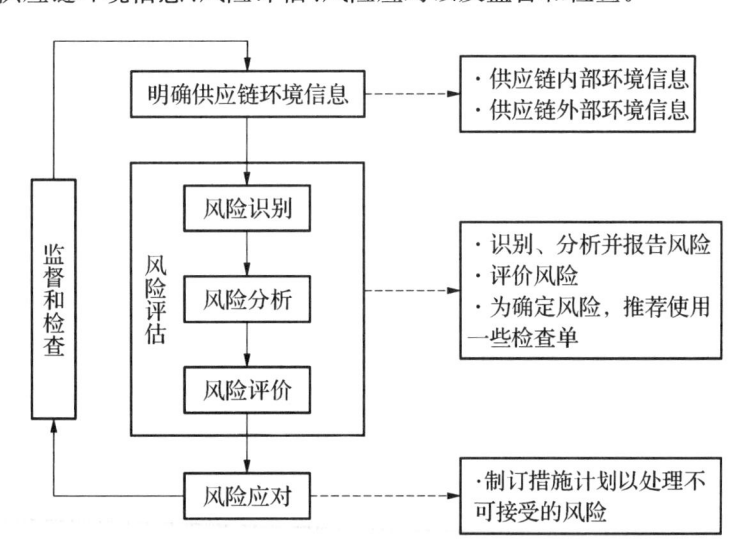

图9-3 供应链风险管理过程(《供应链风险管理指南》GB/T 24420—2009)

供应链风险管理过程与企业风险管理过程在实施程序划分上基本一致,都包含了风险识别、风险评估、风险控制、风险管理实施和风险监控等环节。两者的根本区别在于目的不同。企业风险管理纳入企业管理范畴,与其他管理职能一起发挥作用;而供应链风险管理强调加强供应链成员企业合作风险的管理。

二、明确供应链环境信息

企业在进行供应链风险管理时,首先要明确供应链所处的内外部环境信息,为此必须对供应链内外环境进行分析。如表9-3所示,通过供应链环境分析获取供应链内部环境信息和外部环境信息。

表9-3 供应链环境信息

内部环境信息	外部环境信息
供应链的资金、时间、人力、过程、系统和技术等方面的能力	国际的、国内的、地区的和本地的文化、政治、法律、法规、金融、技术、经济、自然环境和竞争环境
供应链信息系统、信息流和决策过程	影响到组织供应链管理目标的关键因素及其趋势,如法律法规、监管要求的变化,环保组织的要求,新的利益相关者的产生等
供应链风险的内部利益相关者及其价值观和风险偏好	供应链风险的外部利益相关者及其价值观和风险偏好
组织的方针、目标以及现有的实现目标的策略	供应商的资质、信用、支付能力、管理状况、合作历史等
企业供应链管理的历史数据	
组织采用的风险准则	
组织结构、任务和责任等	

数据来源:《供应链风险管理指南》(GB/T 24420—2009)。

三、供应链风险评估

供应链风险评估是由供应链风险识别、供应链风险分析和供应链风险评价三个环节组成的总过程。

(一)风险识别

1. 风险识别概述

国家标准《供应链风险管理指南》(GB/T 24420—2009)中指出:风险识别是分析供应链的各个环节、每一个参与主体及其所处的环境,找出可能影响供应链的风险因素,掌握每个风险事件的特征,确定风险来源及其相互关系以及潜在后果的过程。可以运用各种技术或工具,将可能发生的各种供应链风险事件列成清单。在这一阶段,一般使用定性技术,如研究小组成员或来自业界的专家们运用头脑风暴法识别风险的种类和来源,是这一阶段常见的做法。类似的还有情景分析法、鱼骨图和检查表法,也可使用模型来帮助识别。同时,风险识别不仅要识别当前所面临的风险,而且要识别各种潜在风险。在此基础上,还要区分哪些是可控制的风险,哪些是不可控的风险,从而针对不同的风险性质,采取相应的策略。

风险识别的目的是根据可能促进、妨碍、降低或延迟目标实现的事件,生成一个供应链风险的列表。表9-4为供应链产品风险因素示例。

表9-4 供应链产品风险因素

供应链产品风险因素	产品风险因素解释
安全等级	与政府主管部门的要求一致
涉及的特殊过程	参数受成分、几何尺寸影响的过程或结果不能靠检验进行确认的过程
设计复杂性	设计满足顾客要求的创新方案的能力
制造复杂性	制造满足设计意图的部件的能力

来源:《供应链风险管理指南》(GB/T 24420—2009)。

2. 风险识别的步骤

如图9-4所示,供应链风险识别包括以下五个主要步骤。首先,对供应链上各节点的构成与分布进行全面分析与归类,并描绘出供应链整体流程;其次,将供应链整体流程细化为一系列彼此独立又相关的运作活动,为后期分析每项活动的风险以及制作风险因素列表做好准备;第三,系统地审视每一项运作活动的细节;第四,从细节入手分析每一项活动可能存在的风险因素,对各因素发生风险损害的可能性及后果进行识别与判断,并根据可能造成的后果与损失状态进行归类与分析,以明确不同类别风险的特点;第五,对最有影响的风险进行描述,并绘制风险因素列表。必须强调的是,风险识别不仅要识别所面临的风险,更重要也更困难的是对各种潜在风险的识别。在此基础上,还要鉴定可能发生风险的性质,即可能发生的风险是属于动态风险还是静态风险,是可管控风险还是不可管控风险等。只有这样,才能针对不同的风险采取有效的措施。

描述供应链流程 → 将流程细化为活动 → 分析活动的细节 → 识别活动中的风险及特点 → 描述最有影响的风险

图9-4 供应链风险识别的5个步骤

3. 风险识别的方法

风险识别非易事,为此人们想出许多帮助识别风险的方法。其中有些方法可以用来识别各类风险,如对历史数据或过往风险事件的分析方法、头脑风暴法、因果分析法等。另外一些方法则是专门用来识别供应链风险,如关键路径识别、与上游供应商及客户的相关重要性分析。下面简单介绍几种常用的方法。

(1) 根本原因分析法。

根本原因分析是一个结构化的问题处理方法,用以逐步找出问题的根本原因并加以解决,而不仅仅是关注问题的表面特征。根本原因分析法的目标是解决是什么、为什么、怎么办等问题,即通过提问以确定:问题是什么,即发生了什么;原因是什么,即为什么发生;解决措施是什么,什么办法能够防止再次发生该类问题。在实际工作中,应用根本原因分析能够帮助管理者发现问题的症结,并找出根本性的解决方案。

表9-5展示了一个根本原因分析法的应用示例。通过提问者的反复追问,最后基本可以明确地知道问题出在采购部门,尤其是负责招聘和培训的员工。此时,经理可以评估类似事件再次发生的概率,明确这个事件是否是一个具有重要影响的风险事件。

表9-5 根本原因分析法示例

提 问	回 答
发生的风险事件是什么？	客户投诉我们没有提供让他满意的服务
为什么？	因为我们缺货
为什么？	因为我们的供应商没有按时送货
为什么？	因为我们的订单送出去晚了
为什么？	因为采购部门将所有的订单都延迟递交了
为什么？	因为雇用的新人没有得到充分的培训

这种方法的优点在于它分析调查了现实中所发生的风险,并且清晰地显示出问题与原因之间的关联性。其局限性在于:这个方法认为问题的根本原因比较单一,实际情形往往要复杂得多,而且有些未发生的风险可能和已发生的风险并不一定有相似性。

(2)因果图分析法。

因果图分析法是通过图表的形式来分析风险事件与发生的各级原因之间的内在联系,以帮助管理者找出原因,分析应对措施的方法。如图9-5所示,鱼骨图(Fishbone Diagram)是一种很常用的因果图,它是由日本质量控制兼统计专家石川馨(Kaoru Ishikawa)教授发明的一种图解法,用以辨识事故或问题的原因。

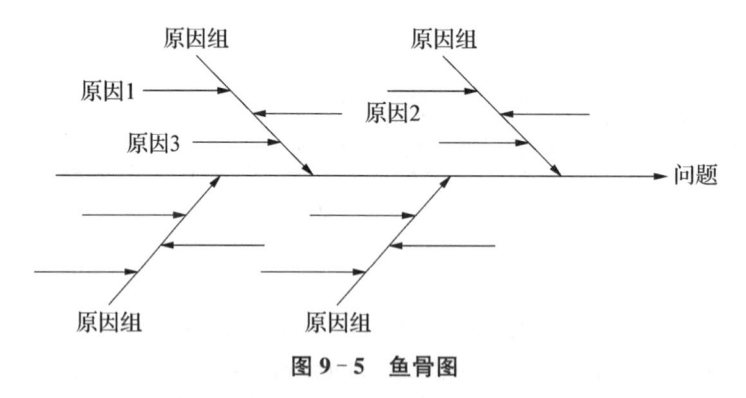

图9-5 鱼骨图

因果图分析法的优点在于:通过结构性的工作方法,全盘考虑造成问题的所有可能原因,找出原因的产生原因,而不是只看那些表面原因。同时运用有序的、便于阅读的图表格式阐明因果关系,有助于团队成员个人以及相互之间的学习、理解和分析,也有利于知识管理。该方法的局限在于:面对因果关系错综复杂的问题时,难以画出有效的因果图。

(3) 帕累托分析法。

根据以往发生的风险事件频率图,归纳出在将来最有可能再次发生的风险事件。应用该方法,首先要将导致某种风险结果的各种可能原因按照其数量的大小,递减排序;其次,在平面上画出风险事件频率图,一般用横坐标表示原因,纵坐标表示结果数量或累积百分比;最后,根据频率图分析出主要原因,供决策者做参考。

根据帕累托规则,20%的原因往往产生80%的问题,如果由于条件限制,不能100%解决所有问题,只要专注占全部原因20%的问题,就能够取得80%解决问题的成效。因此,在风险识别的过程中,帕累托分析法常被用来找出问题的主要原因,是一个有效及广泛应用的方法。

(4) 风险因素列表。

企业在不同的运作活动中会出现各种各样的风险因素,将各项活动的风险因素填入风险"列表"。风险因素列表直观展示了可能发生的各类风险。

(5) 流程分析图。

流程分析图法指企业风险管理部门将整条供应链的所有环节制成流程图,以帮助管理者分析各环节流程及流程间的关系中可能存在的风险因素。这种方法强调根据不同的流程,对每一阶段和环节,逐个进行调查分析,找出风险存在的原因,从中发现潜在的风险威胁,分析风险发生后可能造成的损失和对供应链的影响。

(6) 流程控制。

在生产过程中,原料、交通、天气、设备、员工、情绪、时间、压力等一系列细节的波动是不可避免的,但有些波动及其影响是微小的。监督运作活动以找到影响较大的"波动",对识别主要风险、提高风险管理的效率有重要意义。监督"波动"最简单的方式就是制作流程控制异常图。如图9-6所示,在平面直角坐标系中,纵坐标表示测到的目标特征值,图的中心线表示计划目标值,上下两条水平线表示目标值的上限与下限。如果数值一直在计划线内,说明流程活动在控制范围内,风险很小;当数值出现明显的趋势变化或频频出界时,表明运作活动的波动较大,风险加大。

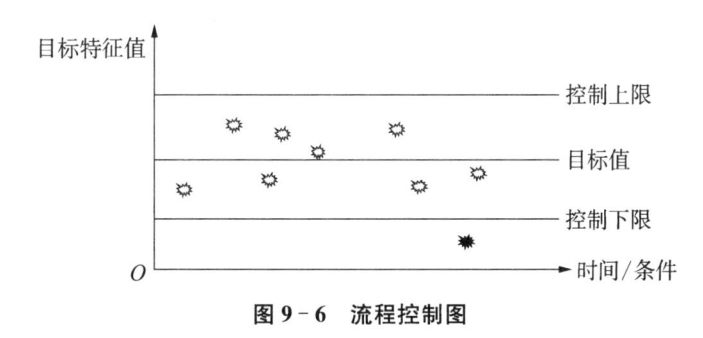

图9-6 流程控制图

(二) 风险分析

国家标准《供应链风险管理指南》(GB/T 24420—2009)指出:风险分析要考虑供应链风险的原因和风险源、风险的后果以及这些后果发生的可能性,影响后果和可能性的因素,以及供应链风险的其他特征。可以通过对历史事件的结果建模确定后果,也可以通过实验研究或利用可获得的数据推出后果。表9-6展示了一个供应链风险后果及影响的示例。

表9-6 供应链风险后果及影响评价示例

等级		确定风险的影响或后果		
		表现	计划进度	损失(C)
1	极低	极小或没有影响	极小或没有影响	极小或没有影响
2	低	可接受但会降低正面绩效表现（如盈利）	需要更多资源，但能按时完成计划	$C<5\%$
3	中	可接受但会大大降低正面绩效表现（如盈利）	关键计划目标会轻微延误，不能按时完成计划	$5\%\leqslant C<7\%$
4	高	可接受但导致无正面绩效表现	关键计划目标的极大延误，或关键路径受到影响	$7\%\leqslant C<10\%$
5	极高	不可接受	不能实现主要团队或主要项目的关键计划目标	$C\geqslant 10\%$

资料来源：《供应链风险管理指南》(GB/T 24420—2009)。

分析风险发生的概率和可能产生的不利影响或损失也非易事。对于经常发生的风险事件，如货损、货差事故，要考量其发生的概率和造成的损失，只要平时注意积累统计数据，便可得到统计概率和损失。而对于突发性事件，很难估计出一个可靠的概率和损失，而且有些损失很难用金钱来衡量，如客户满意度降低、企业的品牌形象被影响。所以，进行风险分析时应根据具体情况运用多种方法，以尽可能客观地反映风险等级的基本状况和趋势。

图9-7展示了供应链风险分析的四象限法，该方法将风险发生的概率和后果放在一个平面来分析，具有直观易操作的特点。当供应链的风险因素发生的概率高，且一旦发生产生的后果也比较严重时，该类供应链面临的风险很大，属于高脆弱性供应链，极易断裂或者解散。

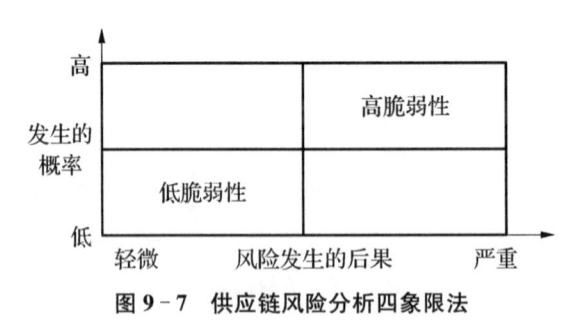

图9-7 供应链风险分析四象限法

（三）风险评价

风险评价，又称安全评价，是指在风险识别和分析的基础上，综合考虑风险发生的概率、损失大小以及其他因素，得出系统发生风险的可能性及其程度，并与公认的安全标准进行比较,确定企业的风险等级,由此决定是否需要采取控制措施,以及控制到什么程度的过程。风险评价会受组织的风险偏好、风险态度和已经制定的风险准则的影响。按不同的标准,可将风险评价划分为不同的种类:① 按评价阶段不同可将风险评价分为事前评价、中间评价、事后评价;② 按评价角度不同可将风险评价分为技术评价、经济评价、社会评价;③ 按评价方法不同可将风险评价分为定性评价、定量评价、综合评价。

如果要评价某方面的风险,比如供应商风险、产品风险,可以设计供应链风险评估表。《供应链风险管理指南》中设计了比较完整的供应商和产品风险的评估表。通过计算各风险因素的得分,得到与供应商或产品有关的总的风险评价。计算结果可用来界定供应商和产品的综合风险水平。表9-7选取供应商风险评估表的一个部分,供大家学习。

表9-7 供应商风险评估表示例

供应商:		风险水平(γ)				权重	结果	最大可能结果	风险记录
供应商风险评估		1	2	3	4	ω	R	M	是否
A	准时交付								
A1	交付业绩								
A2	缩短采购提前期								
A3	基础设施和运输								
A4	供应商内部交付指标								
A5	内部生产管理系统								
A6	多级供应和原料来源								
A7	物料需求计划(MRP)								
A8	顾客警告								
A9	由其他顾客执行的物流评审								
A10	用于新产品介绍的资料								
总风险									

资料来源:《供应链风险管理指南》(GB/T 24420—2009)。

四、供应链风险的应对与控制处理

(一) 风险应对

风险应对是指在确定了风险的存在,并分析出风险概率及其影响程度的基础上,根据风险性质和决策主体对风险的承受能力而制定的回避、承受、降低或者分担风险等相应防范计划。风险应对计划应该考虑整个供应链风险管理过程,并与利益相关者讨论。在风险管理过程中,应加强对风险计划的动态调整和修正。制定风险应对措施是一个循环的过程,包括以下几个方面:① 评估潜在风险的应对措施,判断剩余风险是否可以承受;② 如果不可承受,制定新的风险应对措施;③ 评估新的风险应对措施的效果,直到剩余风险可以承受。这里的剩余风险是指在已经采取了控制措施之后,经济活动中仍然存在的潜在风险。

(二) 风险监控

供应链组织应清楚地确定风险监控的责任,提供一套针对供应链风险管理计划执行情况的绩效考核办法,并与组织的绩效管理、考核及对内对外报告活动相结合。供应链风险监控应该包括供应链风险管理过程的所有方面,其目的包括以下几个:① 跟踪在不采取措施的情况下可以接受的风险的后果;② 分析事件、变化和趋势并从中吸取教训;③ 发现外部和内部环境的变化,包括风险本身的变化、可能导致风险应对措施及其实施优先次序的改变;④ 保证风险控制和应对措施计划及其实施的有效性;⑤ 识别新出现的风险。应记录风险监控的结果,并在适当情况下对内或对外报告,以保证供应链风险管理的连续性、适用性、充分性和有效性,实现持续改进。

第三节 供应链风险的防范与应对

在识别和分析供应链风险之后,要有应对措施,也就是选择和应用最合适的措施以应对供应链风险。应对风险的策略取决于风险的大小。在了解具体的风险应对措施前,先了解供应链风险管理的基本原则,从这些基本原则中可以分析出应对风险的基本措施。

一、供应链风险管理的原则

(一) 着眼整体

供应链风险管理必须突破传统的企业风险管理的局限性,将范围延伸到整个供应链。因为供应链风险的源头有时可能在第三级甚至第四级供应商。实践中,由于信息不对称等原因,多数企业仍然只对自己企业的风险进行管理。为了确保供应链的安全和绩效,核心企业不仅要管理自己的风险,还要协调管理整个供应链上各环节的风险。

(二) 预防为主

积极采取"预防"措施,可以有效降低风险发生的概率或减少风险发生后的损失。预防体现了主动管理风险的思想。风险预防,可以通过供应链契约、各种制度、法规、宣传和培训来进行。例如,为预防供应链金融中的信用风险,在签订借款契约前,规定要对借款人进行信用和经营业务的全方位把关,不仅要查看借款人的历史征信记录,还要结合当地的风土人情,查看有无大面积违约和集体信用风险事件。

(三) 快速反应

快速反应是指风险发生后,迅速采取措施,扼制风险蔓延,将风险造成的损失降到最小,并尽可能快地将供应链恢复到风险发生前的状态。"快速响应"原则与"预防为主"原则相得益彰。如果没有采取预防措施,在风险来临之际,很难做到快速反应。

(四) 上下联动

供应链风险管理不是哪一个企业的事,而是供应链上所有成员企业的共同责任。上下游企业密切协作和协同、合理分担风险管理的责任、共享风险管理信息对提高风险应对的效率有重要意义。当风险发生后,首先获得信息的企业有义务告知上下游相关企业,尤其是要在公共信息平台上发布预警或警告信息,提醒相关企业注意。然后,联合采取措施,共同应对风险。有许多供应链风险,如金融危机、大规模自然灾害、战争等导致的风险,不仅需要供应链上下游企业联动,还需要与政府联动。需要政府站在公共利益的角度和企业一道采取行动,预防或化解供应链风险。

(五) 综合平衡

供应链风险管理是供应链管理的一个部分,需要在风险管理目标与供应链管理其他目标(如成本、提前期、效率、收益)之间取得平衡。企业在采取措施应对供应链风险时要考虑其措施对其他环节、其他企业的影响,要在综合平衡各环节的收益与损失后做出最优决策。

(六) 动态调整

供应链风险的发生、发展和消失是一个动态变化的过程。罗兰贝格管理咨询公司在2013年发布的最新报告《思与行特刊：供应链风险》中指出,根据公司的业务计划和供应链战略的调整、经济环境的变化、突发性事件的影响,供应链风险管理必须是动态的。在增强风险意识的同时,还需对风险防范计划进行定期的回顾和更新,并在必要时借助外部帮助来提高企业对自身问题的认识能力和解决能力。

二、应对风险的基本措施

根据供应链风险的影响、成本、收益以及企业偏好等因素的不同,企业对供应链风险,可以采取不同的措施和应对策略,也可以综合采取几种应对策略。风险应对主要包括规避、降低、分担和承受。管理者在制定应对风险的措施时,应评估对风险的可能性和影响,以及成本效益,选择能够使剩余风险可接受的应对措施。应对风险的措施主要有规避风险、接受风险、降低风险和转移分担风险等四种。

(一) 规避风险

规避风险是指企业在发现风险的发生概率和损失都很大时,采取主动放弃或改变措施,以避免发生该风险。当风险潜在威胁的可能性极大,会带来严重后果,并且损失无法转移又不能承受时,风险规避成为不得已的选择。常见的做法有：① 通过政策、限制性制度和标准,以阻止与高风险因素相关的供应链活动；② 重新调整战略、政策或重新分配资源,及时停止与隐藏高风险活动以及与有高风险伙伴的合作关系；③ 避免追逐"偏离战略"的商业机会；④ 反复审查,以避免承担不可接受的高风险的行动或者活动；⑤ 撤出现有市场或区域,或者出售、清算、剥离某个产品组合或业务,以规避风险。

(二) 接受风险

接受风险是指企业在评估风险后,做出承担风险造成的损失的决定,以维持现有的风险水平。做出接受风险的决定前,管理者必须反复验证并确认：风险发生后带来的影响小,或者风险发生后带来的损失小于采取措施而产生的成本。如果为了应对一个风险而产生的成本过大,或者导致风险加剧,或者导致新的风险发生,企业也可以选择忽视或者接受风险的发生。接受风险在一定程度上是一种消极的策略。

(三) 降低风险

降低风险是指企业通过政策、制度、契约、监控等措施降低风险发生的可能性和风险发生的后果。① 采取措施降低风险发生的可能性。管理者可以采取一些措施来降低潜在风险事件的发生概率。例如,远洋运输企业为了降低运输风险发生的概率,可以选择不经过危险区域的运输路线;企业为了降低政治风险,会选择更稳定的国家来建立工厂;企业增加库存以降低缺货的可能;企业通过提高预测准确度以降低需求不确定性带来的风险。② 采取措施降低风险产生的后果。有时,降低风险带来的后果比降低风险发生的可能性相对要容易一些。例如,轿车安全带不会降低风险(潜在的车祸)发生的可能性,但是它可以降低风险造成的伤害。供应商缩短交货期,可以降低制造商物料短缺带来的后果。企业为降低金融风险,将金融资产、实物资产或信息资产分散放置在不同地方,以降低金融风险发生后的损失。显然,管理者既可以考虑尽量降低风险发生的可能性,也可以采取措施去降低风险发生后造成的影响。

(四) 转移、分担风险

转移风险就是把部分或者所有的风险转移给供应链中有能力或者愿意承担风险的企业。但是,如果将风险转移给承担能力弱的企业,反而会带来更恶劣的影响,甚至可能最终导致整个供应链的崩溃。一种有效的转移风险的方式是保险。保险的优势在于保险公司可以实现风险共担的效果,也就是通过大量的企业投保来分担个别企业发生风险后产生的成本。供应链企业在签订合作契约时,就要设计风险共担的机制。通过风险共担,可以有效提高供应链各成员企业的协同效率,降低合作伙伴的背叛风险。

三、防范风险的措施

供应链内部的运作涉及很多个相互独立的节点企业,节点企业间单纯地凭着协议和合同来维系相互间的合作,必然会带来很多潜在的不确定性。要想保证供应链长期安全稳定地运作,必须要采取一些措施来规避或者尽量减少这些风险。

(一) 建立供应链预警与应急机制

供应链是一个多环节、多层级的复杂系统,很容易发生一些突发事件。因此,必须建立相应的预警系统与应急机制。首先,应构建合适的评估模型,建立一整套预警评价指标体系,当有指标偏离正常水平并超过某一"临界值"时,即发出预警信号。其次,对于一些偶发且破坏性大的事件,需预先制定应变措施,制定应对突发事件的工作流程,建立应变事件的工作小组。一旦预警系统发出警告,应急系统及时对紧急、突发的事件进行应急处理,以避免给供应链企业之间带来严重后果。

(二) 加强供应链企业的风险管理

供应链从采购、生产到销售的过程是由多个节点企业共同参与而形成的串行或并行的混合网络结构。供应链整体的效率、成本、质量指标取决于节点指标。由于供应链整体风险是由各节点风险传递而成,因此,通过对节点企业风险的识别与判断,进行风险调整和优化,将大大降低整个供应链的风险。

(三) 制订供应链风险协调防范计划

供应链是一个多节点企业共同加盟串并相连的复杂系统,链上任何一个环节出现问题都会波及和影响到整个供应链。为此,供应链上下游应共同制订风险防范计划,建立起操作简便、灵敏有效的风险防范机制,借助产品质量、合同履约、库存周转、客户满意度等监控指标,进行供应链风险的识别、评估与预警,以达到及时预防、控制和转移风险,保证整条供应链连续、平稳、有效地运行。

(四) 加强供应链信息交流与共享

供应链中的信息不对称和信息扭曲会使整个供应链运作效率下降。在供应商管理库存(VMI)模式下对信息共享的程度要求尤其高。所以,供应链企业之间应该通过建立多种信息传递渠道,加强信息交流和沟通,增加供应链运作的可视度,提高信息共享程度来消除信息扭曲,如共享有关预测需求、订单、生产计划等信息,从而降低不确定性、降低风险。一般来说,供应链上下游间的信息有先进的通信方式、及时的反馈机制和规范化的处理流程,供应链风险就小。

(五) 重视供应链系统的柔性设计

供应链合作中存在需求和供应方面的不确定性,这是客观存在的现象。首先,供应链企业签订合作契约时,要加强柔性条款的设计。通过柔性条款可以部分消除外界环境不确定性的影响。其次,柔性设计是消除外界环境不确定以及客户需求不确定风险的重要手段。第三,将产能维持在比较充足的状态或者加强对外部资源的利用与管理,有助于提高供应链系统的柔性。管理者们比较关注的准时制模式,虽然有助于减少库存、降低成本,但是一旦遇到突发事件或需求波动较大时就会因缺乏弹性而产生损失。第四,采取多源供应模式有助于提高供应链系统的柔韧性。特别是重要的、关键的产品,应该由两个或两个以上的供应商提供。只依靠一个供应商供应关键部件,很容易发生因关键部件供应中断而导致整个供应链瘫痪的风险。第五,培育柔性供应链文化,通过柔性供应链文化影响供应链决策者的行为,防范决策与行为模式的僵化。

(六) 构建供应链战略合作伙伴关系

供应链企业要实现预期的战略目标,需要供应链企业之间形成共享收益、共担风险的合作伙伴关系。与供应链其他成员企业建立紧密的合作伙伴关系,能有效降低风险发生的可能性和风险发生后的损失。在战略伙伴关系下,供应商的重视度提高,监督管理会变得更加方便可行,为降低风险发生的可能性提供了条件。此外,一旦发生供应短缺风险,供应商会优先满足重要客户的需求,这在一定程度上降低了风险发生后的损失。

(七) 打造敏捷供应链

敏捷供应链是指以核心企业为中心,在竞争、合作和动态的市场环境中,通过知识流、物流、资金流的有效集成与控制,将供应商、制造商、批发商、零售商直至最终用户整合到一个具有柔性与快速反应能力的动态供需网络上,以形成一个极具竞争力的动态联盟,进行快速重构和调整,快速响应市场需求的变化。具体措施包括以下几个方面:对供应链进行流程重组,对各企业采购、制造、营销和物流等过程采取跨职能部门的平行管理,将多余的交接工作、垂直管理的弊病、不确定性和延误降到最少，对产品的生产、包装和运输进行全面质量管理；对生产设备和运输工具进行管理和维护，降低故障率，增强可用性；对分销网络和运输路线进行优化；采用第三方物流，将包装和运输服务外包给专业物流公司，安排充足的提前期和时间限度，加强运输过程实时跟踪机制和及时信息反馈。通过这些方式保证供应链的安全和高效运行。

本章参考文献

[1] 刘助忠,李明.供应链管理[M].长沙:中南大学出版社,2021.
[2] 黄丽华,唐振龙,袁媛.供应链管理[M].长沙:湖南师范大学出版社,2013.
[3] 邵晓峰,张存禄,李娟.供应链管理[M].北京:高等教育出版社,2013.
[4] 马士华,林勇.供应链管理[M].第四版.北京:高等教育出版社,2015.
[5] 张小兵,徐叶香.论企业的供应链管理[J].商业研究,2002(4).
[6] 黄吉乔,张冬.论新经济时代的业务外包[J].物流技术,2002(1).
[7] 王长琼.供应链管理[M].北京:北京交通大学出版社,2013.
[8] 施先亮,王耀球.供应链管理[M].第2版.北京:机械工业出版社,2012.
[9] 高晓红,汪邦军,咸奎桐,等.《供应链风险管理指南》(GB/T 24420—2009),2009.

同步测试题

第十章 供应链绩效评价

学习目标

通过本章的学习,应掌握以下知识目标与能力目标:① 了解供应链绩效评价的特点和原则;② 掌握供应链绩效的影响因素;③ 掌握供应链绩效评价指标体系的构建方法;④ 掌握供应链绩效评价模型(SCOR)和供应链绩效评价指标的选择;⑤ 理解供应链策略成本管理;⑥ 能运用供应链绩效评价(SCOR)模型助力供应链绩效改善;⑦ 能运用 SCOR 模型分析供应链的流程并进行供应链的设计与优化。

案例导入

盒马鲜生作为中国新型零售企业的代表,基于大数据、智慧物流等技术建立覆盖全国的生鲜供应链网络。高速发展的过程中,盒马鲜生供应链绩效管理松懈的问题也随之暴露。由于供应链是盒马鲜生的核心竞争力,因此,对供应链进行绩效管理很有必要。盒马鲜生的供应链绩效管理大体遵照阿里巴巴集团的设计确定了分级考核和目标管理相结合的绩效管理方法,将盒马的战略目标与员工个人绩效联系起来,根据不同部门和不同级别先确定相匹配的考核标准再确定考核指标的比重来最终确定员工的绩效考核成绩。

盒马鲜生供应链绩效管理反馈,盒马鲜生在绩效考核评价之后,负责团队分别与供应链预测、销售、配送等职能部门员工进行谈话反馈,依据考核评价分数定级"优、良、中、差",考核结果为职务晋升、工资晋级、岗位调整、奖金发放。在盒马鲜生集中全力进行供应链布局建设的时期,这种采用自评和他评相结合的方式,根据实际经营情况随时修改关键绩效指标的绩效考核制度更侧重于提高响应速度和经营业绩,在实际的操作中,往往重结果轻过程。这导致员工普遍轻视食品的质量安全,所以近几年盒马鲜生在市场监督管理局的抽检中问题频出。[①]

思考:1. 怎样才能实施有效的盒马鲜生供应链绩效管理?
  2. 盒马鲜生以企业战略、业务流程、组织能力为手段,在充分考虑盒马的实际经营情况的基础上如何选取评价指标构建供应链绩效评价指标体系?

---

① HTTPS://WENKU.SO.COM/D/BFB6B684FEC0A861FB731B77171B8F4F.

第一节　供应链绩效评价的认知

在供应链管理中,科学、全面地分析和评价供应链的运营绩效极为重要,为了保证供应链管理目标的顺利实现就必须进行供应链绩效评价,企业必须建立符合供应链管理需要的绩效评价指标体系并制定相应的激励机制,才能确保企业经营取得成功。

一、供应链绩效评价的含义和特点

进入 21 世纪,飞速变化的市场,使每家企业都更加关注自身的发展问题,众多的企业希望通过绩效评价来促进自身的发展。但很多企业对于绩效,特别是供应链绩效的理解并不准确,绩效管理的成效也不够理想。因此,要进行供应链绩效评价,首先就要明确供应链绩效评价的内涵和特点。

(一) 绩效评价与供应链绩效评价的含义

绩效评价是对个人或组织工作产生的效益以及影响效益的工作效率、对待工作的态度、人际关系、勤奋程度等经过一定考核后给出经济性、效率性或者效果性评价,以衡量其是否与组织的期望相一致。绩效评价不是为评价而评价,而是为了发现影响绩效实现或提高的瓶颈,并寻求改善的方法。绩效评价首先是结果评价,但如果某些因素对结果有明显或直接的影响,绩效评价就与工作者、工作方法、工作环境和管理机制等这些影响绩效的因素密不可分。

供应链绩效评价就是对供应链的运营过程及其所产生的效果进行全面、系统、科学地度量、分析与评估。简单地说,供应链绩效评价就是要回答两个问题:① 供应链目前的运营状况如何？② 供应链要怎样运营才更好？具体评价项目有支持绩效,包括供应链各节点企业之间的信息协调和共享程度,以及运营资源的调配;结果绩效,即供应链各节点通过物流管理、生产销售等活动增加和创造价值的总和;过程绩效,为达到最终目标,供应链企业采取的各种活动的表现。

(二) 供应链绩效评价指标的特点

根据供应链管理运行机制的基本特征和目标,绩效评价指标应具有以下四个方面特点。

(1) 供应链绩效评价指标能恰当地反映供应链整体运营状况及节点企业之间的运营关系。

供应链绩效评价指标可以评价从最初供应商开始直至最终用户为止的整条供应链的运营状况。例如,供应链总运营成本指标等。只有将各节点企业综合进行分析,才能找到提高供应链整体效率的措施和方法,才能在竞争中占有优势。供应链绩效评价指标除了反映供应链运营状况外,还可以反映上下节点企业之间的运营关系,而不是孤立地评价某一节点企业的运营情况。例如,对于供应链上的某一供应商来说,该供应商所提供的某种原材料价格很低,如果孤立地对该供应商进行评价,就会认为该供应商的运行绩效很好。

若其下游企业仅仅考虑原材料价格这一指标,而不考虑原材料的加工性能,就会选择该供应商所提供的原材料,而当该原材料的加工性能不能满足该节点企业生产工艺要求时,势必会增加生产成本,从而使这种低价格原材料所节约的成本被增加的生产成本所抵消。所以,评价供应链运行绩效的指标,不仅要评价该节点企业的运营绩效,还要考虑该节点企业的运营绩效对其上层节点企业或整个供应链的影响。

(2) 供应链绩效评价指标是基于业务流程的绩效评价指标。

供应链管理的绩效评价相对于现代企业管理的绩效评价来说有所不同。现代企业的绩效评价指标主要是基于部门职能的绩效评价指标,而供应链绩效评价指标是基于业务流程的绩效评价指标。如图 10-1 所示,现代企业基于部门职能的绩效评价追求的是每个节点自身的最优,这种简单的个体最优并不能带来供应链整体以及最终结果的最优。根据供应链系统管理的观点,每个节点都只是完整的供应链流程中的一个部分。

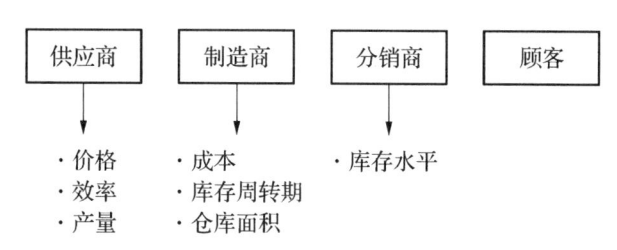

图 10-1 基于部门职能的绩效评价指标

如图 10-2 所示,基于业务流程的绩效评价更注重点与点之间的衔接,更注重上游节点对下游节点的影响,更加重视整个流程结束以后的效果。

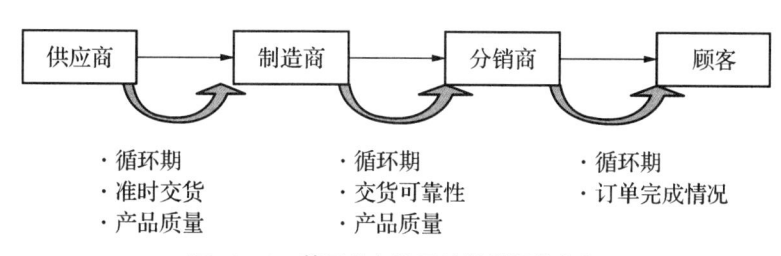

图 10-2 基于业务流程的绩效评价指标

(3) 评价指标的内容具有广泛性。

反映供应链绩效评价的指标比现行企业的绩效评价指标更为广泛,它不仅代替会计数据,同时还提出一些方法来测定供应链的上游企业是否有能力及时满足下游企业或市场的需求等问题,涉及的内容非常广泛。

(4) 供应链绩效评价是一种动态的实时分析与评价。

供应链绩效评价不但在内容上全面反映整个供应链及其内部企业和上下节点企业的关系,而且在时间上打破了现行企业侧重于事后评价的传统,在供应链运营的过程中实时地进行度量,并及时采取措施,提高供应链的整体效率。

总之,现代企业绩效评价侧重于单个企业,评价的对象是某个企业的内部职能部门或员工个人,不能对供应链整体以及业务流程进行实时评价和分析,侧重于事后分析。而供应链绩效评价指标能够恰当地反映供应链整体运营状况以及上下节点企业之间的运营关系，而不是孤立地评价某个节点企业的运营情况。

二、供应链绩效评价的范围

由于供应链是由多个方面组成的一个复杂系统，对供应链的评价也不应片面地从一个指标得出好或坏的结论，而应综合多方面的指标进行评价。对供应链评价的内容和范围分类如下。

（一）节点企业绩效的衡量

供应链节点企业绩效的衡量主要是对供应链上企业的内部绩效进行评价，着重将企业的供应链活动同以前的作业或目标进行比较。

（1）运营成本。通常以产品成本占销售的百分比或者单位产品的成本来表示。

（2）顾客服务。节点企业满足用户或下游企业需要的相对能力，如可得性和可靠性服务。

（3）生产效率。评价生产某种产品的投入与产出的相对关系。通常会用一个比率或指数来表示，如货物产量、完成的工作与用于生产该产品的投入资源量的比率。

（4）运营质量。不仅指产品质量，还有服务的可靠性。可以用产品的次品率、耐用性、返修率、破损率等来表示。

（5）资产管理。重点是投资在设施和设备上资本的利用，同时还有投资在库存上的营运资本的利用。设施和设备经常是以总容量的利用比率来进行评估，同时，时间也被经常用来评估设备利用率。管理人员特别关注设备没有被利用的小时数或百分比，即以设备的停工期来进行衡量。而库存周转比率是最常见的库存绩效的评估方式。

（二）企业协助水平的衡量

节点企业协助水平的衡量主要是对供应链上企业之间运行、协调状况的评价。

（1）客户满意程度。客户是指供应链上的节点企业。客户满意程度是指供应链下层企业提供的产品或服务对上层企业运营的满意程度，它反映供应链企业运行协调的状况。

（2）最佳实施基准。越来越多的供应链企业运用最佳的实施基准，并把它作为与相关企业、非相关企业或最佳企业相比较的一种技术。

（3）响应时间长短。响应时间是指下层企业发来订单，上层企业从接到订单到处理订单的时间长短；或者上层企业提供的货物达到下层企业处理货物的时间长短。

（4）信息共享水平。供应链上企业间信息共享和交流沟通的水平。

（三）供应链综合绩效衡量

供应链上所有企业的目标基本一致，不会产生大的分歧和冲突。

（1）供应链总成本。原材料采购成本、制造成本、分销商成本、零售商成本等。

（2）资金的周转率。通过资金周转率来度量库存资金占用成本的高低。资金周转率是销售收入与库存资金占用之比。

（3）订货响应时间。从顾客下达订单开始到接收到所定货物为止的时间间隔。

（4）库存闲置时间。库存闲置不用的天数与库存被有效地利用或配置天数的一个比率，仓储等待不会增加价值，只会增加成本。

（5）库存供应天数。供应链上所有工厂、配送中心、分销商或零售商的全部库存最近的销售活动基础上的销售天数。

> **拓展阅读**
>
> ### 组织复杂度：绩效考核的解决方案
>
> 当目标一致的时候，几万人的大公司也不显得多复杂，整个公司井井有条，有很强的执行力；当目标不一致的时候，部门之间山头林立，几百个人的小公司也是复杂的，什么事都办不了。在供应商管理上，产品设计与物流技术两个部门之间就扯皮不断，后者说是设计的规格太严，前者说是供应商的能力有限。解决目标不一致的问题，公司小的时候，一致对外；公司大的时候，简单粗暴的解决方案作用很有限，特别是大量职业经理人加入后。推动部门之间的协作，降低组织的复杂度，要靠绩效考核，即关键绩效指标（KPI）来管理。在 KPI 设置上，单一指标是本土企业的一个常见误区。比如对于销售来说，主要指标是销售额，对于采购来说，单一指标就是采购降本，虽说质量也得兼顾，但那是质量部门的事。结果价格是越降越低，质量也是越来越差，最后企业都跟该淘汰的供应商做生意。应对单一指标的措施，就是针对每个职位、每个部门设立一对互相制约、表面上矛盾的指标。比如销售不但要卖的多，而且要卖个好价钱（销售额与利润率）；做采购的不但要拿个好价钱，而且确保好质量（价格与质量）。

（四）供应链绩效评价的侧重点

一般进行供应链绩效评价时都需要对上述三个内容进行评价。但在供应链绩效评价中，企业对供应链绩效评价的侧重点可能有所不同。

（1）侧重于物流评价。这是将供应链和物流集成系统视为统一。人们已经提出了很多基于时间、阶段的库存管理工具，如分销需求计划、物料需求计划、制造资源计划等。物流的改进对于改进整个供应链的顾客服务水平、减少库存量、降低运输成本都起着很大的作用。从供应链的物流角度评价主要包括从物流速度、物流可变性和物流可视性角度评价。

（2）侧重于采购与供应评价。该角度评价的主要内容包括提前期评价和供应链运营成本评价。

（3）侧重于组织评价。供应链的组织角度评价和业务流程重组相近。在构建特定的供应链组织结构基础上，评价供应链组织绩效对整体重组效果很重要。该角度的评价内容包括柔性、集成性、协调性和稳定性。柔性的高低是评价供应链组织结构合理性的重要方面，是指供应链更好地适应激烈竞争的市场，提高对用户的服务水平，及时满足用户要求的能力和灵活性；集成性是指企业间信息集成、物流集成和管理集成的程度及发挥的作用等；协调性主要包括供应链的利益协调和管理协调；而影响供应链稳定性的主要因素包括供应链中企业的竞争力和供应链结构形态。

三、供应链绩效评价的原则和作用

（一）供应链绩效评价的原则

随着供应链管理理论的不断发展和供应链管理实践的不断深入，为了科学、客观地反映供应链的运营情况，应该寻求与之相适应的供应链绩效评价方法，并建立相应绩效评价指标体系。在实际运作中，为了建立能有效评价供应链绩效的指标体系，应遵循如下原则：

（1）突出重点。要对关键绩效指标进行重点分析，从而有重点地对整个供应链的突出问题进行评价。

（2）建立能反映供应链业务流程绩效的评价指标体系。

（3）突出运营状况的整体性。评价指标要能反映整个供应链的运营情况，而非仅仅反映单个节点企业的运营情况。

（4）实时分析与评价。应尽可能采用实时分析与评价的方法，把绩效度量的范围扩大到能反映供应链实时运营的信息上去，这比仅进行事后分析要有价值得多。

（5）重视对节点企业之间关系的评价。在度量供应链绩效时，要采用能反映供应商、制造商及用户之间关系的绩效评价指标，把评价的对象扩大到供应链上的相关企业。

（二）供应链绩效评价的作用

对供应链绩效评价而言，其基本目的是通过评价供应链运作结果的有效性，分析供应链创造价值、满足顾客需求的能力，通过建立科学、客观的绩效评价体系，判断供应链运作是否有助于企业战略的实现，并根据供应链目标的实现程度对运作过程进行调整和优化，选择最适宜的供应链类型，最终提高整个供应链的竞争能力。因此，有效的供应链绩效评价体系应该能够起到以下六个方面的作用：

（1）通过供应链绩效评价，供应链节点企业能够明确自身对于供应链所做的贡献，从而更好地协调供应链战略目标和企业自身战略目标的关系，为供应链成员企业进行战略、战术与运营的决策提供帮助。

（2）通过供应链绩效评价，供应链节点企业有了统一客观的参照体系，能够明确自身在供应链中所处的地位，以及在供应链中的运行状况，从而及时调整自身的运行状态，以更好地适应供应链的需求。

（3）通过供应链绩效评价，对供应链节点企业起到激励作用。

（4）通过供应链绩效评价，供应链决策者适时掌握供应链的运行状态，经过分析研究，及时调整和改进供应链的业务流程和运行状态，充分发挥供应链管理的作用。

（5）通过供应链绩效评价，评估供应链内企业与企业之间合作关系的好坏，指导企业管理者寻求合适的建立供应链合作关系的策略。

（6）通过供应链绩效评价，决策者可以对整个供应链的运行效果做出客观评价，并通过与同行业的竞争者进行比较，明确自身与竞争者供应链的比较优势与劣势，促进供应链在竞争中不断进步与发展。

第二节 供应链绩效评价指标体系

一、供应链绩效评价指标体系法的含义

指标体系法是进行综合评价时最常用的方法。供应链绩效评价指标体系法是指根据各个具体的单项绩效指标在指标体系中所处的地位、所起的作用、所包含的信息以及所反映的指标体系的综合程度,采用各种评分法或分析法确定各个指标的权重系数,再用算数平均法或几何平均法对规范化后的各个指标进行加权计算,从而得到其综合指数值,以此综合评价某一时期某一供应链在运营绩效方面的总体水平的分析方法。

二、供应链绩效评价指标体系

进行供应链绩效评价,就要建立相应的绩效评价指标体系。供应链绩效评价指标体系是由相关绩效评价指标构成的一个综合的有机体系,供应链绩效评价指标体系如表 10-1 所示。根据表 10-1 指标,供应链绩效评价综合指数 P 可以通过公式计算出来:

$$P = A \times (W_1 \times W_{11} \times W_{111}) + B \times (W_1 \times W_{11} \times W_{112}) + \\ C \times (W_1 \times W_{11} \times W_{113}) + D \times (W_1 \times W_{12}) + \cdots + \\ J \times (W_2 \times W_{21}) + K \times (W_2 \times W_{22}) + \cdots$$

表 10-1 供应链绩效评价指标体系

一级指标	权重	二级指标	权重	三级指标	权重
供应链绩效水平 P					
整个供应链流程绩效	W_1	产销率	W_{11}	节点企业的产销率 A	W_{111}
				供应链产销率 B	W_{112}
				核心企业产销率 C	W_{113}
		平均产销绝对偏差 D	W_{12}		
		产需率	W_{13}	节点企业产需率 E	W_{131}
				核心企业产需率 F	W_{132}
		供应链产品出产循环期	W_{14}	供应商零部件出产循环期 G	W_{141}
				核心企业产品出产循环期 H	W_{142}
		供应链总运营成本 I	W_{15}		
		⋯	W_{1n}		
供应链节点企业关系绩效	W_2	准时交货率 J	W_{21}		
		成本利润率 K	W_{22}		
		产品质量合格率 L	W_{23}		

三、供应链绩效评价指标

(一) 供应链绩效评价的一般性统计指标

供应链绩效评价指标是对整个供应链的运行效果和供应链节点企业之间的合作关系做出评价的具体指标,一般由用户满意度、产品质量、成本和资产管理等方面的指标构成,供应链绩效评价的一般性统计指标如表10-2所示。

表10-2 供应链绩效评价的一般性统计指标

用户满意度和产品质量方面的指标	· 市场占有率 · 准时交货率 · 发运错误率 · 客户回头率 · 退货率 · 产需率 · 货损率 · 商品完好率	· 订单满足率 · 商品脱销率 · 订单准确率 · 循环时间 · 客户投诉率 · 促销率 · 产品合格率 · 饱和率 · 缺货率
成本和资产管理方面的指标	· 产品单位成本 · 人工成本 · 仓库成本 · 库存水平 · 供应周转期 · 净资产利润率	· 销售百分比成本 · 管理成本 · 运输成本 · 库存周转期 · 销售利润率 · 总资产利润率

除以上一般性统计指标外,供应链的绩效评价还可辅以一些综合性的指标,如供应链生产效率指标,也可以用某些定性评价指标体系来反映,如企业核心竞争力指标。

对供应链的绩效评价一般可从三个方面考虑:一是内部绩效度量,即主要对供应链上的企业内部绩效进行评价,常见的指标有成本、客服服务、生产率、良好的管理、质量。二是外部绩效度量,主要是对供应链上企业之间运行状况的评价,如用户满意度,最佳实施基准等。三是综合供应链绩效度量,要求提供能从总体上反映供应链运营绩效的度量方法,这种方法必须是可以比较的。如果缺乏整体的绩效衡量,就可能出现制造商对用户服务的想法正好相反的现象。综合供应链绩效的度量主要从用户满意度、时间、成本、资产等几个方面展开。

(二) 供应链绩效评价的综合性指标

1. 整个供应链业务流程的绩效评价指标

这类指标是指反映从最初的供应商一直到最终用户为止的整条供应链运营绩效的评价指标。

(1) 产销率。

产销率是指在一定时段内,已销售的产品数量与已生产的产品数量的比率。计算公式如下:

$$产销率 = \frac{一定时期内已销售的产品数量}{一定时期内已生产的产品数量} \times 100\%$$

产销率可反映供应链在一定时期内的产销经营状况,该指标在一定程度上反映了供应链企业生产的产品是否适销对路。其时间单位可以是年、月、日。随着供应链管理水平的提高,可以选择越来越短的单位时间,如以天为单位。

(2) 平均产销绝对偏差。

该指标反映了供应链在一定时期内的总体库存水平,其值越大,说明供应链成品库存量越大,库存费用越高;反之,说明供应链成品库存量越小,库存费用越低。计算公式如下:

$$PC = \sum_{i=1}^{n} |P_i - S_i|/n \tag{10-1}$$

式中,PC——平均产销绝对偏差;

n——供应链节点企业的个数;

P_i——第 i 节点企业在一定时段内生产的产品数量;

S_i——第 i 节点企业在一定时段内从已生产的产品中销售出的产品数量。

(3) 产需率。

产需率是指在一定时期内,节点企业与已生产的产品数量与其上层节点企业(或用户)对该产品的需求量的比率。该指标反映了供应链节点企业或核心企业满足用户需求的程度。具体而言,产需率可细分为如下两个指标:

① 供应链节点企业的产需率。该指标反映了上、下层节点企业之间的供需情况。产需率越接近100%,说明上、下节点企业之间的供需关系协调,准时交货率高;反之,说明准时交货率低或者企业的综合管理水平较低。该指标的计算方法为:

$$供应链节点企业的产需率 = \frac{一定时期内节点企业生产的产品数量}{下级节点企业在该段时间内的需求量} \times 100\%$$

② 供应链核心企业的产需率。该指标反映了供应链的整体生产能力和快速响应市场需求的能力。若该数值大于或等于100%,则说明供应链整体生产能力较强,能快速响应市场需求,具有较强的市场竞争力;若该指标小于100%,则说明供应链生产能力不足,不能快速响应市场需求。该指标的计算公式为:

$$供应链核心企业的产需率 = \frac{一定时间内核心企业生产的产品数量}{该段时间内用户对产品的需求量} \times 100\%$$

(4) 供应链产品出产循环期或节拍。

当供应链节点企业生产的产品品种数量较多时,供应链产品出产或投产循环期一般是指混流生产线上同一种产品的出产间隔期。当供应链节点企业生产的产品为单一品种时,供应链产品出产循环期是指产品的出产节拍。供应链管理是在市场需求不断变化的经营环境下产生的一种新的管理模式。节点企业(包括核心企业)生产的产品品种数量较多,因此,供应链产品出产循环期主要是指汇流生产线上同一种产品的出产循环期。具体而言,它可细分为如下两个指标:

① 供应链节点企业(或供应商)零部件出产循环期。该指标反映了节点企业的库存

水平以及对其上层节点企业需求的响应程度。该循环期越短,说明该节点企业对其上层节点企业需求的快速响应性越好。

② 供应链核心企业产品出产循环期。该指标反映了整个供应链的在制品库存水平和成品库存水平,同时也反映了整个供应链对市场或用户需求的快速响应能力。核心企业产品出产循环期决定着各节点企业的产品出产循环期,即各节点企业的产品出产循环期必须与核心企业的产品出产循环期合拍。该循环期越短,说明整个供应链的在制品库存量和成品库存量都比较少,总的库存费用比较低,同时也说明供应链管理水平比较高,能快速响应市场需求,并具有较强的市场竞争力。若要缩短核心企业的产品出产循环期,一方面应使供应链各节点企业的产品出产循环期与核心企业的产品出产循环期合拍,使核心企业的产品出产循环期与用户需求合拍;另一方面,可采用优化产品计划或优化生产运作管理的办法,缩短核心企业的产品出产循环期,提高供应链整体管理水平和供应链运营管理效益。特别是采用优化产品投产顺序和计划来缩短核心企业或节点企业的产品出产循环期,既不需要增加投资,又不需要增加人力和物力,而且见效快,是一种值得推广的好办法。

(5) 供应链总运营成本。

供应链总运营成本包括供应链通信成本、供应链库存成本及供应链节点之间的运输成本。它反映了供应链的运营效率。

① 供应链通信成本。供应链通信成本包括各节点企业之间的通信费用(如 EDI、因特网的建设和使用费用)、供应链信息系统开发和维护费用等。

② 供应链库存总成本。供应链库存总成本包括各节点企业的在制品库存和成品库存成本、各节点企业之间的在途库存持有成本。

③ 各节点企业外部运输总成本。各节点企业外部运输总成本等于供应链所有节点企业之间运输费用的总和。

(6) 供应链核心企业产品成本。

供应链核心企业产品成本是供应链管理水平的综合体现。根据核心企业产品市场上的价格确定出该产品的目标成本,再向上游追溯到各供应商,确定出相应的原材料、配套件的目标成本。只有目标成本小于市场价格,各成员企业才能获利,供应链才能得以发展。

(7) 供应链产品质量。

供应链产品质量是指供应链各节点企业(包括核心企业)生产的产品或零部件的质量合格率、废品率、退货率、货损率、货损物价值等指标。

(8) 新产品开发率。

该指标反映了供应链的产品创新能力。该指标越大,说明供应链整体创新能力和快速响应市场需求的能力越强,具有旺盛和持久的生命力。

$$R_{新} = \frac{Q_{在研} + Q_{储备} + Q_{已投}}{Q_{现有}} \times 100\% \quad (10-2)$$

式中,$Q_{在研}$ 表示正在研究的新产品数量;$Q_{储备}$ 表示已研究完成备投放的新品数量;$Q_{已投}$ 表示已投放到市场上的新产品数量;$R_{新}$ 表示新产品开发率。

(9) 专利技术拥有比例。

该指标反映了供应链的核心竞争力。该指标越大,说明供应链整体技术水平越高,核心竞争力越强,其产品越不会轻易被竞争对手所模仿。

$$专利技术拥有比例 = \frac{供应链企业群体专利技术拥有数量}{全行业专利技术拥有数量} \times 100\%$$

2. 供应链上、下节点企业之间关系的绩效评价指标

根据供应链层次结构模型,对每一层次的节点企业逐个进行评价,从而发现问题,解决问题,以优化对整个供应链的管理。在该层次结构模型中,可以把供应链看成是有不同层次的节点企业组成的递阶层次结构,上层节点企业可看成是其下层节点企业的用户。由于供应链是由若干个节点企业所组成的一种网络结构,如何选择节点企业、如何评价节点企业的绩效以及由谁来评价的问题必须明确,因而可以采用相邻层节点企业评价的方法,通过上层节点企业来评价和选择下层节点企业,这样更直接、更客观。依次递推可覆盖供应链企业群体,从而可对供应链的运营绩效进行有效评价。

综合反映供应链上、下节点企业之间关系的绩效评价指标主要是满意度指标,其具体内容如下:

(1) 满意度。

满意度即用户满意度,是指在一定时段内,下层节点企业 i 对相邻上层节点企业 j 的综合满意程度。由准时交货率、成本利润率和产品质量合格率三项指标组成,同时,下层节点企业有必要对上层节点企业的上述三项指标分别赋予一个相应的权数 α、β、γ,且须满足 $\alpha+\beta+\gamma=1$ 的条件。其公式如下:

$$C_{ij} = \alpha_i \times R_{it} + \beta_i \times R_{iC} + \gamma_i \times R_{ih} \tag{10-3}$$

式中, C_{ij} ——供应链节点企业 j 对其上层节点企业 i 的满意度;

α_i ——上层节点 i 准时交货率指标的权重系数;

β_i ——上层节点 i 成本利润率指标的权重系数;

γ_i ——上层节点 i 质量合格率指标的权重系数;

R_{it} ——评价期内上层节点 i 对企业 j 的订单的准时交货率;

R_{ic} ——评价期内上层节点 i 供应给企业 j 的产品的成本利润率;

R_{ih} ——评价期内上层节点 i 交付给企业 j 的产品的质量合格率。

在满意度指标中,权数的取值可随评价的节点企业的不同而不同,即可以对 α、β、γ 有不同的权数取值。但是,对于同一个节点企业,在计算与其相邻的所有上层节点企业的满意度指标时,其 α、β、γ 的权数取值应该是一样的。这样,通过满意度指标就能评价不同节点企业的运营绩效以及这些不同的运营绩效对其下层节点企业的影响。

满意度指标值低,说明该节点企业的运营绩效差,生产能力和管理水平低,并且影响下级节点企业的正常运营,从而对整个供应链产生不良影响。因此,应把这种满意度指标值低的节点企业作为重点对象,或对其进行全面整改,提升满意度指标;或重新选择和补充新的节点企业。在每两个相邻的上、下节点企业间都依次进行,则整个供应链上的所

有企业都完成了绩效评价。

在供应链的最后一层为最终用户。对供应链整体的运营绩效评价是要以最终用户的满意度指标为最终标准的。其公式可调整如下：

$$\text{最终用户满意度} = \alpha \times \text{零售商准时交货率} + \beta \times \text{产品质量合格率} + \gamma \times \frac{\text{实际的产品价格}}{\text{用户期望的产品价格}}$$

在上式中,可用售后服务满意度来取代产品质量合格率,因为不合格产品是绝对不允许流出供应链的。而售后服务则是最终用户越来越重视的环节,是客户价值的重要内容,必须引起供应链企业群体的高度重视和关注。

拓展阅读

惠普公司客户满意度

惠普公司拥有主动为所有供应商评分的客户。惠普公司为其各类供应商划定等级和排名,都对客户满意度做了系统的调查。写一份客户调查问卷轻而易举,但要得到很大比例的客户做出有效的回答通常需要专门的技能。常用的调查方法有三种：信函调查、电话访问和当面访问。这三种调查方式的费用由低到高,反应率和信息价值也是由低到高。目前客户满意调查已成为市场调查公司的最重要的活动之一,总花费已达两亿美元,并且每年以25％的速度增长。这种专业的服务需要心理学、市场研究、统计学和采访学的专才,同时需要大量人力以及能够全面计算各种指标的电脑软件才能达成。

(2) 准时交货率。

准时交货率是指上层供应商在一定时段内准时交货的次数占其总交货次数的百分比。其计算公式如下：

$$\text{准时交货率} = \frac{\text{一定时段内准时交货次数}}{\text{一定时段内总交货次数}} \times 100\%$$

公式中的"一定时段"可以是一个月、一个季度、半年或一年。

供应商准时交货率低,说明其协作配套的生产能力达不到要求,或者是对生产过程的组织管理或物流管理跟不上供应链运行的节拍要求；供应商准时交货率高,说明其生产能力强,生产管理水平高,物流服务水平高。

拓展阅读

麦当劳准时交货率

麦当劳将采购清单给供应商,剩下的所有储藏运输等工作就不用再考虑。供应商的配送车队每天晚上在11点到凌晨1点必须完成送货,准确率在98％以上才算符合服务质量要求,因为麦当劳的员工是按小时付薪的,每天晚上11点之后安排几名员工接货,如果在这个时间内不能将货送到,员工的超时工资要由夏晖物流公司承担。麦当劳缺货也是不允许的,从顾客开始点餐到最后将所有餐点交到顾客手中,这段时间要求在60秒之内完成。麦当劳餐厅的每一个环节都可用精准的数字来定义,鸡翅炸六分钟、牛肉饼煎制时,38秒起,一秒不多一秒不少,全由电脑控制,一旦完成,你想返锅再炸,电脑已经锁定,不给丝毫机会。麦当劳对客户的准时交货率接近100%。

(3) 成本利润率。

成本利润率是指单位产品净利润占总成本的百分比。该指标反映供应商所供产品的盈利能力和竞争能力。在市场经济条件下,产品价格是由市场决定的,因此在市场供求关系基本平衡的条件下,供应商生产的产品价格可以看成是一个不变的量。按照成本加成定价的原理,产品价格等于成本加利润,因此产品成本利润率越高,说明供应商的盈利能力越强,企业的综合管理水平越高。在这种情况下,由于供应商在市场价格水平下能获得较大利润,其参与合作的积极性必须增强,必然对企业进行有关投资和改造,以提高生产效率。其计算公式如下:

$$成本利润率 = \frac{单位产品净利润}{单位产品总成本} \times 100\%$$

(4) 产品质量合格率。

产品质量合格率是指质量合格的产品数量占产品总产量的百分比。其计算公式如下:

$$产品质量合格率 = \frac{质量合格的产品数量}{产品总产量} \times 100\%$$

该指标反映了供应商提供产品的质量及其综合管理水平,这也是反映企业竞争力的重要指标。质量不合格的产品数量越多,则产品质量合格率就越低,说明供应商提供产品的质量越不稳定或质量越差,供应商必须承担对不合格产品进行返修或报废的损失,这样就增加了供应商的总成本,降低了其成本利润率。同时,产品质量合格率指标也与准时交货率密切相关,因为产品质量合格率越低,产品的返修工作量越大,必然会延长产品的交货期,使准时交货率降低。

拓展阅读

缺了一只纸箱

某公司新开发了一个供应商,质量可以,但在准时交货上总是磕磕绊绊。理由千奇百怪,不是原材料没了,就是误了航班。这次的理由更有趣:纸箱子用完了,没法发货。每次的纠正措施都很简单:这次买了很多料,以后再也不用担心短料了;或者说,这下安排了专人负责发送,以后再也不用担心误了班机了。

四、供应链绩效评价指标体系法的局限性

用指标值对供应链的绩效进行评价,既可以用作供应链自身纵向的对比,也可以与其他供应链进行横向对比。通过供应链自身纵向对比,可以找出其运营中存在的问题,并以此作为管理的重点对供应链进行全面整改,提高其管理水平和生产能力;通过与其他供应链进行对比,可以找出供应链自身的差距,重新整合和构筑供应链,创造新的竞争优势。但与其他方法一样,供应链绩效评价指标体系法也存在一些不足之处,主要表现为以下几个方面:

第一,供应链绩效评价指标体系法无法保证所建立的绩效指标一定能保持独立性,因而绩效指标间会发生相互影响和信息重叠的现象,致使在加权综合时,交叉部分得到了重复加权,因而加大了交叉部分的影响。

第二,在供应链绩效评价指标体系法中,人为绩效指标的建立带有一定的主观性,不能检验所建立的指标是否都与绩效指标体系所要反映的绩效总水平密切相关。

第三,供应链绩效评价指标中的权数确定,只考虑了专家或决策者对指标重要性的主观评价,并未从客观上考虑指标所含的信息量占指标体系全部信息量的比例。

第四,利用指标体系进行评价时,在指标数较多的情况下,尤其是采用层次分析法(AHP)确定权重系数时,给专家打分增加了判断难度和主观性,从而增加了计算的复杂性,并会产生较大的误差。

第五,在供应链绩效评价指标体系法中,运用算术平均法计算综合指数值时,若指标之间的数值相差悬殊,误差就较大。用几何平均法计算综合指数值时,若指标体系中有一些数值很小或为零,就失去了综合意义。

此外,指标体系的综合评价法只能适用于可量化的指标体系,并需要有足够多的统计资料;而关于定性的指标体系也有一定的局限性。随着情报和统计系统的健全和完善,对定性指标定量法处理方法的研究和数量化技术的发展,供应链绩效指标体系评价方法上的问题将会得到解决。

第三节 供应链绩效评价模型

为了实施有效的供应链管理,需要分析并优化供应链流程。建立在绩效评价指标(KPI)基础之上的传统绩效评价方法逐渐发展到了平衡计分卡阶段。在供应链管理实施中,平衡计分卡(The Balanced Score Card,BSC)模型的应用也越来越广泛,平衡计分卡模型由哈佛大学教授罗伯特·卡普兰和大卫·诺顿于1992年共同提出。供应链运作参考模型是第一个标准的供应链流程参考模型,它由美国供应链协会开发成功。SCOR模型是供应链的设计和诊断工具,它涵盖所有的行业,能够使企业间准确地交流供应链运营的有关问题,客观地测量、评价供应链的运营绩效并确定新的供应链管理目标。SCOR模型采用流程参考模式,管理者借助其分析公司目标和流程的现状,对供应链业务运作绩效进行量化

评价,并将其与绩效目标值进行对照、分析,进而优化供应链绩效。SCOR模型在供应链设计与优化、供应链流程再造与整合、供应链绩效评估与管理中发挥着越来越重要的作用。

> **拓展阅读**
>
> ### SCPR 模型
>
> 2003年10月,中国电子商务协会供应链管理委员会(Supply Chain Council of CECA,CSCC)推出了"中国企业供应链管理绩效评价参考模型"(Supply Chain Performance Metrics Reforence Model,SCPR),这是我国第一个正式由全国性行业组织制定并推荐使用的定量评价供应链管理绩效水平和科学实施供应链管理工程的指导性工具。CSCC吸取了众多供应链绩效模型的优点,并参考了大量中国企业的供应链实证数据,对于国外发达国家先进的供应链绩效指标进行了本土化改造,最终形成了适合我国本土企业的供应链管理绩效评价参考模型。SCPR的主要指标包括订单反应能力、客户满意度、业务标准协同、节点网络效应、系统适应性五大类共45个三级指标。

一、平衡计分卡模型

平衡计分卡模型是基于财务与非财务相结合的结构化的企业绩效评价体系。它以综合、平衡为原则,从财务、顾客、内部业务流程及革新与增长四个方面来评价组织的绩效,从形式上把组织的总体目标、战略和评价指标有机结合在一起。平衡计分卡模型的基本框架如图10-3所示。

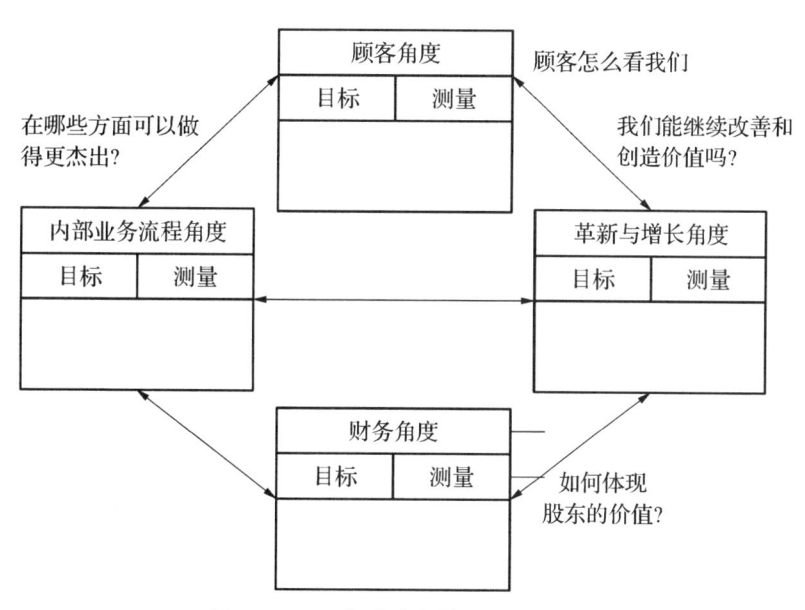

图10-3 平衡计分卡模型的基本框架

平衡计分卡模型不仅是控制组织行为及评估组织历史绩效的工具,而且可以用它来阐明企业战略和传播企业战略,同时帮助衔接个人、组织及部门间的计划,以实现共同目标。它强调平衡计分,从整体上对企业进行衡量,既有整体思想,又有局部观念,有利于短期目标与长期目标、财务指标与非财务指标、内部绩效与外部绩效之间的平衡。

平衡计分卡模型将管理者的注意力从短期目标的实现转移到坚固战略目标的实现,从结果的反思转向对问题原因的实时分析。平衡计分卡模型的运用可以将企业的目标、战略转化为具体的行动,并使企业在动态调整中保持不断发展的势头。

平衡计分卡模型作为企业全方位绩效评价的工具,通过与供应链管理流程相结合,为企业竞争战略与供应链管理策略的匹配、实现平衡的供应链绩效评价提供了一个完整框架。我们将供应链绩效评价指标划分为财务收益、客户收益、供应链管理目标、供应链管理能力提升四个方面,分别与平衡计分卡模型的财务、客户、内部业务流程及学习与创新相关联。

财务收益主要选取供应链绩效评价指标中与资产管理相关的指标,客户收益主要选取供应链绩效评价指标中与客户服务相关的指标,供应链管理目标(业务流程)主要选取供应链绩效评价指标中与成本管理和生产率相关的指标,供应链管理能力(学习与创新)主要选取供应链绩效评价指标中与质量有关的指标及一些定性指标。供应链平衡计分卡模型的基本框架如图10-4所示。

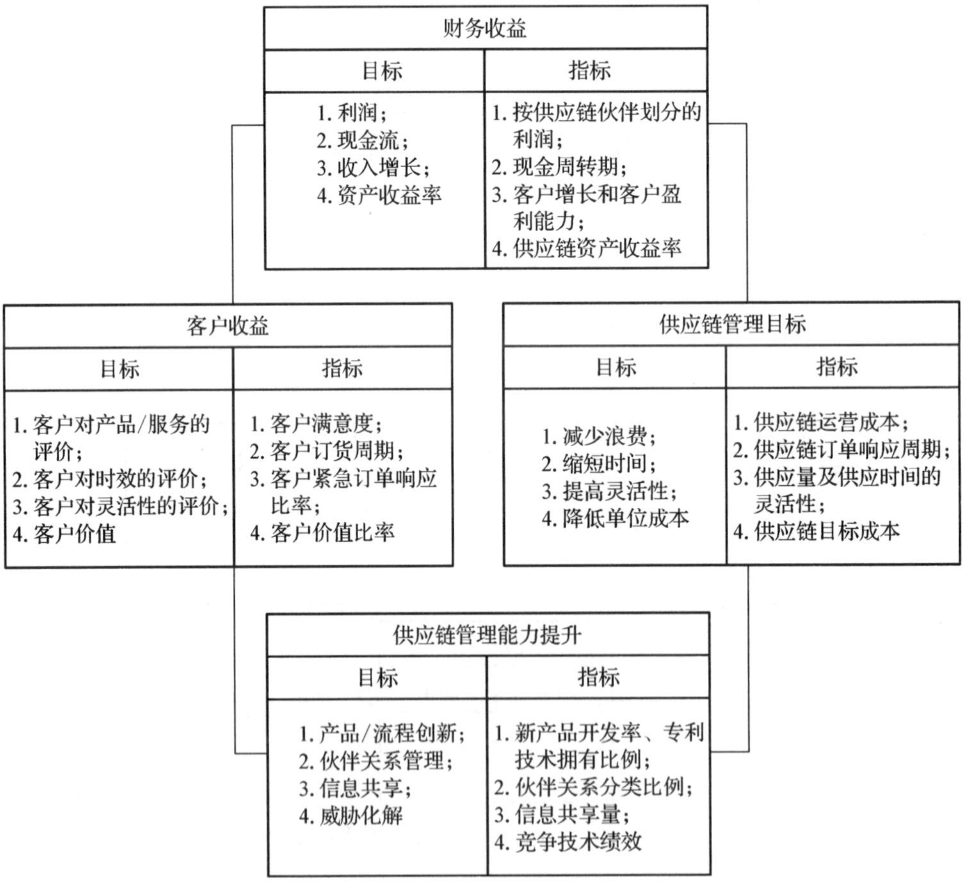

财务收益	
目标	指标
1. 利润; 2. 现金流; 3. 收入增长; 4. 资产收益率	1. 按供应链伙伴划分的利润; 2. 现金周转期; 3. 客户增长和客户盈利能力; 4. 供应链资产收益率

客户收益	
目标	指标
1. 客户对产品/服务的评价; 2. 客户对时效的评价; 3. 客户对灵活性的评价; 4. 客户价值	1. 客户满意度; 2. 客户订货周期; 3. 客户紧急订单响应比率; 4. 客户价值比率

供应链管理目标	
目标	指标
1. 减少浪费; 2. 缩短时间; 3. 提高灵活性; 4. 降低单位成本	1. 供应链运营成本; 2. 供应链订单响应周期; 3. 供应量及供应时间的灵活性; 4. 供应链目标成本

供应链管理能力提升	
目标	指标
1. 产品/流程创新; 2. 伙伴关系管理; 3. 信息共享; 4. 威胁化解	1. 新产品开发率、专利技术拥有比例; 2. 伙伴关系分类比例; 3. 信息共享量; 4. 竞争技术绩效

图10-4 供应链平衡计分卡模型的基本框架

供应链平衡计分卡模型强调了供应链跨企业的职能与跨企业的本质,提出了企业之间以平衡的方法来管理企业内部和供应链伙伴的关系。最重要的是该模型给出了企业员工和管理层在供应链上获得均衡目标的工具和方法论。

> **拓展阅读**
>
> **实施平衡计分卡的公司**
>
> 石水公司是一家拥有数亿美元资产的海底建筑公司,其客户包括大型石油、天然气公司和海洋建筑公司。石水公司总部设在苏格兰的阿拉丁,是布朗陆特能源服务公司(Brown&Root Energy Services)旗下的一个子公司,布朗陆特又隶属哈利伯顿公司(Halliburton Corporation)。哈利伯顿公司是一家全球性的、拥有40亿美元资产的建筑公司,总部设在美国德州的塔拉斯城。石水公司成立于1989年,是由两家独立建筑公司合并后组成的。公司的第一任总裁诺曼·钱伯斯从1992年开始采用平衡计分卡来使两公司的企业文化和经营哲理合二为一,使新公司得以在质量、安全和与客户的增值关系基础上,而不是在低价基础上竞争。

二、SCOR 模型的基本层次

按照 SCOR 模型的流程定义可将其划分为三个层次,每个层次都可用于分析企业供应链的运作。

(一) 第一层(基本流程)

第一层描述了五个基本流程:计划(Plan)、采购(Souree)、生产(Make)、交付(Deliver)和退货(Return),分别简称 P、S、M、D、R。其中,计划流程是核心流程,其余四个流程是执行流程,计划流程对其余四个流程起到整体协调和控制作用。SCOR 模型第一层流程元素如图 10-5 所示。

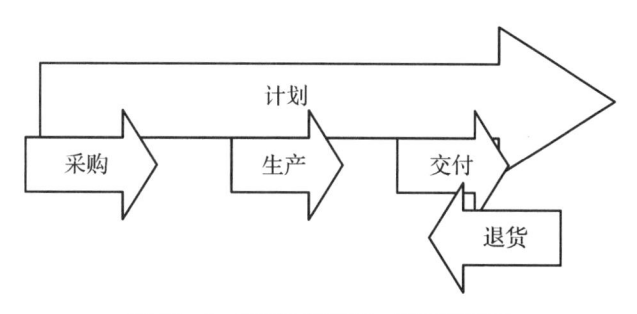

图 10-5 SCOR 模型第一层流程元素

SCOR 模型的基本流程定义了供应链运作参考模型的适用范围与内容,并确定了供应链管理目标的基础。供应链管理者通过对 SCOR 模型第一层流程元素的分析,可以根据供应链运作关键绩效指标(KPI)做出基本的战略决策。

(二) 第二层(配置层)

SCOR 模型的配置层主要用来定义标准的供应链核心流程,以指导企业在实施供应链时对流程进行标准划分,是由 26 种核心流程类型组成。由于每一种产品或产品型号

(SKU)都可以有其相应的供应链,因此供应链管理者可以选择配置层中的标准流程单元构建其供应链。图 10-6 为 SCOR 模型第二层流程元素。

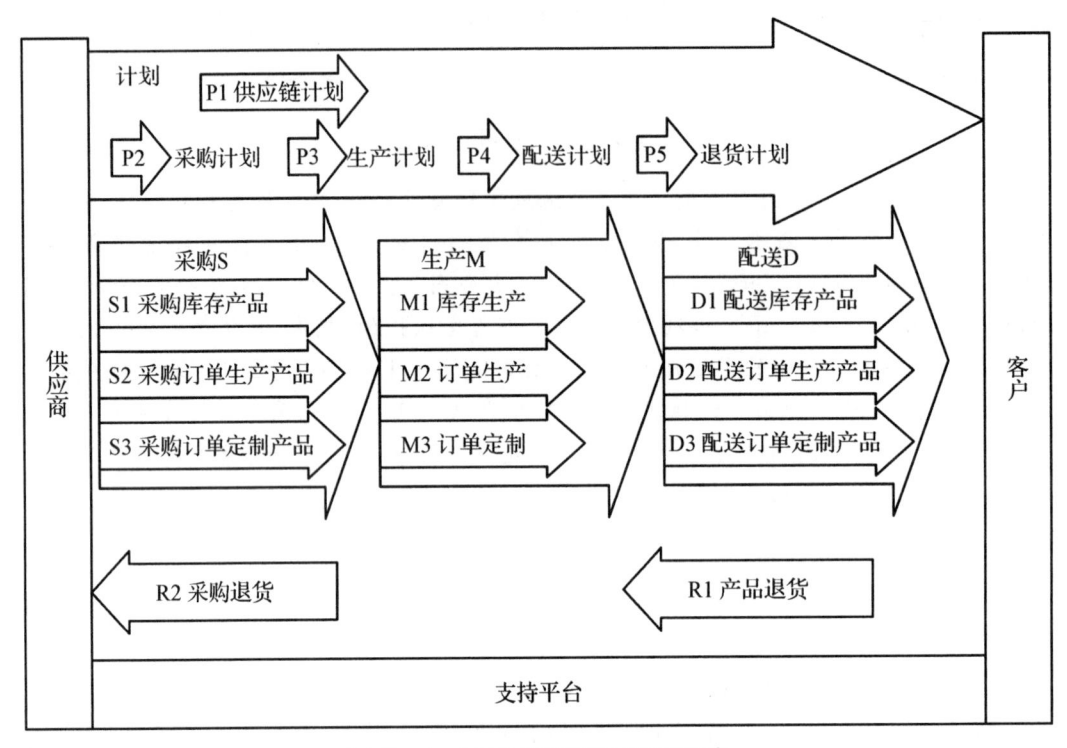

图 10-6 SCOR 模型第二层流程元素

(三)第三层(流程元素层)

SCOR 模型流程元素层定义了企业在目标市场上竞争成功的关键能力元,包括以下内容:① 流程元素的定义;② 流程元素信息的输入与输出;③ 流程绩效指标;④ 最佳运作方式及适用领域;⑤ 匹配与运作方式相应的信息系统。

以备货型采购(S1)为例,采购执行主要包括发送采购订单(S1.1)、货物验收(S1.2)两个关键流程。前者可以通过订单准确率、订单传输时间等关键绩效指标来衡量,后者可以通过货物验收正确率、货物验收效率、货物验收成本等关键绩效指标来衡量。当然,供应商的供应协同是采购工作顺利开展的必要条件,供应商主要设计订单处理、备货、送货等关联业务。

采购流程元素及其输入与输出的信息如图 10-7 所示。

在云计算、边缘计算、大数据、区块链、5G、增强现实/虚拟现实(AR/VR)等技术快速发展的今天,企业需要搭建信息平台,通过实时信息共享来实现与供应链合作伙伴的战略交互与运作协同。

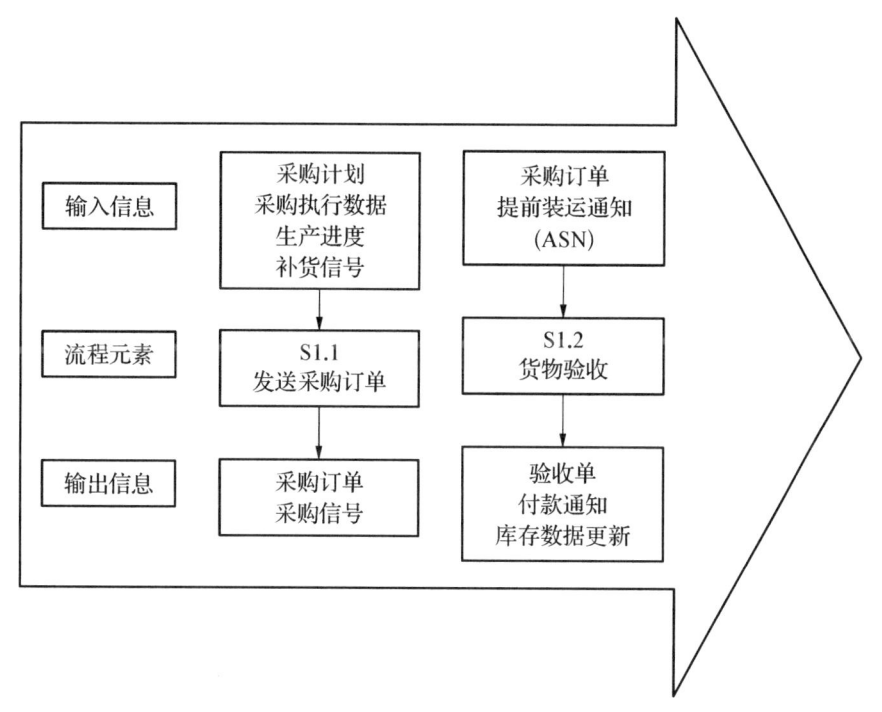

图 10-7 采购流程元素及其输入与输出的信息

拓展阅读

海尔借助 BBP 电子采购平台实现与供应商的运作协同

供应商通过海尔的 BBP 采购平台在网上接受订单,并通过网上查询海尔的物料需求计划及库存数据,及时补货,实现供应商管理库存(VMI)和准时(JIT)供应。通过 BBP 电子采购平台,海尔的订货周期从原来的 5～7 天缩短到 2 天,供应商次日就可以在 BBP 网站上查看从海尔 ERP 系统自动传输到 BBP 系统中的采购订单并打印送货单。借助信息平台,供应商对海尔的订单响应周期大大缩短,履行订单的准确率大大提高。

三、SCOR 模型的应用

SCOR 模型在供应链设计与优化、供应链流程再造与整合、供应链标杆管理、供应链绩效评估与管理中发挥着非常重要的作用。下面以制造企业供应链的构建为例,说明该模型的应用步骤。

(一) SCOR 模型在制造企业供应链构建中的应用

首先,供应链管理者应从企业供应链的物理布局开始构建供应链;接下来根据本企业供应链流程的特点,选择 SCOR 模型配置层中的标准流程元素。具体包括以下几个步骤:

(1) 选择拟构建的供应链的节点企业和物流节点,以及相应的产品组合。

(2) 确定计划流程(P)、采购流程(S)、生产流程(M)、交付流程(D)和退货流程(R)发生的位置。

(3) 采用适当的供应链运作流程(S、M、D等),标明每一供应链节点的活动(1代表MTS,2代表MTO,3代表ETO,如S1代表"备货生产"方式下的采购或"基于需求预测的备货",D1代表"配送库存产品",D2代表"配送订单生产的产品")。

(4) 用"箭线"连接供应链各节点。这些箭线把物料(广义的物料,包括半成品和产成品在内)流经的供应源、供应商、制造商、分销商、零售商、用户以及供应链流程联系在一起。描绘这些箭线有助于管理者了解供应链中哪些是共同的执行流程,哪些是独立的执行流程,从而为延迟决策奠定基础。

(5) 用虚线表达计划流程,以显示与执行流程的联系。

(6) 标注P1(供应链计划)。P1可以通过汇总P2(采购计划)、P3(生产计划)和P4(配送计划)得出。

(二) 以智能手机制造商为核心企业的供应链流程构建及分析

图10-8是基于上述步骤构建的以某智能手机制造商为核心企业的供应链流程。需要说明,对多数制造企业而言,一般采用"插单生产"策略,即企业首先在市场调查分析与需求预测的基础上制订经营计划,根据经营计划制订销售计划,根据销售计划制订生产计划,根据生产计划制订采购与供应计划,接下来组织采购(S1)与生产(M1)活动。但企业在执行原生产计划时,可能会接到客户的订单。在进行订单处理并接收订单后,企业需要检查成品库存以确认其能否满足订单需求,如果能满足,则进行库存货物发运(D1),同时调整(修正)原来的生产计划;如果成品库存不能满足订单需求,则调整(修正)原来的生产计划,进行"订单生产"(M2),相应地,可能会根据订单需要进行"订单采购"(S2),在得到成品后,进行"订单配送"(D2)。换言之,该智能手机制造商供应链的关键运作流程可能包含S1M1D1或S2M2D2或S1M2D2等类型。当然,为了更好地实现供需匹配,现代企业需要制订供应链综合计划(SCAP)和销售与运作计划(S&OP)。前者主要从事业部层面出发,在综合考虑企业需要的资源和企业内外(特别是供应链伙伴)资源约束的基础上,制订针对产品族的计划;后者则主要从销售与运作(采购、生产、物流)协同的角度去制订供需匹配的供应链计划。它借助IT形成应用系统,使企业经营计划、不受约束的营销计划和有约束的资源计划一体化同步运作,在快速响应用户需求的基础上达成企业盈利的目标。

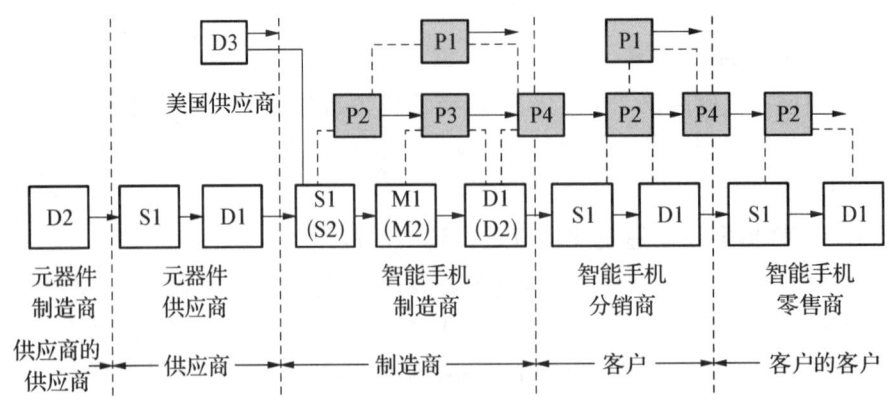

图10-8 以智能手机制造商为核心企业的供应链流程

综上所述,供应链运作参考(SCOR)模型在供应链运作与管理中的应用很广,其每个层次都可用于分析企业供应链的运作。制造企业运作流程的典型组合方式有 S1M1D1(预测驱动)、S2M2D2(订单驱动)、S3M3D3(定制驱动)、S1M2D2(推拉结合)等类型;而流通企业运作流程的典型组合方式有 S1D1(预测驱动)和 S2D2(订单驱动)两种类型;S1 的本质是提前备货,而 D1 的本质是配送库存产品;企业为更好地实现供需匹配,需要制订供应链综合计划(SCAP)和销售与运作计划(S&OP),它们分别从事业部层面和职能协同层面实现供需平衡。

第四节　供应链成本评价策略

一、作业成本法

作业成本法是美国芝加哥大学的青年学者库伯和哈佛大学教授卡普兰于 1988 年提出的,目前被认为是确定和控制成本最有前途的方法。

(一) 作业成本法的概念与原理

作业成本法(Activity-Based Costing,ABC)是以成本动因理论为基础,通过对作业进行动态追踪,评价作业业绩和资源利用情况的成本计算方法。其实质是将提供产品或服务的间接成本与实际产生这些成本的作业活动相匹配。该法把成本、驱动成本的作业活动及其占用的资源直接联系起来,有助于管理者理解重要流程的本质。虽然作业成本法可以作为一个会计系统使用,但其主要用途是用于评估某个具体产品、渠道或客户的利润水平,是重要的策略成本管理方法。

作业成本法中有许多新的概念,图 10-9 显示了作业成本模型。资源按资源动因分配到作业或作业中心,作业成本按作业动因分配到产品。分配到作业的资源构成该作业的成本要素,多个成本要素构成作业成本值,多个作业构成作业中心。作业动因包括资源动因和成本动因,分别是将资源和作业成本进行分配的依据。

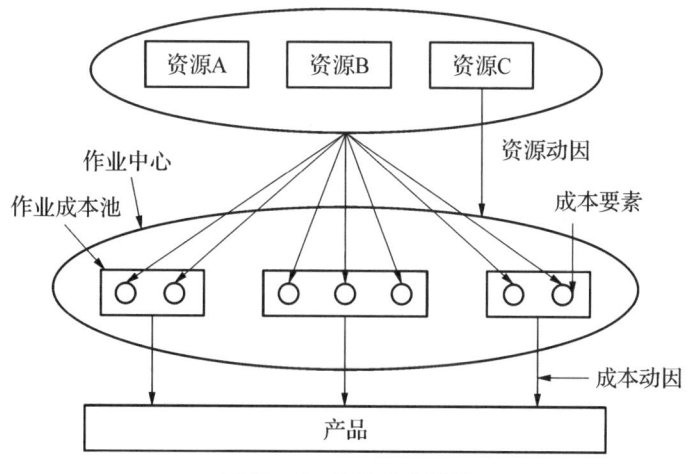

图 10-9　作业成本模型

作业成本法的基本原理是产品消耗作业,作业消耗资源并导致成本的产生。作业成本法把成本核算深入作业层次,它以作业为单位收集成本,并把"作业"或"作业成本池"的成本按作业动因分配到产品。其运用的意义有两个方面。一方面,作业成本法根据不同的作业类型,利用多个成本动因进行核算,不仅能够准确提供产品或服务的成本,尤其是间接成本,而且有助于企业了解客户是如何影响其成本结构的;另一方面,作业成本法着眼于企业生产中的价值增值活动,在整个供应链管理过程中有助于去除无效成本和优化流程。

(二) 作业成本核算的步骤

作业成本核算的基本步骤如下:

(1) 明确成本对象,即确定管理者要分析的产品、服务或客户。

(2) 界定作业(活动)。作业(活动)是基本的工作单元,作业的类型和数量因企业而异。该步骤主要是确定企业的作业中心。比如,一个退货处理部门就是一个作业中心,其作业包括产品回收、运输、拆卸、零件翻新再利用及材料再生等。再如,客户服务部门的作业(活动)包括处理客户订单、解决产品问题以及提供客户报告三项作业。

(3) 界定资源。企业活动消耗的资源主要包括劳动力、设施设备及能源等,资源的界定建立在作业分类的基础上,与作业无关的资源不能计入成本核算的范围。

(4) 确认资源动因,将资源分配到作业。作业决定资源的耗用量,这种关系称作资源动因。资源动因联系着资源和作业,它把总分类账上的资源成本分摊到作业。在计算作业资源要素成本额时,应注意产品性质的不同会引起作业方式的不同。比如,药品适合独立小包装,大宗消费品适合整盘包装,包装方式的不同会进一步造成运输方式的不同。资源的耗费总是与一定的作业相关联,作业方式的不同会带来资源消耗的差异。

(5) 确认成本动因,将作业成本分配到产品或服务。成本动因反映了成本对象对作业消耗的逻辑关系。例如,问题最多的产品产生的客户服务电话最多,故客户服务部门应该按照电话数的多少(作业动因)把解决顾客问题的作业成本分配到相应的产品。

(三) 作业成本分析与优化的步骤

企业在进行作业成本分析与优化时,一般遵循以下几个步骤:

(1) 设置目标、明确范围、成立小组。第一步的主要工作是设置ABC系统分析与优化的目标,明确ABC系统分析与优化的范围,并组建ABC系统实施小组。企业管理者必须明确ABC系统分析与优化的目标,并能够利用作业成本相关的信息进行正确的决策。一般而言,这些信息可以帮助管理者找出流程改进的机会,并为企业与供应链合作伙伴建立双赢的关系奠定基础。ABC系统分析与优化的范围可以是整个企业,也可以是企业独立核算的某个部门。比如,企业的物流中心可以通过ABC系统来分析不同产品或客服所分摊的物流成本。ABC系统实施小组应该由企业或部门的领导来牵头,企业的财务部门负责人及相关人员参与,还应该邀请外部咨询顾问参加。外部咨询专家具有ABC系统实施的经验,有利于企业借鉴其他企业成功的经验,以规避失败的风险。

(2) 了解企业的运作流程,收集相关信息,建立ABC分析模型。ABC系统实施小组通过梳理企业的经营运作流程,理清企业的成本流动过程,找出导致成本发生的因素,明确各个部门对成本的责任,以便设计作业活动及责任控制体系。ABC 系统实施小组在对企业的经营运作进行充分了解与分析的基础上,按照 ABC 系统设计原理涉及企业的 ABC 分析模型,明确成本对象、作业活动、作业动因及资源和资源动因。ABC 系统计算要求流程可视化以及关于产品、服务、作业活动、资源及成本的大量信息,这是一项十分烦琐的工作。

（3）开发 ABC 系统实施工具,运行 ABC 系统,进行作业成本分析,并对症下药,采取成本优化措施。ABC 系统能够提供比传统会计体系更加丰富的信息,这是建立在大量计算基础之上的。ABC 系统的实施离不开软件工具的支持,软件工具有助于系统完成复杂的成本核算任务,有助于系统对相关信息进行分析。ABC 系统软件提供了 ABC 系统构造工具,可以帮助实施小组建立和管理 ABC 系统。实施小组在建立 ABC 系统的基础上,输入数据就可以运行 ABC 系统。接下来,实施小组对 ABC 系统的计算结果进行分析,针对成本核算反映的问题（如成本偏高或成本结构发生变化）采取相应的改进措施（如改进作业流程以提高作业效率、改变作业方式、剔除无价值的作业活动、加强对部门及员工的业绩考核等）,改善经营绩效。

需要指出,企业是一个变化的实体,在 ABC 系统正常运行以后,企业还需要对 ABC 分析模型进行维护,使其能够反映企业的发展变化。伴随着企业的经营运作,ABC 系统的运行、分析及采取降本增效措施是一个不断循环的过程。

拓展阅读

成本算那么清又能怎么样

经常有人问,如何能更好地核算成本？一般企业都是在直接成本上加一定比例的间接成本分摊,再加一定比例的利润,这就是价格。直接成本又包括材料和人工。人工的测算、间接费用的分摊比例都很难做准,其实连供应商也不知道其成本。对于这些成本会计上根深蒂固的挑战,采购和供应链也不会有更好的解决方案。成本不是算下来的,成本是做下来的。越是一流的企业,它们的资源越多地投入基本面的问题上,比如设计优化、整合供应商、增加规模效益,从根本上降低成本。价格是市场决定的,跟成本核算没有半毛钱的关系。

二、总体拥有成本分析

（一）总体拥有成本的定义

在很多行业,市场竞争日益激烈,迫使企业降低产品售价,以更好地与同业竞争。为了保证目标利润率,企业必须对成本管理及供应链成本结构进行改善。为此,企业管理者就需要关注与供应链流程相关的交易成本。这是总体拥有成本分析被越来越多的企业所重视的主要原因。

总体拥有成本（Total Cost of Ownership,TCO）是指企业对拥有的原材料、零部件、半成品、产成品及其他物料乃至机器、设备、工具等固定资产所承担的全部成本。总体拥有成本分析是企业管理者从供应链的角度理解所有相关成本的工具。它能够使管理者从更大的范围去考虑除采购价格之外的物料成本。特别对设备类品项而言,总体拥有成本通常包括获取成本、运行成本、维护成本和处置成本等。在进行 TCO 分析时,不用精确地计算物品的所有成本项,只需要关注主要的成本项以及与正在制定的决策相关的成本。

> **拓展阅读**
>
> **总体拥有成本的重要性**
>
> 对于许多企业来说,企业在产品市场上的订单赢得要素已经不仅是成本了,而是转向了其他因素,如质量、交付速度、产品设计和定制化。为了在这些方面展开竞争,企业需要高质量的劳动力、生产力、交通运输、电信和供应商基础设施。大多数企业不考虑全部运营成本,倾向于追求劳动力成本。据调查发现,60% 的制造商忽略了 20% 或更多的离岸成本。然而各个企业追求低劳动力成本的态度开始发生变化,而且一个明确的趋势是,许多全球业务重新回到国内。IDC 制造洞察的报告呼吁企业重视总体拥有成本,鼓励近岸外包和回流。越来越多的企业将总体拥有成本作为确定最佳采购战略的工具。显然,离岸外包的相对成本,因此过去一些可以盈利的离岸外包业务现在回流之后仍可以盈利。一个重要的因素是,全球的商业状况都在迅速变化。

(二) 总体拥有成本(TCO)分析的步骤

(1) 明确 TCO 分析的动因。企业进行 TCO 分析有多方面的原因,主要原因包括建立绩效评价指标(KPI)、采用标杆法进行绩效评价、进行成本动因分析、建立成本分析框架、采购成本控制、采购决策、业务外包决策、部门协同、构建商业模式、开发盈利项目等。

(2) 确定 TCO 分析的期望收益。企业实施 TCO 分析的收益应该大于其投入。因为 TCO 分析需要企业某一部门乃至相关部门付出大量的实践与努力。因此,企业管理者需要权衡 TCO 分析的收益与成本。如果 TCO 分析项目预期的收益大于成本,则 TCO 分析是值得的;相反,管理者就需要判断所选择的项目是否具有一个成功的 TCO 分析项目所具有的特征。比如,企业在进行采购或外包决策时,满足以下特征的产品或服务就是比较好的 TCO 分析对象:① 产品或服务的采购成本高;② 产品或服务的采购有规律可循;③ 交易成本高;④ 降低交易成本存在可能性;⑤ 若采购部门与使用部门等相关部门加强合作,可以了解产品或服务的成本结构。

(3) 组建 TCO 分析团队。TCO 分析团队应该由企业的高层管理者、采购部门的人员、财务部门人员、有关的技术专家,甚至供应链合作伙伴构成。需要说明,如果供应链合作伙伴对企业的 TCO 分析有影响,抑或分析结果对其有影响,企业应该将其纳入 TCO 分析团队。

(4) 进行 TCO 分析,即 TCO 分析团队识别相关成本、收集有关数据并计算总体拥有成本。首先是识别相关成本。为了帮助 TCO 分析团队搞清楚产品相关的潜在成本,一般需要画出产品使用流程图,通过头脑风暴的形式进行成本动因分析,并确定在与决策相关

的研究的基础上进行计算;影响决策的非成本项目则是"软成本",不包括在 TCO 计算中,一般可作为定性问题反映在分析报告中。

以生产企业典型的原材料采购为例,典型原材料采购的 TCO 主要构成部分如图 10-10 所示。

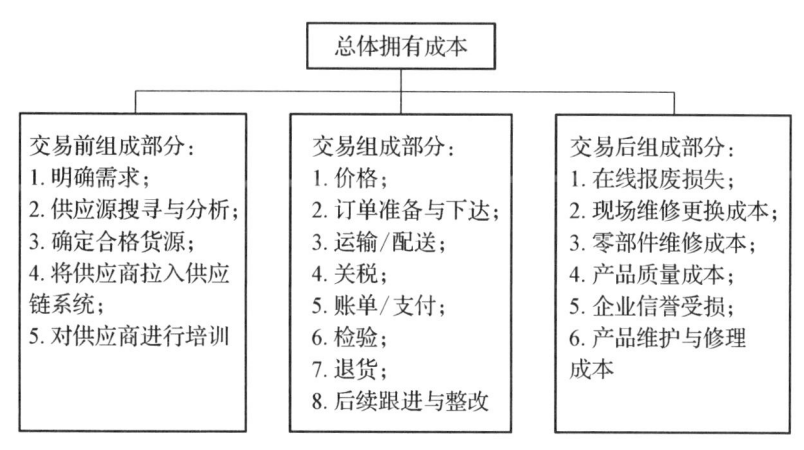

```
总体拥有成本
├── 交易前组成部分:
│   1. 明确需求;
│   2. 供应源搜寻与分析;
│   3. 确定合格货源;
│   4. 将供应商拉入供应链系统;
│   5. 对供应商进行培训
├── 交易组成部分:
│   1. 价格;
│   2. 订单准备与下达;
│   3. 运输/配送;
│   4. 关税;
│   5. 账单/支付;
│   6. 检验;
│   7. 退货;
│   8. 后续跟进与整改
└── 交易后组成部分:
    1. 在线报废损失;
    2. 现场维修更换成本;
    3. 零部件维修成本;
    4. 产品质量成本;
    5. 企业信誉受损;
    6. 产品维护与修理成本
```

图 10-10 典型原材料采购的 TCO 主要构成部分

接下来时收集成本数据。这需要发挥很多的人工劳动,因为很多必要的数据不能在会计系统中找到。因此,保证分析规模的合理性即确保 TCO 分析的收益大于成本是很重要的。

(5) 进行灵敏度分析。实施团队可以根据需要对 TCO 分析方法做适当调整,并进行灵敏度分析。TCO 计算模型中很多成本是可以估计的。对于关键的成本动因,TCO 分析团队要给出合理的取值范围,进行灵敏度分析,搞清楚成本数值改变时模型的灵敏度。如果决策不会因数据的变化而变化,说明决策结果是合理的。如果 TCO 分析团队认为数据准确、可靠,就可以将这些数据应用于决策。

(6) 成本优化与持续改善。如果实施团队认为 TCO 分析结果可信,就可以向企业高层提交报告。该报告应该既有 TCO 分析的量化结果,又有包含非成本项目的定性"软成本"。报告的主要内容包括摘要、TCO 分析概述、灵敏度分析、非成本项目及处理、建议、附录。其中,摘要应该反映 TCO 分析的项目背景、可选择的产品概要、关键问题、TCO 分析结果、关键因素的灵敏度分析及建议。而详细的计算过程与模型假设应该放入附录。一旦 TCO 分析报告得到企业高层的认可,接下来的成本优化过程与结果以及对过程的监控就显得至关重要,因为这关乎企业流程的优化与绩效的改善。需要说明,企业成本分析与优化是一个持续改善的过程,企业根据需要可以从上述第一步开始,周而复始,循环往复,持续改善。

本章参考文献

[1] 胡建波.供应链管理实务[M].第四版.成都:西南财经大学出版社,2021.
[2] 刘宝红.供应链实践者丛书[M].第3版.北京:机械工业出版社,2021.

[3] 陈伟.供应链知识共享的绩效评价与实现机制[M].北京:中国社会科学出版社,2018.
[4] 刘助忠.供应链管理[M].长沙:中南大学出版社,2016.
[5] 罗伯特·卡普兰,大卫·诺顿.平衡计分卡[M].珍藏版.刘俊勇,孙薇,译.广州:广州经济出版社,2020.

同步测试题

第十一章 供应链战略

学习目标

通过本章的学习,应掌握以下知识目标与能力目标:① 掌握供应链战略的相关定义;② 了解供应链战略分类;③ 了解企业供应链战略的基本特征;④ 理解企业竞争战略与供应链战略的匹配;⑤ 能针对不同产品及市场需求特点进行简单的战略匹配分析;⑥ 培养全局思维、战略思维;⑦ 形成目标与能力相匹配的观念。

案例导入

2017年3月2日,京东在"京东Y事业部"战略发布会上,对刘强东提出的"智能商业——供应链"战略做出解读,即以消费者洞察作为原点,借助大数据和人工智能技术的应用,融合京东过去12年的零售经验积累,与各方合作伙伴一起,打造敏捷、智慧、开放的零售供应链,不断满足日益变化的用户期望,共享消费时代的品质生活。如图11-1所示,京东围绕四个源动力,形成覆盖"商品、价格、计划、库存、协同"五大领域的智慧供应链解决方案。

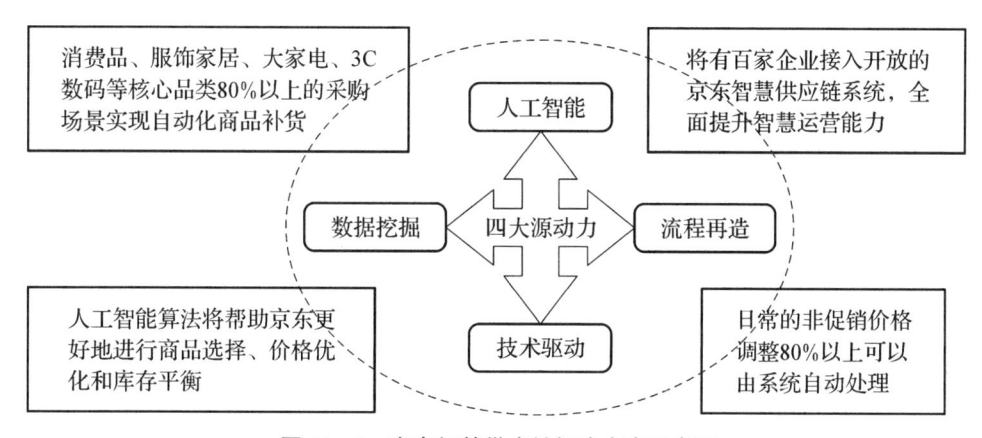

图 11-1 京东智慧供应链解决方案示意图

第一节 供应链战略概述

一、供应链战略的定义

"战"指战斗、战争,"略"指谋略、策略、计划,"战略"在政治和经济领域泛指统领性的、全局性的、左右胜败的谋略、方案和策略。

结合"战略"的定义,不难推出:供应链战略是指在供应链竞争中取得胜利的供应链层面的谋略。百度百科中对供应链战略的定义是:供应链战略就是从企业战略的高度来对供应链进行全局性规划,它确定原材料的获取和运输,产品的制造或服务的提供,以及产品配送和售后服务的方式与特点。

供应链战略突破了一般战略规划仅仅关注企业本身的局限,通过在整个供应链上进行规划,进而实现为企业获取竞争优势的目的。供应链战略管理所关注的重点不是企业向顾客提供的产品或服务本身给企业增加的竞争优势,而是产品或服务在企业内部和整个供应链中运动的流程所创造的市场价值给企业增加的竞争优势。

二、供应链战略的种类

由于外部环境、顾客需求、行业竞争状态、企业的价值主张等都在不断变化,供应链战略也会进行相应的调整变化。供应链战略是为了取得供应链竞争胜利而从供应链层面着手制定的全局性谋略,它是一个内涵很广的概念。下面通过几个重要的供应链战略概念,从中了解供应链管理的重要思想和前沿理念。

(一)有效性供应链战略和反应性供应链战略

马歇尔·费希尔根据产品的需求模式不同将供应链战略划分为两类:有效性供应链战略和反应性供应链战略,分别对应需求稳定的功能性产品和需求不确定的创新性产品。

功能性产品又称实用型产品,这类产品以强调使用功能为主,重在功能的完善和优化。能从零售店买到的大部分产品,都是功能性产品,它们满足消费者的基本需求。这类产品的需求稳定、预测准确度高并且生命周期长,但是这类产品的市场竞争激烈,价格竞争比较严重,进而导致产品的单位利润较低。生产功能性产品的企业应采取各种措施获得规模效应、降低供应链成本,在低成本的前提下妥善安排订单、完成生产和产品交付,使供应链运转的效率最大化。

创新性产品是指为了满足顾客的特定需求,企业在产品式样或技术上进行创新而生产的产品。创新性产品能使企业获得更高的单位利润,但是创新性产品的需求很难预测,而且产品的寿命周期一般较短,因此生产这类产品的公司很容易面临较高的缺货损失和库存损失。

由于两类产品所面临的需求特点不同,所采用的供应链战略也应不同。费希尔认为:功能性产品的供应链设计应重点关注供应链的实物功能,通过降低实物在供应链上流动的成本来提高供应链的竞争力;而设计创新性产品的供应链时应重点关注供应链的协调功能,通过对供需的协调来快速响应顾客的需求,以降低供应链的缺货损失和库存损失,从而提高供应链的盈利能力和竞争能力。

(二)精益供应链战略和敏捷供应链战略

精益供应链管理和敏捷供应链管理是两种不同的供应链管理思想,将这两种管理思想应用到供应链战略设计层面,即在由原材料的获取和运输、产品的制造或服务的提供以及产品配送和售后服务等环节所构成的整个供应链条的设计中着重体现"精益"或"敏捷"的方式与特点时,就应用了精益供应链战略或敏捷供应链战略的思想。

1. 精益供应链战略

Paul Myerson 在《精益供应链与物流管理》一书中提出,精益所关注的是如何识别并消除"浪费",这里的"浪费"是指从客户的角度看不产生增值的活动。精益供应链战略是指企业从供应链层面,发现并消除供应链中无附加值的环节、流程和步骤,进行供应链重构和流程重组以构建精益型供应链的谋略。构建精益型供应链的前提是识别供应链中的"过量""不均衡""浪费"和"排队等待"等所有不增值的行为、环节、流程和活动。

从 20 世纪 40 年代开始,丰田公司就开始关注"精益",力图尽一切可能减少浪费,并指出了生产过程中存在的七大浪费(见表 11-1)。为便于记忆,人们将它们简称为 TIMWOOD。除了这七大浪费外,管理浪费也是企业在实际运营中存在的重要浪费。将丰田公司提出的这七大浪费的思想扩展到整个供应链,发现供应链各环节都有类似的浪费。"过量""不均衡""等待"等浪费都需要从供应链战略层面着手才能有效减少。例如,运输、库存等物流过程中的浪费问题,不是单独从运输、库存环节入手就能有效解决的,需要从整个供应链角度,进行供应链物流网络或者自营、外包物流方案的优化;又如,"排队等待""多余工序""过量生产"类浪费问题,也需要从供应链战略层面进行优化设计才能从根本上得到解决。

表 11-1 丰田公司提出的七大浪费

序号	代号	英文单词	中文名称	浪费的表现或原因
1	T	Transportation or Movement	运输或搬运	不合理的设施选址或工厂布局造成不合理的物流途径
2	I	Inventory	库存	过度的库存会严重地积压流动资金,产生不必要的入库、出库、盘点、防护等管理上的成本浪费
3	M	Motion	动作	不产生价值的、违反动作经济原则的、有方法可以免除的动作
4	W	Waiting	等待	机器设备、人员甚至是物料的等待都可能是浪费的来源
5	O	Over Processing	多余工序	不能给产品带来附加价值的工序,在过度加工时表现明显
6	O	Over Production	过量生产	生产过多或过早
7	D	Defects or Errors	缺陷或错误	有缺陷的产品或错误的做法不仅会造成本环节作业的浪费,可能还会带来下游作业的浪费

2. 敏捷供应链战略

敏捷性是20世纪90年代初，美国学者为了提高制造系统对外部环境变化的应变能力，而提出的一种新型战略思想。在竞争日趋激烈、市场需求复杂多变的时代，敏捷化思想被推广应用到整条供应链。敏捷供应链（Agile Supply Chain, ASC）是指在不确定、易变的动态环境中，由供应链上的各个结点企业结成的快速响应市场环境变化的动态供需联盟，其核心是充分利用每个市场机会，提升产品的可获得性，快速响应复杂多变的市场需求，其实质是在整合企业内外资源的基础上，强调供应链响应客户多样化需求的速度。供应链的敏捷度可以用额外产能与资产平均利用率之间的比率衡量。额外产能是供应链具备敏捷性的重要条件。

敏捷供应链战略具有以下特点：一是战略目标定位于对多样化客户需求的瞬时响应；二是强调资源整合与最佳配置，敏捷供应链要求从扩大的生产概念出发，将企业的生产活动进行前伸和后延，把上游供应商和下游客户纳入企业的战略规划之中，实现对企业内外资源的整合与最佳配置；三是订单驱动，敏捷供应链在敏捷制造技术、信息技术（IT）及并行工程技术（OE）的支持下，成功地实现了客户需要什么就生产什么的订单驱动式生产组织方式；四是构建新型组织机构，敏捷供应链的成功实施依赖于虚拟组织的构建，即若干相互关联的厂商，基于战略一致性而构成的动态联盟；五是战略伙伴关系，敏捷供应链突破以往框架，重新定位与上下游企业的关系，与供应商结成利益一致的合作伙伴，将客户看成是能为企业创造价值、带来利润的资源。

在供应链管理系统SCOR10，供应链流程的最佳实践中，对供应链敏捷度指标进行了分解，具体见表11-2。从SCOR10对供应链敏捷度指标的分解可知，敏捷供应链战略需要从采购、生产、配送、退货乃至整个供应链角度对供应链的上调灵活性、上调适应性、下调适应性以及风险值进行规划设计。

表11-2 供应链敏捷度的下层指标

编号	名称	编号	名称	编号	名称	编号	名称
AG.1.1	上调供应链灵活性	AG.1.2	上调供应链适应性	AG.1.3	下调供应链适应性	AG.1.4	整体风险值
AG.2.1	上调采购灵活性	AG.2.6	上调采购适应性	AG.2.11	下调采购适应性	AG.2.14	供应商/客户/产品的风险评级
AG.2.2	上调生产灵活性	AG.2.7	上调生产适应性	AG.2.12	下调生产适应性	AG.2.15	风险值（计划）
AG.2.3	上调配送灵活性	AG.2.8	上调配送适应性	AG.2.13	下调配送适应性	AG.2.16	风险值（采购）
AG.2.4	上调采购退货灵活性	AG.2.9	上调采购退货适应性			AG.2.17	风险值（生产）
AG.2.5	上调配送退货灵活性	AG.2.10	上调配送退货适应性			AG.2.18	风险值（配送）
						AG.2.19	风险值（退货）

（三）柔性供应链战略与韧性供应链战略

1. 柔性供应链战略

1987年，Slack N首次提出了供应链柔性，他认为供应链柔性（Flexibility of Supply Chains）是指供应链对顾客需求做出反应的能力。马士华教授指出：供应链柔性对于需方而言代表了对未来变化的预期；对于供方而言，它是对自身所能承受的需求波动的估计。在供应链运作参考模型（SCOR）中，将供应链柔性定义为：供应链面对市场变化获得和维持竞争优势的灵活性，并将"供应链响应时间、生产柔性"作为评价供应链柔性的第一层指标。百度百科采用的定义是：供应链柔性是指快速而经济地处理企业生产经营活动中环境或由环境引起的不确定性的能力，它一般由缓冲、适应和创新三种能力构成。缓冲能力是一种"以不变应变"的能力；适应能力是指当环境发生变化时，供应链在不改变其基本特征的前提下，做出相应调整，以适应环境变化的能力；而创新能力则是指供应链采用新行为、新举措，影响外部环境和改变内部条件的能力。

通过对供应链柔性概念的分析可知，柔性供应链战略是指从形成缓冲能力、提高适应能力和培养创新能力等角度对供应链进行设计与重构，以提高供应链对不断波动、快速变化的需求的反应能力。柔性供应链战略是一项全方位的工程：首先，供应链的所有流程、所有系统包括制造系统、物流系统、信息系统以及供应系统都应具备一定柔性；其次，产品研发、组织设计、战略决策和文化构建都要增加相应的柔性；第三，柔性也要体现在合作伙伴关系中，要制定柔性的合同，有柔性的利益分配机制和柔性的合作关系。具体来说，采用柔性供应链战略，应重点部署以下能力：一是关键资源的充足产能，与关键资源拥有者的战略伙伴关系显得尤为重要；二是快速响应需求的能力，压缩供应链响应时间、提高供应链对需求的响应速度，对提高供应链的柔性有重要作用；三是在流程或工程技术上的先进性，这是保障供应链创新能力的关键；四是流程设计本身具备高度的可配置性，以此提高流程的可扩展性、可重用性以及根据顾客需要而被配置的能力。

2. 韧性供应链战略

2003年，Rice教授和Caniato教授提出"供应链韧性"（Supply Chain Resilience）概念，2004年，Christopher教授和Peck教授将供应链韧性定义为"供应链受到干扰后能够恢复到原状态或者更加理想状态的能力"。史沛然（2022）在《"韧性供应链"战略与中国在全球价值链中的角色再定位》中指出，"韧性供应链"又称"弹性供应链"（Resilient Supply Chains），是指供应链在部分失效时，仍能保持连续供应且快速恢复到正常供应状态的能力。

在全球贸易震荡的影响下，供应链韧性不仅关系到企业的生存发展，而且关系到产业链安全，进而影响到国家经济与政治安全，因此供应链韧性受到了政策制定者、学术界和跨国企业的高度关注。韧性供应链战略不仅成为跨国企业应对全球供应链风险的重点战略，而且被很多国家提升到国家安全层面。习近平总书记在党的二十大报告中指出："着力提升产业链供应链韧性和安全水平"。美国总统拜登也多次签发保障国内供应链的行政命令，将供应链的韧性与国家安全联系在一起。欧盟也提出了关注关键产业韧性和依赖度的欧洲产业战略。日本政府则实施多项举措以提升本国供应链的韧性，如斥资鼓励建设多元化供应链；加强本土化制造；对重要产品的国内投资和多元化生产基地建设进行补贴；与印度、澳大利亚建立供应链联盟；加强重要物资储备。

> **拓展阅读**
>
> **中国高度重视"产业链供应链韧性和安全水平"**
>
> 2020年9月，习近平总书记在科学家座谈会上的讲话中指出："保障产业链供应链安全稳定"。2020年12月，中央经济工作会议要求，增强产业链供应链自主可控能力。2022年9月19日至20日，"产业链供应链韧性与稳定"国际论坛在浙江杭州举行。论坛期间，中国同二十国集团轮值主席国印度尼西亚及智利、古巴、巴基斯坦、塞尔维亚等6国共同发起《产业链供应链韧性与稳定国际合作倡议》。2022年10月，习近平总书记在党的二十大报告中指出："着力提升产业链供应链韧性和安全水平"。
>
> 提升产业链供应链韧性和安全水平，要坚持经济性和安全性相结合，补齐短板、锻造长板，分行业做好供应链战略设计和精准施策；推进供应链创新发展，支撑产业补链、延链、固链、强链；强化资源、技术、装备支撑，加强国际产业安全合作，推动产业链供应链多元化；立足产业规模优势、配套优势和部分领域先发优势，打造战略性全局性产业链；优化区域产业链布局，引导产业链关键环节留在国内，力争形成具有更强创新力、更高附加值、更安全可靠的产业链供应链。

三、供应链战略计划

（一）供应链战略计划的定义

供应链战略计划是指在战略阶段从供应链整体的角度出发来决定如何构造供应链，决定供应链的配置，以及供应链的每个环节（组织）所应执行的与流程决策有关的规划。

（二）供应链战略计划决策

供应链战略计划决策包括生产和仓储设施的位置布局和能力规模、产品制造或存放地点、根据不同交货行程采用的运输模式以及将要使用的信息系统的类型等，必须保证供应链配置能够支持其实现在这一阶段的战略目标。

（三）供应链战略计划决策的重点内容

供应链战略计划的目的是打破效率和响应的平衡，以便取得供应链战略与企业竞争战略的匹配。要达到这一目标，供应链战略计划必须重点考虑四个主要的供应链绩效驱动因素：库存、运输、设施和信息，这也是供应链战略计划决策的重点内容。

1. 库存

库存在供应链中发挥重要的作用，是能改变供应链效率和响应性的关键因素。首先，库存是供应链成本的重要来源；其次，库存通过发挥"蓄水池"作用来协调供需，提高供应链对需求的响应能力；再次，库存对供应链物流时间、产品销售时间以及对顾客需求的响应时间都有重要影响。制订供应链战略计划时，要考虑在不增加成本或不降低响应的条件下，减少库存。供应链库存决策应重点关注周期库存、安全库存、季节性库存的战略部署问题。

2. 运输

运输选择对供应链响应和效率也有重大影响。运输的一个基本决策是要权衡运输成本（效率）和运输速度（响应）。更快的运输方式提高了供应链的响应性，但常常以更高的成本为代价。此外，企业的运输决策还会影响供应链中的库存水平和设施位置方面的决策。企业的运输决策对企业的竞争战略也有重要影响。如果企业的竞争战略是成本领先战略，那么企业的运输决策重点是降低产品的运输成本，这常常以牺牲响应为代价。企业也可以同时利用库存和运输来改善供应链的响应和效率，这意味着企业要在平衡两者利弊的基础上做出正确的选择。制定供应链战略时，在运输决策方面应重点关注：一是选择合理的运输方式；二是进行运输路径和运输网络的优化决策；三是权衡自营运输或外包运输的利弊，并做出正确的自营或外包决策。

3. 设施

设施及其相应的执行能力是决定供应链响应和效率性能的重要指标。比如，当一个产品只在一个地方制造或储存，企业可以获得因集中带来的规模效应，但是这种集中会增加运输时间，提高供应链对顾客需求的响应时间。反之，如果把设施建在靠近客户的地方，会加快对客户需求的响应速度，但是会因设施数量的增加而增加设施成本、生产成本和储存成本。设施决策需要企业权衡设施在成本和响应速度方面的利弊。企业在进行设施决策时，应重点关注以下几个问题：一是设施的选址及布局问题；二是设施的能力问题，因为设施的能力影响供应链的响应能力和效率，设施过剩虽提高了供应链的柔性但降低了供应链的效率；三是企业必须决定生产制造设施中的作业是生产还是装配，或是既生产又装配，还必须权衡设施的柔性能力和专用能力；四是仓储方法问题，企业进行仓储设施设计时必须确定产品储存的方法，如把同一种类型的产品存放在一起；把所有用于完成专门工作或满足特殊客户的不同类型的产品存放在一起；抑或是采取产品不进仓储设施储存，仅发挥集散作用。

4. 信息

信息作为连接供应链成员的纽带，在供应链协同中起着关键作用。信息对供应链各环节运营决策的可靠性有重要影响。信息共享对解决供应链失调，减少供应链浪费有积极作用。此外，信息透明对解决因信息不对称所致的委托代理问题也发挥关键作用。高效利用信息可以提高供应链的响应性和效率，但信息的获取、处理、传输和共享需要企业在信息系统、信息技术等方面进行大量投入。所以，企业对信息也必须做出效率和响应的选择。企业在进行供应链战略规划时，在信息方面的决策重点主要有：一是确定供应链是推动型、拉动型还是推拉结合型，并根据供应链的类型确定输入的信息类型；二是考虑如何进行供应链协调与信息共享；三是如何提高需求预测与资源整合计划的准确性；四是选择合适的信息技术；五是进行反应能力和盈利水平的权衡。

第二节　供应链战略与企业竞争战略的匹配

一、企业竞争战略的有关理论

竞争战略是企业取得竞争优势的谋略，是对与竞争有关的整体性、长期性、基本性问题的谋划。一个公司的竞争战略界定了该公司相对于竞争对手而言需要满足的客户需求组合，以及需要建立和维持的竞争优势。20世纪90年代以来，在波特所提出的成本领先战略、差异化战略和集中化战略这三种基本竞争战略指引下，企业采取了价格战、功能战、广告战、促销战、服务战、品类战来建立自己的竞争优势。

（一）总成本领先战略

总成本领先战略是指通过有效途径，使企业的成本低于竞争对手的成本，以获得同行业平均水平以上的利润。实现成本领先战略需要有一整套具体政策，即要有高效率的设备，积极降低经验成本，紧缩成本和控制间接费用以及降低研究开发、服务、销售、广告等方面的成本。要达到这些目的，必须在成本控制上进行大量的管理工作，即不能忽视质量、服务及其他领域的工作，尤其要重视与竞争对手有关的低成本的任务。

当具备以下条件时，采用成本领先战略会更有效力：① 市场需求具有较大的价格弹性；② 同行业的企业大多生产标准化产品，从而使价格竞争决定企业的市场地位；③ 产品差异化的实现途径很少；④ 多数顾客以相同的方式使用产品；⑤ 当顾客购物从一个销售商改变为另一个销售商时，不会发生转换成本，因而特别倾向于购买价格最优惠的产品。

（二）差异化战略

差异化战略，是指为使企业的产品与竞争对手的产品具有明显的区别、形成与众不同的特点而采取的战略。这种战略的重点是创造被全行业和顾客都视为独特的产品和服务以及企业形象。实现差异化的途径多种多样，包括产品设计、品牌形象、技术特性、销售网络和用户服务等。例如，美国卡特彼勒公司（履带拖拉机公司），不但以有效的销售网络和随时能够提供良好的备件而享誉市场，而且以质量精良的耐用产品而闻名遐迩。

当具备以下条件时，可采用差异化战略：① 有多种使产品或服务差异化的途径，而且这些差异化是被某些用户视为有价值的；② 消费者对产品的需求是不同的；③ 奉行差异化战略的竞争对手不多。

（三）集中战略

集中战略是指企业把经营的重点目标放在某一特定的购买者集团，或某种特殊用途的产品，或某一特定地区上，以此来建立企业的竞争优势及市场地位。由于资源有限，一个企业很难在其产品市场展开全面的竞争，因而需要瞄准一定的重点，以期产生巨大有效的市场力量。此外，一个企业所具备的不败的竞争优势，也只能在产品市场的一定范围内发挥作用。例如，天津汽车工业公司在面对进口轿车与合资企业生产轿车的竞争时，将经营重心放在微型汽车上,该厂生产的"夏利"微型轿车,专门适用于城市狭小街道行驶且价格又不贵,颇受出租汽车司机的青睐。集中战略所依据的前提是,厂商能比正在更广泛地开展竞争活动的竞争对手更有效或效率更高地为其狭隘的战略目标服务。结果,厂商或是由于更好地满足其特定目标的需要而使产品呈现差异,或是在为该目标的服务中降低了成本,或是两者兼而有之。

(四)三种竞争战略的比较及选择

从以上对三种战略的描述可以看出,尽管集中战略往往采取成本领先和差异化这两种变化形式,但三者之间仍存在区别。总成本领先和差异化战略一般是在广泛的产业部门范围内谋求竞争优势,而集中战略则着眼于在狭窄的范围内取得优势。

企业在确定竞争战略时首先要根据企业内外环境条件,在产品差异化、成本领先战略中选择,从而确定具体目标、采取相应措施以取得成功。当然,也有企业同时采取两种竞争战略,如经营卷烟业的菲利浦·莫尔斯公司,依靠高度自动化的生产设备,取得了世界上生产成本最低的好成绩,同时它又在商标、销售方面进行了巨额投资,在产品差异化方面取得成功。但因为这两种战略有着不同的管理方式和开发重点,有着不同的企业经营结构,反映了不同的市场观念,所以企业一般不会同时采用这两种战略,常会出现这两种竞争战略循环变换的现象。一般来讲,为了竞争及生存的需要,企业往往用差异化战略打头阵。当其他企业纷纷效仿跟进,差异化产品失去竞争优势,最后变为标准产品后,企业就会采用成本领先战略。通过努力降低成本,使产品产量达到规模经济,通过提高市场占有率来获得利润。这时市场已发展成熟,企业之间竞争趋于激烈。企业要维持竞争优势,就必须通过新产品开发等途径寻求产品差异化,以开始新一轮的战略循环。

要成功地实行以上三种竞争战略,需要不同的资源和技巧,需要不同的组织安排和控制程序,需要不同的研究开发系统。因此,企业必须考虑自己的优势和劣势,根据经营能力选择自己的竞争战略。

二、战略匹配的含义及意义

(一)战略匹配的含义

战略匹配是指企业不同战略目标的一致性,如企业的竞争战略和供应链战略要有共同目标,这里的共同目标是指竞争战略所要谋求的竞争优势和供应链战略旨在建立的供应链能力之间的一致性,或者说:竞争战略设计用来满足的顾客优先目标与供应链战略旨在建立的供应链能力目标之间相互协调一致。

要执行公司的竞争战略,所有职能部门都必须规划出与公司竞争战略相配套的职能战略。供应链战略是职能战略的一种,所以供应链战略必须与企业的竞争战略相匹配。如果竞争战略与供应链战略不匹配,会导致供应链采取一些与顾客需求不一致的行动,导致供应链剩余减少,供应链利润下降。

供应链战略确定原材料的获取和运输,产品的制造和服务的提供,以及产品配送和售后服务的方式与特点,涉及供应战略、采购战略、生产战略和物流战略,所以供应链战略不仅要与公司的竞争战略相匹配,也要与公司的各种职能战略相互配合才能取得成功。战略匹配要求所有职能部门瞄准一个共同目标,这个目标最终与顾客需求协调一致。

(二) 战略匹配的意义

企业的竞争战略由所服务的顾客的需求决定,建立在顾客对产品价格、种类、质量、送达与反馈时间、服务等指标的偏好的基础上。企业竞争战略及各职能战略的设计和选择必须以能满足目标顾客的偏好需求,能为顾客创造价值为基础。如图 11-2 所示,企业的价值链始于新产品开发,包括市场营销、生产、配送(分销)、服务等环节,需要财务、会计、信息技术、人力资源等部门的支持与配合。企业的所有职能都会对企业价值链运作的成功与否产生影响。这些职能必须相互配合,任何单独的职能都不能确保整个价值链运转的成功,但任何职能的失败都将导致价值链运转的失败。企业价值链运转的成功同下面两点紧密相关:① 各职能战略与竞争战略协调、匹配,所有职能战略要相互支持并帮助公司实现其竞争战略所确定的目标;② 各职能部门必须恰当地组织其业务流程和资源,成功地执行它们的职能战略。总之,战略匹配决定了公司是否有能力来实现竞争战略,是否能为顾客创造价值并实现价值。战略匹配还是影响供应链绩效的重要因素。

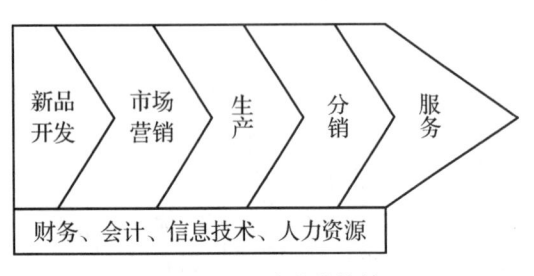

图 11-2 企业价值链

企业失败的原因,或是由于战略不匹配,或是由于流程和资源的组合不能达到构建战略匹配的要求。企业总裁的首要任务是协调核心职能战略与总体竞争战略之间的关系,以获取战略匹配。如果不能在战略层上保持一致,各职能战略目标间很可能发生冲突,并导致不同的战略以不同的顾客群为优先目标。由于流程和资源的组合是用来支持职能战略目标的,不同职能战略目标之间的冲突将引发战略实施过程中的纠纷。

三、如何获取战略匹配

要获取供应链战略与竞争战略之间的匹配,企业要做到以下几点:首先企业应当理解顾客,即企业必须理解每一个目标顾客群的需要,这能帮助企业确定预期成本和服务要求;其次,企业应当对供应链有一定的理解,明确其供应链的能力是什么;最后,企业要获取战略匹配。如果一条供应链运营良好,但与预期顾客需求之间不相互匹配,那么,企业或者重构供应链以支持其竞争战略,或者改变其竞争战略使之与供应链能力一致。

(一) 第一步:理解顾客

1. 顾客的需求差异

要理解顾客,企业必须明确目标顾客群的需要。顾客的需求存在很大差异,不过也正是由于这些差异,企业在发展方向上才有了完全不同的战略目标。如图 11-3 所示,山姆会员店与 7-11 便利店满足的顾客需求是不同的。顾客去 7-11 连锁店购买洗涤剂为的是方便,而不一定要寻找最低的价格。由于这种连锁店分布广泛,主要在居民区附近,可以使顾客方便地得到所需要的商品。相反,对于到山姆会员店购物的消费者来说,他们比较看重的是这里的低价位,他们愿意花费时间来取得更便宜的商品。

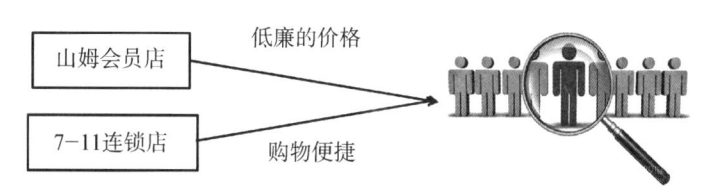

图 11-3 山姆会员店与 7-11 便利店服务的顾客需求差异

理解顾客的需要,首先需要明确顾客的需求差异,顾客的需求差异主要体现在以下 6 个方面:① 每次订购的数量;② 顾客能接受的响应时间;③ 顾客需要的产品种类;④ 顾客期待的服务水平;⑤ 顾客对产品价格的敏感性;⑥ 顾客期望的产品革新率。

2. 隐性需求不确定性

顾客对某种产品的需求是不确定的,而同一顾客段的顾客倾向于具有相同的需求特性,不同顾客段的顾客的需求特性差别较大。因此,需要用一个指标来衡量顾客需求属性的变化,然后用这个指标来帮助定义最适合企业的供应链。这个衡量指标就是隐性需求不确定性(Implied Demand Uncertainty)。隐性需求不确定性和需求不确定性不同,隐性需求不确定性是指供应链必须满足的那部分需求所存在的不确定性,也就是指供应链予以满足的需求部分和顾客期望的属性是不确定的。例如,只为紧急订单供货的企业面临的隐性需求不确定性要高于以较长的供货期提供同样产品的企业面临的隐性需求不确定性。

3. 影响隐性需求不确定性的因素

如表 11-3 所示,顾客的需求特性对隐性需求不确定性会产生影响。例如,按照所需钢材的品种和数量判断,钢材的需求也具有一定程度的不确定性。钢材供货中心可以以少于一周的时间供应多种产品;小型钢铁企业的品种较少,供货期较长;钢铁联合企业的供货期更长,以数月为供货周期。在这三种情况下,尽管所供应的物品没有什么差别,但它们面临的隐性需求不确定性却有很大差别。钢材供货中心的供货期最短,供应的品种也最多,其面临的隐性需求不确定性最高。与之相对的是钢铁联合企业,其供货周期最长,隐性需求不确定性最低,它们有很长的时间为客户的订单准备生产。供应链要提高服务水平,也就是要求其满足顾客需求的百分比越来越高,这就迫使供应链要为发生概率很低的需求高峰做好准备。因此,在产品的需求不变的情况下,服务水平的提高会导致隐性需求不确定性的增加。

表 11-3 顾客需求特性对隐性需求不确定性的影响

顾客需求变化	引起隐性需求不确定性变化	顾客需求变化	引起隐性需求不确定性变化
需求量变化范围增大	增加:因为需求变化增大	获取产品的渠道增多	增加:因为总的消费需求被更多的渠道分摊
提前期缩短	增加:因为响应时间减少	产品更新加快	增加:因为新产品的需求更不确定
所需产品品种增多	增加:因为每一种产品的需求更难分解	服务水平提高	增加:因为企业被迫处理例外需求波动

4. 隐性需求不确定性与产品属性的关系

如表 11-4 所示,隐性需求不确定性同产品需求属性有密切关系。费舍尔指出:① 需求不确定的产品通常是不成熟的产品,竞争对手少,因此可以获得很高的边际利润;② 当需求更加确定的时候,对需求的预测误差也就会更低;③ 隐性需求不确定性增加,产品的供给和需求就更难达到平衡,由此会造成产品的脱销或积压,也就是平均脱销率会很高;④ 隐性需求不确定性高的产品,由于积压将不得不降价销售。

表 11-4 隐性需求不确定性与产品属性的关系

产品属性	隐性需求不确定性低	隐性需求不确定性高	产品属性	隐性需求不确定性低	隐性需求不确定性高
产品边际利润	低	高	平均脱销率	1%~2%	10%~40%
平均预测误差	10%	40%~100%	平均期末被迫降价	0%	10%~25%

5. 隐性需求不确定性图谱

由于每一单独的顾客需求对隐性需求不确定性都有明显的影响,因此可以用它作为区分不同需求类型的标尺,也可以考虑以隐性需求不确定性为变量的不同需求类型的分布(隐性需求不确定性图谱),如图 11-4 所示,其中给出了不同的隐性需求不确定性所对应的代表性的产品。

低隐性需求不确定性 —— 稍微确定的需求 —— 稍微不确定的需求 —— 高隐性需求不确定性

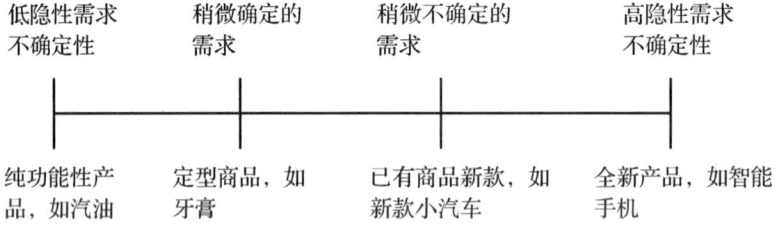

纯功能性产品,如汽油 | 定型商品,如牙膏 | 已有商品新款,如新款小汽车 | 全新产品,如智能手机

图 11-4 隐性需求不确定性图谱

汽油是低隐性需求不确定性的产品。汽油的边际利润较低,需求预测准确度高,产品脱销率低,很少存在价格变化。而新型智能手机可能会具有以下特点:边际利润高,需求预测十分不准确,产品降价销售的情况经常存在,产品脱销率也会很高。

显然,以上描述是关于隐性需求不确定性变动范围的一般概括。很多需求类型会包括上面所讨论的各种特点的组合,成为两个端点之间的任意一种形式。然而,这个变动范围能让我们对需求确定或不确定的产品的特性有很好的理解。

实现供应链战略和竞争战略匹配的第一步是理解顾客,通过找出所服务的顾客段的需求类型在隐性需求不确定性图谱上的位置,来理解顾客的需求。

(二) 第二步:理解供应链

1. 供应链特点的衡量指标

在了解顾客需求之后,下一步要解决企业如何才能满足顾客需求的问题。同顾客需求一样,供应链也有许多不同的特性。前面在考察顾客需求特性时将其放在图谱上进行分析，这里可以采用同样的方法，将供应链放在同一个图谱上研究。首先，同样需要找出一个衡量指标，用以描述所有供应链特点，这个指标就是供应链响应能力和成本之间的权衡。

供应链响应能力从以下五个方面表现出来：① 响应需求数量的变化范围，供应链能提供的产品数量越多，能响应需求数量变化的范围越大，其他指标不变的情况下，供应链的响应能力就越强；② 提前期的长短，在其他指标不变的情况下，供应链响应订单的提前期越短，供应链的响应能力越强；③ 提供产品种类的多少，一般来说，供应链能提供的产品种类越多，响应能力越强；④ 产品创新能力，供应链的产品创新能力越强，响应能力越强；⑤ 能提供的服务水平，供应链提供的服务水平越高，在其他指标不变的情况下，供应链的响应能力越强。然而，要提高这五种能力，需要花费成本。例如，要使响应需求数量变化范围扩大，就必须增加生产能力，也就增加了成本。成本增加，盈利水平可能降低。每一种提高响应能力的战略，都会付出额外的成本，从而影响盈利水平。

2. 成本—响应有效边界

图 11-5 中的曲线为成本—响应有效边界。它显示在现有的技术条件下给定响应能力时所能达到的最低成本。并不是所有的企业都能运作在这一有效边界之上，它代表最好的供应链的绩效。在有效边界内的企业可以改进其供应链的响应能力并降低成本，而处于有效边界上的企业只能在响应能力和成本之间折中。当然，有效边界上的企业总是不停地改进其流程和技术，使其有效边界向外移动。对所有的供应链，由于存在着响应能力与盈利水平之间的权衡关系，所以供应链战略选择也就是定位其响应能力的水平。

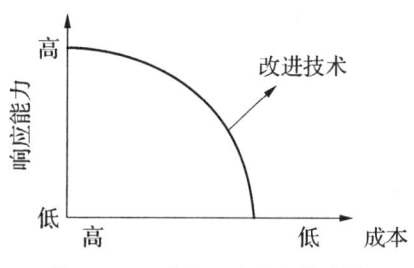

图 11-5 成本—响应有效边界

3. 供应链响应能力图谱

对应于不同市场定位，供应链分布在专注于响应能力和专注于以最低成本满足需求两个极端之间。图 11-6 是供应链响应能力的示意图。

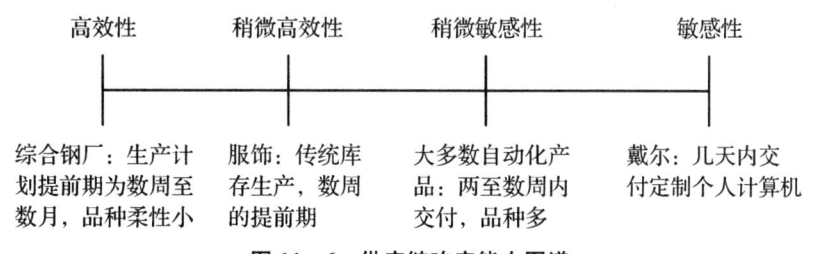

高效性	稍微高效性	稍微敏感性	敏感性
综合钢厂：生产计划提前期为数周至数月，品种柔性小	服饰：传统库存生产，数周的提前期	大多数自动化产品：两至数周内交付，品种多	戴尔：几天内交付定制个人计算机

图 11-6 供应链响应能力图谱

供应链所拥有的生产能力越大，其反应能力也就越强。日本 7-11 公司在其店增添了早上供应早餐食品、中午供应午餐食品、晚上供应晚餐食品的活动，这样一来，其供应的产品以天为单位进行变动。7-11 公司对订单的反应十分迅速，商店经理必须提前 12 个小时发出补给通知。这使得 7-11 供应链的反应能力大大提高。相比之下，一条盈利水平较高的供应链,可以通过降低反应能力来压低成本。例如,山姆会员店出售的商品品种相对较少,而且都是大包装的产品,其供应链可以较容易地获取更低的成本,其经营的重点显然在盈利水平上。

如上所述,实现供应链战略和竞争战略匹配的第二步是理解供应链并将其描绘在供应链响应能力图谱上。

(三)第三步:实现战略匹配

前面已经考虑了顾客特性和供应链特性,接下来要考虑的是如何使供应链很好地适应竞争战略所瞄准的顾客需求。

如果将前面讨论的图谱作为一幅图上的两条轴线,如图11-7所示,沿着横轴移动,隐性需求不确定性增加,沿着纵轴移动,供应链的响应能力增加。因此,这幅图也可以称作不确定性/响应能力图,图中的每一个点都代表供应链响应能力和隐性需求不确定性的一种组合。隐性需求不确定性代表顾客需求特点,也就是企业的竞争战略,供应链的反应能力代表供应链的战略定位。于是产生了这样的问题:图11-7中这些点的组合中,哪些点表示两种战略互相匹配呢?图中的阴影区域代表了两种战略互相匹配的组合区域。

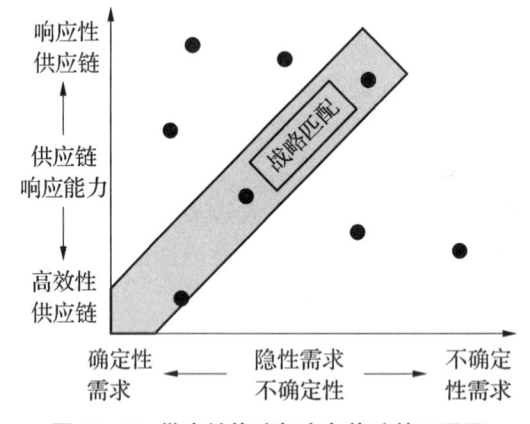

图11-7 供应链战略与竞争战略的匹配区

这个区域是如何形成的呢?以图11-4中的智能手机为例,这是一种全新的产品,结合费舍尔理论及表11-4,可以验证其的确具有高度的隐性需求不确定性。如果商家采用高效的供应链策略,则明显不符合其竞争需求。反过来,如果采用高响应的供应链策略,就能较好地符合其竞争需求。再考虑日用品供应,如面食,面食是一种消费性产品,它拥有较为稳定的需求,其隐性需求不确定性大大低于掌上计算机。如果面食制造商选择了高反应能力的供应链,根据顾客需求采用小烤炉烘制、用高价快递送货,势必需要惊人的高价才能维持供应链的运转。因此,如果设计一条高盈利水平的供应链,把经营重点放在降低成本上,更符合大多数顾客的需求。日用品需求的隐性需求不确定性较小,价格是消费的主要驱动,商家必须采用高效的供应链策略以降低成本。因此,要实现战略匹配,就要求隐性需求不确定性越高对应的供应链的响应能力也越高,由此形成战略匹配区,如图11-7所示。企业为取得高的业绩,应尽力将竞争战略和供应链战略调整到战略匹配区。

为了实现战略匹配,企业价值链中所有职能战略都必须支持企业的竞争战略;供应链的低层策略,如制造策略、库存策略、提前期策略、采购策略和运输策略,都必须与供应链的响应能力相协调,如图 11-8 所示。

因此,位于供应链响应图谱上不同位置的企业应该采用相应的职能策略。高响应能力的供应链,其所有职能策略都要专注于提高响应能力。而高盈利水平的供应链,所有职能策略都要专注于提高盈利水平。表 11-5 列出了高盈利水平即高效率供应链和高响应能力供应链主要的低层策略区别。

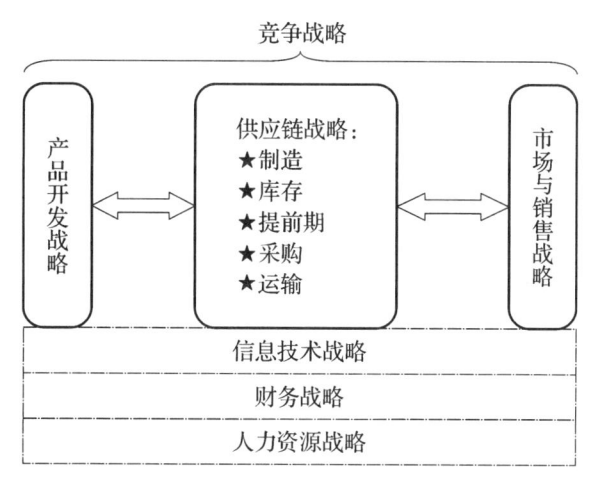

图 11-8　竞争战略与职能战略的匹配

表 11-5　高效率供应链和高响应能力供应链的对比

对比角度	高效率供应链	高响应能力供应链
首要目标	低成本下满足需求	快速响应需求
产品设计战略	最小成本,最大绩效	模块化设计以延迟产品差异
价格战略	价格是主要消费驱动,边际利润低	价格非主要消费驱动,边际利润高
制造战略	通过高效利用实现低成本	保持能力柔性以满足意外需求
库存战略	最小化库存以降低成本	保持缓冲库存以满足意外需求
提前期战略	在不增加成本的条件下缩短提前期	即使增加成本也要尽量缩短提前期
供应商战略	基于成本和质量选择供应商	基于速度、柔性和质量选择供应商
运输战略	极大依赖于低成本运输方式	极大依赖于快速运输方式

实现供应链战略和竞争战略匹配的第三步是匹配供应链响应能力和隐性需求不确定性,企业价值链中所有职能策略都必须与供应链的响应相协调。

在许多企业中,竞争战略和职能战略是由不同的部门制定的。部门之间如果没有适当的沟通,这些战略很可能失败,这也是企业经营失败的主要原因。

第三节　影响战略匹配的其他问题

以上只考虑了单一产品或单一服务，瞄准单一顾客群的情形，实际情况要复杂得多。多产品、多顾客群、产品生命周期等对供应链战略和竞争战略都会有很大的影响。

一、多种产品和众多顾客群

大多数企业生产和销售多种产品，为众多具有不同特点的顾客群提供服务。格力公司生产出售隐性需求不确定性很高的产品，如智能扫地机器人，也可以出售需求不确定性较低的产品，如普通家用空调。上述两种产品在隐性需求不确定性图谱上的位置不同。此外，格力公司不仅通过互联网向普通消费者供应空调，也通过专卖店向消费者供应中央空调。这两种情况中的顾客要求也相差悬殊。通过互联网购物的消费者更关注产品的价格，而通过专卖店购物的消费者则更关注响应速度。这两种顾客群在隐性需求不确定性图谱中的位置也不相同。另一个案例是李维·施特劳斯(Levi Strauss)，它出售个性化和标准化的两种牛仔服装。与个性化的牛仔服的需求相比，标准化的牛仔服装的需求具有较低的隐性需求不确定性。

在上述案例中，企业出售多种产品，并向不同需求的顾客群提供服务，结果，不同的产品和不同的顾客群具有不同的隐性需求不确定性。在产品和顾客群多种多样的情况下设计供应链战略时，每个企业面临的关键问题是：如何创建一条在盈利水平与反应能力之间取得平衡的供应链？

有多种路径可供企业选择，其一是为每种产品或顾客群单独建立相应的供应链，如果每个顾客群都大到足以支持一条设计出来的供应链的话，那么，这种战略是可行的。然而，这样的供应链却会失去通常存在于企业不同产品之间的规模经济优势。因此，一项完美无缺的战略是将供应链设计成为能适合每种产品的需求的形式。

设计供应链，需要共享供应链上产品之间的一些联系，而对于产品的另外一些相关的部分可以采取单独运作的方式。共享这些联系，目的就是要在对每个顾客群提供适当的反应能力的前提下，实现盈利水平的最大化。例如，工厂的产品的生产可以采用同一条生产线，而运输方式可以不同，对于需要高反应能力的产品可以采用快递的运输形式，而对于其他产品则可以采取相对耗时但廉价的运输方式，如海洋运输。在另一些情况下，要求有较强反应能力的产品，可以根据顾客订单采用弹性生产线进行生产，而对于反应能力要求较低的产品，可以采用弹性不大但盈利较高的生产线进行生产。李维公司为个性化牛仔服装建立了弹性非常大的生产流程，为标准化牛仔服装建立了盈利性生产流程。还有一些方式，如可以把一些产品存放在靠近顾客的区域性仓库里，把另一些产品存放在远离顾客的中心仓库里。格雷杰公司在靠近顾客的分散仓库中存放上架快的产品，在中心仓库存放流动低、隐性需求不确定性较高的产品。供应链的设计恰当，有助于企业在总成本最低的前提下针对不同的产品提供相应的反应能力。

二、产品生命周期

产品在生命周期的不同阶段,其需求特点和顾客群的要求也会发生变化。企业要维持战略匹配,就必须根据产品所处的不同生命阶段,调整其供应链战略。

下面考察一下需求特点在产品生命周期中的变化。当产品开始进入市场时,存在以下特点:① 需求非常不确定;② 边际收益非常高,对于获得销售额而言,时间非常重要;③ 对于占领市场而言,产品的供给水平非常重要;④ 成本常常是第二位考虑的因素。

例如,在药品市场上,新药品的初始需求非常不确定,边际效益特别高,产品的供给能力是占领市场份额的关键。产品生命周期中的新产品开始阶段,隐性需求不确定性较高,供应链的目标是增强反应能力,提高产品的供给水平。

在制药企业的案例中,供应链的最初目标是确保药品的供给,以支持任何一种需求水平。在这个阶段,制药企业需要一条反应能力较强的供应链。当产品进入生命周期的后续阶段时,需求特点发生了变化。在这个阶段,会出现以下情况:① 需求变得更加确定;② 随着竞争对手增多,竞争压力加大,边际效益降低;③ 价格成为左右顾客选择的一个重要因素。

在药品市场的案例中,当药品经过专利生产阶段,开始开发配方药品时,这些变化就会出现。在这种情况下,供应链的目标是:在维持可接受服务水平的同时,使成本最小化。此时,盈利水平高低对供应链至关重要。

在药品市场的例子中,只有那些拥有盈利型供应链的企业才能在配方药品市场上展开竞争。因为如果没有盈利型供应链,企业便会在价格上失去竞争优势,从而退出市场。

以上分析说明,随着产品趋向成熟,相应的供应链战略会由反应能力较强的类型转变为盈利水平较高的类型,如图11-9所示。

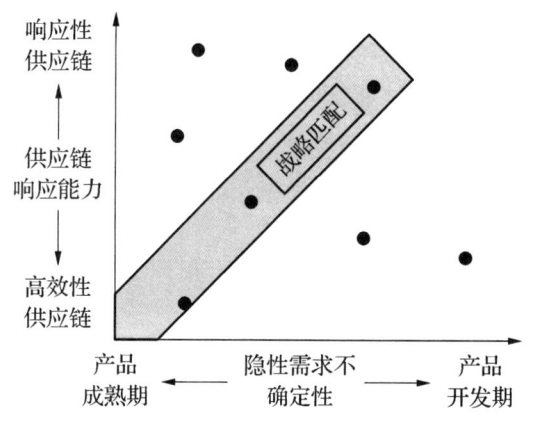

图 11-9 供应链战略与产品生命周期的关系

为了阐述上面所讨论的观点,下面考察一下华为公司的情况。华为公司的新手机刚投入市场的时候,所面临的需求存在较大的不确定性。此时的供应链必须具有较强的反应能力,只有这样,它才能够对需求的波动做出快速反应。

随着新款手机逐渐被市场接受,需求开始趋向稳定。在这个转折点上,隐性需求不确定性降低,价格成为销售量的首要决定性因素。这时将供应链转变为高效率供应链对华为公司来说至关重要。

当引入一个新产品时,边际效益较高,需求却非常不稳定。在这种情况下,反应能力强的供应链最合适。随着这种产品走向成熟,需求稳定下来,边际效益下滑。这个阶段,制造商能拥有一条盈利水平较高的供应链就显得非常重要。

三、竞争性随着时间变动

最后需要考虑的是,相互匹配的供应链战略与竞争战略何时能引起竞争者行为的变化。正如产品生命周期一样,竞争者们可以改变市场格局,从而要求调整企业竞争的战略。在20世纪最后的10年里,各种工业大批量、个性化生产的增长就是一个例子。由于竞争者们将众多产品品种投放市场,顾客对其个性化的需求得到满足已变得习以为常。因此,在今天看来,竞争的焦点在于生产出品种丰富、价格合理的产品。在这一点上,互联网扮演着十分重要的角色,因为网络使产品品种大量增多变得轻而易举。企业在互联网上的竞争迫使供应链发掘出能提供多种产品的能力。由于竞争格局发生变化,企业不得不调整竞争战略。由于竞争战略发生变化,企业又必须改变其供应链战略,以维持战略匹配。

要做到战略匹配,企业必须设计其供应链,以便最好地满足不同顾客群的需要。要维持战略匹配,供应链战略必须随着产品生命周期进行调整,因为竞争格局发生了变化。

四、战略匹配的弹性要求

随着市场竞争的加剧,战略匹配的范围势必要扩展到整条供应链上。然而,目前产品的生命周期都在持续缩短,企业需要满足不断变化的单个顾客的需求,因此现实社会中的战略匹配也随着客户需求的变化呈现出动态特征。在这种情况下,企业只有根据自己的产品、顾客的需求和其他企业结成战略合作伙伴才能应对市场的快速变化。于是,新的环境对企业进一步提出了战略匹配的弹性要求。

弹性指的是在外部环境发生变化时,企业通过调整战略或其他措施,仍旧保持战略匹配的能力。由于供应链的各阶段企业、供应链的顾客需求、供应链上的企业的合作伙伴都会随着环境变化,如果企业保持战略的刚性,无法迅速对环境的变化进行调整的话,一方面战略的制定可能已经出现问题,另一方面战略之间可能已不再匹配,结果势必造成企业由于战略的失败而被竞争对手打败。因此,在动态的竞争环境中,技术的变化、竞争对手的变化、市场需求的变化等将进一步加速,战略的弹性也越来越重要。

本章参考文献

[1] 康萌越,谢振忠,邱石.日本供应链战略演变及启示[J].中国工业和信息化,2022(08):13-16.

[2] 陆健.构建富有韧性的全球产业链供应链体系——产业链供应链韧性与稳定国际论坛综述[N].光明日报,2022-09-21(03).

[3] 史沛然."韧性供应链"战略与中国在全球价值链中的角色再定位[J].太平洋学报,2022,30(9).

[4] 陈兵兵.SCM供应链管理:策略、技术与实务[M].北京:电子工业出版社,2004.

[5] 森尼尔·乔普瑞,彼得·梅因德尔.供应链管理:战略、规划与运营[M].李丽萍,等,译.北京:社

会科学文献出版社,2003.

[6] 施先亮,王耀球.供应链管理[M].北京:机械工业出版社,2013.

[7] 王焰.一体化的供应链战略、设计与管理[M].北京:中国物资出版社,2002.

[8] 马士华,林勇,陈永祥.供应链管理[M].北京:机械工业出版社,2000.

[9] 刘助忠,李明.供应链管理[M].长沙:中南大学出版社,2021.

同步测试题

第十二章 供应链网络设计

学习目标

通过本章的学习,应掌握以下知识目标与能力目标:① 掌握供应链网络与供应链网络设计的概念;② 了解供应链网络设计的重要意义;③ 了解供应链网络设计与优化决策的主要内容;④ 掌握供应链网络的构成;⑤ 理解供应链网络设计与优化的目标及步骤;⑥ 理解供应链网络设计与优化决策的影响因素;⑦ 能结合供应链网络设计与优化的目标进行相关数据准备;⑧ 能应用重力区位模型确定供应链网络节点的备选区域;⑨ 能构建供应链网络设计优化的数学模型;⑩ 能构建供应链网络设计优化的 Excel 电子模型,并应用规划求解工具包辅助进行供应链网络设计优化决策;⑪ 熟悉系统优化的理念,掌握将复杂问题分解为简单问题的基本方法。

案例导入

H 家电公司仓库层节点优化

H 家电公司的成品仓网络采用单层次的库存结构。工厂把仓库的管理权以及库存的所有权交给每个销售公司,这样管理简单但库存没法共享,即库存没法在不同销售公司之间调配,导致库存高。由于家电产品的更新换代速度快,一旦新的技术出现,库存产品的降价损失就很大。因此,H 公司准备打造一个以需求驱动的价值链网络,进行供应链网络的优化。

首先,公司决定把销售公司和仓库的所有权以及管理权进行分离,委托日日顺物流公司去管理仓库,H 公司保留货物所有权。然后,公司需要进行仓储网络结构的调整。公司先初步确定两个可选库存策略:第一种是分布式的仓储策略,把单层的仓储结构做成一个双层的"CDC+RDC"结构。在 CDC 仓库存放慢销品,在 RDC 仓库存放快销品。快销品采取直发模式,从工厂直接发到 RDC 仓库。第二种是集中策略,即所有的 SKU,不管卖得慢还是快全部放在 CDC,RDC 做交叉转运中心,不存放货物,这样能有效降低库存水平。

针对这两种策略,现需要完成以下工作:

第一步,需要判断现有的 101 个仓库,是不是合理。此时需要输入需求数据,需求数据的获取思路有两种:一种是历史需求数据;另一种是预测的需求数据。经过权衡,公司决定以预测数据作为需求数据。结合预测的需求数据,再按照 100 千米范围内覆盖 90%的需求量、200 千米内覆盖 98%的需求量这个目标进行仓库布局优化,优化结果是把现有的 101 个仓库减少到 67 个仓库。

第二步,需要将 67 个仓库分类,分别作 CDC 仓库和 RDC 仓库。此时需要先决定 CDC 仓库的数量。公司分别以 CDC 的数量为 7 个、8 个、9 个进行测算,再结合前面的两种库存策略,一共需要测算 6 个场景。通过建立模型评估仓储成本,评估出入库费用、库存水平、运输成本等。模拟测算的结果显示:从仓储成本与运输成本角度看,因为集中式策略下所有的货物都放在 CDC,导致仓储成本上升,RDC 仓虽然不存放货物,仓储成本下降,但是因为需要交叉转运,导致出入库成本增加,抵消了因库存下降减少的仓储成本。所以,从成本角度看,分布式储存的方案更合适。再结合库存水平来考虑,最后确定选择方案 3,即采用分布式的存储,9 个 CDC。

思考: 1. 该案例材料描述了与仓库层节点优化有关的哪些工作?
2. 仓库层节点优化,需要获取哪些信息(数据)?

第一节 供应链网络设计的基本理论

一、供应链网络设计概述

(一)供应链网络与供应链网络设计的定义

供应链网络是由供应链中的节点和连接这些节点的链路构成,表示供应商、制造商、分销商、零售商、配送中心、运输枢纽等节点及其相互联系。供应链网络包括产品流网络、信息流网络、资金流网络和商流网络。产品流是指供应链中的产品在各节点间的流动;商流是商品所有权在不同节点之间的转移;供应链节点间有大量的信息以及资金在流动,对应信息流和资金流。当今时代,信息流网络、资金流网络和商流网络可以采用电子化网络,而产品流网络则是由实体生产、实体交付和实物流转过程结成的网络,它不仅关系到供应链的成本、响应速度,而且极具刚性,改动的成本非常高。因此,本章主要介绍狭义的供应链网络设计,即供应链产品流网络的设计。

供应链网络设计是对供应链网络中的节点及节点间供需流量分配的决策,是对公司的长远发展有重要影响的战略决策,它包括供应链中节点的数量、位置以及节点间的供需流量分配的设计。公司在创建和转型时需要进行供应链网络设计与优化。需求类型、产品组合、生产过程、采购战略、设施运营成本、市场发展战略以及外部环境等方面的变动,都可能会驱动供应链网络的重新评估和重构,兼并重组也会促使不同的供应链网络整合。

(二)供应链网络设计的意义

供应链网络设计和优化对企业的意义深远而重大,链中各节点设施的分布和节点间不同的流量分配将影响整个供应链的效率、对需求的响应能力、服务水平,进而影响整个供应链的绩效。图 12-1 从设施柔性、供应链的响应性、供应链成本、服务水平等角度简要概述了供应链网络设计的意义。供应链网络设计方案一旦付诸实施,调整改变的难度大、成本高、耗时长、影响深远。

图 12－1 供应链网络设计的意义

显然,当工厂离供应商较近时,运输成本会减少;配送中心的选址不仅会影响运输成本,还会影响企业的交货期,进而影响客户的满意度;设施功能的多样化能提高供应链的柔性,甚至提高供应链抗风险的能力,如机器组装工厂既能组装全自动包装机又能组装全自动口罩机,当新冠疫情导致包装机的出口量剧减时,立即加大口罩机的组装力度,能帮助工厂成功渡过新冠疫情带来的出口危机;在劳动力成本低的国家建厂,能大幅度降低生产成本;设施规模太大会面临利用率太低的问题,规模太小又会有产能不足的烦恼。总之,供应链网络设计和优化是一项长期的、战略层面的决策问题,决定供应链的配置并为其他决策设置了约束条件,关系到企业的短期和长期发展。

(三) 供应链网络设计和优化决策的内容

供应链网络的设计和优化并不仅仅是考虑单个独立设施的设计和优化,因为供应链网络中的节点都是相互关联的,某个节点的优化在减少了该节点的成本的同时可能会增加其他节点的成本。因此,供应链网络设计和优化需要从整体来考虑供应链节点的构架和布局,确定每个节点的功能、角色和位置,再确定节点间的联系(比如供应量的分配及运输路径)。

如图 12－2 所示,给出了供应链网络设计决策的主要内容,具体如下:供应商类节点的选择;供应链商类节点的功能,如供应哪种产品;生产类节点的种类(自营还是代工);生产类节点的功能,如建单一功能的节点还是多功能的节点,决定生产类节点的柔性和规模经济性;生产类节点的规模、数量和位置;物流类节点的种类,是自营还是外包;物流类节点的功能及主要流程;物流类节点规模、数量和位置;分销类节点的种类、层级、位置、规模等;市场与产品的分配,即上游供应商的产品分配给哪个下游节点(市场),确定目标市场及分销商负责的市场范围。

图 12－2 供应链网络设计决策的内容

二、供应链网络的构成

(一) 供应链成员

供应链成员包括基本成员和支持成员。为了便于管理复杂的供应链网络,有必要将基本成员与支持成员分开。供应链的基本成员是指在为顾客或市场提供专项输出的业务流程中,所有能进行价值增值活动的自治公司或战略企业单元,如供应商、制造商、销售商等;支持成员是指那些简单地提供资源、知识以及设施的供应链成员。

(二) 供应链网络结构变量

在描述、分析和管理供应链时,有三种最重要的网络结构,它们分别是水平结构、垂直结构和供应链范围内核心企业的水平位置,由此构成了供应链网络的三维结构。

第一维,水平结构是指供应链的层次数目。供应链的水平层次可以比较多,也可以比较少。水平层次多的供应链的响应性、敏捷性和韧性相比层次少的供应链较弱。

第二维,垂直结构是指每一层中供应商或顾客的数目。一个公司可能有很窄的垂直结构,其每一层供应商或顾客很少。供应链上游的垂直结构越窄,规模效应越大,但柔性和韧性相比较弱。

第三维,供应链范围内核心企业的水平位置。核心企业能最终被定位在供应源附近、终端顾客附近或供应链终端节点间的某个位置。

供应链的组织结构应当围绕核心企业来构建。一般来说,成为核心企业的企业,要么为其他企业提供产品/服务,要么接受它们的产品/服务,要么在供应商与客户之间起连接作用。

(三) 供应链供需连接的方式

供应链中的每一个节点对上游企业而言是需求点,对下游企业而言则是供应点。供应链中的供需连接方式,关系供应链的成本和对顾客需求的响应能力。制造商直接连接终端顾客的供应链,可以更好、更快地满足顾客的个性化需求,但对企业的信息系统和满足个性化需求的能力要求较高。而生产制造商连接批发商,批发商连接零售商,再由零售商连接顾客的方式,有助于供应链整合供给和需求,获得规模经济和范围经济,但会因供应链太长导致需求信息扭曲、上游企业对终端需求变化的响应速度太慢。即使采用同类型的供需连接方式,具体供应节点的改变也会对供应链的成本和响应速度产生影响。例如,电商模式下,京东根据对顾客需求数据的分析,将产品前置到更靠近顾客的仓库储存,相比于中央仓库储存发货的模式,由更靠近顾客的仓库发货能以更短的提前期、更低的配送成本将产品送至顾客。

供应链的节点可以增加、合并和删减,增加或减少节点的数目将会影响供应链的结构。例如,当一个公司从多源头供应商向单一源头供应商转变时,供应链可能变得越来越窄。外包物流、制造、销售以及产品开发活动是另一个很可能改变供应链结构的决策实例,因为,它们可能增加供应链的长度和宽度,影响供应链节点之间的连接方式,甚至影响供应链网络核心企业的位置。

每个企业都会构建自己的供应链,将自己作为核心企业并对其成员和网络结构提出不同的看法。由于每个企业都是供应链的一员,理解他们的地位、关系以及功能等对供应链来说尤其重要。只有每个企业都清楚供应链的前景,理解自己的功能定位及与上下游的连接关系,才有可能成功实现跨企业边界的业务流程重组和优化管理。

三、供应链网络设计与优化的目标和步骤

(一) 供应链网络设计与优化的目标

据 Ronad(2002)对制造企业物流系统规划的认识和观点,供应链网络设计和优化的目标一般有以下三类:① 成本最小化。满足供应链客户服务水平等约束条件的同时,使所有的随供应链网络变化而变化的总成本最小化。② 服务最优化。在保持总成本一定的情况下,使供应链对客户的服务水平达到最优化,一般用客户需求满足率和响应时间等指标来衡量。③ 利润最大化。尽量提高供应链的销售额,降低供应链的成本,从而增加利润。最大利润也是网络优化的重要目标。其中,成本最小化的目标最易控制和操作,但利润最大化目标与企业的经济目标更具一致性,因此决策者们倾向于以利润最大化为优化目标来建立供应链网络设计优化模型。

(二) 供应链网络设计与优化的步骤

虽然不同供应链网络的结构、复杂性、稳定性等各不相同,但供应链网络设计优化的步骤大致相同。如图 11-3 所示,可以按如下步骤进行供应链网络的设计与优化。

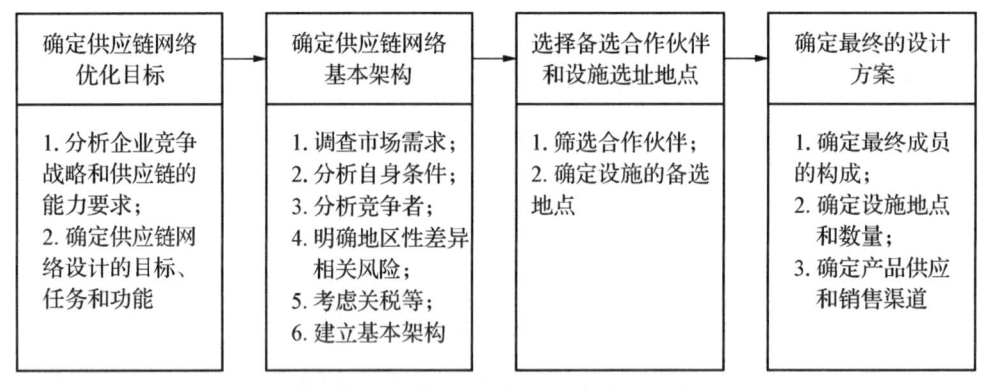

确定供应链网络优化目标	确定供应链网络基本架构	选择备选合作伙伴和设施选址地点	确定最终的设计方案
1. 分析企业竞争战略和供应链的能力要求; 2. 确定供应链网络设计的目标、任务和功能	1. 调查市场需求; 2. 分析自身条件; 3. 分析竞争者; 4. 明确地区性差异相关风险; 5. 考虑关税等; 6. 建立基本架构	1. 筛选合作伙伴; 2. 确定设施的备选地点	1. 确定最终成员的构成; 2. 确定设施地点和数量; 3. 确定产品供应和销售渠道

图 12-3 供应链网络设计、优化的步骤

第一步:确定供应链设计与优化的目标。

首先,对企业进行战略分析,包括企业的外部环境分析和内部环境分析。只有在做好战略分析的基础,才能对企业和外部市场的发展趋势做出科学预测,企业才能进行系统科学的战略选择,包括确定供应链网络的目标、功能和内容。例如,若某全球服装供应链的战略目标是降低成本,那么极有可能将代工厂设置到越南、印度等劳动力更廉价的国家。如果该服装供应链的战略目标是品质最优、响应速度最快,则应考虑在离客户较近、工人的操作技术最熟练的地方设置代工厂,这样就能更好更快地响应客户的需求。此外,企业还可能要考虑别的定性战略,如开发新市场和新的分销渠道,推出新产品或提高售后服务等。企业管理者应当在考虑企业内外部环境因素、竞争能力分析、目标和限制等方面的基础上确定企业的战略目标。

第二步：确定供应链网络的基本架构。

调查、分析和预测产品的市场需求，并分析不同市场的客户需求是否一致，若发现不同市场的需求一致，则可以采用相对集中的方式进行设施布局；如果不同市场的需求差异较大，则应采用分散布局的方式，建立较小的地区性设施。在进行设施布局决策时，还应初步考虑生产工艺的复杂性、设施设备及产品运输成本，如果工艺复杂、设施设备的投资成本大、单位运输成本低，则可以考虑集中布局的方式；而如果工艺简单、分散布局的设施设备成本不是很高且单位运输成本很高时，则应考虑分散布局的方式。例如，可口可乐的罐装工厂，采用的就是分散布局方式，而华为智能手机的生产工厂的数量则会少得多。大致布局决策之后，企业管理者要考虑规模经济、市场需求风险、汇率风险、政治风险、地理位置风险、自然环境风险、地区政策风险、税收政策影响、竞争对手等不同的影响因素，弄清企业应靠近或远离竞争者的理由，明确企业应避免的外界不利因素，利用企业应利用的外界有利因素，最终确定供应链网络的成员组成及其角色，大致确定设施布局的备选区域和服务的客户与市场等。

第三步：确定备选的合作伙伴和设施选址地点。

在上述工作的基础上，企业已确定了供应链网络的基本构架，包括网络成员和角色、设施布局的备选区域和客户，接下来企业将按照一定标准，结合企业的战略目标，从而筛选出合适的供应商、配送中心等合作伙伴，并确定备选的设施（指制造商和配送中心）地址。企业在确定这些备选成员设施地址时，应尽可能考虑周全，并保证备选数量比实际要建立的数量多，从而在后续工作中从备选数量中确定最终的合作伙伴和设施地点。

第四步：确定最终的供应链网络设计与优化方案。

从备选合作伙伴和待选地点中选出最终的合作伙伴、确定设施地点和各产品的分销渠道，从而确定最终的供应链网络设计优化方案。本步骤既耗时，又要耗费较多的人力、物力和财力，因为既要收集整理大量的数据和资料，还要应用到比较复杂的优化模型，并采用一定的技术手段将模型求解出来，才能得到优化方案。供应链网络设计优化的核心问题是确定供应链网络的层级体系结构，供应链合作伙伴（主要是供应商）的选择和布局区域设施点（制造商和配送中心）的选择，确定合作伙伴和相关设施的位置、数目和容量配置，以及原料的供应、产品的分销渠道等。

四、供应链网络设计与优化决策的影响因素

供应链网络设计与优化会受到各种内外因素的影响，如表 12-1 所示。在进行优化决策时，至少应考虑以下影响因素。

（一）宏观经济因素

宏观经济环境是供应链网络设计，特别是全球供应链网络设计中应重点考虑的问题。关税和汇率、国际整体经济态势、国家宏观调控政策和税收政策、周边地理优势等都会影响设计方案的实施效果。经济政策和经济趋势会通过影响企业的战略，从而影响到企业的供应链网络结构，如国家为了促某地区的经济发展，或者将某块区域建成特色工业园区，政府会对按要求在这些地区投资的企业提供土地、税收、贷款等优惠，这样会吸引企业到这些地方投资。

对于跨国企业,不仅要考虑国内和地方的经济影响,还要考虑国际贸易政策对供应链网络结构的影响,如关税壁垒和汇率的影响。如果一个国家对国外商品征收高关税,企业可能会放弃该市场或者直接将工厂建在这个国家,以避开高关税壁垒。如果一个国家的本币汇率升高,即以本国货币衡量外国货币的价格升高,会导致该国货币贬值,在该国建厂的跨国公司的收益降低,那么,该公司可能会更换生产基地。例如,如果人民币兑美元的价格从6.5升高到7.0,在中国建厂的美资企业,原来中国工厂收益65元人民币后可以兑换10美元,但升值后却要收益70元人民币才能获得10美元回报,在中国工厂收益没变的情况下,美国公司的收益降低了。

表12-1 供应链网络设计与优化的影响因素

序号	影响因素	简要说明
1	宏观经济因素	关税、税收减让;经济发展水平;汇率和需求风险;货运及燃料成本
2	政治因素	政局、法律、资本权益保护、相关政策等
3	基础设施	场地、运输设施、交通、公共设施等
4	技术因素	技术的规模经济性,技术应用成本等
5	竞争性因素	对手的战略、设施规模、布局
6	战略因素	企业的竞争战略
7	物流和设施成本	库存、运输和设施的成本
8	顾客需求因素	需求量、响应时间

(二) 政治因素

政治稳定性是设施布局决策要考虑的重要因素,在布局全球供应链网络时尤其重要。政局混乱、法律无常、资本权益得不到保护的国家和地区会是投资者小心避让的对象,而保护、吸引政策好且制度完善而稳定的国家和地区对决策者更具有吸引力。

(三) 基础设施

优良的基础设施是吸引决策者在该地区投资建立设施的一个重要的先决条件,因为落后的基础设施不仅会给其运营带来不便,增加其运营成本,还会通过影响人才、技术而影响公司的竞争力。基础设施主要包括场地供给与运输枢纽、机场码头、高速公路、铁路等物流运输设施。公共交通、水电气等地方性公用设施建设以及当地的劳动力供给等都会对投资者的投资决策产生影响。

(四) 技术因素

如果企业的生产技术能够带来显著的规模经济效益,集中布局大容量设施一般会比较有利;如果与技术配套的设施、设备的成本低,往往应该采用分散布局的方式建立地方性生产设施,以便于降低运输成本,更快响应需求。如果生产技术稳定,且不同国家对产品的技术要求不同,也要采取分散布局的方式在不同国家建立生产设施。

(五)竞争性因素

设计供应链网络时,还必须考虑竞争对手的战略、规模和布局。竞争对手在某地区的设施布局情况以及设施规模情况,是影响企业进行布局决策的重要因素。企业要做的一个重要的布局决策是靠近还是远离竞争对手。如果企业所处行业具有积极外部性,则临近布局能使双方都受益。例如,服装店密集的街道更能吸引服装购买者光顾,从而使所有服装店都从中获益。

如果企业在价格上进行竞争,而且承担向客户送货的成本,那么最优的布局决策是远离竞争对手。当产品价格不是竞争的手段,客户总是优先光顾距离最近的企业时,采用临近布局的方式能使企业获得更大的市场份额。这点可以用霍特灵(Hotelling)提出的简单模型来解释其机理。

如图12-4所示,假设需求(客户)均匀分布在0~1这个区间上,两个企业通过调整与客户的距离的远近来进行竞争。用户选择距离最近的企业来为自己提供服务,与两家企业距离相等的需求(客户)会在二者之间平均分配。假设总需求为1,企业1布局在 a 点,企业2布局在 $1-b$ 点。企业1和企业2的需求分别用 d_1 和 d_2 表示,则 $d_1=a+(1-b-a)/2=(1-b+a)/2$;$d_2=b+(1-b-a)/2=(1+b-a)/2$。

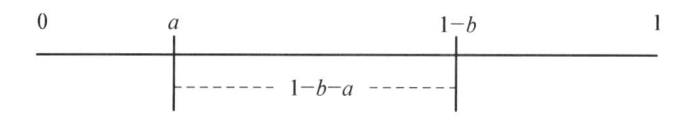

图12-4 两家企业布局示意图

显然,如果两家企业都靠近中点布局,最终使得 $a=b=1/2$ 时,两家企业就能将自身的市场份额最大化。如果企业1先进入该市场,且在 $a<1/2$ 的点布局,比如 $a=1/4$ 处,而第二家进入该市场的企业会临近企业1布局,即 $1-b=1/4$,$b=3/4$ 时,先进入该市场的企业1所分割到的市场份额为:$d_1=(1-b+a)/2=(1-3/4+1/4)/2=1/4$,而后进入的企业2则获得3/4的市场份额。所以,先进入市场的企业应首先选择需求的中点布局,如果先进入的企业已占据中点,则后进入的企业宜靠近对手布局;如果先进入的企业未占据中点,在考虑新进竞争对手的情况下应抢占中点布局。

(六)战略因素

企业的竞争战略是影响企业进行供应链网络设计决策的重要因素。如果企业采用成本领先的竞争战略,往往会选择在低成本的区位布局生产设施,如服装巨头选择到中国、越南等劳动力与土地成本较低的国家或地区建厂。

如果企业所面临的市场需求要求企业建立快速反应的供应链,那么企业应在靠近目标客户(市场)的地方布局生产性、储存性和销售性设施,有时甚至不惜以高成本为代价。例如,盒马鲜生优先选择一线城市的繁华区域开店,因为那里集中了更多的优质客户,他们对响应速度的要求更高。

全球化的供应链网络,通过在不同国家或地区布局设施,来支持其不同战略目标的实现。比如 NIKE 公司在中国等地区可能会布局一些相对经济的服装生产工厂,而在韩国等地区则可能会布局工厂生产价格相对较高的新品。

(七) 客户的需求

首先,客户的需求量会对供应链网络设计产生影响。当一个市场上的需求量大幅度增加时,企业增加设施的可能性将加大;另一方面,目标客户群对响应时间的要求也会影响供应链设施的布局决策。如图 12-5 所示,一般来说,设施数量与客户要求的响应时间成反比例关系,客户需求的响应时间越短,设施数量一般会越多。例如,致力于满足客户的紧急需求的企业,应采用分散布局的方式,将设施布局在离客户较近的地方。

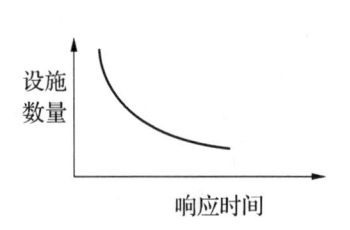

图 12-5 设施数量与响应时间的关系

(八) 成本因素

成本因素是影响企业进行供应链网络设计的最重要的因素。降低成本也是企业进行供应链网络优化的重要目标。供应链中的采购成本、生产成本、仓储成本、运输配送成本等都与供应链网络有着密切关联。一方面,设施所处地点不同,设施的建设和运营成本也会不同,如一线城市的土地成本、劳动力成本、运营成本比二线城市会高很多;另一方面,设施的数量也与企业的投资建设及运营成本有着密切关联。表 12-2 整理了部分成本与响应时间与供应链设施数量的关系。

表 12-2 成本、响应时间与供应链设施数量的关系

	设施数量增加	简要描述
库存成本	增加	一般来说,库存成本会随设施数量的增加而增加
运输成本	先降低后增加	进货运输成本会随设施数量的增加而增加,出货运输成本会随设施的增加而减少。总运输成本首先随设施数量的增加而减少,设施数量增加到一定程度后,总运输成本可能增加
设施成本	增加	设施的建设与租赁成本会随设施数量的增加而增加
生产管理成本	增加	设施越多,管理难度越大,管理成本一般会越高
协调成本	增加	设施越多,与上下游的协调难度越大,成本越高
有形和无形损耗	增加	设施数量增加,因产品缺陷、变质、遗失、贬值以及事故赔偿等方面的有形和无形损失会加大
响应时间	缩短	对客户需求的响应时间会随设施数量的增加而减少

第二节 数据准备与备选区域

随着外部环境和自身战略的调整,常常需要对现有供应链网络中某一层级或者多层级的节点、流程进行优化。供应链网络的设计与优化,需要输入大量的数据,通过市场调查获取数据,处理数据是重要的环节。此外,节点布局优化的一个重要工作是要先确定备选区域。准备数据、确定备选区域是应用优化模型进行供应链网络设计与优化的基础。

一、数据准备

无论是供应链网络单级节点的优化设计还是多级节点的优化设计,都需要大量的数据。例如,① 网络中现有的供应商、制造厂、现有仓库/配送中心、零售商、顾客的位置和待选位置;② 所有产品的数量和特殊的运输方式,如冷链运输、特种产品运输;③ 每个位置的顾客对每种产品的年需求量;④ 每种运输模式的运输费率;⑤ 仓储成本,包括劳动力、仓库保管费和运营维护费;⑥ 向顾客发货的频率和单次运量;⑦ 订单处理成本;⑧ 顾客服务需要和目标;⑨ 生产及采购的成本和能力。

(一) 数据综合

从刚才提到的需要准备的数据清单可知,供应链网络优化涉及的数据种类多,数量惊人。例如,饮料、食品类、电商类配送中心的客户可能有几万、几十万甚至是几百万。同样,在一个连锁超市物流网络中流动的产品种类数也有数千甚至数十万种。面对如此惊人的数据量,数据的综合无疑非常重要。

1. 采用网格法或其他聚类方法将距离较近的顾客集合起来

聚类是将物理或抽象对象的集合分成相似的对象类的过程。通过聚类分析,形成"簇"。簇是指数据对象的集合,同一簇中的对象相似,而与其他簇中的对象相异。聚类分析是对数据进行集中处理、了解数据分布情况的重要步骤。

网格法是将对象空间划分为有限数目的单元格,形成一个空间网格结构,一个单元格内所有的顾客被看作单一顾客。这些单元格称为顾客区。根据顾客所处小区或者行政区域划分顾客是一种非常有效的方法,在进行物流节点的优化设计时也可以按照"主通道+行政区域"或者"主通道+小区名"等综合多个指标的方式划分顾客区。注意,如果按照服务水平或交货频率对顾客分类,需要在每类中进行综合分析。例如,首先按服务水平的要求高、中、低将顾客分为三类,然后对每类顾客进行综合处理。

2. 将产品综合为合理数量的产品组

当供应链网络中流动的产品种类特别多时,需要将产品综合为合理数量的产品组,可以按以下原则对产品种类数据进行综合处理。

(1) 配送模式。所有在一个源头分拣并送往一个顾客的产品集合成一类。例如,电商物流中心在处理快递单并生成分拣单时,如果能将送往一个顾客(顾客区)的产品集合成一类,并将这一类的包裹集合成一个大包裹,则可以有效减少包裹配送途中的分拣、运输、收发货成本。有时不仅需要按照配送模式、收发货地点,还要按照诸如重量和体积等物流特征进行综合。即在具有同种配送模式的产品中,将单位体积和重量相似的产品综合为一个产品组。

(2)产品类型。在许多情况下,不同的产品可能仅仅在产品型号、款式或包装形式上有所不同,这些产品可以综合成一类。当然,将详细数据替换为粗略数据对网络优化模型效果会产生一定的影响,这个影响必须能被控制在一定范围内。例如,有研究表明,将顾客综合为150~200个区域,总运输成本估算值的误差影响一般不超过1%。即使存在能够根据原始详细数据解决供应链网络设计问题的技术,进行数据综合仍然很有必要,因为人们在客户和产品层次预测需求的能力有限,预测误差很难避免。由于通过数据综合可以减少需求的变动,所以对数据做综合处理后再进行需求预测,预测结果相对会更可靠。

3. 数据综合处理的建议

菲利普·卡明斯基(Philip Kaminsky)等在《供应链设计与管理》一书中指出,在数据综合过程中通常可以遵循以下原则,这些原则作为重要的建议,对我们也有一定的参考价值。① 将需求点综合为150~200个区域。如果将顾客按照服务水平或交货频率分类,则在每一类中综合为150~200个点。② 尽量确保每个区有大致相等的总需求,这意味着每个区的面积可能不等。这一点建议在有配送时间约束的物流中心的设计中可能不是很适用。③ 将综合的点放在每个区的中心或者是最适合为该区顾客提供集散服务的点。④ 将产品综合为20~50个产品组。从以上建议可知,经过数据综合处理后,供应链网络设计涉及的数据仍然很大,需要建立优化模型、设计优化算法,由计算机去计算才能得到优化结果。

(二)运输费率与运输距离估计

在优化模型中,常常需要输入两个重要数据:运输费率和运输距离。研究者和实践工作者们常常按照"单位运输费率×运输距离"的思路来计算从一个特定起点到特定目的地的产品运输费用。无论采用公路运输、铁路运输、水路运输还是航空运输,都涉及运输费率和运输距离问题。如果企业采用自己的车队来完成运输任务,可以根据每辆车的年费用、年行驶里程、年运量以及车的有效运力来计算每单位产品每千米的运输费用(运输费率)。如果采用外包的第三方运输模式,则要分别考虑整车运输和零担运输两种情况。相对零担运输,整车运输涉及的其他作业费用少,运力周转时间快,运输规模效应明显,运输成本更低,因此第三方物流公司收取的整车运价率要比零担运价率低。运输费率会因产品等级、运输区段的距离、承运人以及运输模式是"门到门"还是自提(送)的不同而不同。在确定运输费率时,对同类指标有多个不同价格时可以采用平均价格,如某一段线路有多个零担运输的承运人,它们的报价不同,可以考虑用平均价格来代替。

在进行运输距离估计时,可以按照重力法模型中根据收点、发点的经度和纬度来计算直线距离的方法计算,采用该方法获得的数据准确度方面存在一定的问题,但应用模型计算时比较方便;借助地理信息系统(GIS)或者导航系统,可以获得比较精确的数据,但是当收发货点很多时耗时会比较长。

(三) 仓储成本和仓库面积

1. 仓储成本

在仓库和配送中心,会产生很多成本,其中有些成本会随仓库位置的变化而变化。在进行供应链网络优化时,必须输入单位货物单位时间的储存成本,这个成本会因人工、管理等成本的不同而不同。因为不同城市的人工、土地等成本不同,建设或租赁仓库的固定成本也会不同,物料入库、出库、移库的搬运成本也不同。固定成本与库存数量无关,与仓库规模(容量)有关,但不是绝对的线性关系。例如,建设保鲜冷库的固定成本为:规模在10~50平方米的保鲜冷库,估算每平方米的建设成本在3 000~1 400元;规模在100~500平方米的保鲜冷库,估算每平方米成本在1 300~900元;规模在1 000~5 000平方米的保鲜冷库,估算每平方米成本在1 000~800元。显然,面积越大,建设冷库的单位成本越低,但不是绝对的线性关系。

2. 仓库面积

为了计算固定成本,需要先了解仓库的占地面积。如图12-6所示,如果运输和交货比较稳定,库存随时间的变化而按一个固定的值减少,则可以按照"(最高库存+最低库存)/2"的思路计算平均库存,此时需要的储存空间大约是平均库存的2倍,考虑通道、分拣、分类等作业设备以及自动导引车,需要将储存空间乘以一个大于1的系数C,实践中

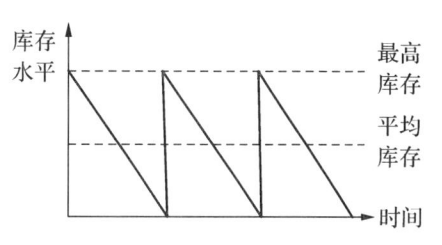

图12-6 库存水平随时间的变化而变化的情况

常用的系数是3。例如,当平均库存为200,每单位货物平均需要10平方米的空间,将平均需要的储存空间乘以2,得出储存空间的面积为4 000平方米,再乘以作业空间系数3,得仓库的空间面积为12 000平方米(=4 000×3)。

二、确定备选区域——重力区位模型

供应链网络设计决策要求选择一组理想的潜在地点。潜在地点的选择需要用到专家打分法、德尔菲法等定性方法,也可以借助重力区位模型、模糊综合评价法、启发式算法等来帮助确定备选地址的大致区位。下面介绍重力区位模型的基本思路。

(一) 数据准备

重力区位模型的应用需要准备以下几类数据:
(1) 供应源和市场的位置,即潜在的设施地点的位置。
(2) 市场需求预测,即每厂地点的设施成本、劳动力成本和原材料成本。
(3) 每两个设施布局地点之间的运输成本。
(4) 每一地点的库存成本及其与设施数量的关系。

(二) 相关假设

假设已经拥有这些信息,就可以运用重力区位模型和网络优化模型来辅助确定备选

地址。

应用重力区位模型确定工厂备选区域的目标是使从供应商至备选区域的原材料运输成本与从备选区域至目的市场的成品运输成本的和最小。重力区位模型假定：无论是市场还是供应源都可以在坐标系中用点表示出来，所有两点之间的距离都可以像坐标系中两点之间的距离一样计算出来，并且假定运费随着运量的增加呈线性增加。

（三）符号定义及模型

n：市场与供应源数量的总和。

k：市场或供应源的代号，$k=1,2,\cdots,n$。

x_k,y_k：市场或供应源 k 的横、纵坐标。

F_k：在供应源 k 或市场与工厂之间每单位货物每千米的运输成本。

D_k：供应源或市场与工厂之间的运量。

如果 (x,y) 是工厂的备选位置，则在点 (x,y) 布局的工厂与供应源 n 的距离的计算公式为：

$$d_k = \sqrt{(x-x_k)^2 + (y-y_k)^2} \tag{12-1}$$

因而，总运输成本 TC 可表示为：

$$\mathrm{TC} = \sum_{k=1}^{n} d_k D_k F_k \tag{12-2}$$

通过循环进行以下三步，就可以得到总运输成本 TC 最小的区位。工厂的坐标 (x,y) 是进行每一循环的出发点：

（1）利用式（12-1）计算工厂到每一供应源或市场的距离 d_n。

（2）为工厂求得一个新的区位 (x',y')，其中：

$$x' = \frac{\sum_{n=1}^{k} \dfrac{D_n F_n x_n}{d_n}}{\sum_{n=1}^{k} \dfrac{D_n F_n}{d_n}} \qquad y' = \frac{\sum_{n=1}^{k} \dfrac{D_n F_n y_n}{d_n}}{\sum_{n=1}^{k} \dfrac{D_n F_n}{d_n}} \tag{12-3}$$

（3）如果新区位 (x',y') 与原有区位 (x,y) 几乎相同，则停止运算。否则，设 $(x,y)=(x',y')$，重新从第一步开始。

（四）模型应用

下面以 A 钢铁设备公司为例进行备选区域决策。A 钢铁设备公司是一家工程设备制造企业，它在长沙市有一个装配厂。该装配厂的产品用来满足全国市场的工程设备需求。由于市场需求迅速增长，公司决定再建一个工厂，以满足北边市场的需求。现需要供应链总监张总监为新工厂选择一个合适的区位。三个配件厂将向新工厂提供配件。新工厂将为我国北边的市场 1、市场 2、市场 3、市场 4、市场 5 等五个市场提供产品。表 12-3 给出每一个区位的坐标、每一个市场的需求量、从每一个配件厂的进货以及供应源或市场到工厂的运费情况。

第十二章 供应链网络设计

表12-3 A钢铁设备公司的供应源和市场区位

供应源/市场	运输成本/(元/吨·千米)	需求量/吨	坐标 X_k	坐标 Y_k
供应源				
配件厂1	0.90	500	700	1 200
配件厂2	0.95	300	250	600
配件厂3	0.85	700	225	825
市场				
市场1	1.50	225	600	500
市场2	1.50	150	1 050	1 200
市场3	1.50	250	800	300
市场4	1.50	175	925	975
市场5	1.50	300	1 000	1 080

张总监决定使用前面介绍的循环程序进行工厂区位决策。他挑选的工厂的初始位置是(0,0)，第一轮循环分析如表12-4所示。

表12-4 第一轮循环分析

供应源/市场	x_k	y_k	d_k	D_k	F_k	$D_kF_kx_k/d_k$	$D_kF_ky_k/d_k$	D_kF_k/d_k
配件厂1	700	1 200	1 389	500	0.90	226.8	388.8	0.32
配件厂2	250	600	650	300	0.95	109.6	263.1	0.44
配件厂3	225	825	855	700	0.85	156.6	574.1	0.70
市场1	600	500	781	225	1.50	259.3	216.1	0.43
市场2	1 050	1 200	1 595	150	1.50	148.1	169.3	0.14
市场3	800	300	854	250	1.50	351.3	131.7	0.44
市场4	925	975	1 344	175	1.50	180.7	190.4	0.20
市场5	1 000	1 080	1 472	300	1.50	305.7	330.2	0.31

依据式(12-3)和表12-4的分析，管理者得到如下结果：

$$x' = \frac{\sum_{k=1}^{n} \frac{D_kF_kx_k}{d_k}}{\sum_{k=1}^{n} \frac{D_kF_k}{d_k}} = \frac{1\,738.1}{2.98} = 583 \text{ 和 } y' = \frac{\sum_{k=1}^{n} \frac{D_kF_ky_k}{d_k}}{\sum_{k=1}^{n} \frac{D_kF_k}{d_k}} = \frac{2\,263.7}{2.98} = 759。$$

第一轮循环后，$(x,y)=(0,0) \neq (x',y')=(583,759)$。由此，张总监假定$(x,y)=(583,759)$，并进行新一轮的循环，重复第一至第三步。经过40次这样的循环，管理者得到了$(x,y)=(681,882)$这一结果。重复进行第一至第三步，结果是$(x,y)=(681,882)$。由此，张总监确认坐标点$(x,y)=(681,882)$是使总运费最小的工厂区位。显然，这里的计算量有点大,而且很多反复进行的计算的逻辑思路一致,因此可以将上述计算思路用计算机语言编程,由计算机来辅助计算。比较简单的做法是在 Excel 中,借助 Excel 函数来计算。

第三节　供应链网络设计与优化模型及应用

供应链网络通常涉及几个阶段,包括供应商、生产工厂、仓库和市场,还可能涉及像转运点之类的中转设施。多级供应链网络的优化是一个非常复杂的问题,所建优化模型涉及很多符号、参数,需要输入很多数据。为帮助大家理解,本节采用从易到难的思路,针对一个实际问题构建网络优化模型。第一步:在由工厂和市场所构成的两级供应链中,进行供需分配优化(它实质上是一个运输问题);第二步,在由工厂和市场所构成的两级供应链中,进行工厂布局优化,同步进行供需分配优化;第三步,在由供应商、工厂、仓库和市场组成的四级供应链中,同时进行工厂、仓库的布局及供需分配优化。第三步的计算思路和前两步基本一致,只是输入数据大幅度增加,鉴于篇幅,本章没有介绍,有兴趣的读者可以联系编者索取相关 Excel 电子模型。

一、相关假设

由于实际情况千差万别,复杂多样,因此构建优化模型需要先做一些基本假设。了解供应链网络优化模型常用的基本假设,对读者理解、建立以及创新优化模型有积极意义。常用的基本假设有:

(1) 供应商的供给能力、工厂的生产能力、仓库的仓储能力是确定的,各节点的活动不能超过其最大能力,即本节模型不涉及节点能力的优化问题;

(2) 采购成本、生产成本、运输成本等参数确定,不存在模糊参数,本节将采购成本、生产成本纳入对应的运输成本中,不单独计算;

(3) 工厂的原料供应点、客户的产成品供应点不是单一的,可以选择多个源点供应,有特殊约束,在下文中特别说明了的除外;

(4) 在实际工作中,参数的资料来源于历史资料、预测,本节数据来源于假设,对实际工作没有参考价值;

(5) 不存在规模经济效应,即批量大小对单位成本无影响,运输成本为运输量的线性函数,且单位运输成本是已知的;

(6) 供应链网络节点已按照流程进行了层级划分,已确定各节点设施的备选地点,并在备选地点中进行选址决策;

(7) 为计算方便,不考虑工厂和设施中心的初始投资成本,只考虑相应的固定运营成本;

(8) 本节所有模型,需要对计算单位进行调整,使得来自供应商的每一单位的投入,能生产出一单位的最终产品。

二、符号定义

建立模型,一定会用到符号,对符号进行定义是建立模型的基础。理解符号定义的规则及具体含义,有助于读者更好、更快地理解模型表达的意思。本节单独介绍相关符号,目的是体现符号定义以及理解符号含义的重要性。本节模型使用的符号定义如下:

m:市场或需求点的数量。

n:潜在的工厂区位数量。

l:供应商的数量。

t:待选仓库区位数量。

D_j:市场 j 的月需求量。

K_i:布局于 i 点的工厂的月生产能力。

S_h:供应商 h 的月供应能力。

W_e:布局于 e 点的仓库的月仓储能力。

F_i:布局于 i 点的工厂的月固定成本。

F_e:在 e 点布局一家仓库的月固定成本。

C_{hi}:从供应源 h 运送单位货物到工厂 i 的成本。

C_{ie}:从布局于 i 点的工厂生产单位产品并运送到布局于 e 点的仓库的成本。

C_{ej}:从布局于 e 点的仓库给市场 j 运送单位货物的成本。

定义如下决策变量:

y_i:是否在 i 处布局工厂,如果工厂布局在 i 点,则 $Y_i=1$,否则为 0。

y_e:是否在 e 处布局仓库,如果将仓库布局在 e 点,则 $y_e=1$,否则为 0。

X_{ej}:每年从布局于 e 点的仓库运送到市场 j 的货物的数量。

X_{ie}:每年从布局于 i 点的工厂运送到布局于 e 点的仓库的货物数量。

X_{hi}:每年从供应商 h 运到布局于 i 点的工厂的原材料数量。

为方便读者理解,将符号标注在图 12-7 中。

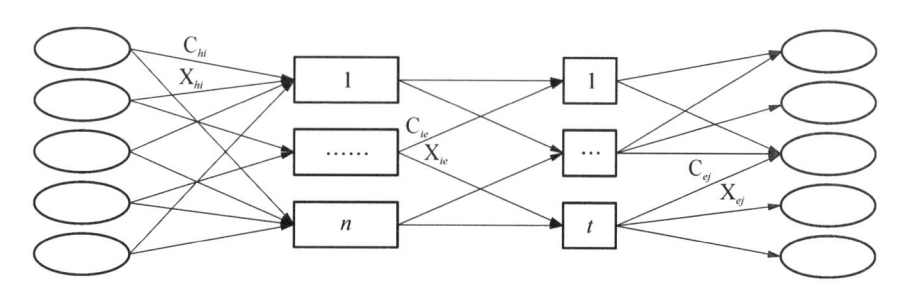

图 12-7 供应链网络优化模型相关符号示意图

三、供需分配模型及应用

(一)问题描述与相关假设

本节以两家净菜电商的供应链网络优化为例来介绍供应链网络优化模型的应用。蔬百利公司和净菜公社食品有限公司都是为客户提供生鲜食材清洗、加工并送货上门服务的净菜电商,公司主要客户是食堂、饭店、酒店等大客户以及其他有净菜需求的消费者。

如表 12-5 所示，蔬百利公司建设有三家净菜加工厂：工厂 1、工厂 2 和工厂 3，目标服务的市场主要是天心区(1)、雨花区(2)和芙蓉区(3)。蔬百利公司每月的总生产能力为：18＋22＋31＝71(单位)，每月总需求量为：10＋8＋14＝32(单位)。

净菜公社食品公司服务的市场为岳麓区(4)、望城区(5)和宁乡市(6)，其负责净菜加工为工厂 4、工厂 5。净菜公社食品公司每月的总生产能力为：27＋24＝51(单位)，每月总需求量为：6＋7＋11＝24(单位)。显然，两个公司的月总供给能力都大于月总需求量，两个公司都必须考虑客户的需求由哪个工厂满足的问题。随着成本和需求的变化，这种需求分配决策每年都要进行调整优化。

除了遵循上述基本假设外，本问题还有如下假设：① 只考虑工厂、客户两级节点构成的网络；② 其他节点已经确定，且不会对这两级节点的能力数据和成本数据产生影响。

(二) 相关数据

工厂的生产能力、市场需求、每单位产量的生产成本和运输成本以及每个工厂的固定运营成本如表 12-5 所示。

表 12-5 蔬百利公司和净菜公社食品公司的生产能力、市场需求和成本

公司名称	净菜加工厂	天心区(1)	雨花区(2)	芙蓉区(3)	岳麓区(4)	望城区(5)	宁乡市(6)	生产能力 K_i(单位)	月固定成本 F_n(元/月)
蔬百利	工厂 1	**1 675**	**400**	**685**	1 630	1 160	2 800	18	7 650
	工厂 2	**380**	**1 355**	**543**	1 045	665	2 321	22	4 100
	工厂 3	**922**	**1 646**	**700**	508	311	1 797	31	2 200
净菜公社	工厂 4	1 925	2 400	1 425	**500**	**950**	**800**	27	5 000
	工厂 5	1 460	1 940	970	**100**	**495**	**1 200**	24	3 500
月需求量 D_j(单位)		10	8	14	6	7	11		

结合实例，确定相关符号及参数的具体数据。因为此时这两个工厂是独立运作的，所以要建立两个模型。

$i=1,2,3$ 或者 $i=4,5$：蔬百利公司的工厂代号为 1,2,3，净菜公社食品公司的工厂代号为 4,5。

$j=1,2,3$ 或者 $j=4,5,6$，两个公司的市场代号。

D_j：市场 j 的月需求量数据见表 12-5 的最后一行，$j=1,\cdots,6$。

K_i：工厂 i 的月生产能力数据见表 12-5，从右边起的第二列，$i=1,2,3,4,5$。

C_{ij}：工厂 i 生产一单位产品并送到市场 j 的成本(包括生产、库存和运输成本)，具体数据见表 12-5，$i=1,\cdots,5,j=1,\cdots,6$(本例要用到的单位运费数据为表中加粗的

数据)。

(三) 建立供需分配的数学模型

(1) 决策变量。设 X_{ij} 为每年从工厂 i 到市场 j 的运量,$i=1,2,3,j=1,2,3$ 或者 $i=4,5,j=4,5,6$。

(2) 目标函数。将加工厂生产的净菜分配到不同市场的优化目标是使总的运输成本最小。蔬百利公司优化模型的目标函数为:

$$\min \sum_{i=1}^{3} \sum_{j=1}^{3} C_{ij} x_{ij} \qquad (12-4)$$

此时,C_{ij} 分别对应矩阵 $\begin{bmatrix} 1\,675 & 400 & 685 \\ 380 & 1\,355 & 543 \\ 922 & 1\,646 & 700 \end{bmatrix}$ 中的数据。

净菜公社食品公司优化模型的目标函数为:

$$\min \sum_{i=4}^{5} \sum_{j=4}^{6} C_{ij} x_{ij} \qquad (12-4')$$

此时,C_{ij} 分别对应矩阵 $\begin{bmatrix} 500 & 950 & 800 \\ 100 & 495 & 1\,200 \end{bmatrix}$ 中的数据。

(3) 约束条件。本问题的优化要遵循三类约束:一是需求约束;二是供应能力上限约束;三是变量非负约束。

蔬百利公司的需求约束表达式为:

$$\sum_{i=1}^{3} x_{ij} = D_j \qquad j=1,2,3 \qquad (12-5)$$

净菜公社食品公司的需求约束表达式为:

$$\sum_{i=4}^{5} x_{ij} = D_j \qquad j=4,5,6 \qquad (12-5')$$

蔬百利公司的供应能力上限约束表达式为:

$$\sum_{j=1}^{3} x_{ij} \leqslant K_i \qquad i=1,2,3 \qquad (12-6)$$

净菜公社食品公司的供应能力上限约束表达式为:

$$\sum_{j=4}^{6} x_{ij} \leqslant K_i \qquad i=4,5 \qquad (12-6')$$

两个公司的变量约束式为:

$$x_{ij} \geqslant 0 \qquad i=1,2,3,j=1,2,3,\text{或者}\ i=4,5,j=4,5,6 \qquad (12-7)$$

对这两家公司来说,可以建立 Excel 电子模型,并应用 Excel 中的"规划求解"工具包求最优解。

(四)建立供需分配的 Excel 电子模型

Excel 电子模型的建立思路与数学模型的建立思路有共同之处,包括以下四步:

第一步,将已知参数的具体数据输入 Excel 工作表。

第二步,按照变量的具体表达形式预先计划每个数学变量对应的单元格,为方便操作,变量区和已知运费区最好能对应起来,并填充颜色以方便识别,如图 12-8 所示。

	A	B	C	D	E	I	J	K
1			天心区(1)	雨花区(2)	开福区(3)	生产能力(单位)	固定成本(元)	
2	蔬百利	工厂1	1675	400	685	18	7650	第一步:输入已知参数
3		工厂2	380	1355	543	22	4100	
4		工厂3	922	1646	700	31	2200	
7		月需求量D₃/单位	10	8	14			
9	蔬百利	工厂1						第二步:设置变量区
10		工厂2						
11		工厂3						

(a)蔬百利公司的已知参数数据和模型变量区

	A	B	F	G	H	I	J	K
1			岳麓区(4)	望城区(5)	宁乡市(6)	生产能力	固定成本	
5	净菜公社	工厂4	500	950	800	27	5000	第一步:输入已知参数
6		工厂5	100	495	1200	24	3500	
7		月需求量D₃	6	7	11			
12	净菜公社	工厂4						第二步:设定变量区
13		工厂5						

(b)净菜公社的已知参数数据和模型变量区

图 12-8

第三步,确定目标单位格,并用 Excel 函数表达数学模型的目标函数。此处要用到 Excel 的 SUMPRODUCT 函数,它表示将给定的几组数对应位置的数相乘然后再相加,在这里表示将每条线路上的单位运费数和运输量数相乘然后再相加,以计算总运费,此时的运输量数组就是变量数组,初始数都是 0。在蔬百利公司的电子模型中,选定 K10 单元格作为目标单元格,输入目标函数的 Excel 表达式,如图 12-9(a)所示,图中的 C2:E4,是第一步输入的单位运费数组,C9:E11 是第二步设置的变量数组(运输量数组),为便于识别,也填充目标单元格的颜色。净菜公社的目标单元格设置如图 12-9(b)所示。

第四步,将数学模型约束条件的左右两边分别在对应的工作簿中表达出来,一般来说,右边的数据在第一步已经输入,只要将左边的约束式分别选择一个单元格并用

EXCEL 函数表示即可。在 Excel 中输入约束条件时,一般在变量区旁边输入左边代数式,且尽量与第一步已输入的右边常数所在的单元格对应,这样方便识别且美观,具体如图 12-10 所示。完成这四步后,就建好了电子模型,下一步只要调出"规划求解"工具包,求解即可。

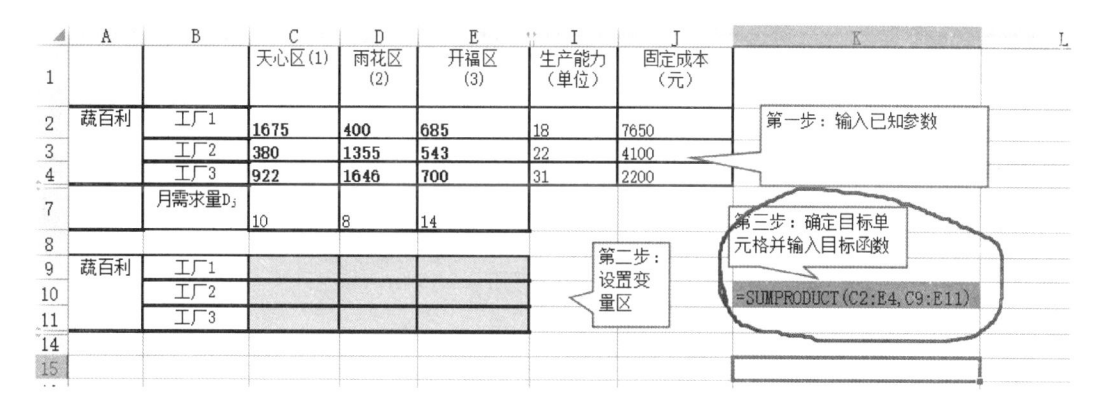

(a) 蔬百利公司的已知参数数据、变量区和目标单元格

(b) 净菜公社的已知参数数据、变量区和目标单元格

图 12-9

(五) 应用 Excel "规划求解"工具包求解模型

(1) 加载并调出 Excel 工具包。如果电脑安装了完整版的 Office,Excel 中就有"规划求解"工具包,只要按照相应的流程加载工具包即可,具体加载流程一般为:"开始"—"Excel 选项"—"加载项"—"转到"—选定"规划求解"加载项—"确定"。加载完后,点工具栏中的"数据"—"规划求解"即可。如果电脑安装的是 WPS 的话,直接点"数据"—"模拟分析"—"规划求解",即可调出该工具包,无须另外加载。

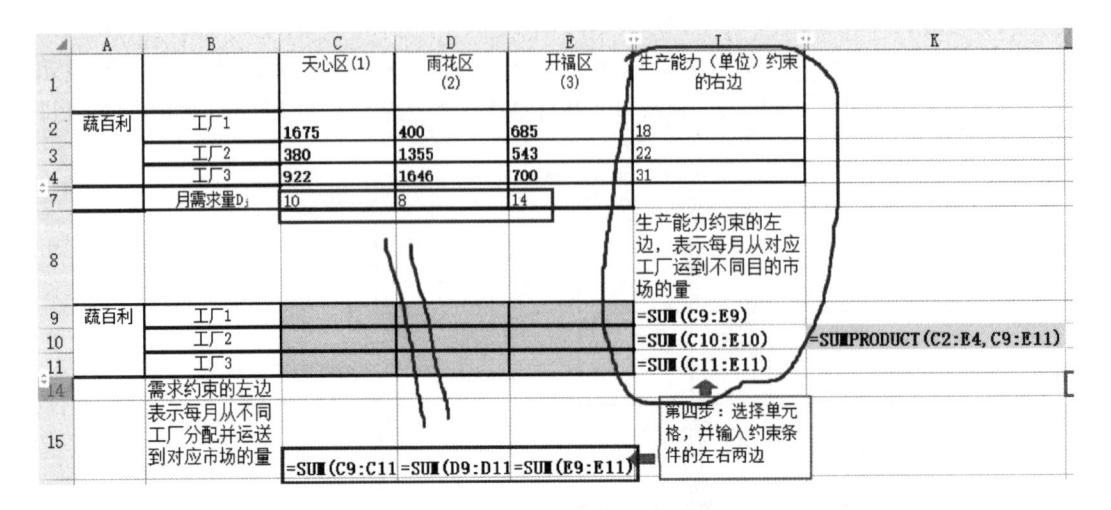

(a) 蔬百利公司的已知参数、变量区、目标单元格和约束条件的左右两边

(b) 净菜公社的已知参数数据、变量区和目标单元格

图 12-10

(2) 填写"规划求解"对话框,如图 12-11 所示。

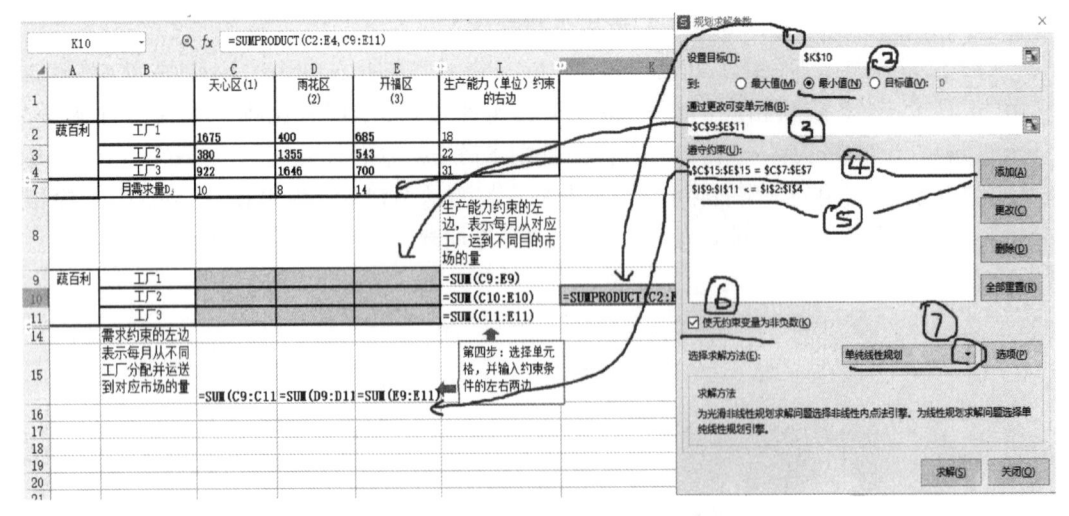

图 12-11 蔬百利公司电子模型对应的规划求解对话框

对话框的填写步骤为:第一步告诉计算机,目标单元格在哪里;第二步,将目标函数设置为求最小值;第三步,告诉计算机,变量区在哪里;第四步和第五步,添加约束条件,具体添加步骤为:点右边的"添加",调出"添加"对话框,然后填写对话框。具体步骤(见图 12-12):① 在对话框的左边输入约束条件左边对应的单元格;② 点下拉箭头,选择约束条件的符号是"="还是"<=";③ 填写右边对话框,对应约束条件的右边;④ 最后点"确定"。确定后再点"添加",按照同样步骤添加其他约束。如果添加错误,可以点右边的"删除"。

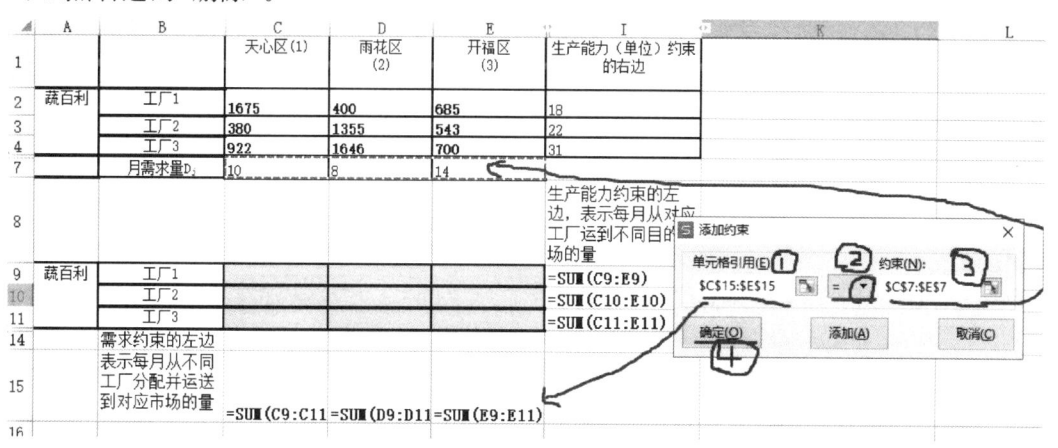

图 12-12 蔬百利公司需求约束的添加步骤

约束条件添加完毕,要勾选"变量非负",选择求解方法为"单纯型线性规划",WPS 版本的可以直接在对话窗口界面上选择,对应图 12-11 的⑥和⑦。如果是 Office,则要点对话框右边的"选项",调出"选项"对话框,然后再勾选。

(3) 规划求解对话窗口填写完毕,点"求解",即可算出结果。蔬百利公司的运算结果如图 12-13 所示,填充了颜色的区域中的数据就是求解出来的供需分配数据。

图 12-13 蔬百利公司的需求分配运输结果

按照上述思路,可以求出净菜公社需求的分配方案。将两个公司的需求分配方案填入表 12-6 中。

分析图 12-13 或表 12-6 的数据可知,工厂 3 可以不需要生产,但实际上工厂 3 仍然在运营,结合表 12-5 中固定成本数据和规划求解计算出来的可变总成本数据,可得蔬百利公司每月消耗的月总可变成本是 14 886 元,月固定成本为 13 950 元(等于三个工厂的固定运营成本之和),月总成本为 28 836 元;净菜公社食品公司的月可变成本为 12 865 元,月固定成本为 8 500 元,月总成本为 21 365 元。

表 12-6 蔬百利公司和净菜公社食品公司的最优需求配置

		天心区	雨花区	芙蓉区	岳麓区	望城区	宁乡市
蔬百利公司	工厂 1	0	8	2			
	工厂 2	10	0	12			
蔬百利公司	工厂 3	0	0	0			
净菜公社食品	工厂 4				0	0	11
	工厂 5				6	7	0

如果一个公司的需求大于生产(供应)能力,也可以按照上述思路求解,只是在约束条件部分,需求约束式要用"≤"符号,而供应约束式用"="符号,因为生产供应能力不足,所以所有的生产供应能力要全部利用起来,需求仍然不一定能得到满足。

四、工厂布局:生产能力既定的工厂布局模型

(一) 问题描述及假设

蔬百利公司和净菜公社食品的老板们已经决定将这两家公司合并成为一个名为蔬百利净菜公社的新公司。他们认为,如果将两个公司的供应网络恰当地合并,将受益匪浅。新公司将拥有 5 个生产厂,服务于 6 个市场。管理者正在讨论是否每个工厂都是必需的。他们已经指派了一个供应链小组来研究供应网络,以明确哪些工厂应当关闭。基本假设在本节第一部分已做了说明。

(二) 符号及数据

供应链小组决定使用网络布局优化模型来解决这一问题。这一模型涉及的符号及需要输入的数据如下:

$n=5$:待确定工厂的区位数量。

$m=6$:市场或需求点的总数量。

D_j:市场 j 的月需求量,具体数据见表 12-5。

K_i:工厂 i 的潜在月生产能力,具体数据见表 12-5。

F_i:工厂 i 运营中按月分摊的固定成本,具体数据见表 12-5。

C_{ij}:工厂 i 生产一单位产品并将之送到市场 j 的成本(包括生产成本),具体数据见表 12-5。

(三) 建立优化模型

该小组的目标是决定是否保留工厂,然后将市场需求分配到每一个正在营运的工厂中去,以减少设施成本、运输成本和库存成本。

(1) 确定决策变量:

y_i:如果工厂 i 运营,$y_i=1$;否则,$y_i=0$。

x_{ij}:每月从工厂 i 送至市场 j 的净菜数量。

(2) 确定目标函数如下:

$$\min\left(\sum_{i=1}^{5} F_i y_i + \sum_{i=1}^{5}\sum_{j=1}^{6} C_{ij} x_{ij}\right) \quad (12-8)$$

(3) 确定约束条件。本模型的约束条件仍然包括三类:第一类,需求约束,即需求必须得到满足,见式(12-9);第二类,生产供应能力约束,见式(12-10);第三类,变量约束,此模型包括两类变量,对应的约束分别为 0—1 约束与非负约束,具体见式(12-11)。

$$\sum_{i=1}^{5} x_{ij} = D_j \quad j=1,\cdots,6 \quad (12-9)$$

$$\sum_{j=1}^{6} x_{ij} \leqslant K_i y_i \quad i=1,\cdots,5 \quad (12-10)$$

$$y_i \in \{0,1\}, x_{ij} \geqslant 0 \quad i=1,\cdots,5, j=1,\cdots,6 \quad (12-11)$$

式(12-8)是使得网络优化的总运营成本(包括固定成本和可变成本)最小化;式(12-9)保证了所有需求得到满足;式(12-10)确保了每一工厂的生产不超过其生产能力,显然,如果工厂被关闭,则生产能力为 0;如果工厂运营,则生产能力为 K_i,$K_i Y_i$ 恰当地表明了这一点;式(12-11)将工厂分为运营($y_i=1$)和关闭($y_i=0$)两类,且确保运输量非负。

模型需要输入的生产能力、需求数量以及运输和固定费用等数据如表 12-5 所示。

(四) 建立 Excel 电子模型

第一步是输入成本、需求、单位运费和生产能力等参数的数据。将 5 个工厂至目的市场的单位运费 C_{ij} 数据输入 Excel 工作表的 C2:H6 中,将工厂的月生产能力数据输入 I2:I6 中,工厂的月固定运营成本数据输入 J2:J6 中,将 6 个市场的需求数据输入 C7:H7 中,具体见图 12-14。

第二步,确定决策变量单元格,即为每个决策变量分配一个单元格,并填充颜色,如图 12-14 所示。每一变量的初始值均为 0。方格 I9~I13 代表决策变量 y_i,C9~H13 这个长方形区域中的单元格代表决策变量 X_{ij}。

第三步,确定目标单元格,并将数学模型中的目标函数用 Excel 函数表示。目标函数式(12-8)表示:累加"每个工厂的月固定运营成本 * 是否选择该工厂",得总固定成本,累加"每条线路的单位运费 * 该线路的运输量",得总运费,然后将两种成本相加得工厂布局选择的总成本。总固定成本和总运费的计算都是两组数先相乘后相加,所以用 Excel 中的 SUMPRODUCT 函数。选择 I14 为目标单元格,并输入:=SUMPRODUCT(J2:J6,I9:I13)+SUMPRODUCT(C2:H6,C9:H13)。

第四步，确定数学模型约束式左右两边对应的单元格，并将数学模型中的代数式用 Excel 函数表示。在 J9 单元格输入：＝SUM(C9：H9)，并用填充柄填充到 J13，这 5 个单元格对应 5 个生产供给能力约束的左边代数式，在 K9 单元格输入：＝I2＊I9，并用填充柄填充至 K13，这 5 个单元格对应生产供给能力约束的右边代数式；在 C14 单元格输入：＝SUM(C9：C13)，并用填充柄填充到 H14，这 6 个单元格对应 6 个需求能力约束的左边代数式，需求约束条件的右边为常数，在第一步已经输入。至此，工厂布局的电子模型已经建立，如图 12－14 所示。在实际工作中，如果还有其他要求，则通过增加约束的方式来满足。例如，要求工厂 4 和工厂 5 中必须选择一个，则可以通过增加约束 $y4＋y5 \geqslant 1$ 来实现。在 Excel 表中，也需要选择一个单元格对应该约束的左边 $y4＋y5$，并输入：＝I12＋I13，其中 I12 对应变量 $y4$，I13 对应变量 $y5$。

	A	B	C	D	E	F	G	H	I	J	K
1			天心区(1)	雨花区(2)	开福区(3)	岳麓区(4)	望城区(5)	宁乡市(6)	生产能力(单位)	月固定成本 F_n(元/月)	
2		工厂1	1675	400	685	1630	1160	2800	18	7650	第一步：输入已知参数
3		工厂2	380	1355	543	1045	665	2321	22	4100	
4		工厂3	922	1646	700	508	311	1797	31	2200	
5		工厂4	1925	2400	1425	500	950	800	27	5000	
6		工厂5	1460	1940	970	100	495	1200	24	3500	
7		月需求量 D_j	10	8	14	6	7	11			
8			从工厂i运输至市场j的运输量 x_{ij}			第二步：确定变量区			是否选择 y_i	供给约束式的左边	供给约束式的左边
9		工厂1								0	0
10		工厂2								0	≤ 0
11		工厂3								0	0
12		工厂4								0	0
13		工厂5								0	0
14		需求约束的左边	0	0	0	0	0	0		0	
15			第四步：确定供给约束和需求约束左边所对应的单元格和右边代数式(常数)所对应的单元格，并用相应的excel函数表示。							第三步：确定目标单元格，输入目标函数的excel表达式	

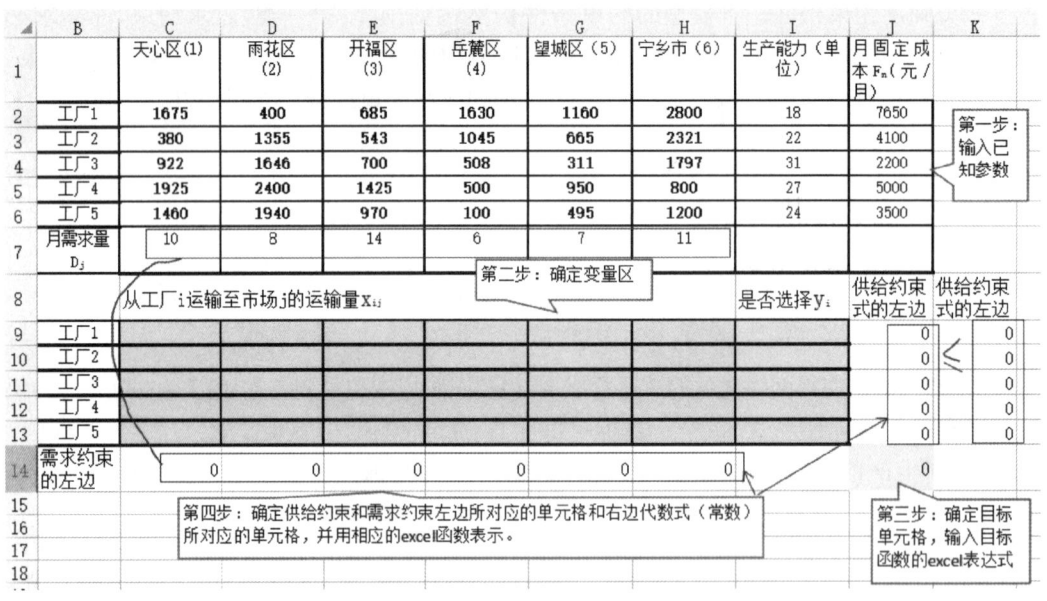

图 12－14　蔬百利净菜公社工厂选择(布局)电子模型

(五) 模型求解

按照前面介绍的思路，在电子模型所对应的工作表中，调出 Excel 的"规划求解"工具包，填写"规划求解对话窗口"，并点击"求解"即可得到该模型的最优解。具体对话窗口的填写如图 12－15 所示。需要特别注意的是，本模型的变量约束中有一个是否选择工厂 i 的 0~1 变量 y_i，在填写对话窗口时要添加该约束，在添加约束条件的窗口中，第一个方框中输入变量 y_i 所对应的 5 个单元格，然后在约束式的符号选择处，点下拉箭头，选择"bin"即可。具体如图 12－16 所示。求解结果如图 12－17 所示。

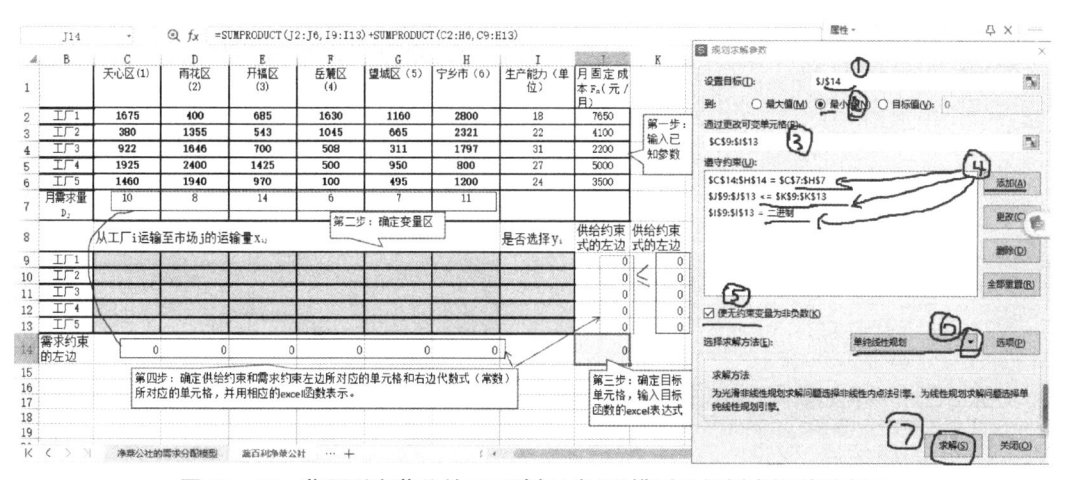

图 12-15　蔬百利净菜公社工厂选择(布局)模型及规划求解对话窗口

图 12-16　是否选择类 0~1 变量约束的输入示意图

图 12-17　蔬百利净菜公社工厂选择(布局)模型的求解结果

将模型规划求解得到的工厂选择及供需分配结果填入表 12-7 中。由表 12-10 可清楚地看出,优化后的结果告诉我们,两个公司合并后,可关闭工厂 3 和工厂 4。由图 12-17 可知,公司的总费用(包括固定费用与运费等)为 47 401 元,原来两个公司的总费用的和为:28 836+21 365=50 201(元)。优化后比原来共节省 2 800 元。

表 12-7 蔬百利净菜公社最优的工厂选择及供需分配

		天心区	雨花区	芙蓉区	岳麓区	望城区	宁乡市	是否选择
蔬百利净菜公社	工厂1	0	8	2	0	0	0	1
	工厂2	10	0	12	0	0	0	1
	工厂3	0	0	0	0	0	0	0
	工厂4	0	0	0	0	0	0	0
	工厂5	0	0	0	6	7	11	1

五、工厂和仓库同时布局的供应链网络优化模型

(一)问题描述、假设

如果要设计从供应商到顾客的整个供应链网络,就要建立更复杂的供应链网络优化模型。蔬百利净菜公社食品有限公司准备对整个供应链网络进行布局优化。目前,公司主要有 5 个供应商,供应商 $h(h=1,\cdots,5)$ 向净菜加工厂提供生鲜食材;工厂的待选地有 $n=5$ 个,每个待选地的最大生产能力为 K_i;为更好地开展储存及配送工作,降低采购、运输及配送成本,公司准备投资建设成品仓,待选的仓库地点有 3 个,仓库 e 的仓储能力为 W_e。现需要进行工厂选择、仓库布局决策和供需分配决策,使市场需求得到满足的同时总成本最低。本问题的优化模型要遵循的假设在本节第一部分中已做了说明,这里不再赘述。

(二)模型参数及符号定义

本优化模型的相关参数及符号定义在本节的第一部分已做了说明,为了方便读者更好地理解这些符号的含义,现在整理为表 12-8。

表 12-8 模型参数及符号定义

集 合		下 标	
符号	定义	符号	定义
L	供应商集合	h	可能选择的供应商编号,$h=1,2,3,4,5$
N	备选工厂集合	i	可能开设工厂的地点编号,$i=1,2,3,4,5$
T	备选仓库集合	e	可能开设仓库的地点编号,$e=1,2,3$
M	市场集合	j	市场编号,$j=1,2,3,3,4,5,6$
参 数			
符号		定义	
S_h		供应商 h 的月供应能力	
C_{hi}		从供应商 h 向工厂 i 的单位运输成本	
F_i		布局于 i 点的工厂的月固定成本	
K_i		布局于 i 点的工厂的生产能力	
C_{ie}		工厂 i 生产单位并运送到仓库 e 的单位成本	

续 表

集 合	下 标
F_e	在 e 点布局一家仓库的月固定成本
W_e	仓库 e 的月仓储能力
C_{ej}	从仓库 e 给客户 j 运送货物的单位成本
D_j	市场 j 的月需求量

决策变量	
符号	定义
y_i	是否在 i 处布局工厂，$y_i=1$ 则该厂运营，否则不运营
y_e	是否在 e 处布局仓库，$y_e=1$ 则建仓，否则不建仓
X_{hi}	每年从供应商 h 运送到布局于 i 的工厂的原材料数量
X_{ie}	每年从工厂 i 运送到仓库 e 的货物数量
X_{ej}	每年从仓库 e 运送到市场 j 的货物数量

（三）建立工厂、仓库布局及供需分配的优化模型

读者在理解了前面两个模型的基础上，可以更好地建立和理解多级供应链网络优化模型。因为这里对模型三要素（决策变量、目标函数、约束条件）的建立思路与前面基本一致。

1. 决策变量

通过对问题进行分析，可得本模型有两类决策变量：第一类为是否类决策变量，即是否选择待选工厂和是否在待选地建仓，分别用 y_i 和 y_e 表示，是否类问题对应的变量是 0~1 变量；第二类是供需分配类变量，这里用从上游供应点到下游需求点的运输量来表示，分别表示为 X_{hi}、X_{ie} 和 X_{ej}，具体含义见表 12-11 的决策变量部分。

2. 目标函数

本模型要实现的优化目标是总成本最小，具体包括工厂和仓库的固定运营成本以及各节点间的运输成本。如果工厂 i 运营，则其固定运营费用为 F_i，如果工厂 i 不运营，则其固定运营费用为 0。$F_i y_i$ 可以很好地表示这两种情况，因为当工厂 i 运营则 $y_i=1$，如果工厂 i 不运营则 $y_i=0$。将五个工厂每月的固定费用相加得工厂层级每月的总固定费，具体见式（12-12）的第一项；同理，仓库的固定费用也因建仓或不建仓而包括这两种情况，可以用 $W_e y_e$ 来表示，将三个仓库每月的固定费用相加，得仓库层级每月的总固定费用，具体见式（12-12）的第二项；从供应商 h 到工厂 i，对应运输线路 hi，线路 hi 的单位运费为 C_{hi}，该线路的运输量为 X_{hi}，该线路上发生的运费可用 $C_{hi} X_{hi}$ 表示，其中 $h=1,2,3,4,5$，$i=1,2,3,4,5$，将这 5×5 共 25 条线路的运费相加，得从供应商层级至工厂层级的总运费，具体见式（12-12）的第三项；同理，工厂层级至仓库层级的总费用见式（12-12）的第四项，仓库层级至市场层级的总费用见式（12-12）的第五项。将这五项费用相加得供

应链网络优化模型的目标函数,见式(12-12)。

$$\min\left(\sum_{i=1}^{5} F_i y_i + \sum_{e=1}^{3} F_e y_e + \sum_{h=1}^{5}\sum_{i=1}^{5} C_{hi} x_{hi} + \sum_{i=1}^{5}\sum_{e=1}^{3} C_{ie} x_{ie} + \sum_{e=1}^{3}\sum_{j=1}^{6} C_{ej} x_{ej}\right)$$

(12-12)

3. 约束条件

本模型要遵循的约束条件有以下三类,第一类是供应能力约束,即供应商、工厂和仓库发出的货物总量不能超过其最大能力;第二类是每个节点发出去的货物量不能超过其收到的货物量的约束;第三类是0~1变量和非负变量约束。

(1)供应商的供应量不能超过其供应能力。该约束条件表示为:

$$\sum_{i=1}^{5} x_{hi} \leqslant S_h \qquad h=1,\cdots,5 \qquad (12-13)$$

(2)工厂发给各仓库的货物总量不能超过其收到的货物总量。因为这里不考虑损耗,每收到一个单位食材即有一个单位净菜产出,所以输入给工厂的原材料量等于其生产量。该约束条件表示为:

$$\sum_{h=1}^{5} x_{hi} - \sum_{e=1}^{3} x_{ie} \geqslant 0 \qquad i=1,\cdots,5 \qquad (12-14)$$

(3)工厂的生产能力约束,即工厂发给所有仓库的货物量相加不能超过其最大生产能力,该约束条件表示为:

$$\sum_{e=1}^{3} x_{ie} \leqslant K_i y_i \qquad i=1,\cdots,5 \qquad (12-15)$$

(4)仓库的发货量不能超过收货量约束,即对于每一个仓库而言,它发给所有市场的货物量不能超过它从所有工厂收到的货物量,该约束条件表示为:

$$\sum_{i=1}^{5} x_{ie} - \sum_{j=1}^{6} x_{ej} \geqslant 0 \qquad e=1,\cdots,3 \qquad (12-16)$$

(5)仓库的仓储能力约束,也就是说仓库 e 每月发给所有市场的货物的量相加后不能超过其仓储能力,该约束条件可以表示为:

$$\sum_{j=1}^{m} x_{ej} \leqslant W_e y_e \qquad e=1,\cdots,t \qquad (12-17)$$

(6)市场需求约束,对于各市场而言,它们的需求必须得到满足,该约束条件可以表示为:

$$\sum_{e=1}^{t} x_{ej} = D_j \qquad j=1,\cdots,m \qquad (12-18)$$

(7)变量约束,本模型有两类决策变量,分别要遵循两类约束,一是0—1约束,二是非负约束。

$$y_i, y_e \in \{0,1\}, \quad x_{hi} \geqslant 0, \quad x_{ie} \geqslant 0, \quad x_{ej} \geqslant 0 \\ h = 1, \cdots, 5, \quad i = 1, \cdots, 5, \quad e = 1, \cdots, 3, \quad j = 1, \cdots, 6, \tag{12-19}$$

本章参考文献

[1] 李健美. 物流网络设计对零售业全球供应链的优化[D]. 北京:首都经济贸易大学,2009.

[2] 菲利普·卡明斯基,大卫·辛奇-利维. 供应链设计与管理[M]. 第三版. 季建华,邵晓峰,译. 北京:中国人民大学出版社,2010.

[3] 刘助忠,李明. 供应链管理[M]. 长沙:中南大学出版社,2021.

[4] 刘慧贞. 供应链管理[M]. 北京:机械工业出版社,2015.

[5] 刘助忠,龚荷英. 基于O2O的农村资源流模式研究[M]. 长沙:中南大学出版社,2016.

[6] 李耀华,林玲玲. 供应链管理[M]. 第3版. 北京:清华大学出版社,2018.

[7] 周兴建. 现代物流方案设计:方法与案例[M]. 北京:中国纺织出版社,2019.

同步测试题

第十三章 供应链业务流程重组与优化

学习目标

通过本章的学习,达到以下知识目标与能力目标:① 掌握供应链业务流程重组的概念;② 理解并能应用供应链业务流程重组的方法;③ 理解并能应用基于时间、成本、绩效的供应链网络优化模型。

案例导入

20世纪90年代,海尔全面推进业务流程重组。海尔的流程重组贯彻了哈默的"只有把鸡蛋打碎才能做鸡蛋饼"的理念。海尔以下的几点做法,至今仍有参考价值:一是再造作业层,通过分解车间流水线上每道工序的步骤,以减少不必要的环节,从根本上减少人力、物力的浪费。二是以"市场链"为纽带整合内部运营流程,强调每一个流程都面向客户,并以整合性的流程来代替原来被职能瓜分的破碎性的流程。三是调整组织构造,把本来分属于每个事业部的财务、采买、销售业务分离出来,整合成独立经营的商流推进本部、物流推进本部、资金推进本部,在全公司范围内实施统一营销、统一采买、统一结算。四是把公司本来的职能管理资源进行整合,成立独立经营的服务公司;把本来的职能型构造转变为流程型网络构造,垂直业务构造变为水平业务流程,形成首尾相接和完好连接的新的业务流程。五是实施"并行工程",大幅度缩短流程时间。并行流程使海尔"美高美"彩电的设计时间从6个月缩减到2个月。六是在战略层面提出了"三化"原则,即结构形态"扁平化",流程关系"市场化",运行传导"信息化"。七是开展"一流三网"物流模式的改革,它是一种以订单信息流为中心的业务流程再造,其中的"一流"是指订单信息流;"三网"分别是全球供应链资源网络、全球配送资源网络和计算机信息网络。"三网"同步流动,为订单信息流的增值提供支持。

[资料来源:(1) 钱存. 业务流程再造——海尔集团案例研究[J]. 现代商贸工业,2016,12(15):92-93;(2) 百度百科. 海尔的一流三网物流模式.]

思考:1. 案例材料揭示了海尔业务流程再造的哪些方面的内容?

2. 海尔的业务流程再造,对其他企业开展业务流程再造,有何学习及借鉴价值?

第一节 业务流程重组概述

一、流程及业务流程重组的定义

(一) 流程与业务流程的定义

《牛津英语大词典》对流程(Process)的定义是:一个或一系列连续有规律的行动,这些行动以确定的方式发生或执行,导致特定结果的实现;一个或一系列连续的操作。

迈克尔·哈默认为:业务流程是把一个或多个输入转化为对顾客有价值的输出的活动。T. H. 达文波特认为:业务流程是一系列结构化的可测量的活动集合,并为特定的市场或特定的顾客产生特定的输出。而 ISO 9000 国际标准中对流程的定义是,业务流程是一组将输入转化为输出的相互关联或相互作用的活动,包括输入、活动、活动的相互作用(即结构)、输出、客户、价值等 6 个要素。

(二) 业务流程重组

1. 业务流程重组概念的提出

1990 年,美国麻省理工学院的迈克尔·哈默(Michael Hammer)教授在《哈佛商业评论》上提出企业业务流程重组(Business Process Reengineering,BPR)的概念。1993 年,哈默教授和 CSC 管理顾问公司董事长钱皮(James Champy)在《公司重组——企业革命宣言》一书中指出:应围绕这样的概念来建立和管理企业,即把工作任务重新组合到首尾一贯的工作流程中去。它的基本思想是:必须彻底改变传统的工作方式,也就是彻底改变传统的自工业革命以来,按照分工原则把一项完整的工作分成不同部分,由各自相对独立的部门依次进行工作的工作方式。

2. 业务流程重组的定义

1993 年,M. Hammer 和 J. Champy 对业务流程重组做了如下定义:业务流程重组就是对企业的业务流程进行根本性再思考和彻底性再设计,从而在成本、质量、服务和速度等方面获得戏剧性的改善,使企业能最大限度地适应以客户、竞争和变化为特征的现代企业经营环境。1994 年,Petrozzo 和 Stepper 认为:业务流程重组包含流程、组织和支持信息系统的并行再设计,在时间、成本、质量和客户对产品和服务方面获得彻底改进。

百度百科引用的概念比较全面:业务流程重组通常被定义为通过对企业战略、增值运营流程以及支撑它们的系统、政策、组织和结构的重组与优化,达到工作流程和生产能力优化的目的。业务流程重组强调以业务流程为改造对象和中心,以关心客户的需求和满意度为目标,对现有的业务流程进行根本的再思考和彻底的再设计,利用先进的制造技术、信息技术以及现代的管理手段最大限度地实现技术上的功能集成和管理上的职能集成,以打破传统的职能型组织结构,建立全新的过程型组织结构,从而实现企业经营在成本、质量、服务和速度等方面的突破性的改善。

4. 业务流程重组概念的核心内容

M. Hammer 和 J. Champy 对业务流程重组的定义中,根本性(Fundamental)、彻底性(Radical)、戏剧性(Dramatic)和业务流程(Process)成为备受关注的四个核心内容。

(1) 根本性。根本性再思考表明业务流程重组所关注的是企业核心问题。通过对企业运营最根本性问题的再思考,企业将会发现自己赖以生存或运营的商业假设是过时的,甚至是错误的。

(2) 彻底性。彻底性再设计表明业务流程重组不是改良、增强或调整,而是对事物进行追根溯源,在抛弃陈规陋习、不考虑已有结构与过程的基础上,创新完成工作的方法,重新构建业务流程。

(3) 戏剧性。戏剧性改善表明业务流程重组追求的不是一般意义上的业绩提升或略有改善、稍有好转等,而是要使企业业绩有显著的增长、极大的飞跃和产生戏剧性变化。

(4) 业务流程。业务流程重组关注的要点是企业的业务流程,并围绕业务流程展开重组工作。业务流程是指一组共同为客户创造价值而又相互关联的活动。只有对创造价值的各个环节——业务流程进行有效管理的企业,才能获得竞争优势。

二、业务流程重组的重要思想

业务流程重组是为了实现价值链流程优化而实施的根本的、彻底性的变革。在开展业务流程重组或者是局部以及全局的流程优化过程中,应尽可能地贯彻以下思想。

(一) 以客户为中心

业务流程重组的一个重要目的,是要消除价值链中的非增值活动和调整核心增值活动。而是否增值的最终决定者是客户,而不是管理者、老板之类的决策者,因此业务流程重组过程中,始终都要贯彻以客户为中心和顾客至上的理念。

(二) 以流程为导向

流程重组应以流程为导向而不是以任务、人力资源或组织结构为向导。企业实施业务流程重组就要打破传统的思维方式,以活动流程为中心实施改造。无论是重新设计流程、加强项目管理,还是对现有工作流进行升级改造,比如将传统的手工作业流程改造成自动化、信息化流程,都必须关注企业业务流程是否得到优化。企业管理也必须面向业务流程,管理流程的介入是要使业务流程更优化,而不是更糟糕。坚持流程导向思想,管理者才能清醒地认识到:哪些流程是无效的,要删减;哪些流程存在问题,要改进;缺乏哪方面的流程,要增加;哪些流程存在重复,整合后效率会更高;哪些流程过于落后,要升级改造;哪些流程的先后顺序不合理,要调整……

(三) 注重整体最优

无论是局部流程的优化还是重组所有流程,都应体现整体最优的思想。因为在企业内部和整个供应链中都存在效益背反的流程,局部流程的优化很有可能导致其他流程变得更糟,应遵循系统优化的思想对流程实施改造。无论是管理者还是流程的优化与重组者,都应先跳出"预先确定的圈子",从全局、系统的角度来思考问题。例如,公司的库存问题很严重,需要去库存。此时,"降低库存"是预先确定的"圈子","仓库"以及仓库中的流程"也可以说是预先确定的"圈子"。决策者们无论采用流程优化抑或是其他办法来解决这个问题,都要跳出这个"圈子"来思考解决问题的办法。只有跳出"去库存"这个"目标圈",才不会做出背离公司使命的决策;只有跳出"仓库"这个"范围圈",才能找到产生"高库存"的真正原因,因为导致库存很高的原因可能是需求预测结果不准,也可能是供应与需求信息不可靠。

(四)强调集成与整合

集成与整合,是流程重组与优化过程中应坚持和体现的重要思想。集成流程、整合流程相关资源是产生规模效应、减少增值流程衔接性浪费的有效办法。面向客户、面向供应商来开展集成与整合类变革,是常见的做法。例如,20世纪90年代宝洁实施的全球销售部门重组就是面向客户需求思想指导下的流程重组。面向供应商开展集成与整合,可以获得采购、订单处理、运输、配送的规模效应。例如,戴尔要求所有供应商将公司电脑需要用到的配件都整合到第三方物流公司的仓库,戴尔直接将组装电脑需要的所有配件的采购订单下达给第三方物流公司,由第三方物流公司代表所有供应商来集成处理订单、组织配送工作。此举不仅实现了戴尔采购的规模效应,供应商则实现了订单处理、物流配送的规模效应,同时消除物料齐套比率差问题,减少交易、沟通成本。面向客户和供应商来集成与整合流程,还有助于简化企业与供应链其他企业的衔接,减少衔接类、管理类浪费。

拓展阅读

1997年,宝洁一改此前经由分销商向零售商供货的方式,逐渐开始向重点零售商直接供货。此次全球销售部门的重组,宝洁成立了中国宝洁客户业务发展部,从而诞生全球第一个不设销售部的公司。宝洁将与大客户合作的客户业务发展团队中的财务、IT、物流、市场、品类管理与销售等环节的人员综合组成"联合团队",将"后台部门"推到"前台"直接服务客户、解决问题,以项目管理的方式密切宝洁供应链中各个合作伙伴的关系,实现共赢。

(五)应用信息技术

信息流是企业业务流程重组应重点关注的内容,是连接供应链各类流程的纽带。信息技术是实现供应链流程信息化的基础,也是集成、整合、简化、并行处理各类业务流程的支持条件,是企业实施业务流程重组的重要助力。因为信息技术的发展和应用,企业才能打破传统的工作规则,采用新的工作方式。业务流程重组并不是进行局部修补,而是要从根本上优化业务流程。面对复杂的业务流程,首先需要分解流程、描述和评估流程,分析和确认流程的缺陷,寻找影响价值增值的关键点,并根据流程中各个环节重要程度的大小,从大到小地进行重组,并及时评估重组后的流程。所有这些工作,有了信息技术和流程重组技术,才能提高效率,降低失败风险。

三、业务流程重组的类型

Hammer在业务流程重组的方法中,并没有为企业提供一种基本范例。不同行业、不同性质的企业,业务流程重组的形式不可能完全相同。企业可根据竞争策略、业务处理的基本特征和所采用信息技术的水平来选择实施不同类型的业务流程重组。根据流程范围和重组特征,可以将业务流程重组分为以下三类。

(一) 功能内的业务流程重组

功能内的业务流程重组通常指企业职能部门内部的流程重组。在过去的体制下,各职能管理机构重叠、中间层次多,各中间管理层一般只执行一些非创造性的统计、汇总、填表等工作,这些工作完全可以由计算机取代。取消不增值的中间管理层,使每项职能从头至尾只有一个职能机构管理,做到机构不重叠、业务不重复。例如,物资管理由分层管理改为集中管理,取消二级仓库;财务核算系统将原始数据输入计算机,全部核算工作由计算机完成,变多级核算为一级核算等。

(二) 功能间的业务流程重组

通常是指在企业范围内,跨越多个职能部门边界的业务流程重组。例如,北京第二机床厂进行的新产品开发机构重组,以开发某一新产品为目标,组织集设计、工艺、生产、供应和检验人员于一体的承包组,打破部门的界限,实行团队管理,以及将设计、工艺、生产制造并行交叉的作业管理等。这种组织结构灵活机动,适应性强,将各部门人员组织在一起,使许多工作可平行处理,从而可以大幅度地缩短新产品的开发周期。

(三) 组织间的业务流程重组

组织间的业务流程重组就是企业间业务流程重组,如通用汽车公司(GM)与SATURN轿车配件供应商之间的购销协作关系就是企业间业务流程重组的典型案例。GM公司采用共享数据库、EDI等信息技术,将公司的经营活动与配件供应商的经营活动连接起来。配件供应商通过GM的数据库了解生产进度,拟订自己的生产计划、采购计划和发货计划,同时通过计算机将发货信息传给GM公司。GM的收货员在扫描条码确认收到货物的同时,通过EDI自动向供应商付款。因此,使GM与其零部件供应商像一家公司似的运转,实现对整个供应链的有效管理,缩短了生产周期、销售周期和订货周期,减少了非生产性成本,简化了工作流程。组织间的业务流程重组是目前业务流程重组的最高层次,也是构筑供应链管理体系的目标。

业务流程重组提供了一种新的手段和方法,能够有效地优化企业内部、企业之间以及整个市场运营的业务流程,使重组后的业务流程能够真正给企业带来一个充满活力和生机的、科学合理的优化流程。

四、业务流程重组的主要步骤

(一) 组建流程重组团队

成立重组团队能保证业务流程重组项目启动时就建立起有效的领导机制。团队的主要任务是:制定业务流程重组的指导原则;采用信息技术;取得领导全体及员工对业务流程重组的理解和支持;确定业务流程重组的目标、任务、阶段和程序等;成立业务流程重组项目组,负责设计、实施新的流程。

(二) 记录、分析、评价流程

(1) 记录现有流程。第一,对现有流程进行文字性描述,画出要再造流程的大流程图,把每一个大流程分解成子流程,对流程进行层层分解;第二,描述整个流程可能包括的部门、用户以及对外联系等,确认流程的要素,如信息管理系统、员工岗位、管理及其他流程资源等;第三,记录现有工作流程的工作状况,包括用户满意度、流通周期等。

(2) 分析、评价、确认流程的缺陷。选择要重组的业务流程,对其进行细致、准确的流程分析,弄清楚现有流程的核心环节、优缺点及存在的突出问题,并考查重组可能涉及的部门,进行流程现状分析;在分析所获得的系列数据的基础上,借助评估方法和技术,对流程进行评价,以发现流程的问题与缺陷。问题与缺陷分析重点应放在确认不需要的活动、活动中的瓶颈以及不必要的组织结构上。在流程诊断过程中,要进一步分析挖掘破坏流程整体效率的授权体制等问题。

在问题与缺陷诊断中,应注意以下几点:第一,关注因技术变革引发的问题。随着技术的发展,技术上具有不可分性的团队工作与个人可单独完成的工作都会发生变化。如果不进行变革就会出现很多障碍,如因流程支离破碎而增加管理成本,核算单位太大而造成权责利脱节,原来的组织机构不合理,这些障碍会成为企业发展的瓶颈。第二,关注流程的重要度,通过重要度分析发现问题。无论哪一个企业,不同的流程对企业的重要度是不同的,而且流程的重要度会随着市场的发展、顾客需求的变化、技术的变化而变化。明确了流程的重要度后,才能发现"将不重要的流程作为重点流程来对待"以及无价值流程在浪费资源等问题。第三,应根据市场、技术变化的特点及企业的现实情况,分清问题的轻重缓急,找出流程重组的切入点。第四,为了对问题的认识更具有针对性,还必须深入现场,具体观测、分析现存作业流程的功能、制约因素以及表现的关键问题。

(三) 设计新的流程

根据设定的目标、现有流程的不足及重组优化的原则,重新设计新的流程。设计新流程应该充分参考行业内的最佳实践,应该充分体现客户需求和企业的战略目标。设计新流程,应该有明确的目标,它不但指明了流程重组优化的方向,而且确定了流程重组工作成效的评价标准。目标应该切实可行,并且可以度量,如效率提高多少,周期缩短多少,成本降低多少等。识别核心流程,简化或合并非增值流程,减少或剔除重复、不必要的流程,构建新的业务流程模型是设计新流程要开展的重要工作。

在设计新流程或者改进旧流程时,可以参考以下几点基本原理:① 删除不增值的浪费严重的流程;② 减少浪费;③ 简化流程;④ 合并流程;⑤ 设计具有可选路径的流程;⑥ 并行思考;⑦ 在数据源收集数据;⑧ 应用信息技术改进流程;⑨ 让客户参与流程重组。

(四) 组织开展模拟与实验分析

新流程设计好后,有条件时可以开展仿真模拟实验。通过仿真模拟实验,对比新旧流程所能取得的各项绩效指标,预估流程重组再造后能达到的效果,发现隐藏在新流程中的问题,以及实施新流程需要配套的信息技术与组织结构。模拟实验后,可以开展小范围的试点实验,以验证模拟分析的结果和进一步完善新流程。

(五) 进行流程再造

完成流程的模拟分析与试点实验后,接下来应该对现有的流程进行大面积的彻底的重组再造。① 制订实施计划:目标陈述、约束条件陈述、衡量标准、阶段步骤、项目工作计划;② 制定实施计划任务书:项目组一览表、基本资料需求表、教育训练分派任务表、实施工作流程时间表、人员分工调整说明;③ 定义接受标准;④ 实施。

(六) 根据反馈信息进行调整,持续改进

企业流程重组方案的实施并不意味着企业重组工作的终结。在社会发展日益加快的时代,企业总是不断面临新的挑战,这就需要对企业重组方案不断地进行改进,以适应新形势的需要。

第二节 业务流程重组与优化的方法

业务流程重组与优化是一个复杂的过程,涉及很多环节,每个环节采用的方法有所不同,即使在同一个环节,也因要达到的目的、适用条件等很多因素的不同而设计、采用不同的方法。有很多方法涉及复杂的技术,需要相关人员有很深的理论根底,一般需要专业人员才能实施。这里结合流程重组与优化的环节或目的,简要介绍几种常用的、比较简单的方法,帮助大家对流程重组与优化方法有一个基本的认识。

一、描述流程的方法

流程描述是业务流程重组与优化过程中必须进行的一项重要工作。根据需要,可以将流程描述到部门、岗位、活动或者是动作等不同层级。显然,层级越多,流程描述越详细。对流程描述的表示形式并不唯一,有文字法、表格法、图形法、IDEF 模型图法等很多种具体方法。在实践中,应根据需要将多种方法结合起来。

(一) 文字法

文字法通常采用文字描述来表达整个流程,这种方法相对比较简单,但不够直观。这种方法主要适用于比较简单的流程的描述,或者适用于粗线条的流程描述要求。表 13-1 是某个企业采用"文字法+表格法"描述的入库操作流程。

(二) 图形法

最常见的流程描述方法是流程图法。人们常说,一图胜千言。图形法与文字法相比,更直观、易理解。常用的流程图包括步骤列举型图形、跨职能流程图、事件过程型图形。

(1) 步骤列举型的图形描述方法。在实践操作中有很多种形式,比较简单的做法是将具体的步骤一步一步用图形表达出来,然后形成一个总的步骤图。如果要表达更多的(如相关职能部门等)信息,可以设计成表格方式,横向表示流程涉及的具体部门或

岗位,纵向表示某个流程所涉及的具体步骤,通过将部门或岗位与具体步骤之间的关系对应起来,形成整个流程的直观图形。在表格的右边,还可以对流程进行文字描述,包括流程的适应范围、各步骤的规范说明以及该流程中涉及的操作文件或表格等,如表13-2所示。

表 13-1 入库操作流程

	入库操作流程
目的	1. 保证货物入库操作按照规定的程序进行 2. 检查货物在发货或运输过程中可能发生的问题,分清各方责任 3. 了解入库货物的质量和包装状况,采取养护措施,保证货物安全、完好入库
责任	仓库管理人员应保证入库的货物货单相符,数据准确,包装完好
范围	适用于×××公司××仓库
步骤	1. 入库前,运输部将入库货物的品种、规格、数量及预计到达时间等信息告知仓库;仓管人员做好接货准备,包括安排装卸力量,准备搬运工具,安排货位等 2. 送货车辆到达仓库后,收货员应先检查送货车车况和货物装载情况是否良好,如发现车况异常或货物严重损毁,应报告仓库主管处理,并及时通知客户 3. 接收货物入库 4. 仓管员凭送货司机的实际板数与司机交接货物,并开"仓库与车队交接表" 5. 仓库员按照验收标准,逐件验收货物,并组织装卸工进行装卸和堆码作业,要求轻拿轻放、堆码整齐、不得倒置。堆垛方法及堆高按客户的标准执行。不同生产日期的货物应分开堆码,但同一批的货物可堆码在一起 6. 残损货物放入划定的待处理区域,进行下一步的操作,内货完好并能拼整成箱的,作为完好货物签收,不能拼整成箱的货物,完好地存放在更换包装区,对于损毁货物,通知仓库主管确认和处理 7. 货物入库后,仓管员清点货物,记录货物残损情况,并在"短途运输作业单"上签收 8. 建立货卡,记录进仓日期、进仓单号、数量、品名、包装,并将其悬挂于货堆上 9. 所有货物入库后,仓管员开具一式四份的仓库进货单,列明仓库名称、包装、数量(应收数量)、收货日期、发票号码、生产日期,在备注栏写明实收数和破损数量。填写完毕,加盖收货专用章并签名。第一、第二联交仓库主管,第三联交运输公司,第四联仓管员自己留存入账 10. 在台账上做好登统工作
货物验收标准	货物验收标准以包装是否完好无缺、箱口封条是否开封为基础。 以下情况不能正常排位:箱口开封;内包装破裂,成品渗漏;外包装变形严重,造成内包装变形;纸箱破裂划痕长度大于 4 cm

表 13-2 某公司商品接收、验收、入库流程

序号	流程步骤	部门 保管组	部门 收验组	部门 经营部门	…	适用范围：××商品 规范说明：
1	到货通知					步骤1：经营部门将购进合同传至收验组。
2	电脑确定来货					步骤2：收验员根据到货通知，确认来货，收入"待验区"；对没有购进合同的到货，由收验员在半小时内通知经营部门补购进合同，经营部门必须在半小时内完成。
3	收货核对					步骤3：收验员根据客户送货单，核对单与货的项目是否相符，含品名、规格、数量、内装、批号、效期、厂牌等。
4	验收					步骤4：收验员在2小时内根据"××商品验收细则"完成到货商品的质量验收。
5	质量问题联系					步骤5：在验收过程中发现有质量问题，应填写"商品质量问题联系单"交经营部门联系处理。
6	验收记录					步骤6：收验员根据到货商品验收情况，逐一填写"验收记录表"，并签名确认。
7	验收记录入电脑					步骤7：收验员将到货商品"验收记录表"，核对后录入电脑。
8	入库交接					步骤8：收验员将到货商品和"验收记录表"送至库房和保管员办理入库交接
9	货单核对					步骤9：保管员接到来货后，根据收验员填写的"验收记录表"对商品进行核对，含品名、规格、数量、内装、批号、效期、厂牌、质量情况等。
10	拒收					步骤10：保管员在核对过程中发现"验收记录表"与到货项目不符，拒收并交回收验员重新验收入库。
11	货位入库确认					步骤11：保管员确认单、货一致，指导搬运工按分类入库，录入货位，审核后打印挂货卡。
12	核对签名挂卡					步骤12：保管员核对挂货卡上项目与实货是否相符，签名后确认。
13	文档管理					步骤13：文件归档 操作附件："商品接收、验收和入库操作指导书""入库操作指导书""商品验收细则""验收记录表""商品质量问题联系单"。

(2) 跨职能流程图。跨职能流程图显示流程中各步骤之间的关系以及执行它们的职能单位。用跨职能流程图来表达企业业务流程与执行该流程的功能单元或组织单元之间的关系，其组成要素包括企业业务流程、执行相应流程的职能部门或组织单元。有垂直布局和水平布局两种形式。一般来说，在水平布局中，代表职能单位的带区以水平方式在图表上放置，从而强调进程。在垂直布局中，代表职能单位的带区在图表中自上而下以垂直

方式放置，从而强调职能单位。图13-1描绘了采购管理总流程，表13-3列举了采购管理总流程的说明。

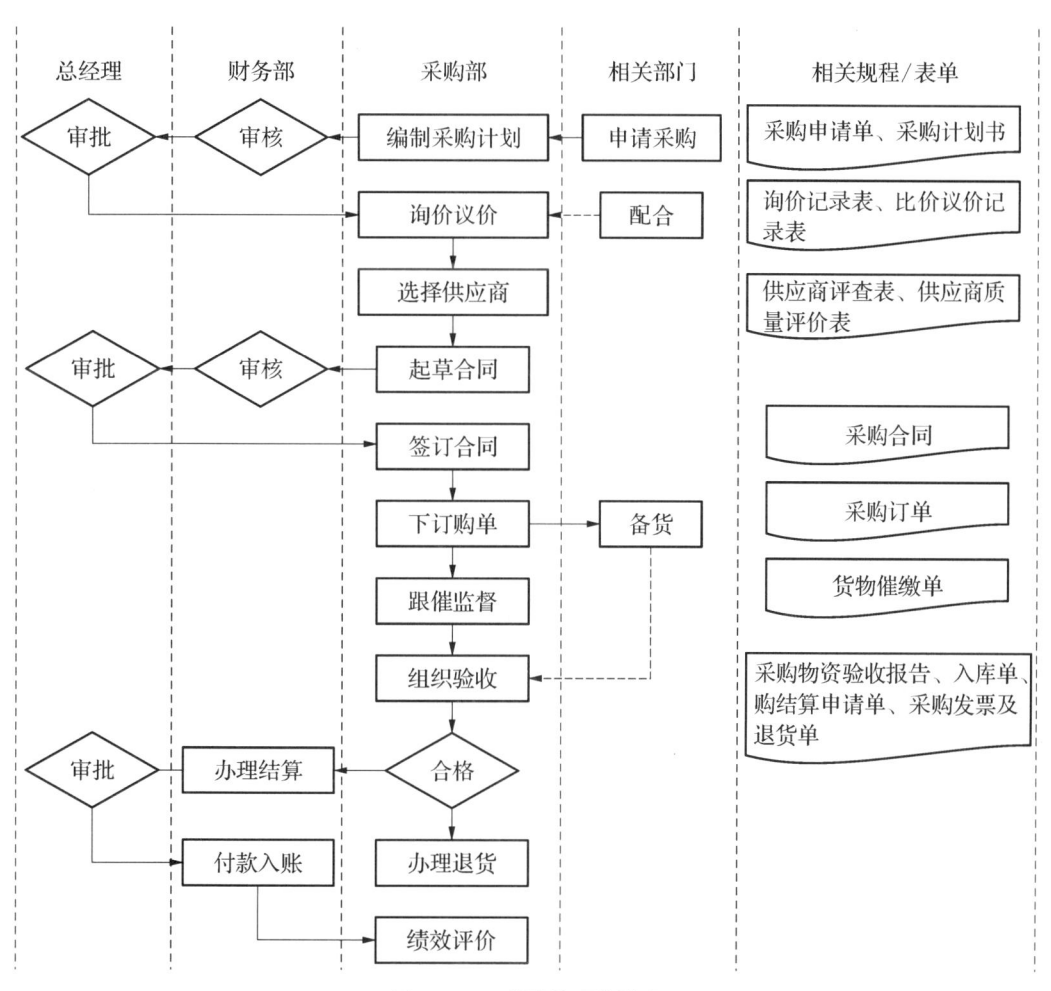

图 13-1 采购管理总流程

表 13-3 采购管理总流程说明

	流程节点	责任人	工作说明
1	编制采购计划	采购部	汇总整理各部门提交的采购申请单，与相关人员沟通确认
	审核	财务部	审核是否在预算内以及相关信息的准确性
	审批	总经理	审批是否同意采购计划
2	询价议价	采购部	收集市场调查信息和资料，选择合适的供应商进行询价，询价结束后，与供应商进行比价和议价
3	选择供应商	采购部	根据开发项目、选择评价标准、选择供应商
4	起草合同	采购部	确定合同的内容、格式和具体要求
	审核	财务部	审核采购合同相关条款
	审批	总经理	签字审批

续　表

	流程节点	责任人	工作说明
5	签订合同	采购部	签订正式合同
6	下订购单	采购部	下达采购订单
7	跟催监督	采购部	了解供应过程是否正常,确保按时交货,发现交货延迟状况,采购员要及时进行催交、补救,供应商发货后,跟踪货物在途状况
8	组织验收	采购部	组织通知质量部检验,将厂商、品名、规格、型号、数量、验收单号码填入检验记录表
8	合格	采购部	合格,则将货物标识合格,填写检验合格单,通知仓储部办理入库,不合格的货物,由采购部做退货处理
9	办理结算	财务部	审核发票和单据,对照合同条款,确认无误后办理付款手续,向供应商索要发票和凭单,付款结算前,财务总经理审批签字
9	付款入账	财务部	审批,按合同规定的方式、时间办理付款并入账,同时更新财务账
10	绩效评价	采购部	对采购效果进行评价,评价采购人员和采购部门的绩效,并对供应商进行评审

(3)事件过程型。事件过程型流程图借鉴了实体关系模型和数据流图等方法,从流程的开始到结束,将各作业活动按其相关关系连起来,形成整个流程图形,如图13-2所示。在事件过程型图形描述法中,可以列表说明流程图中相关活动的具体要求,如表13-4所示。

表13-4　流程图中相关活动的具体要求

序号	处理说明	责任单位	责任人
①			
②			
③			
④			

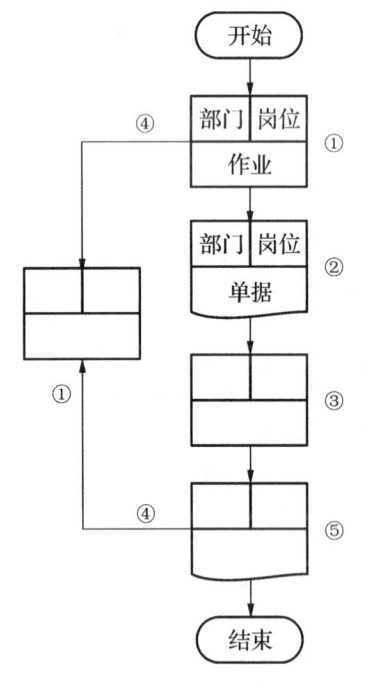

图13-2　事件过程型流程图模型

二、IDEF 建模法

(一) IDEF 建模法概述

1. IDEF 建模法的提出及定义

1981年,美国空军 ICAM(Integrated Computer Aided Manufacturing)提出 IDEF(ICAM Definition Method)方法。它是在70年代提出的结构化分析方法的基础上发展起来的。该方法在降低企业的开发费用、减少开发系统中的错误、促进企业各部门之间交流一致性以及加强业务流程管理等方面都能有积极的价值。IDEF 方法是一种基于结构化的设计与分析技术(Structure Analysis and Design Technology,SADT)以及活动模型的相关方法。它由一系列方法构成,每套方法都通过建模程序来获得某个特定类型的信息。建立 IDEF 模型,可以用来创建系统的分析模块、创建系统的最佳版本、对系统进行图像表达。

2. IDEF 方法分类

IDEF 总共包括16种方法,表13-5简要介绍了其中的几种。

表13-5 IDEF 方法的具体种类

代号	中文名称	英文名称	描述
IDEF0	功能建模	Function Modeling	描述系统功能活动及其联系,建立系统的功能模型
IDEF1	信息建模	Information Modeling	描述系统信息及其联系,建立系统的信息模型
IDEF2	仿真建模设计	Simulation Model Design	进行系统模拟,建立系统的动态模型
IDEF3	过程描述获取	Process Description Capture	为收集和记录过程提供了一种机制。IDEF3 以自然的方式记录状态和事件之间的优先和因果关系,是为表达一个系统、过程或组织如何工作的知识提供一种结构化的方法。 采用该方法的目的是建立系统的过程模型
IDEF4	面向对象设计	Object-Oriented Design	可以应用于使用面向对象技术的应用中。IDEF4 是由专业的面向对象的设计人员和编程人员开发的,选择 IDEF4 方法的原因是它把面向对象的设计看作是大系统开发框架的一部分,而不是把面向对象的设计和分析相隔离。IDEF4 强调在面向对象的设计过程中使用图形化语法。图形化语法和图示有助于集中和交流重要的设计事件
IDEF5	本体论描述	Ontology Description Capture	是一种具有扎实的理论和实践基础的方法,用于实现实体的建立、修改和维护。该方法所提供的标准化的过程、直观自然的表现能力、高质量的结果,有助于降低开发的成本
IDEF12	组织建模	Organization Modeling	组织建模是以 NC6 软件模型方式描述客户企业管理和业务所涉及的组织对象和管理要素及相应的职能属性、业务流程和彼此的业务关系,强调以信息体系的方式来理解、设计和构架企业管理信息系统

续　表

代　号	中文名称	英文名称	描　述
IDEF14	网络规划	Network Design	在网络搭建前,对整体网络进行合理的分析,统筹安排网络的搭建。管理运筹学中对该方法的相关理论做了详细的介绍

根据用途,可以把 IDEF 系列方法分成两类:第一类主要有 IDEF0、IDEF1、IDEF3、IDEF5。它们的作用主要是沟通系统集成人员之间的信息交流。例如,IDEF0 通过对功能的分解、功能之间关系的分类(如按照输入输出、控制和机制分类)来描述系统功能;IDEF1 用来描述企业运作过程中的重要信息;IDEF3 支持系统用户视图的结构化描述;IDEF5 用来采集事实和获取知识。第二类 IDEF 方法的重点是系统开发过程中的设计部分。目前有两种 IDEF 设计方法:IDEF1X 和 IDEF4。IDEF1X 可以辅助语义数据模型的设计。IDEF4 可以产生面向对象实现方法所需的高质量的设计产品。

(二) IDEF0 建模方法

1. IDEF0 方法的定义

IDEF0 是一种用图形化语言表示的结构化分析和设计技术(SADT)。它以结构化分析和设计技术为基础,利用规定的图形符号和自然语言,按照自顶向下、逐层分解的结构化方法描述和建立系统的功能模型。

2. IDEF0 方法的特点

IDEF0 建模方法具有以下明显的特点:① 全面描述系统。运用简单的图形符号和自然语言,清楚全面地描述系统的功能、活动、数据(信息)流,阐述各环节之间的内在联系和相互作用。② 逐层分解。采用严格的自顶向下、逐层分解的结构化方法建立系统模型。③ 明确系统功能和系统实现之间的差别,即"做什么"和"如何做"。IDEF0 强调在分析阶段首先应该表示清楚一个系统、一个功能具体做什么,在设计阶段才考虑如何做。

3. IDEF0 建模的相关符号

(1) IDEF0 基本模型。

如图 13-3 所示,IDEF0 基本模型由以下几部分构成:① 活动。活动是指某种系统功能或任何其他事物,用盒子表示,一般用主动的动词短语来描述。② 输入、输出、控制与机制。输入是指完成某项活动所需的条件(一个活动可以没有输入);输出是指执行活动产生的结果;控制是指活动输入变成输出所受的约束;机制是指活动完成的依附体,如人、设备等。

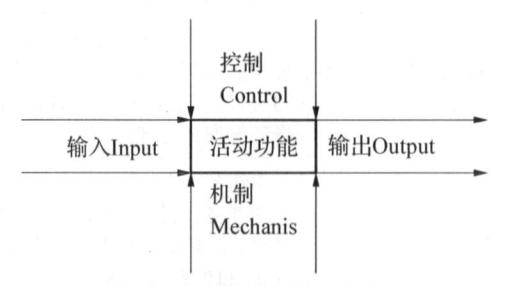

图 13-3　IDEF0 基本模型图

(2) 箭头表示方法及含义。

在 IDEF0 模型中有多种箭头,每种箭头表达的含义及符号为:

① 分支箭头。分支箭头用来表示多个活动需要同一数据,或同一数据的不同组成部分。分支箭头的图示如图 13-4(a)和图 13-4(b)所示。

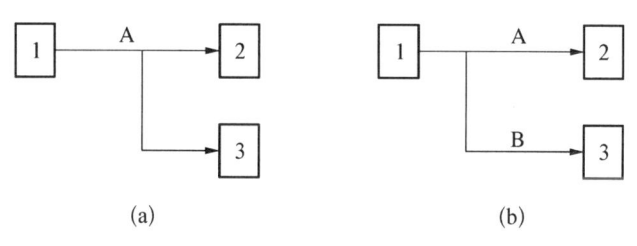

图 13-4 分支箭头图示

② 联合箭头。联合箭头用来表示多个活动产生同一类数据,如图 13-5 所示。

③ 双向箭头。双向箭头用来表示互为输入、互为控制的两个活动,如图 13-6(a)和图 13-6(b)所示。

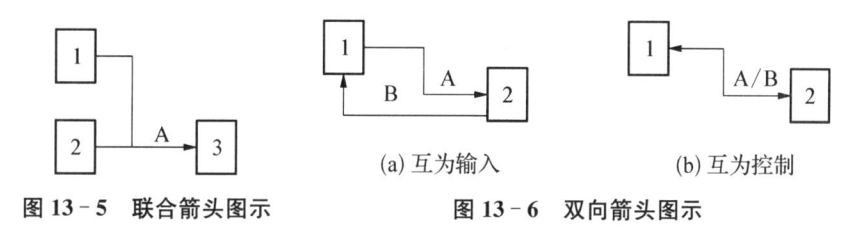

图 13-5 联合箭头图示   图 13-6 双向箭头图示

④ 虚箭头。虚箭头用来表示活动的触发顺序,如图 13-7 所示。

⑤ 通道箭头。通道箭头是仅在一个层次出现的箭头,如图 13-8 所示。

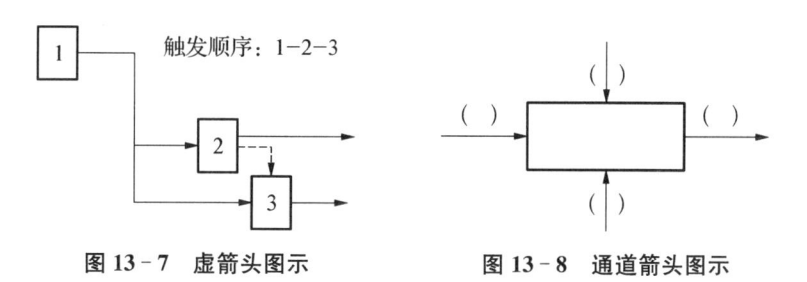

图 13-7 虚箭头图示   图 13-8 通道箭头图示

(3) 结点号。

IDEF0 模型的节点编号及逐层分解结构图如图 13-9 所示。其中,A—0 定义该模型的主题和范围,是该模型的最高层级。A0 是将 A—0 层级更进一步地展开,将 A—0 的主题和范围明显地描述出建构者所要表达的观点。A1 是对 A0 所展开的某一项作业程序,做出更详细的分解,使此模型的目标被更充分的描述。A11 是对 A1 所展开的某一项作业程序做出更详细的分解,使此模型的目标描述更充分。

4. IDEF0 建模步骤

IDEF0 建模的步骤为:① 明确建模的范围、观点和目的;② 建立系统的内外联系图

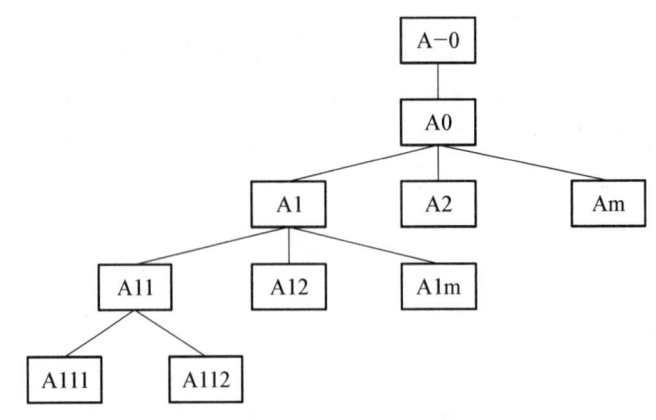

图 13-9　IDEF0 模型的节点编号及逐层分解结构图

(A—0 图)；③ 建立 A0 图；④ 顺次建立各层模型；⑤ 文字说明；⑥ 评阅、修改、定稿。

三、ASME 流程分析法

(一) ASME 流程分析法的定义

ASME 流程分析法是将流程细分为若干个活动，通过表格清晰地表达流程中各个活动是否增值以及非增值活动所在的环节。ASME 采用表格的方式记录活动、使用时间以及操作对整个流程所做的贡献，对于必要且节约时间的增值活动，要保留在流程中，对于不必要或浪费时间的非增值活动，要进行整合或删减，对于影响风险但未设计在流程中的活动，要体现在流程中，以此达到既减少风险又提高流程效率的目的。

(二) 活动性质

ASME 流程分析使用表格对流程所包含的各项活动的六个性质进行分析。这六个性质是增值活动、检查、不增值活动、耽搁、输送、存储，它们的具体说明见表 13-6。

表 13-6　活动的 6 种性质说明表

序号	性质	性质说明
1	增值活动	必要的，对整个流程有贡献的操作或活动
2	检查	检查活动质量、数目及信息
3	不增值活动	不必要的，对整个流程没有贡献的操作或活动，是流程再造时关注重点
4	耽搁	相连操作间暂时的存放、耽搁或停滞（其中检查与输送属于耽搁）
5	输送	物资、人、文件和信息的转移
6	存储	受到控制存储文件的归档，不是耽搁

(三) ASME 分析法的应用模式

在实际应用中，ASME 分析法主要采用表格形式，将流程中的各个环节拆分为若干个活动，并逐一对活动进行登记，具体模式如表 13-7 所示。表 13-7 中的"序号"列按顺序列举活动序号，一般用阿拉伯数字 1、2、3 等表示。"活动描述"列是对各个活动的内容做出的具体描述,如"审批"。"增值"表示此活动是流程的基础,是非常重要、必须保留的活动。"非增值"表示此活动并非必不可少的环节。考虑到防控风险的问题,有些非增值活动也有存在的必要。"操作者"表示各个活动的部门以及经手人。"增值""非增值""检查""输送""耽搁""储存"等栏都是对应的活动的性质体现。在具体进行分析时,分析者分析每一项活动的性质,并在所属性质下标注"√"或者"○"。一般而言,"非增值"活动也同时具备"检查""输送""耽搁""存储"的性质,如"将申请表递交经费主管人员签字"就具备了"检查""输送""耽搁"的性质。在进行流程再造时,对于"增值"活动,要给予保留,当缺少"增值"活动时,要及时增加。对于"非增值"活动,若此活动毫无意义或同一种活动重复出现,要对此活动进行删减或整合;若此活动对于防控风险有利,则可以考虑保留或与其他活动合并。

表 13-7　ASME 表格分析法示例

序　号	活动描述	增　值	非增值	检　查	输　送	耽　搁	存　储	时　间	操作者
活动 1			○	○					
活动 2		○							
活动 3			○			○			

四、其他方法

(一) 构思与启动阶段

流程的重组与优化,涉及很多环节,每一个环节都有很多方法供选择。例如,在项目启动前和启动阶段,可以用到头脑风暴法、思维导图分析法、德尔菲法、关键成功因素分析法、价值链分析法、层次分析法、成本/收益/风险分析、标杆管理、项目计划技术、结构化访谈技术。

(二) 流程分析诊断及设计阶段

流程重组的主要任务是分析现有流程、对现有流程存在的问题进行诊断,然后再进行新流程的设计以及与新流程配套的人力资源结构的设计和信息系统的设计等。在分析诊断阶段,可供选择的方法有作业成本分析法、数据流程图、IDEF0 建模法、分层彩色 Peri 网、标杆管理、因果图、计算机辅助软件工程、鱼骨图分析法、IDEF3 建模、时间动作研究、角色活动图、语言交互模型。

在流程设计阶段,可以从以下方法中选择一种或多种定义新流程的概念:关系图、前提假设暴露法、头脑风暴法、计算机辅助软件工程、成本/收益/风险分析、数据流程图、德尔菲法、快速全员参与变革法、作用因子分析、多层彩色 Peri 网、IDEF0/2/3、流程图、仿真、角色扮演等。在详细设计新流程时,可以使用以下方法:作业成本分析法、数据流程图、多层彩色 Peri 网、IDEF0/2/3、流程图、仿真、角色扮演等。

(三) 流程重组阶段

设计了新流程后,需要对现有的流程实施重组,推进新流程,完成新旧流程的切换。为了成功实施重组,可以在以下方法中选择合适企业实际情况和需要的方法:前提假设暴露法、标杆管理、作用因素分析法、重构技术、角色扮演、潜能分析、团队组建技术、基于团队的组建技术；可以选择以下方法培训员工：行为规范训练法、导向性训练法、探索性训练法、角色扮演等。

（四）评估改进阶段

新流程付诸实施后，还要对新流程进行监控和评价，并及时根据新流程实施过程中的问题对流程进行调整改进。对流程的评价，主要从以下几个方面进行：首先评估新流程的绩效，一般从流程时间、流程成本、客户满意度、资源消耗等方面进行；其次是信息技术的绩效情况，主要从信息系统的故障情况、系统稳定性以及订单处理效率等方面进行评价。在评价阶段，对目标的实现情况进行分析，为下一步的改进做好准备。可以从以下方法中选择一种或多种进行流程的绩效评价：作业成本分析法、时间动作研究、价值分析、审计、员工与团队态度测评、鱼骨图、帕累托分析、结构化访谈、调查分析等。

第三节　业务流程再造实例

一、确立流程再造的目标和组建再造团队

A公司是一家通信设备制造企业，公司为了快速开发新产品以满足快速变化的顾客需求，把"快速开发新产品"确定为流程再造项目的目标。为此，公司组建流程再造团队，任命了领导者、流程再造总监、流程负责人、流程再造团队成员以及指导委员会。流程再造团队成员分别在销售、开发、生产、工程等部门抽调，并明确他们各自应承担的任务。

二、产品开发流程现状分析

（一）产品开发流程现状描述

1. 产品开发步骤

公司现有的产品开发的主要步骤如图13-10所示。

销售部	→	开发部	→	开发部	→	生产部	→	工程部	→	多部门
开发建议书		整体设计		完成软硬件设计		批量生产		结合现场情况进行施工设计		确定价格、宣传资料、销售推广

图13-10　A公司产品开发的主要步骤

2. 产品开发流程描述

（1）提出产品开发建议书。销售部收集客户的需求以及现有设备的缺陷，结合本行业的最新技术动态，参考同行业竞争对手的产品状况，提出产品开发说明书。目前，编写建议书由临时领导指派，且不作为业绩考核的指标。

(2)进行新产品的整体设计。开发部门制定整体设计方案,确定新产品的功能,查询国内外技术标准,估算费用,核实核心技术,评估现有的软硬件开发能力是否适应新产品的要求。在此基础上分别进行软硬件设计。硬件设计主要包括电路设计、电路原理图制作、电路板单板调测、整机硬件调测。软件设计包括单板驱动软件、系统软件、网络管理软件的制作。最后进行软硬件的联调。为方便批量生产,还需要编写新产品的材料清单、整机装配图等技术文件。

(3)批量生产。生产部依据开发部的技术文件,组织批量生产。在批量生产前,先进行生产准备。在生产准备环节,主要进行原材料选型、认证、采购,制定生产工艺,准备生产设备和工装夹具,制造、购买检测设备,建立测试环境,调研外协厂家,选择购货渠道;准备工作完成后,进行小批量试制。在准备过程中遇到问题,向开发部提出问题或更改建议。

(4)施工设计。工程部依据开发部、生产部提供的资料,结合已有施工经验、现场勘察情况,确定施工前的设计、施工图纸、所使用的安装材料,对不符合施工要求的问题向开发部、生产部提出更改意见,同时培训施工人员。

(5)产品定价,宣传推广。生产部、财务部、销售部统计新产品的费用,核实批量生产后的生产成本、施工成本、销售成本和利润,进行新产品定价。销售部根据开发部的资料编写宣传材料,进行新产品的宣传推广、销售。

(二)产品开发流程的 IDEF0 模型

使用 IDEF0 模型,对新产品开发流程的现状进行系统描述。这些模型将帮助流程再造团队更好地认识企业的现有流程和存在的原因,从中识别再造机会和流程约束。

(1)销售部拟定新产品开发建议书。根据前面描述的开发建议书的信息,绘制开发建议书的 IDEF0 模型,如图 13-11 所示。

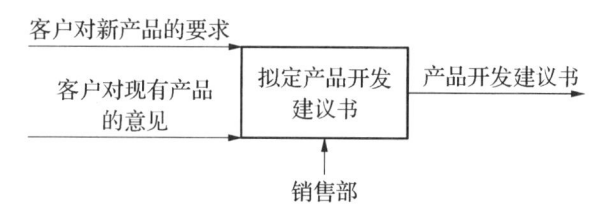

图 13-11 拟定开发建议书的 IDEF0 基本模型

(2)开发部对产品进行整体设计,IDEF0 基本模型如图 13-12 所示。

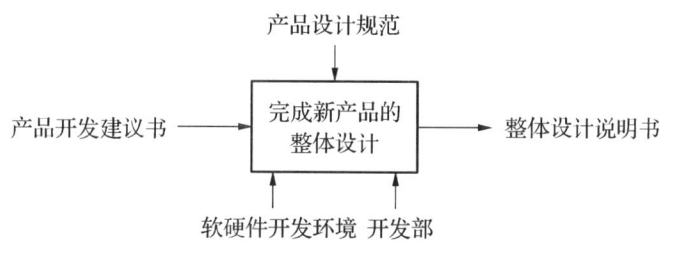

图 13-12 新产品整体设计的 IDEF0 基本模型

(3)开发部对产品进行软硬件设计,IDEF0 基本模型如图 13-13 所示。

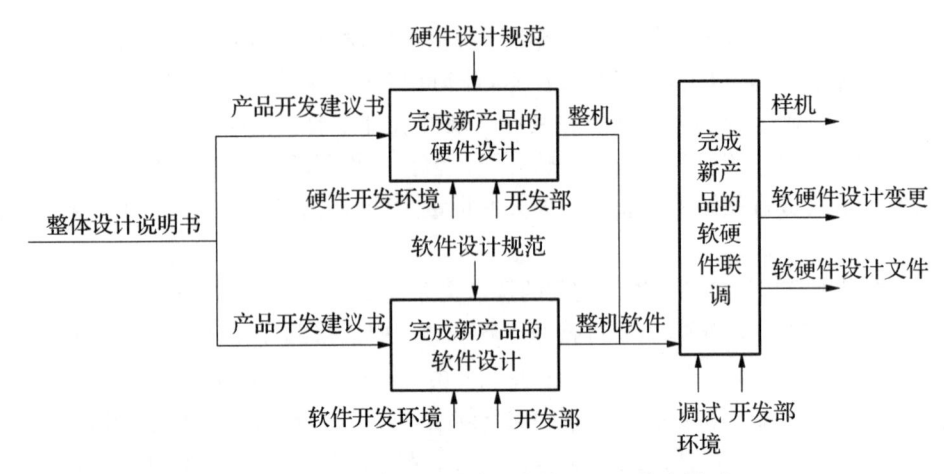

图 13-13　新产品软硬件开发的 IDEF0 基本模型

（4）生产部根据开发部的设计，组织批量生产，相应的 IDEF0 基本模型如图 13-14 所示。

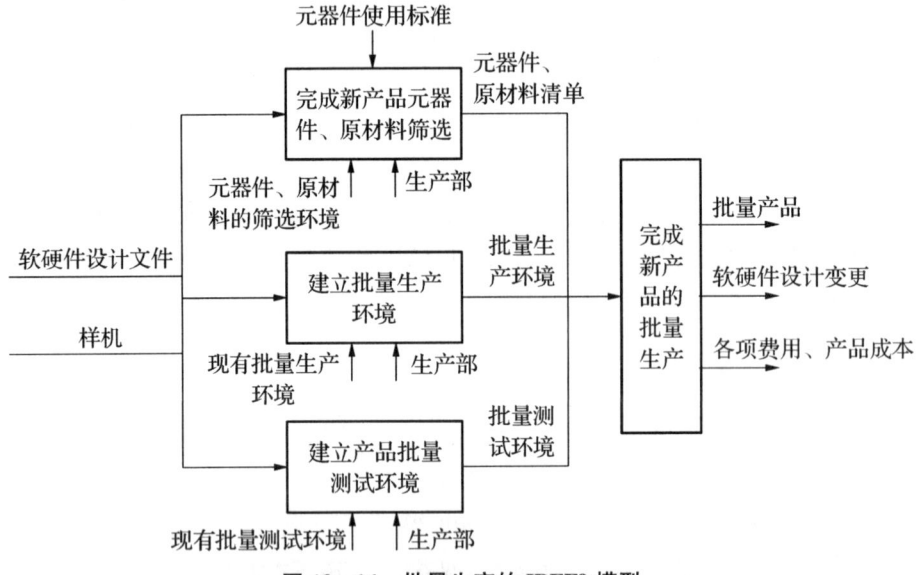

图 13-14　批量生产的 IDEF0 模型

（5）工程部门完成新产品的现局施工设计，确定现局施工方法，对应的 IDEF0 基本模型如图 13-15 所示。

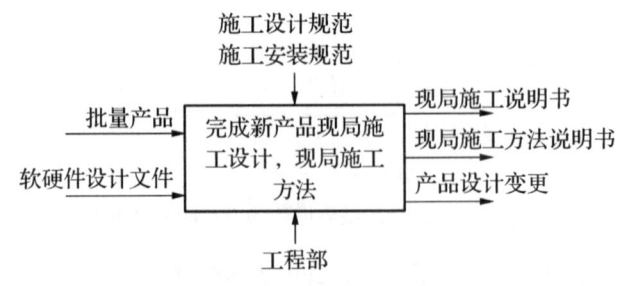

图 13-15　施工设计与确立现局安装方法的 IDEF0 模型

(6) 销售部进行产品的宣传推广、产品销售,对应的 IDEF0 基本模型如图 13-16 所示。

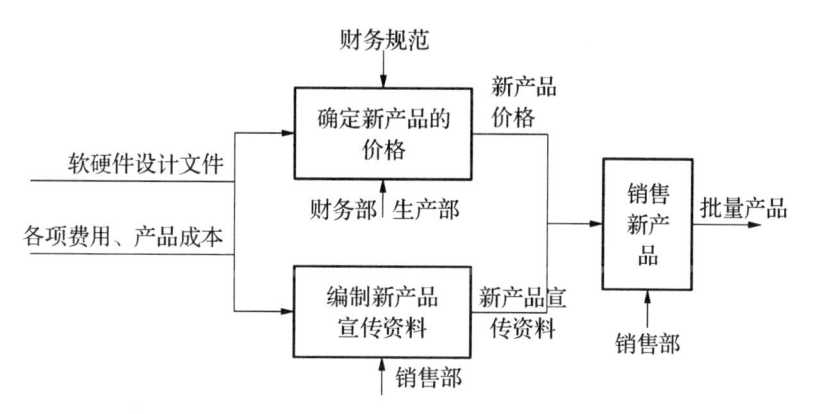

图 13-16 新产品销售的 IDEF0 基本模型

(7) 开发、生产准备、施工设计的 IDEF0 基本模型如图 13-17 所示。

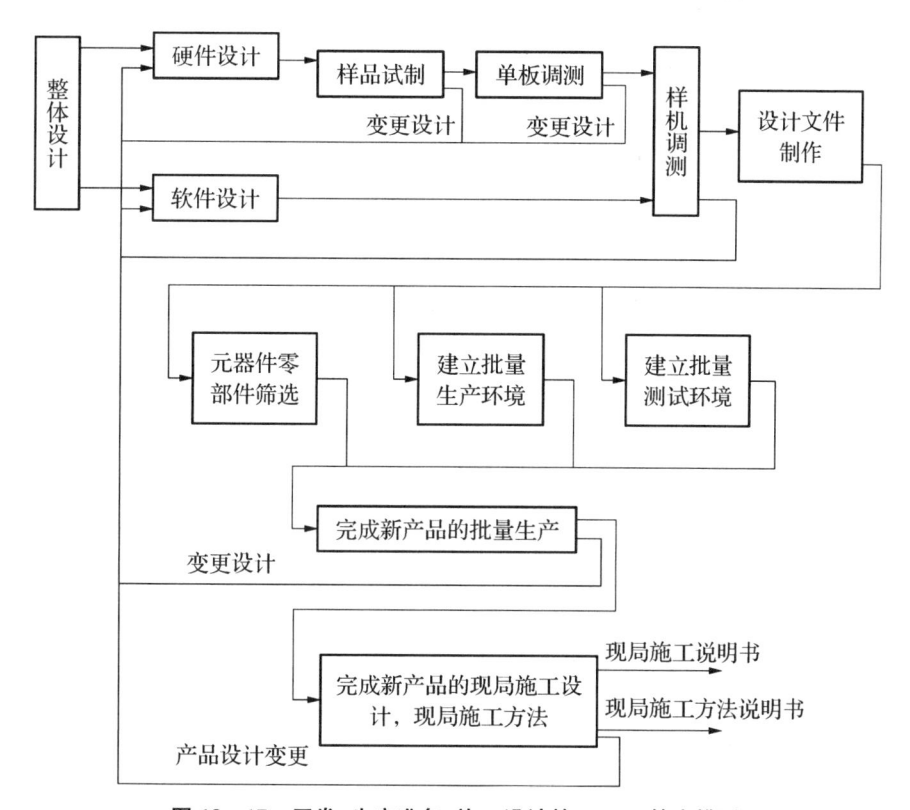

图 13-17 开发、生产准备、施工设计的 IDEF0 基本模型

以上是产品开发现有流程的 IDEF0 基本模型,通过分析 IDEF0 基本模型发现,在流程中存在大量的反馈、更正环节。开发、生产、工程部门信息交流滞后,彼此孤立地工作。

（三）应用 ASME 方法分析现有流程

应用 ASME 方法分析现有流程中各项活动所耗用的时间，从而区分现有流程中的增值与非增值活动。表 13-8 以电子设备产品 A 的开发过程为例，进行 ASME 分析。

表 13-8　A 产品开发过程的 ASME 分析表

序号	活　动	增值活动	非增值活动	检查	输送	耽搁	存储	时间（周）	操作者
1	提出新产品开发建议书	○						4	销售部
2	确定整体设计方案	○						4	开发部
3	硬件设计/软件设计	○						30	开发部
4	样品试制	○						4	开发部
5	样品试制后的设计变更		○					2	开发部
6	单板调测	○						4	开发部
7	单板调测后的设计变更		○					2	开发部
8	样机调测	○						6	开发部
9	样机调测后的设计变更		○					4	开发部
10	设计文件制作	○						2	开发部
11	向生产部提供设计文件				○			1	开发部、生产部
12	筛选元器件、原材料／建立新产品批量生产环境／建立新产品批量测试环境	○						12	生产部
13	生产部向开发部提出改进意见				○			1	开发部、生产部
14	根据批量生产要求更改设计		○					2	开发部
15	向工程部提供新产品相关文件				○			1	开发部、生产部、工程部
16	现局施工设计，现局施工方法确定	○						4	工程部
17	工程部向开发部提出改进意见				○			1	开发部、工程部

续　表

序号	活　动	增值活动	非增值活动	检查	输送	耽搁	存储	时间(周)	操作者
18	开发部更改相关设计		○					2	开发部
19	发行相关文件	○						2	开发部、生产部、工程部
20	分析费用,确立批量生产成本,拟定新产品价格	○						3	销售部、财务部、生产部
21	编写宣传材料,进行新产品的正式销售	○						3	销售部
时间合计(周)		78	12		4			94	

通过 ASME 分析,发现 A 产品的开发时间是 94 周,增值活动所耗用的时间占流程总时间的 83%,其余的时间耗用在产品设计的反复更正、部门之间的信息传递。而且在增值活动中,大部分环节都是串行执行,耽误了大量的时间。基于以上分析,公司决定该公司流程再造的重点是在产品开发流程中增加增值活动,减少非增值活动。

三、识别再造的机会

通过分析发现,新产品开发流程存在以下问题:① 各部门的工作都是孤立的,按顺序串行执行,各部门之间的信息沟通滞后,导致返工耽误时间太多;② 串行模式延长了设计时间,导致公司对市场变化的响应速度太慢,需要增加并行流程;③ 公司缺乏整体的新开发战略,缺乏相关部门开展相关工作,导致产品开发信息缺乏,应调整组织结构,加强新产品构思和创意信息的收集,加强顾客新需求、开发设想的搜集、整理和加工;④ 开发部依据销售部的开发建议书完成产品的整体设计,缺少新产品的可行性研究,应在销售部或开发部安排专门人员对开发项目进行可行性研究;⑤ 没有发挥销售部门在新品开发中的重要作用,它们仅仅是宣传、销售产品,应发挥销售部在提出新产品、新功能方面的设想以及相关预案方面的作用;⑥ 在产品开发阶段,没有全面分析、预测和提前防范批量生产、工程设计阶段可能出现问题;⑦ 在整体设计阶段,新产品设计的过程包括产品设计、产品试制、产品测试、批量生产、大批量测试、施工设计、现场施工方案,上述这个连续过程单纯依靠研发人员的能力很难圆满完成,需要其他部门的专业人员协同设计。

四、新产品开发流程再造(优化)

根据以上的分析,首先在企业内部建立新产品开发委员会,该委员会由企业最高管理层以及各主要职能部门的代表组成。该委员会负责汇集各部门的想法和意见,强化信息沟通,制定新产品开发战略,配置新产品开发所需的企业内外部资源,评价、选择新产品开发项目等。

依据企业流程再造的基本原则,结合对现有流程的分析,公司对原有流程进行再造,再造后的新产品开发步骤由以下几部分构成,如图 13-18 所示。

新产品的构思及构思筛选 → 完成新产品的整体设计 → 制订新产品的营销战略计划,进行商业分析 → 新产品实体开发 → 新产品试销及商业化

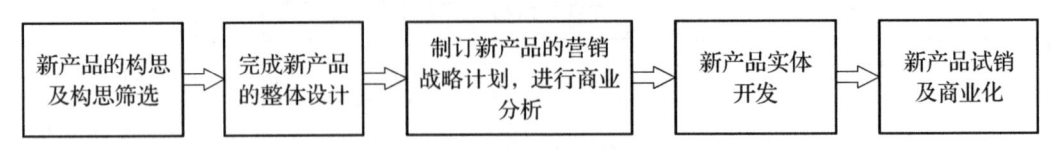

图 13-18 再造后的新产品开发步骤

(一)再造后的新产品开发流程描述

再造后的新产品开发流程,主要由以下几步构成。

1. 新产品构思及构思筛选

新产品构思是新产品开发的首要阶段。企业需要从内部和外部收集新产品构思。公司的研发人员、市场营销人员、高层管理者及其他部门人员,他们都熟悉公司业务的某一方面或某几个方面,能针对产品的性能提出改进或创新的产品构思。顾客、中间商、竞争对手、咨询公司、营销调研公司等处都能收集到产品功能、客户需求等方面的信息。

新产品构思筛选是采用科学的评价方法对各种构思进行分析比较,从中把最有希望的设想挑选出来的一个过滤过程。构思筛选需要工程技术人员、管理人员、营销人员和财务会计人员密切配合,以提高项目的投资效益,避免决策失误。

2. 新产品的整体设计

根据新产品构思组建产品开发团队,开发团队由销售部、开发部、生产部、工程部的人员组成。在整体设计阶段,要明确新产品设计要达到的标准。

3. 制订新产品营销战略计划,进行商业分析

营销战略计划描述目标市场的规模、结构和消费者行为,在目标市场的定位、市场占有率、前几年的销售额和利润目标、价格策略、营销策略和营销预算等方面进行规划。商业分析是估计新产品的销售量、成本和利润,判断它是否满足企业新产品开发的目标。

4. 新产品实体开发

新产品实体开发是将产品构思转化为在技术上和商业上可行的产品。它是通过对新产品实体的设计、试制、测试和鉴定来完成的。

5. 新产品试销和商业化

新产品试销的目的是新产品正式上市前的最后一次测试。将新产品投放到小范围的目标市场进行测试,以了解该产品的市场前景。新产品试销后根据试销结果进行进一步的改进。要注意试销信息资料的收集和分析。新产品商业化是确定何时推出新产品、如何推出新产品的活动。该环节要求制订详细的营销计划,包括营销组合策略、营销预算、营销活动的组织和控制等。

(二)再造后的新产品开发流程的 IDEF0 模型

绘制再造后的新产品开发流程的 IDEF0 模型图,描述再造后的新产品开发流程的各

个活动,检验新流程是否解决了旧流程中的问题。

(1) 再造后的新产品构思和构思筛选活动的 IDEF0 基本模型,如图 13-19 所示。

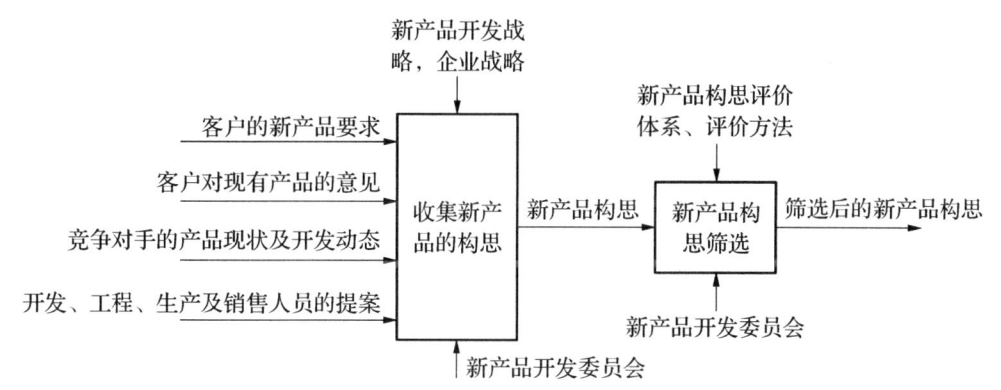

图 13-19　再造后的新产品构思和构思筛选活动的 IDEF0 基本模型

(2) 再造后的新产品整体设计活动的 IDEF0 基本模型,如图 13-20 所示。

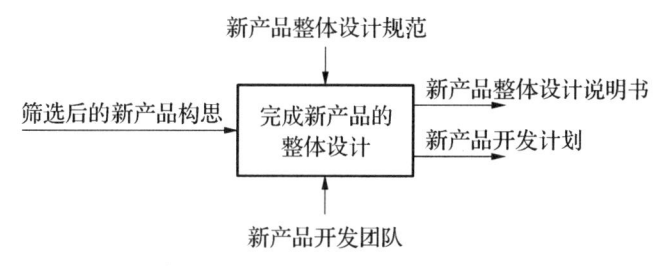

图 13-20　再造后的新产品整体设计活动的 IDEF0 基本模型

(3) 再造后的制订新产品营销战略计划,进行商业分析活动的 IDEF0 基本模型,如图 13-21 所示。

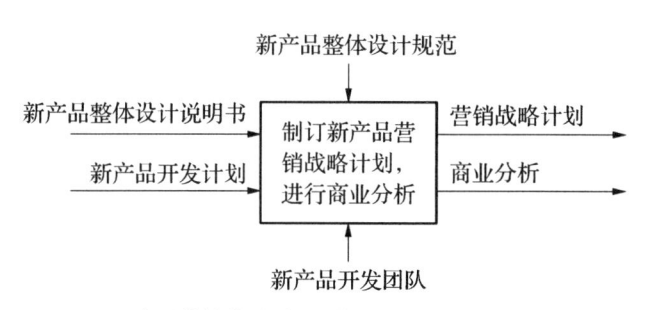

图 13-21　再造后营销战略计划、商业分析活动的 IDEF0 基本模型

(4) 再造后的产品实体开发活动的 IDEF0 模型,如图 13-22 所示。

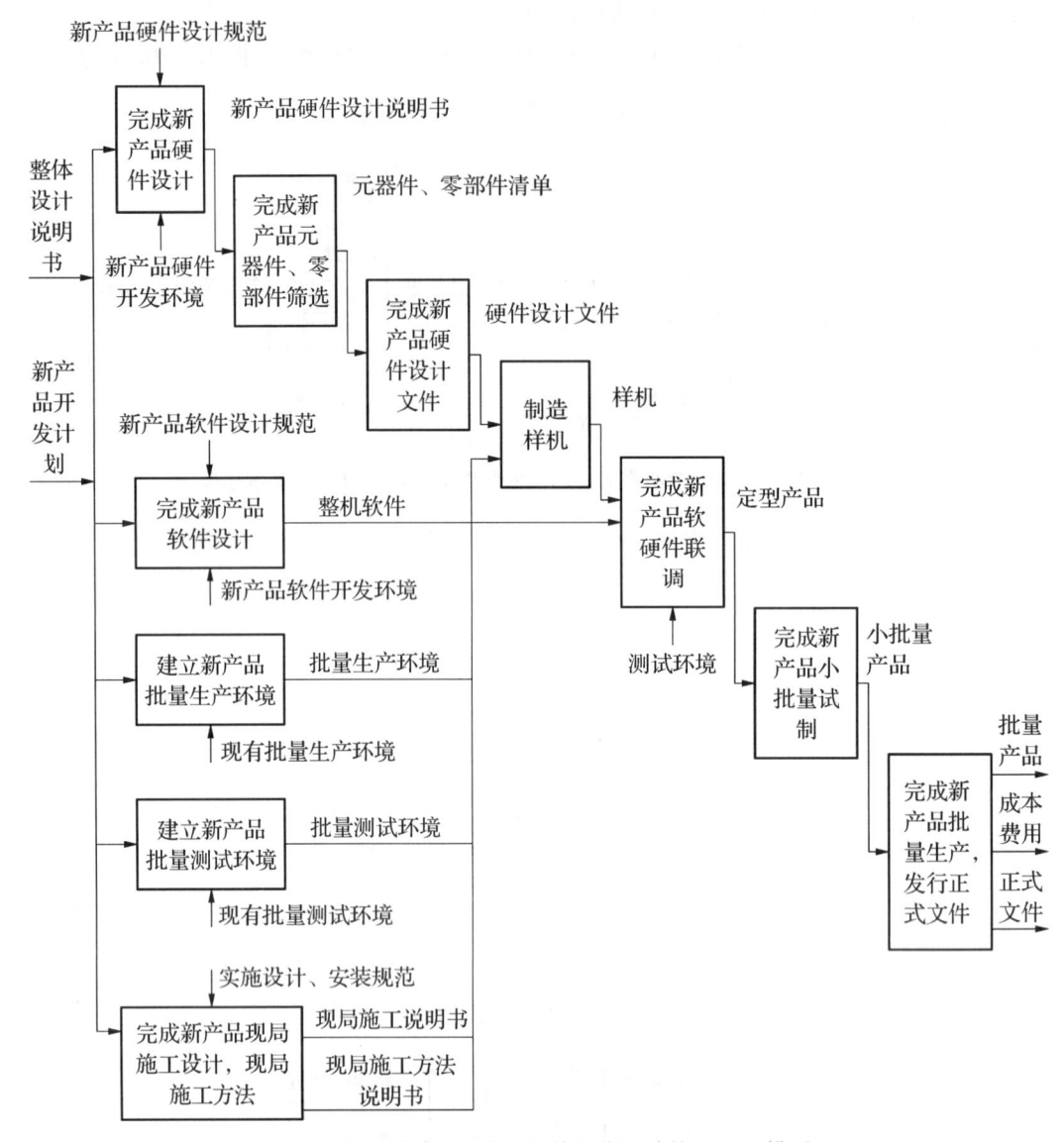

图 13-22　再造后的产品实体开发活动的 IDEF0 模型

（5）再造后的新产品试销和商业化活动的 IDEF0 基本模型，如图 13-23 所示。

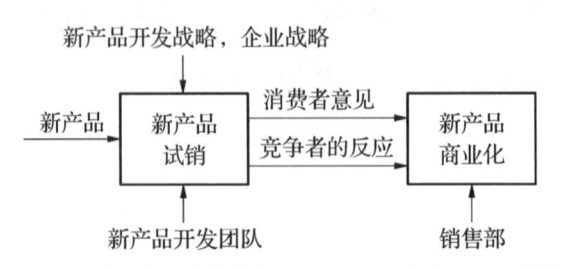

图 13-23　再造后的新产品试销和商业化活动的 IDEF0 基本模型

通过分析新开发流程的 IDEF0 模型发现,新流程注重新产品开发前的可行性调研,组建产品开发团体,以"产品开发团体"为流程运行的基本单元,开发设计、批量生产准备、工程设计采用同步流程,相关信息及时得到了交流,确实解决了旧流程所存在的问题。

(三) 再造后的新产品开发流程的 ASME 分析

依据再造的新产品开发流程,进行新产品的开发。假设所开发的 B 产品与流程再造前所开发的 A 产品在产品复杂度、核心技术、产品容量等方面都一样,两种产品的开发流程不同。现使用 ASME 方法分析 B 产品的开发流程(见表 13-9)。

表 13-9 应用 ASME 方法分析 B 产品的开发流程

序号	活动	增值活动	非增值活动	检查	输送	耽搁	存储	时间(周)	操作者
1	新产品的构思和构思的筛选	○						2	新产品开发委员会
2	确定整体设计方案	○						3	产品开发团队
3	制订新产品营销战略计划,进行商业分析	○						2	产品开发团队
4	硬件设计、新产品元器件、原材料的筛选、新产品硬件设计文件/软件设计/建立新产品批量生产、批量测试环境/完成新产品现局施工设计,现局施工方法	○						30	产品开发团队
5	样品制造	○						4	产品开发团队
6	样机调测	○						3	产品开发团队
7	完成新产品小批量试制	○						2	产品开发团队
8	新产品批量生产	○						2	产品开发团队
9	正式文件发行	○						1	产品开发团队
10	新产品试销和商业化	○						6	产品开发团队
	时间合计(周)	55						55	

通过使用 ASME 方法分析 B 产品开发流程,得出了 B 产品的开发时间,B 产品的开发时间为 55 周,与流程再造前的 A 产品的开发时间相比较,开发时间明显缩短,在 B 产品的开发流程中删除了非增值活动,减少了再造前流程中存在的返工和检查时间。

流程再造完成以后,对员工进行培训,在实践中推广新流程并对新流程的运行情况进行监督管理,如发现问题及时调整。

本章参考文献

[1] 刘慧贞.供应链管理[M].北京:机械工业出版社,2015.
[2] 赵林度,王海燕.供应链与物流管理[M].北京:科学出版社,2011.
[3] 邵晓峰,张存禄,李娟.供应链管理[M].北京:高等教育出版社,2013.
[4] 李耀华,林玲玲.供应链管理[M].第三版.北京:清华大学出版社,2018.
[5] 周兴建.现代物流方案设计:方法与案例[M].北京:中国纺织出版社,2019.
[6] 刘助忠,李明.供应链管理[M].长沙:中南大学出版社,2021.

同步测试题

第十四章 数字化供应链

学习目标

通过本章的学习,应掌握以下知识目标与能力目标:① 掌握数字化供应链的概念和作用;② 理解数字化供应链模式;③ 了解数字化供应链的发展趋势;④ 理解数字化供应链转型的内涵及路径;⑤ 掌握常用的供应链数字技术。

案例导入

冯氏集团利洋公司——利用虚拟技术的行业先锋

利洋公司是冯氏集团旗下的一家针织业务公司,它一直在探索怎么样才能把虚拟设计技术很好地应用在服装供应链上,提高供应链运作效率,并且通过多年的实践,利洋公司取得了显著成绩,已成为行业利用虚拟技术的先锋。

起初,利洋公司在生产上遇到了一个难题,其工厂订单准时完成率只有70%左右,这个水平在业界是非常低的,而造成订单准时完成率低的主要原因是客户对工厂提供的产前样衣的审批率不足10%。根本原因是样衣展现的线条、质感及松紧度等效果和2D设计图相差很大,样衣需要经多次修正后,才能获得客户的确认,这个过程浪费了很多时间,因而订单完工日期总是比预计的时间晚。于是,利洋公司引入了3D设计技术,厂商和客户能通过清晰的3D效果图进行充分的沟通,这样大大提高了客户对产前样衣的满意程度,样衣审批率也大大提高,由之前的不足10%提升至80%~90%,进而工厂订单准时完成率也得到提升,企业效益也有明显增长。

不仅如此,利洋公司为了进一步促进数字化管理,和一个创新伙伴共同设立了CS创新实验室。该实验室包含一个设计中心和一个先进创新中心,它的成立能帮助利洋公司提升其在虚拟设计方面的能力及供应链中设计至生产流程的效率。CS创新实验室中的多台织机,不仅具备精良的针织功能,还可通过远程系统遥距实现生产计划、排单、派单、监控等功能,从生产现场取得实时生产数据。再和数据分析及处理平台配合起来,利洋公司便拥有了一个创新的实时的供应链生产管理模式,具备高透明度数据、高效能生产、有效质量保证以及保护产品产权等优势,且大大地缩短了常规生产周期,提升了供应链跨地域生产调度的灵活性。

利洋公司的实践表明,数字技术的赋能不仅能提高供应链运营的效率,使供应链运营周期缩减、市场响应力提高,还能通过技术的应用,协同各参与方,为客户提供一个更加独特的服务方案,开启更多前所未有的业务发展场景。

思考: 1. 如何看待数字技术的作用?

2. 有哪些现代信息技术能为数字化供应链运营赋能?

第一节 数字化供应链概述

《中国供应链发展报告(2021)》中显示,近年来,我国的经济深受国际贸易保护主义的影响,一些行业的产业供应链供给受阻,时有断链现象发生,供应链的安全和稳定均受到了严重的威胁,引起了国家政府各部门的高度重视。中央经济工作会议提出,要增强我国产业链供应链自主可控性能力。企业作为供应链运行的主体,在数字化转型的背景下,企业要增强供应链的自主可控能力,构建具有可持续发展和安全高效的供应链,必须以供应链数字化作为重要抓手,通过敏捷化、生态化和平台化三条路径为增强供应链安全性、促进供应链可持续发展提供重要支持,最终助力供应链自主可控。

一、数字化供应链概念

数字化供应链最早是由国外学者展开研究的。2014年,XU在其《管理数字企业》一书中指出数字化是供应链的发展趋势。后续越来越多的学者们开始关注到数字化供应链,对数字化供应链定义加以研究。Kinnet(2015)认为,数字化供应链是通过应用新技术打造的智能化网络体系,进而让企业创造出新的价值。Rouse(2016)则认为数字化供应链是以互联网为基础,充分利用各种网络连接渠道搭建起来的智能化供应链系统。Buyukozkan G.,Gocer F.(2018)通过研究分析数字化供应链相关文献,提出数字化供应链是通过技术创新驱动的供应链升级体系,此体系拥有更为智能、高效的流程,能为组织创造新价值。S.Barykin(2020)认为,数字供应链强调技术、数据和信息的相互作用,通过使用新技术,使渠道和供应商网络进行双向检测、响应和协调,旨在为组织创造收入,带来更高的商业价值。

目前,国内对数字化供应链的研究尚处于起步阶段,研究成果并不多。肖静华(2015)等认为,数字化供应链是企业调整其战略的一种行为,相对于传统供应链而言,数字化供应链的核心是如何收集、分析及使用数据。胡汝银(2020)认为,数字化及各种数字技术的不断发展和使用,使供应链上信息流动可借助的工具越来越多,利用信息的能力也变得越来越强,并会成为目前供应链发展的主要动力和核心竞争力之一。乐德林(2020)认为,数字化供应链借助多渠道的实时访问使数据最大化,目的是关注客户的真正需求,提高业务效率,降低风险。宋华(2022)通过综合实业界和理论界对数字化供应链不同的看法,认为数字供应链可以从三个方面来理解:一是在运用方式上,数字供应链是一种智能的最佳技术系统,它基于海量数据处理能力以及针对数字硬件、软件和网络的出色协作与通信能力,作用于供应链管理和运营;二是在行为上,数字供应链支持和同步组织之间的交互行为,使得沟通、协调、合作成本大为下降;三是在成效方面,数字供应链通过使服务变得更有价值、更容易获得、更实惠,并能够实现一致、敏捷和有效的结果,进而推动人机互动的智慧网络形成。

综上所述,我们可将数字化供应链理解为:数字化供应链是一种将数字化技术和供应链运作有机结合的组织形式,可实时搜集并共享整个供应链运营的数据,并能对数据进行一定的分析处理,为供应链上的各个组织决策者提供有用的管理决策依据,是供应链智慧化的阶段性成果。

二、数字化供应链的作用

随着经济全球化进程的加快,供应链变得越来越复杂,具体表现为参与主体越来越广泛,运营业务环节越来越繁杂,更是涉及不同国家地域之间的政策协调事宜等,要怎么实现这些不同主体、不同环节的活动需要的实时且高效的协调与管理,数字化是一种促进供应链创新和发展的不错选择。相对于传统供应链而言,数字化供应链具有其独特的作用,具体如下。

(一) 同时提升市场响应速度、降低成本

快速响应市场需求和低成本一直是供应链管理和运营的目标。而传统供应链管理过程中,二者往往存在"效益背反"现象,所以管理者为了增强市场响应力,有可能会牺牲成本;同样,为了追求低成本,也可能会降低响应速度。这就是著名的费舍尔(Fisher)模型中所描述的,传统供应链需要根据不同的产品及服务的性质来确立与之相适应的供应链。具体来说,创新性业务(品种规格多样、市场需求难以预测、消费需求波动较大)与快速响应型供应链相匹配;功能性业务(品种规格不多、市场需求可预测、消费需求相对稳定)与成本效率型供应链相匹配。但是,数字化供应链使得速度和成本不再相背,而是能统一起来。因为数字化不仅能够通过IT实时地获取供应链运营数据和信息,做到第一时间响应市场需求,且能将数据信息和决策同步共享给各个参与者,增强供应链中各个环节之间的协调、合作,从而降低中间节点的成本,进而提高效率。

(二) 提高供应链的柔性和弹性

这里所说的供应链柔性、弹性是指对供应链运营中随时出现的问题的反应方式。一般来说,供应链的柔性和弹性越高,供应链的整体竞争力也就越强。然而,我国目前多数企业的生产前期缺乏柔性规划,生产过程中弹性能力管理不足,导致供应链整体柔性及弹性能力较差,一旦企业面临突发事件、自然灾害等可能威胁到供应链安全稳定的情况时,很难预测并快速响应调整生产,再加上部分企业的供应源比较单一,如果上游企业的供应中断,大概率会导致整条供应链生产中断风险。例如,整个芯片产业中的一个重要组成部分——汽车芯片,目前已经高度集中化且垄断化,因此,一旦受疫情等的影响导致供应链中断,就会严重影响到传统汽车企业的生产销售。从这几年的实际情况来看也确实如此。但是数字化供应链由于借助了先进的数字技术,能够更有效地收集、处理产业供应链上各环节的数据,可以通过建立精准的模型来调整供应链及其运营模式,可以更加敏捷地应对市场上或环境中的各种变化,因此,较传统供应链而言,数字化供应链的柔性和弹性更高。

(三)实时监控库存

数字化供应链通过借助许多的传感器和其他先进技术进行高效的仓库管理,实现仓库库存水平的连续监控,以确保现有库存足够但又不过量满足需求。传统供应链中,为了快速满足客户的需求,再加上管理上的一些疏忽,库存往往会超出市场需求量,这无疑会增加供应链的运营成本。而数字化供应链能利用先进的技术从市场信息中分析出消费者购买趋势以及商品和服务的未来需求,并通过实时监控库存水平,以应对消费者随时随地地下单。

(四)实现供应链智慧化运营

新一代的信息通信技术为数字化供应链配备足够计算能力的智能产品,因此数字化供应链可以基于定义的算法实现自学习和自主决策,进而可以改进和优化决策,自动执行并推动供应链运营创新。吴(Wu)等学者指出,数字化实现的供应链智慧主要表现为以下几个方面:一是工具性(Instrumented),即供应链运营中的信息一定是由自动化或感知设备产生的,如 RFID、Tag 标签等;二是相互关联(Interconnected),即供应链中所有的参与主体、资产、信息化系统、业务等一定是高度连接;三是智能化(Intelligent),即借助现代通信技术能够实现大规模优化决策,改善供应链绩效;四是自动化(Automated),即供应链的业务流程能够通过信息化设备来驱动,进而替代其他低效率的资源,包括低效率的人工介入;五是整合性(Integrated),即能够推动整个供应链的协同合作,包括联合决策、公共系统投资、共享信息等;六是创新性(Innovative),即能够推动供应链的创新,通过提供整合化的解决方案创造新价值,或者以全新的方式满足现有价值诉求。

(五)实现全球资源的快速连接

任何企业要想在全球范围内进行商品交易或者提供服务,搭建一个全球供应链网络是必不可少的。例如,美国人需要某一种中国制造的产品,如果在需要的时候才将产品从中国运送到美国,这肯定是非常低效的。因此,我们需要提前将物流枢纽部署在全球范围内,这样就可以在客户需要的时候,从离客户最近的物流枢纽将产品运至目的地。而数字化供应链可通过掌握的实时数据、最优的模型算法来科学地部署全球物流枢纽,进而达到上述的目的。

(六)实现供应链运营透明化和快速建立信任关系

所谓透明的供应链,即是在供应链任何环节中各参与者都能够理解,且能根据其他环节的行为和需求采取有效行动。相反,如果供应链缺乏透明度,供应链中的有序运行就会轻易被某处打乱。数字化供应链面对不断变化的外部条件,能通过预测、对网络建模以及创建假设情境即时调整供应链,使公司透明地采取行动,更好地应对潜在不确定性。

供应链运营透明化的前提就是供应链上各个参与者能够相互信任,而数字化供应链就能实现各个参与者间快速信任的建立。快速信任一词最早由迈耶森(Meyerson)等学者提出,即能够在最短时间内在一个临时组成的团队中形成信任关系。在外部不确定性较高的情况下,供应链随时会进行调整,由于供应链参与各方没有长期交往合作的历史,要想建立组织之间的信任非常困难。在这种状态下,数字化供应链上各个参与者由于链上信息活动的透明化对合作伙伴产生信任,从而协同开展供应链运营活动,使得供应链运营变得透明。

(七) 提高供应链的伸缩性

供应链的伸缩性,是指随着环境的变化和市场的需求,向上或向下扩展供应链,甚至是重新建构供应链。供应链在其运行过程中具备这种特性是非常必要的。但是,这种延伸或调整通常会给组织带来非常大的困难,不仅增加了供应链管理和运营上的复杂程度,而且在较短的时间内做出这样的改变极具挑战。然而,当传统供应链碰到了数字化,一切就迎刃而解了,可伸缩性就不再是问题,流程的优化和复制变得容易起来,异常点和错误的发现也更加简单。

(八) 实现供应链绿色化

供应链的绿色一方面体现在供应链上的产品或材料可再循环、再利用,另一方面体现在通过从供应链的设计开始一致贯彻绿色环保的理念,实现整个供应链运营中的资源使用达到最小。卡特(Carter)认为,减少资源使用的内涵大于再利用和再循环,而再利用和再循环之间也是互不矛盾,相辅相成的。如何减少资源使用?我们可以通过设计环境有效型产品,最大限度减少资源使用、废物产出,这样正、逆向物流的物料流动就会减少,再加上循环和再利用,可以使资源使用变得更加有效。因此,减少资源使用,就需要在产品的供应链设计阶段充分把握产品使用和全生命周期的情况,数字化能迅速对接产品供给和市场消费需求,快速地整合供应链各个环节,从而帮助这一目标顺利实现。

三、数字化供应链模式

数字化供应链当中的"数字化"体现在整条供应链的各个环节之中,且借助平台实现预测、计划、执行、交付及财务业务等供应链一体化功能。图14-1所示为数字化供应链模式图,从图中可以看出数字化供应链平台包括精准营销服务平台、数字化设计平台、数字化采购平台、数字化制造平台、数字化运营平台、全面质量管理平台以及IT基础平台七大子平台。其中,IT基础平台的构成要素包括混合云的数据中心、数据集成、网络及信息安全等技术平台。通过这七个子平台,企业可以实现数字化工具在供应链中的全场景应用。

数字化技术工具及数据驱动的供应链数字化平台能支持供应链全流程(从设计到计划、制造、交付、运维)数字化管理,进而实现供应链各业务场景的数字化转型和变革。

一是在设计阶段,通过端到端(从客户需求出发到满足客户需求为止)的数字线程将供应链上的各个系统、人员和所有流程连接起来,进而简化了供应链,缩短了产品的上市时间,并进一步利用简化的供应链及创新技术加速产品的研发和持续创新。设计阶段具体包括如下内容:产品全生命周期管理,产品的设计、开发和成本核算,产品的盈利能力分析,项目组合管理及创新管理和协作等。

二是在计划阶段,需要充分利用供应链的可视性、协作性和智能性,以制订敏捷的计划、由市场驱动的计划。该阶段具体包括如下内容:协作式供应链网络,集成式业务计划,库存优化,采购与供应商管理,以及预测分析、人工智能和机器学习等。

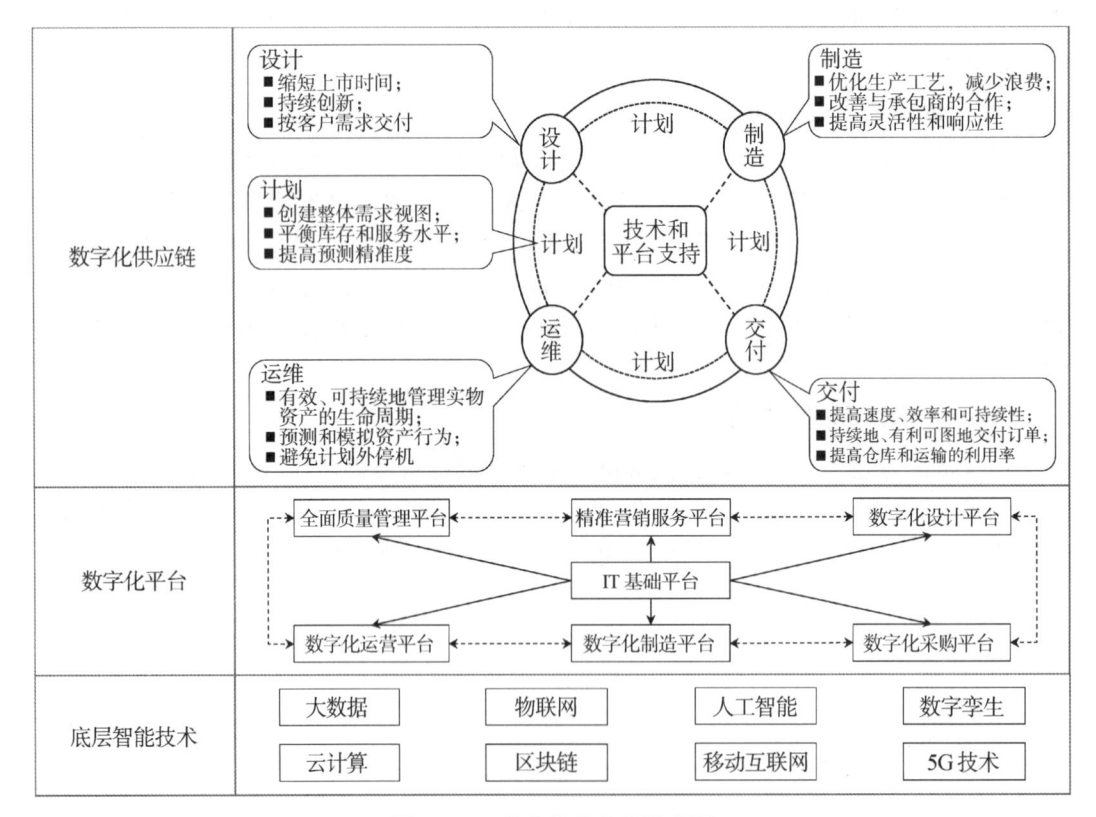

数字化供应链	设计 ■ 缩短上市时间； ■ 持续创新； ■ 按客户需求交付		制造 ■ 优化生产工艺，减少浪费； ■ 改善与承包商的合作； ■ 提高灵活性和响应性
	计划 ■ 创建整体需求视图； ■ 平衡库存和服务水平； ■ 提高预测精度	设计—计划—制造 计划—技术和平台支持—计划 运维—计划—交付	
	运维 ■ 有效、可持续地管理实物资产的生命周期； ■ 预测和模拟资产行为； ■ 避免计划外停机		交付 ■ 提高速度、效率和可持续性； ■ 持续地、有利可图地交付订单； ■ 提高仓库和运输的利用率
数字化平台	全面质量管理平台 ←→ 精准营销服务平台 ←→ 数字化设计平台 ↕ IT 基础平台 ↕ 数字化运营平台 ←→ 数字化制造平台 ←→ 数字化采购平台		
底层智能技术	大数据　物联网　人工智能　数字孪生 云计算　区块链　移动互联网　5G 技术		

图 14-1　数字化供应链模式图

三是在制造阶段，需在整个企业内利用物联网、人工智能和集成技术，简化优化制造流程，减少资源浪费。该阶段具体包括集成式制造执行系统（MES）、生产管理、计划和优化，工业物联网解决方案，统一的供应链数据和制造分析，以及产品质量管理与合规性等内容。

四是在交付阶段，要打造快速、高效且可持续的物流和供应链管理流程，具体包括仓储管理、协作式运输管理、订单履行与承诺、堆场管理、物流网络及跟踪等五方面内容。

五是在运维阶段，需要借助智慧企业资产管理软件，提升资产绩效和可靠性，具体包括维护和服务管理、资产网络和协作、资产战略与绩效、资产健康状况预测和优化、移动资产管理等内容[2]。

四、数字化供应链发展趋势

趋势一：数字化供应链发展新模式——供应链即服务

供应链即服务（Supply Chain as a Service，SCaaS）是指基于云端的支持供应链局部或者全部业务的团队，为产业客户提供定制化和柔性化的供应链运营服务。伴随着现代通信技术的不断发展，特别是虚拟供应链团队及能力的形成，SCaaS 将成为推动产业进步的原动力。数字技术的发展使得供应链运营管理变得越来越复杂，大多数企业面临难以建构、管理复杂的数字化供应链体系的难题，企业不仅缺乏相应的资源和能力，还缺乏相应的人才，而 SCaaS 刚好能解决企业的这些难题。企业利用 SCaaS 模式，可以外包或外采其供应链服务,进而推动企业乃至整个行业供应链的数字化转型。

趋势二:数字化供应链发展的新元素——先进数字技术

数字化供应链的发展离不开大量数字技术的有效支撑,数字技术的广泛应用不仅能大幅度提升供应链运营效率,消除供应链中高管理成本、交易成本的环节,还有利于帮助企业发现和挖掘新的商业机会,创造出更高的价值。高德纳提出了未来供应链发展的八大数字技术,即超级自动化(Hyperautomation)、数字化供应链孪生(Digital Supply Chain Twin,DSCT)、持续智能(Continuous Intelligence)、供应链治理与安全(Supply Chain Governance and Security)、边缘计算和分析(Edge Computing and Analytics)、人工智能(Artificial Intelligence,AI)、5G网络(5G Networks)以及沉浸式体验(Immersive Experience)。

趋势三:数字化供应链发展的新领域——公共资源治理

供应链的高效率运行、发展不仅与企业或产业各环节数字化、相应的智能决策和优化有关,而且与公共资源管理的透明化、高效化以及智能化密切相关。公共资源治理主要体现在公共基础设施或国有资产的治理、财政资金或公共投资的治理两个方面,这两个方面均极大地促进或者制约着产业的运行。在传统的公共资源的管理过程中,由于商业运行牵涉的利益相关者众多,要保证各方利益,防止信息不透明或者个别主体利用信息优势损害其他主体的利益及资源,是一件非常不容易的事情。且在公共资源运行中,防范由于监督、管理不力造成资产或者资金运行过程中的人为道德风险,也是比较重要的问题。公共资源分配过程中,如何合理、透明地进行资源分配和使用是促进公平交易和经济有序运行的基础。

数字化供应链是解决上述问题的一种有效的途径,因为现代通信技术的广泛应用,不仅能实时掌握公共资产和资金的状况,而且能动态反映供应链整体运营流程,进而及时了解把握资产或资金的具体使用和运行状况,对可能产生的风险及时预警,最终实现公共资产、资金的投资效率和使用效率的双提高,也便于相关管理部门进行全周期、精准的监督管理。雄安新区建设资金监管系统便是一个非常成功的应用案例。

趋势四:数字化供应链发展的新场景——虚拟产业集群

打造数字化供应链不仅能不断优化现有产业集群,而且能够推动虚拟产业集群形成与发展。宋华在其著作中提出,虚拟产业集群是由具有互补能力的企业在信息技术基础设施的支持下聚集创建而成,不同于传统意义上的产业集群。虚拟产业群的特点具体表现为以下几个方面:

第一个方面是传统产业集群通常是由地理上相邻的众多企业在特定空间内集聚形成;而虚拟产业集群没有空间的局限,能借助信息技术实现极大范围的优势资源整合。第二个方面是传统产业集群企业之间的持续关系是通过长期的业务往来形成,交易关系一旦形成较难做出改变;而虚拟产业集群是为了某个特定目标形成了数字化关系,交易关系会随着产业发展的需要而随时更新变化。第三个方面是传统产业集群中企业非常关注供应链管理和订单执行这两个重要运营流程,也就是通过大规模、快速的聚合订单,借助当地的分工协作,实现快速且高质量的交付;而在虚拟产业集群中创新管理及先进数字化的供应链管理才是运营的重要流程,也就是通过先进的数字技术实现分布在广域范围内企业的协同创新及协同运作,进而形成线上业务及信息的集群化。第四个方面是传统产业集群是通过特定空间内的资源集中应用和产业扶持,以快速提高产业集约化能力和产业吸引力;而虚拟产业集群则是借助信息技术迅速挖掘、连接和形成世界范围内的核心能力,实现为客户提供高质量、定制化的产品或服务的目标,进而产生产业优势。第五个方面是传统产业集群中物流及信息流是关键;而虚拟产业集群中信息数据流是关键,物流不再是关键,其需要根据协调整合的要求,将相关资源部署在关键合作伙伴附近。

虚拟产业集群的这些特点毫无疑问需要数字化供应链作为其运营的基础,换句话说,虚拟产业集群是数字化供应链发展的一个新场景。数字化供应链借助数字技术所形成的高度透明化、实时化、连接化及智能化的能力及数字信任,均是虚拟产业集群必须具备的能力和要素。

趋势五:数字化供应链发展的新方向——可持续

绿色的环境友好型供应链也需要数字化加持,数字技术和数字化运营对建立可靠和绿色的贸易和物流非常有帮助。供应链运营中各参与方(特别是物流服务商)广泛地应用各种数字技术,建立一个对所有参与方均完全透明且高效的供应、交付系统,不仅可以大幅提高供应链整体服务的效率,减少资源浪费,而且可以减少整个供应链的碳排放,促进供应链绿色运营的增长。

具体来说,数字技术和数字化运营是通过如下方式实现降低碳排放的:一是全供应链的实时透明;二是借助大数据实现了供应链运营的更优规划;三是应用云计算、边缘计算等技术以及一些设施设备,实时收集并处理数据;四是通过人机交互实现供应链业务更好的自动化;五是通过横、纵向协作的智能用户界面和软件设计实现整个供应链各企业之间更好的协作;六是通过分散以及自主决策实现平稳管理;七是使用增强现实(AR)工具(可穿戴计算等)降低复杂流程中的错误率,并创造友好的客户体验。同时,这些低碳行为会进一步促进供应链发展,增强各个组织之间的合作关系,为供应链各参与方带来更为高效的资源。

拓展阅读

国网英大"碳e融"业务[①]

2021年,国网英大联合推出了"碳e融"业务,该业务实现了国网核心企业及其供应链相关企业、金融机构、英大碳资产公司等多方联动。"碳e融"业务主要是通过对国家电网供应链企业开展绿色评价,并基于评价结果提供差异化绿色金融解决方案。在此之前,英大碳资产公司帮助上海电力推进"智慧供应链"研发了《绿色企业认证评级标准》,该标准包括6大项一级指标、18个二级指标,其中权重最大的就是关于碳排放的相关内容,涵盖碳排放报告、双碳目标、产品碳足迹、碳中和比例四项二级指标,客观、科学地从各个维度对企业绿色程度进行画像。绿色认证标准的应用,一方面为上海电力"智慧供应链"体系中的供应商招标评价模型提供更多绿色考核维度,前瞻性地引领企业尽早制定企业绿色低碳发展路径;另一方面把现有供应链企业相关数据进行金融属性的转化,为绿色信贷

---

① 国网英大碳资产:2021年营收2 577万,增长超过18倍。http://www.ideacarbon.org/news_free/57478/.

提供了现实依据,也为后期绿色保险、绿色保理、绿色债券、绿色信托、绿色租赁等一揽子综合金融服务产品提供了巨大的拓展空间。

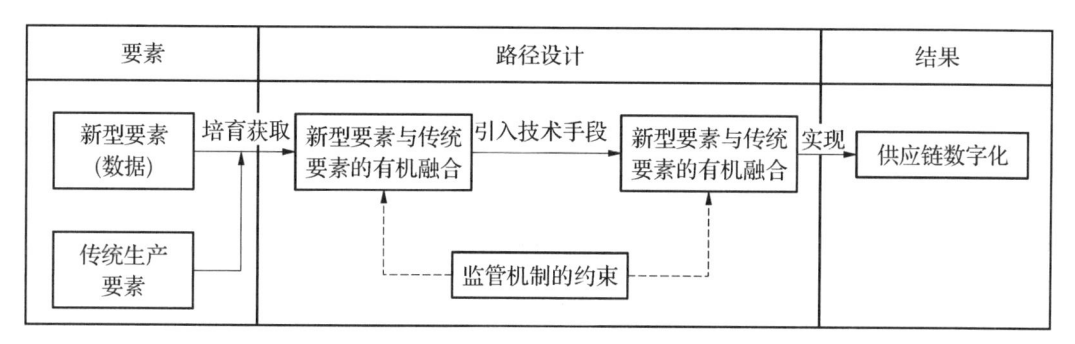

第二节 供应链数字化转型

一、供应链数字化转型的内涵

数字化转型包含两个概念,一个是数字化,一个是转型,其中数字化通常指的是获取、分析、处理及应用数据的能力,而这个能力的提升需要借助先进的数字技术;转型则更多的是指业务(包括流程)转型和组织整体转型。结合目前学术界和各组织对数字化转型的解释,可以这样理解数字化转型:组织、社会或者产业为了应对客户以及市场中(外部生态)破坏性变革,通过提升其数字能力(借助先进信息技术)实现商业模式、产品以及服务的创新,使数字、物流、交易和客户体验无缝连接,进而改进组织、社会或者产业的运营效率以及绩效的持续过程。

宋华在其著作中,结合实业界与理论界的观点,总结了数字化转型的特征,具体如下:

第一个是数字化转型的对象不仅仅只是单个企业,也可以是类似社会、制造业、农业等其他形式的组织体。

第二个是数字化转型的范围非常广,涉及转型对象的方方面面,既有可能涉及整个商业模式以及战略的调整或改变,也有可能涉及转型对象的经营流程或是某个要素的改变。

第三个是数字化转型需要借助现代信息通信技术,也可以说正是由于这些先进技术的采用,提高了组织体数字能力,进而实现了变革和发展。

第四个是数字化转型的结果并不是一个简单的静态预期目标,而是使组织体通过数字化转型实现持续优化和改进。

二、供应链数字化转型路径

如图 14-2 所示,企业通过将新型数据要素和传统生产要素相结合,可以实现供应链数字化发展。具体可从以下几个方面着手,以逐渐实现供应链数字化转型。

要素	路径设计	结果
新型要素(数据) 传统生产要素	培育获取 → 新型要素与传统要素的有机融合 → 引入技术手段 → 新型要素与传统要素的有机融合 监管机制的约束	实现 → 供应链数字化

图 14-2 供应链数字化转型路径

第一个方面是要加强对新型要素的培育和获取,对生产以及消费环节的实时数据进行及时获取和存储,并且借助大数据、机器学习等先进信息技术深度挖掘数据要素价值,消灭供应链各个环节之间的信息孤岛问题。

第二个方面是促进新型要素(数据)与传统要素的有机融合,要将新型数据要素的使用贯穿于供应链的各个环节之中,充分发挥新型数据要素对其他生产要素的"催化剂"作用,促进"劳动+数据""资本+数据"等要素间深度融合模式的发展。

第三个方面是以数字化技术融合为创新点,增强供应链供需的动态平衡能力。大数据、云计算等数字化技术和手段的采用,可加速供应链内的信息传播,降低供应链各成员间的沟通成本和交易成本。故数字化技术的应用并与供应链的深度融合,可加快供应链数字化转型。

第四个方面是完善的监管机制,加强数字化转型的监管。这就需要加强数据监管,并且完善数据资源使用相关的法律法规,进而保证数字化供应链可持续且合法地发展。

三、供应链数字化转型的阶段

供应链数字化转型是任何企业都不能逃避的发展趋势,也是企业重塑市场竞争力的一个重要手段。那么,对于企业来说,究竟如何实现供应链数字化转型,这是目前实业界及理论界都十分关心的问题。中欧运营及供应链管理学教授赵先德教授认为,企业供应链数字化转型需经历四个不同的阶段。

第一个阶段是供应链流程的信息化及可视化。

这一阶段中,企业一般会从某些供应链环节的信息化入手,逐步地拓展到端到端的流程信息化及可视化,实现供应链数字化初级转型。在这个信息化的过程中,企业通常会对现有供应链流程进行重新评估和梳理。很多实践者认为这个阶段的实现只需要交给IT部门开发(购买)一些系统和软件即可。其实不然。相比技术工具本身,让企业供应链流程更加简化和透明才更能提升供应链运营效率,所以企业应将重心放在评估梳理供应链流程上,可通过高层参与或跨职能团队等方式,将信息化、流程优化两者相结合,借助新工具来清理那些价值不高及目的不清晰的旧流程,让供应链流程变得更加简化和透明。

第二阶段是基于大数据的决策优化与服务创新。

企业完成了第一阶段转型后,会在供应链的各个环节积累非常多的数据,接下来就是如何利用这些积累的数据,让这些数据创造出新的价值,也即如何变现数据资产的问题。这是供应链数字化转型第二、第三阶段需要解决的问题。

第二阶段中,企业首先可以做的是通过大数据分析来优化自身在供应链不同环节中的决策,如更精确的用户画像,定制化的产品设计,与供应商的联合计划、预测与补货,生产排程的优化,各类选址问题的优化和物流配送网络的优化等。通过改进现有的供应链决策,提高业务运作效率,增加业务附加值,更为出色地满足顾客的产品和服务需求,充分提升产品和服务的市场竞争力。实践中,不可盲目追求"高大上"的算法,切记"问题大于模型、模型大于算法",所以关键是要提出正确的决策优化问题,将复杂的供应链管理问题拆分成许多简单、清晰、明确的决策问题,充分融合各类决策分析模型的优势,以便更好地解决实际问题。

第三阶段是供应链与商业模式创新。

这一阶段中,企业利用数字化技术所支持的供应链整合与流程创新来支持企业战略层面的转型与变革,建立一个全新的商业模式。这个新的商业模式即数字化"解决方案"或"赋能",简单地说,就是把汇集、分析海量数据得到有价值的结果作为一种新的价值主张,向上下游合作伙伴甚至更广泛的生态圈合作伙伴提供数据分析及基于数据分析的解决方案,并从中获得新的收入来源。

需要注意的是,并不是所有的企业都需要走到这一步,将"数字化赋能"作为其未来业务的新增长点。对于大多数非行业领军且没有达到一定量级的企业而言,这未必是一个具有规模效应的业务,这些企业更应将第二阶段的工作做好做扎实,将其现有的业务充分的数字化和智慧化,建立适合其本身的数字化供应链能力。

第四阶段是供应链+生态圈。

严格来说,这一阶段是上一阶段的延伸。行业领军企业会在"赋能"上下游企业和生态圈合作伙伴的过程中,对不同伙伴的需求进行归纳和总结,提炼出共性需求,并将其细化为标准的服务模块;再结合不同合作伙伴的实际需求,为其提供定制化的服务模块;标准服务模块和定制服务模块共同构成服务模块的"资源池",并根据不同合作伙伴的实际需求,快速选择不同服务模块并进行组合。服务模块化可以大幅度提升领军企业对上下游和生态圈合作伙伴的"赋能",并有助于其进一步拓展合作伙伴,扩大合作生态圈的规模,最终成长为"供应链+生态圈"的领导者。

对于这个阶段的实践者,建议首先做好钩稽关系、接口与交互界面的设计;然后设计完善的合作机制与利益分配规则,精密到圆角分的利益计算,以及组织与协调不过分约束的商业伙伴关系;最后提升构建生态圈边疆的能力,生态圈的领导者在捕捉更多机会的同时,也面临更多风险,为了平衡风险和机会,就要有动态重构市场范围、资产边界和组织结构的能力[1]。

第三节 供应链数字技术

对于数字供应链中运用的数字技术,很多研究者有着不同的解读。尽管不同的研究对供应链数字技术有不同的理解,但供应链中的关键数字技术一定是围绕安全、可识别、可追溯三个体现数字信任的维度而发挥作用的,主要包括物联网技术、大数据分析、AI技术、5G技术、边缘计算技术、云计算技术、区块链技术。

一、物联网技术

物联网是利用感知手段(如条码技术、RFID技术、传感技术及定位技术)将物的属性转化为信息,并且通过传输介质进行物与物之间的信息交互,进而实现物与物间的控制、管理的一种网络。其工作原理如图14-3所示,大致分为信息的感知、信息的传输处理和

---

[1] 数字化时代物流企业如何转型? https://www.logclub.com/articleInfo/MjA3NjUtYzc3OTg2ZjA%3D.

| 供应链管理

信息的应用三个过程。下面结合图 14-4 所示的物联网结构图分析物联网工作原理。

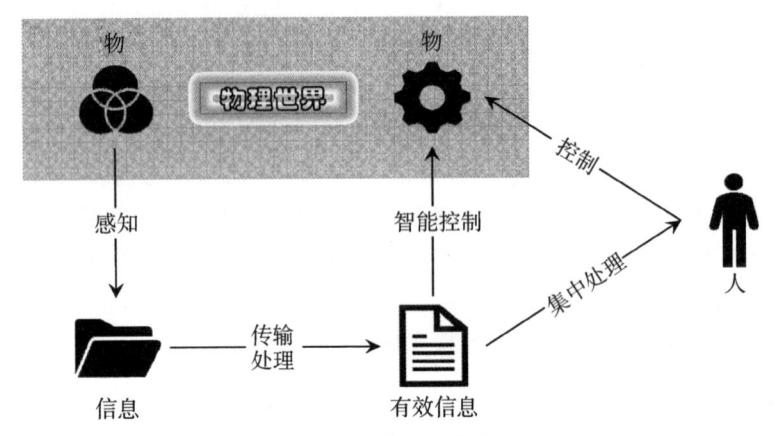

图 14-3 物联网工作原理图

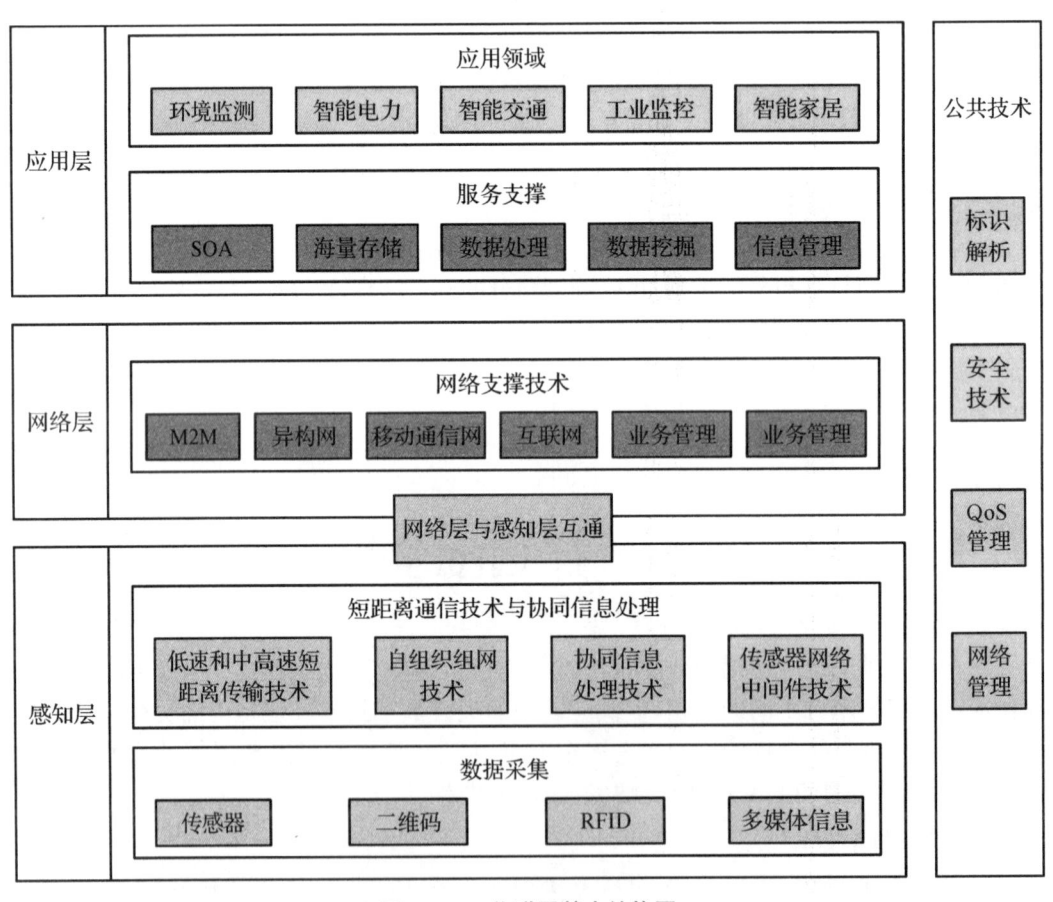

图 14-4 物联网基本结构图

一是信息的感知,这个过程是通过感知层来实现的,感知层利用条码技术、RFID 技术、传感技术等手段实现对物体信息的读取,并将其转化为网络传输所需要的数据格式。二是信息的传输处理,该过程由网络层实现,这里的网络层通常是由私有网络、互联网、有线通信网、无线通信网、网络管理系统以及云计算平台等组成,通过网络层中的汇集工具、处理工具、存储工具、调用工具及传输工具实现对感知信息的汇集、处理、存储、调用及传输。三是信息的应用,这一过程主要是通过应用层来实现,应用层通过将感知、传输来的信息进行分析和处理做出正确的控制和决策,进而实现智能化的管理、应用和服务。

很多学者研究了物联网的作用及其对供应链管理的影响,维卡特(Dweekat)等认为物联网可以增强供应链管理,因为物联网能够实现实时数据收集,实现供应链内部的实时通信,提高数据效率。阿亚尔(Aryal)等在总结供应链中物联网技术时指出,在供应链运营和管理中,物联网被认为具有三个重要的作用:一是物联网是连接各个事物的网络;二是物联网是供应链实现智能化的能力;三是物联网超越了狭隘的技术范畴,是与社会经济环境交互的重要手段。

二、大数据分析技术

大数据分析(Big Date Analytics,BDA)是建立在海量数据的基础之上,通过对数据的知识进行提取,描绘出潜在客户图像,进而更加快速地响应客户多样化的需求,并且快速搜寻出满意客户。大数据分析有助于缩短从客户提交订单到完成交付这一个过程的时间,保持良好的客户关系,提高整个供应链的效率,增强企业的市场竞争力。

供应链在实际运营过程中,会有海量的数据产生,使用传统的 ERP 系统无法处理这些数据,因为这些数据来源于各种智能网络内外部,数据格式多样;而大数据分析技术能够帮助评估这些海量数据,通过描述性(记录一个产品或业务的条件、环境和功能)、诊断性(剖析业务成功或失败的原因)、预测性(识别将要发生的事物的状态)及处置性(找到解决问题或者改善绩效的方法)的数据分析工具处理,使不同形态、不同来源的数据反哺供应链管理。

另外,企业供应链数字化的过程中,需同时获取和把握企业内部和外部的各类信息数据,既包含显性的也包含隐性的信息数据,此时运用大数据分析技术就能对供应链管理产生巨大的影响。

三、云计算技术

"云计算"的构想是在 2006 年由谷歌(Google)、亚马逊(Amazon)等公司提出的,后续得到了不少学者和机构的关注,对其内涵的理解有很多。根据美国国家标准与技术研究院(NIST)的定义,云计算是一种利用互联网实现随时随地、按需、便捷访问共享资源池(如计算设施、存储设备、应用程序等)的计算模式。云计算的应用使计算机资源(如数据中心管理、大规模数据处理、应用程序)服务化,让很多用户无须关注计算机资源部署等问题。

云计算具有如下特点:一是可提供弹性服务,服务规模可随业务负载的变化而快速缩放,令用户使用的资源同其业务需求一致,避免因服务器性能过载或冗余导致服务质量下降或者资源浪费。二是资源池化,云计算以共享资源池的方式统一管理资源,借助虚拟化技术手段,将计算机资源分享给不同用户,资源放置、资源管理及具体资源分配的策略均对用户开放。三是按需服务,云计算能实现根据用户的实际需求提供计算机资源服务,无须系统管理员干预,便可自动为用户分配应用程序、数据存储、基础设施等资源。四是服务可计费,云计算可根据实时监控的用户资源使用情况对服务计费。五是泛在接入,用户可利用台式机、笔记本电脑、智能手机等各种终端设备随时随地通过互联网访问云计算服务。

云计算的体系架构主要包括核心服务层、服务管理层及用户访问接口层,具体如图 14-5 所示。核心服务层把硬件基础设施、应用程序、软件运行环境抽象成服务,具有可用性高、可靠性强、规模可缩放等特点,可以满足多样化的应用需求;服务管理层为核心服务提供支持,确保核心服务的可用性、可靠性及安全性;而用户访问接口层主要实现用户端到云的访问。

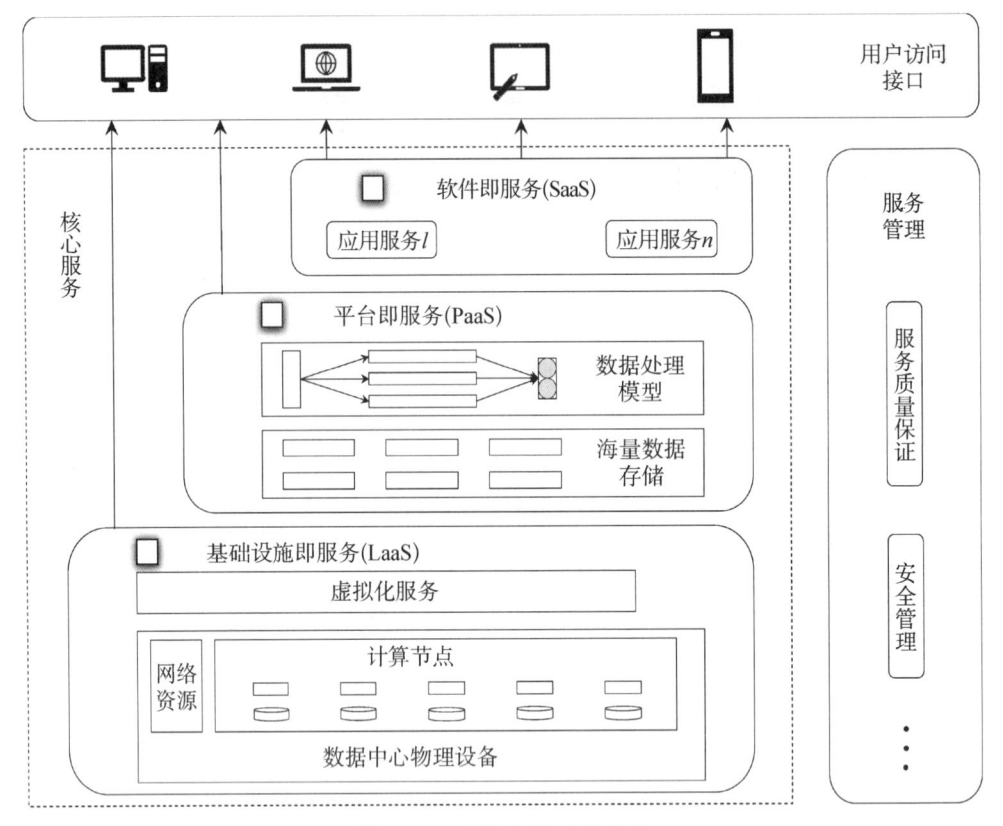

图 14-5 云计算体系架构图

供应链运营决策所需的信息不是设备端直接收集的数据,而是需要通过对大量设备端的数据进行密集型的数据聚集、融合、特征提取以及数据模型训练得到的信息。而供应链上的企业往往不具备这些大量数据处理的能力,相应地,在计算机处理硬软件资源、人才方面均比较匮乏,所以这些场景利用云计算是再适合不过的。云计算用于供应链运营中,需要解决的一个关键问题是如何保证供应链各参与方设备端的数据安全,让参与方能毫无疑虑地共享设备端数据,用于供应链运营分析。

拓展阅读

腾讯企点[①]

2015 年腾讯公司推出了企业级 SaaS 服务——腾讯企点,该服务以即时通信、音视

[①] 360 百科:腾讯企点 https://baike.so.com/doc/25420750-26446889.html.

频、人工智能、大数据、云呼叫中心等科技为基础,结合微信、QQ社交通路等全沟通渠道,打通企业从营销孵化、销售转化、交易协同到客户服务的全业务流程,沉淀并发挥数据资产的潜能,降低人力和运营成本,实现企业智慧客户运营的数字化升级。

腾讯企点包含一组SaaS产品组件,具体如下:

(1)企点客服。该服务主要是通过微信公众号、小程序、QQ、App、网页、电话等全渠道触达客群。智能推荐、机器人、工单、质检等功能帮助客服团队促进销售转化与复购,提升服务体验,升级客户忠诚度。

(2)企点呼叫中心。该服务通过云端架构支持快速部署、弹性扩容,精准洞察客户需求。通过智能外呼提升接听率、促进潜客成单。智能路由、自动化录音质检、机器人外呼等功能全面提升人工效率、降低人力成本。

(3)企点营销。通过社媒、直播、会议、网站全触点互动帮助客户企业获客,打造私域流量池沉淀线索,提升获客—培育—转化的效率,分析客户需求,构建360度视图,实现全生命旅程运营。

(4)企业QQ 2.0。该服务通过视频面试、音视频会议、电子合同等让组织协同、生意洽谈更高效。与商通、商圈、抢单王结合使用,即可构建行业生意圈,触达更多客户,挖掘更多商机,撮合更多生意。

(5)企点应用市场。提供强大丰富的应用套件,不仅包含审批考勤等OA类应用,还有面向B2B的专属行业应用,满足企业的个性化需求。

(6)企点供应链协同。该服务主要包括商通服务,即借助AI技术帮助客户提升商机,提高交易撮合效率;商圈服务,即帮助企业搭建自有商城,融合多领域专业服务,拓展业务网络。

例如,招商信诺人寿是一家专业、稳健、以健康险为专长的中外合资寿险公司,为企业和个人提供涵盖保险保障、健康管理、财富规划的全方位产品及服务,中外股东分别为招商银行和美国信诺集团。该企业在原有的业务运营中面临的三大痛点,使用腾讯企点后得到有效解决:第一,传统的一对一人工电话接待能力有限,已不能满足年轻化客户的需求。腾讯企点通过在线客服接待客户,高效响应客户咨询,利用丰富的图片、文字等形式提升沟通体验。企业在线客服接待率由9%提升至30%。第二,传统运营中客户咨询量大,存在大量简单重复问题,为解答这类问题投入的人力成本居高不下。腾讯企点通过智能机器人解决客户大部分常规问题(大约65%),复杂问题再交给人工。第三,传统运营仍处于各渠道分别接入客服的阶段,且独立业务系统较多,数据整合难度大。腾讯企点充分发挥平台能力,全面整合企业各接触点数据,为企业提供定制化服务。

四、区块链技术

区块链技术是一种透明、可追溯、安全的分布式数字账本技术,在供应链运营中起着非常重要的作用。区块链本质上是一个分布式、不可篡改的记账本,也可以说是一个数据库,能够使交易变得更加高效且更加透明。区块链有公有链和联盟链两种常见形态,二者之间最大的区别是身份和权限管理上的不同。公有链上任何节点成员都可以入链并且拥有的操作权限相同,所以公有链一般适用于对身份和权限管理要求较为宽松的场景;而加入联盟链需要有专门机构的审核许可及其发放的证书,且不同身份的节点拥有的操作权限不同,所以联盟链可按不同的业务场景设计出对应的网络拓扑架构,实现完善且可靠的身份和权限管理,满足多元化的需求。一般说来,有权限和身份管理的联盟链技术更加适合在供应链网络中应用。

联盟链技术的技术构成主要有智能合约、共享账本、机器共识保障及权限隐私四大类。

(1) 智能合约。主要描述多方协作交易中的规则和流程。将这些规则和流程转换成代码,部署在各参与方的背书节点中,并以一个内外部事件作为驱动源。

(2) 共享账本。将交易历史及交易后的资产状态以链式结构存储在共享账本中。每一个区块的哈希值都是下一个区块的数据头,且通常是多个区块串联在一起。由于每一个拥有存储账本权限的相关方和节点都有相同的账本数据,因此,通过哈希校验可以轻松检查和验证账本数据是否被篡改。共享账本中不仅存储了交易历史事件,每笔交易都必须由交易的发起方签名,而且由一定的背书策略进行验证,达成共识以后才能记录进账本。

(3) 机器共识保障。在分布式网络中,各相关节点都需按照同样的顺序来执行所接收到的交易,并且这些交易都会通过智能合约中所代表的逻辑来执行,从而确保交易记录和交易结果在各个账本中保持一致。

(4) 权限隐私。所有参与或加入区块链网络的人、机、物、机构都需要被授权。通过对共享账本设置隐私保护权限,只有被授权的人、机才拥有读写账本、执行交易和查看交易历史记录的权限,确保记录的交易真实存在;同时也可以提升共享账本中的交易历史记录的可验证性、可溯源性、不可抵赖性、不可污蔑性。

区块链技术的利用,使供应链网络中共享的流程规则和数据得到更为方便的管理,让链上各参与者间、人与物之间因"连接"建立信任,实现更好的信息共享和价值交换,另监管部门也可以申请权限加入联盟链中实现柔性监管,最终使企业在网络化生产时代的各方面(设计、生产、服务和销售)水平得到提高。

本章参考文献

[1] 宋华. 数字供应链[M]. 北京:中国人民大学出版社,2022.
[2] 中国物流与采购联合会. 中国供应链发展报告(2021)[M]. 北京:人民邮电出版社,2022.
[3] 王洪伟. 物流管理信息系统[M]. 北京:北京大学出版社,2020.
[4] 杨雨杰. 数字化供应链研究综述[J]. 中国储运,2023(02):115-116.
[5] 刘小卉. 物流管理信息系统[M]. 第二版. 上海:复旦大学出版社,2021.
[6] 王喜富,高泽. 智慧物流物联化关键技术[M]. 北京:电子工业出版社,2016.

同步测试题

第十五章 供应链前沿理论

学习目标

通过本章的学习,应掌握以下知识目标与能力目标:① 掌握智慧供应链管理的概念;② 了解智慧供应链的特征;③ 理解柔韧性供应链的概念;④ 了解柔韧性供应链的特征;⑤ 理解敏捷供应链的概念;⑥ 了解敏捷供应链的发展及主要特征;⑦ 能分析不同供应链的相同点和不同点。

案例导入

京东智慧无人仓

京东智慧无人仓是京东利用最新的机器人技术和人工智能技术开发的一种全自动化的仓储系统。它采用了全流程无人化操作,从商品入库、存储、出库到物流派送等全过程自动化,大大提高了供应链的效率和快递服务的质量。该系统的实践效果也得到了充分的验证,成了智慧供应链的优秀典范。

京东智慧无人仓由物流配送区、存储区、流水线处理区以及机器人控制中心等部分组成。在仓库的物流区,通过 RFID 等技术对商品进行自动认证,并将其准确地送至货架上。在存储区,采用多层货架和立体统计方法进行存储,最大化利用仓库空间,保证仓库容量的最大化利用。在流水线处理区,采用自动化设备对商品进行储存、包装和出库处理,从而实现全程无人化操作。

根据京东物流最新公布的无人仓相关数据,在上海"亚洲一号"全流程无人仓内,其智慧大脑能够在 0.2 秒内计算出 300 多个机器人运行的 680 亿条可行路径;智能控制系统反应速度是人的 6 倍;分拣机器人(也被称为"小红人")的速度达每秒 3 米,为全世界最快分拣速度;运营效率是传统仓库的 10 倍。

京东智慧无人仓的优势主要包括降低人工成本、优化供应链效率和实现精准库存管理。京东智慧无人仓实现全程无人化操作,可以大大降低人工成本,实现资源的最优化利用。其次,智慧供应链将物流、仓储和销售三个环节结合起来,形成了一个无缝衔接且高效率的流程,从而优化了供应链的效率和快递服务的质量。京东采用了人工智能技术,整合了订单、库存和供应链等信息,实现了精准的库存管理和商品调配,最大化利用资源,提高了服务质量及客户满意度。

京东智慧无人仓是对物流产业的升级,它采用了全流程无人化操作,从商品入库、存储、出库到物流派送等全过程自动化,大大提高了供应链的效率和快递服务的质量。这种形式的无人化操作,在大幅度降低物流成本和提高效率的基础上,同时也解决了劳动力短缺和人工错误的难题,进一步提升了物流产业的服务质量和企业效益。总之,京东智慧无人仓是智慧供应链的优秀典范,实现了更高的效率、更快的交货速度和更优越的服务质量,布局了一个完整的流程,逐步推进了物流产业的升级。

思考: 1. 谈一谈京东智慧无人仓与传统仓库的区别。
2. 谈一谈智慧无人仓中机器人工作的优势和存在的问题。

第一节 智慧供应链

一、智慧供应链的概念

随着新一代信息技术和物联网技术的发展与普及,特别是在物流与供应链领域的使用,显著地改变了物流与供应链产业的管理模式,使得物流与供应链管理开始呈现出显著的智慧化特征。

智慧供应链是以客户的需求为导向,通过实时数据采集、分析、处理和共享,运用现代的大数据、人工智能、云计算、"互联网+"等信息技术和现代的组织方式将上下游资源进行高度整合和优化协同,以提高供应链的透明度、可视度和协同性。智慧供应链的核心在于充分利用现代信息技术的手段,进行数据的共享、协同、融合和智能化分析,并实现供应链中物流、资金流和信息流的无缝对接,从而实现整个供应链的高效协同。

从20世纪中后期开始全球经济一体化进程加快,伴随着信息通信技术的快速发展,跨国公司加快全球配置资源和整合市场的步伐,全球生产要素重组、服务外包、产业转移掀起高潮,供应链思想流行全球。特别是2008年金融危机后,全球经济动荡不安,不得不进行产业调整,产业的转型和升级在全球范围内发展迅速。产业链、供应链和价值链逐步从幕后走向前台,成为经济竞争的核心要素之一。在此情况下,供应链的整合能力和协同效率从影响一个企业、一个产业提高到了影响一个国家的核心竞争力的高度上。

2017年10月13日,国务院办公厅印发《关于积极推进供应链创新与应用的指导意见》(国办发〔2017〕84号)中明确指出,要着力构建符合我国国情的供应链发展新技术、新模式,到2020年基本形成我国重点产业智慧供应链体系,培育100家左右的全球供应链领先企业;重点产业的供应链竞争力进入世界前列,中国成为全球供应链创新和应用的重要中心。由此可见国家对供应链创新发展的高度重视,以及推动我国产业供应链国际竞争力的决心和力度,势必成为我国经济转型升级的发力点。中国经济进入高质量发展时期,智慧供应链开始往数字化、全球化、智慧化、绿色化和服务化的趋势发展,并在各行各业实现供应链的高质量发展,为经济提质增效贡献力量,如图15-1所示。

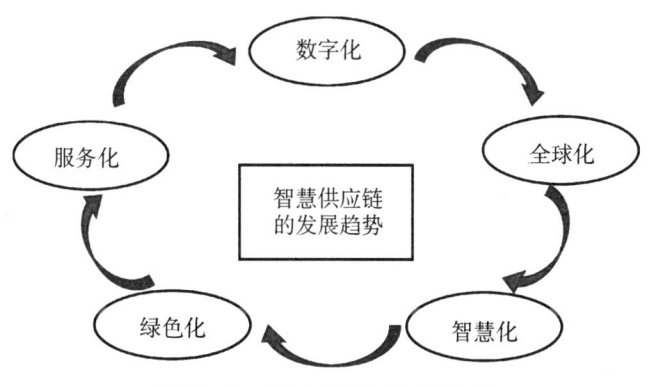

图 15-1 智慧供应链的发展趋势

二、智慧供应链的特征

智慧供应链是指利用新技术、新模式和新理念,实现供应链系统的智能化、数字化和低碳化,从而提高供应链效率、降低成本、提升服务质量,进而增强供应链的竞争力。其特征主要包括以下五点。

(一) 智能化

智慧供应链采用智能化的技术,如物联网、大数据、人工智能、区块链等,对供应链各个环节进行监测和掌控,实现供应链的实时化、信息化和智能化。

(二) 数字化

智慧供应链通过数字化手段,将供应链过程中的信息、数据和流程进行数字化和标准化,使得供应链的流程和信息可以透明、共享和可追溯,降低供应链运营成本和风险,提高供应链可控性和效率。

(三) 低碳化

智慧供应链通过优化能源利用、降低物流成本、强化绿色供应链管理,实现供应链的低碳化和可持续发展。

(四) 协同化

智慧供应链强调各个供应链成员之间的协同合作,通过信息共享和协同决策,实现供应链各个环节之间的优化协同,提高整个供应链系统的效率和灵活性。

(五) 客户化

智慧供应链注重客户需求的定制化和个性化服务,在为客户提供高品质和定制化的产品和服务的同时也能提高供应链系统的效率和整体竞争力。

总之,智慧供应链将创新技术、新型业态、新型商业模式融合到一起,构建一个自适应、高效、安全、可持续的供应链体系,从而提高供应链的运营效率、成本效益和客户满意度,为企业创造更多商业价值。

三、智慧供应链与传统供应链的对比

智慧供应链的产生主要源于市场快速变化引起的对于物流和供应链体系的改进需

求。传统的物流和供应链体系受制于人工操作和环节相对独立的局限性,难以应对市场快速变化的需求,如需快速调整库存,提高运输效率,同时保证高质量的服务体验。而智慧供应链则通过运用机器人、人工智能等技术,实现全流程无人化操作,这将有效提升物流和供应链管理体系的灵活性和智能化水平,进一步满足市场需求,应对日趋复杂的业务环境。智慧供应链与传统供应链相比,具备以下特点。

(一) 技术的渗透性强

智慧供应链依赖于各种先进技术,如物联网、大数据、云计算、人工智能、区块链等,实现供应链的高效、自动化、智能化和可视化,以提高供应链的效率和质量,降低成本,提高用户满意度,从而赢得更大的市场份额和利润。

(二) 信息整合性强

智慧供应链系统可以对各个环节的信息进行快速、准确的整合和处理,实现不同部门、不同企业及其供应商、客户之间的无缝沟通和信息共享。智慧供应链系统可以把商品的生产、运输、销售、库存等信息整合在一起,帮助企业实现信息的共享和交流,提高供应链的可视性和透明度。这种信息整合性强的特点,可以使企业更加敏捷、响应更快,更具有竞争力。

(三) 服务效果好

智慧供应链是以客户需求为导向,不断优化和改进供应链系统的功能和使用方式,以满足用户和客户的需求。例如,在订单处理上,可以提供自动化的服务,让用户轻松选择和修改订单内容,同时可以通过智能算法做出最佳方案的建议;在物流配送上,可以提供实时的跟踪和通知服务,方便用户了解货物的运输进度和状态,做好准备工作;另外,在售后服务上,可以提供快捷的响应和解决方案,让用户得到及时的帮助和支持。

(四) 可延展性强

可延展性更强意味着智慧供应链具有更高的扩展性和适应能力,可以根据不同行业、生产环境、市场需求等进行灵活的调整。由于智慧供应链是以先进的互联网信息技术为支撑,供应链中的各类信息具有更强的流动性、整合性和共享性。企业可以随时与供应链上下游的其他成员进行沟通交互,从而增强了供应链的延展性,解决了传统供应链中因信息层级传递而导致的效率低下的问题。

四、发展智慧供应链的意义

(一) 优化供应链流程

智慧供应链可以通过信息化和物联网技术优化供应链中的各个环节,提高供应链流程的效率和质量。

(二) 降低成本和风险

智慧供应链可以通过数据分析和智能决策降低供应链的成本和风险,提高企业的盈利水平和竞争力。

(三) 提高客户满意度

智慧供应链可以通过提高产品质量、缩短交货时间和提供个性化服务等方式提高客户满意度,增加品牌影响力和忠诚度。

(四) 推动供应链协同和共享

智慧供应链可以通过信息共享和协同合作推动供应链协同和共享,增强供应链的整体效能和竞争力。

(五) 促进产业升级和转型

智慧供应链不但促进产业升级和转型,推动传统产业向数字化和智能化方向转型,也为企业的创新能力和发展夯实基础。

综上所述,发展智慧供应链可以为企业提供更多的竞争优势和价值,具有重要的战略意义。

五、发展智慧供应链面临的问题

不过,就目前来看,智慧供应链仍处于快速起步阶段,智慧供应链的发展攻坚点主要集中在数据孤岛、安全和隐私、技术成熟度、组织和人才、成本和资源等方面。企业需要逐步解决这些问题,推动智慧供应链的发展。

(一) 数据孤岛问题

由于供应链中的众多数据来源和信息系统不匹配,导致数据孤岛问题,影响数据的共享和利用。

(二) 安全和隐私问题

智慧供应链中涉及的数据和信息非常敏感,容易受到网络攻击和非法信息窃取,需要加强数据安全壁垒构建和完善隐私保护措施。

(三) 技术成熟度不高问题

当前智慧供应链技术还处于发展初期,没有完善的技术标准和成熟的技术体系。

(四) 组织和人才问题

实施智慧供应链需要组织结构和人才支持,但现有企业组织结构和人才专业技能较弱,需要加强组织和人才建设。

(五) 成本和资源问题

智慧供应链需要长期人力和物力的支撑,包括技术、人员、设备等方面,对企业战略部署是一种考验。

第二节 柔韧性供应链

一、柔韧性供应链的概念

柔性供应链,就是指供应情况能根据用户的需求情况做出及时调整。它是一种既能让需求方对未来做出预期的参考标准,也能让供给方评估自己供给能力的依据。简单来说,柔性供应链是一种具有缓冲能力、适应能力以及创新能力的供给方式。当市场需求表现出品类少、批量小、产品迭代加快等特征,为避免产品过时或生产过剩而造成呆滞库存,企业一般采用柔性供应链模式,从而最大限度地满足客户的需求。

在实现柔性的同时,必须在供应链中引入一定程度的韧性,以适应不确定的环境。韧性是指企业在面对外部压力时能够保持稳定,主要表现为抗压性、应急性和管理冗余储备的能力。如今,外部环境变化万千,新冠肺炎疫情、俄乌冲突、自然灾害等紧急事件频繁爆发,给企业的产业链和供应链的运营带来了极大的挑战和风险。

柔韧性供应链是指在保证供应链效率的同时,面对复杂多变的市场环境,能够快速地满足用户需求。柔韧性供应链是在传统供应链的基础上,通过提升供应链的可靠性、灵活性、敏捷性和服务性,实现企业高速发展和长期竞争优势的一种新型供应链网络。

二、柔韧性供应链的特征

柔韧性供应链是根据订单或产品生产的特征,从原材料、半成品、成品的库存结构着手改变,以实现品种不同、数据不确定的差异化订单。柔韧性供应链能在市场环境不确定的情况下满足订单的快速交付需求,避免产生多余的成品库存,以订单拉动和快速生产响应消费者需求。柔韧性供应链的主要目的是避免多余库存,压缩产品深度和供应周期,即避免为提升反应速度而牺牲一定的产能,导致生产成本相对增加。综合来看,柔韧性供应链具备以下五个基本特性。

(一)快速响应

柔韧性供应链具有快速响应的能力,能够在面对战略、运营或市场变化时快速做出反应,并及时做出相应的改变。

(二)灵活性

柔韧性供应链具有灵活性,在面对不同的需求和挑战时能够快速做出相应的调整和改变,以保证生产效率和客户满意度。

(三)可定制化

柔韧性供应链能够按照客户需求进行定制化,以更好地满足客户的需求,并提高客户满意度。

(四)合作性

柔韧性供应链需要各个环节之间的合作,包括原材料供应商、制造商、配送商等。各个环节之间需要协调、沟通和合作,以保证供应链顺畅、高效。

(五)风险管理

柔韧性供应链需要重视风险管理,及时识别和评估可能出现的风险,制定相应的应对措施,保证供应链的可持续性。

总之,柔韧性供应链具有快速响应、灵活性、可定制化、合作性和风险管理等特征,以更好地适应市场需求和变化,从而提高整个供应链的效率和竞争力。

三、柔韧性供应链的发展

柔韧性供应链打破了渠道供应链和精益供应链的传统思想限制,但实施难度也更高。

许多企业认识到了其价值,但难以实施或无法产生应有效果。

成功实施柔韧性供应链需要更多资源的支持,如更强的设计能力、更快的物流速度和更适宜的生态体系。柔韧性供应链要求从研发到零售端、从零售端到生产端的快速反应,同时也需要灵敏的信息传递和成熟的价值分配制度,以减少库存风险并确保快速交付。

第三节　敏捷供应链

一、敏捷供应链的概念

随着消费者个性化需求的不断提高,需求端不断追求个性化的产品和服务,供应链中的各个环节也需要更加灵活、敏捷地应对市场变化。与此同时,供应端也在不断追求生产效率提高和成本降低。

敏捷是美国学者于20世纪90年代初提出的一种新型战略思想,是一种面向21世纪的制造战略和现代生产模式。敏捷化是供应链和管理科学面向制造活动的必然趋势。基于互联网的全球动态联盟、虚拟企业和敏捷制造已成为制造业变革的大趋势。敏捷供应链指的是一种基于快速响应和高效变通的供应链管理模式。以企业增强对变化莫测的市场需求的适应能力为向导,以动态联盟的重构为基本着眼点,以促进企业间的合作和企业生产模式的转变、提高大型企业集团的综合管理水平和经济效益为主要目标,致力于支持供应链的迅速结盟、优化联盟运行和保障联盟平稳解体。它强调对市场快速变化和突发事件的快速响应和决策,并通过快速调整、创新和协作来实现供应链的高效性和灵活性。

供应的敏捷性强调从整个供应链的角度综合考虑、决策和进行绩效评价,使生产企业与合作者共同降低产品的市场价格,快速了解市场变化锁定客户需求,快速安排生产满足客户需求,并加速物流的实施过程,提高供应链各环节的边际效益,实现利益共享的双赢目标。

二、敏捷供应链的特征

随着移动互联网技术的升级与应用,消费者的消费行为不断改变,消费场景也在迅速改变。细分程度更深的消费群体,产生了更多的消费选择,其个性化程度不断提高,逐步倒逼后端供应模式产生变化。

例如,对早期的台式电脑产品,消费者可以定制不同的显示屏、机箱、内存、显卡、CPU,甚至是能适应不同操作习惯的鼠标、键盘等。如今,定制模式已经影响了更多的行业。在装修定制模式中,消费者可先选风格、材料,再选家具等。在4S店购买新车时,消费者除了选择高、中、低等级配置与配饰外,还可以根据个人喜好加装配置等。针对需求数量大、需要的零配件多,通过不同组合能极大地满足不同消费者需求的产品,企业更适合选择敏捷供应链。

在敏捷供应链体系下,供应链的生态资源围绕订单形成,当订单需求形成后,资源即可自由、快速地形成支持体系，快速进行生产和供应。当订单需求得到满足后，整个资源组织体系自动解散。敏捷供应链中，产品生产具有下列三个特性：

（1）产品是刚需产品，但存在差异化需求。刚需产品通常是指消费者的需求非常刚性，无论经济环境如何变化，其需求都不会发生太大的波动，因为它是基本的必需品或服务。然而，即使是刚需产品也可能存在差异化需求。这是因为消费者在购买这些产品时，在不同的需求方面会有不同的偏好。例如，食品是一个刚需产品，但在口味、健康属性等方面都有差异化需求。

（2）产品市场周期短，产品升级迭代快。产品市场周期短通常是指市场需求变化快、激烈竞争和科技进步等因素导致了新产品涌现和老产品迅速淘汰，因此产品在市场上的寿命周期会变短。为了满足消费者的需求和保持自身竞争力，企业需要不断改进产品，开发新功能，提高性能和用户体验，抢占市场先机。

（3）订单的要求各不相同，成本差异较大。企业为满足不同客户对产品和服务的不同需求，需要根据订单的具体要求和特定情况进行定制化生产及定制化服务，这也就导致了针对这些订单所需的生产及服务成本会存在较大差异。

与传统的供应链管理模式相比，敏捷供应链更加注重市场敏锐度、自适应能力和生产流程的灵活性，能够更好地适应不断变化的市场需求和挑战。其关键特征包括快速决策、快速响应、快速调整、快速创新和快速协作等。

（1）快速决策。迅速做出适应市场变化的决策，包括生产计划、产品设计和供应商选择等决策。

（2）快速响应。快速响应市场变化和客户需求，能够迅速调整生产和物流流程，提高产品质量和服务品质。

（3）快速调整。快速调整生产和物流流程，优化供应链管理和资源分配，实现资源的最优利用。

（4）快速创新。不断创新，推进技术发展，在供应链的各个环节积极引入新的科技和工具，提升管理效率和服务水平。

（5）快速协作。注重与供应商、客户和伙伴的紧密合作，实现信息共享和资源整合，在供应链的各个环节实现高效协作，提高整个供应链的灵活性和适应性。

三、敏捷供应链与柔韧性供应链的对比

传统的供应链管理倾向于管理产品的价格与质量，由于复杂性的提高，供应链整体对外界不确定性的反应速度开始变慢。随着时代的不断发展，业务发展不再是一成不变的，产品越来越丰富，信息技术越来越发达，企业则在经营发展过程中形成了差异化供应链战略。差异化供应链的特征与管理要点如表15-1所示。

表15-1 差异化供应链的特征与管理要点

供应链	产品特征	管理要点
柔韧性供应链	品种少、数量少	快速交付
敏捷供应链	品种多、数量少	低库存、响应速度快

敏捷供应链和柔性供应链有相似之处,都是根据订单需求快速形成的虚拟组织,追求低库存和快速响应。随着行业发展,垂直供应链逐渐向自由开放的合作生态转变。企业在敏捷供应链中更倾向于按订单要求装配,而柔韧性供应链的企业则更偏向于零售商,以满足不同客户的需求。衡量敏捷供应链竞争力的要素主要包括支持产品迭代的能力,以及获取主要资源、掌握成果的能力。

本章参考文献

[1] 国务院办公厅. 关于积极推进供应链创新与应用的指导意见,中华人民共和国中央政府网,2017-10.

[2] 朱传波,陈威如. 数智物流:柔性供应链激活新商机[M]. 北京:中信出版社,2022.

[3] 柳荣,杨克亮,包立莉. 库存控制与供应链管理实务[M]. 北京:人民邮电出版社,2021.

同步测试题